제 8 판

벤처창업과 경영전략

한 정 화

弘 文 社

제 8 판 머리말

최근 10년간 전 세계적으로 기업가정신과 창업entrepreneurship 영역에 새로운 변화가 나타나고 있다. 개방형 혁신을 통한 과학, 기술, 문화 컨텐츠의 융복합화의 속도가 빨라지고, 모바일 플랫폼을 기반으로 혁신적인 비즈니스 모델이 연속적으로 나타나게 되었다. 사물인터넷, 빅데이터, 3D 프린터, AI, 메타버스의 등장은 창업 비즈니스의 새로운 가능성을 제공하고 있다. 또한 경기침체와 성장의 한계에 직면한 선진국들은 이러한 기술혁신의 흐름을 활용할 수 있는 스타트업의 활성화를 국가전략 차원에서 접근하면서 글로벌 창업생태계에 다양한 변화가 나타나게 되었다. 우리나라도 이러한 흐름에 선도적으로 대응하면서 선순환 벤처생태계 조성을 위한 정책적 노력을 강화해 왔다.

스타트업 생태계의 변화는 창조적 아이디어와 기술로 도전하는 삶의 방식을 확산시키고 있다. 평생직장 개념은 존재하지 않게 되었고, 안정된 일자리가 급속히 줄어들자, 이제는 누구나 일생을 통해 한두 번쯤은 창업에 도전하게 될 기회와 만날 확률이 높아지는 시대가 되었다. 창업과 기업가정신을 삶의 기술life skill로 학습해야 하는 필요성이 높아지게 되었다. 그러나 이러한 시대적 흐름에 대응하기 위한 교육훈련 시스템은 아직 부족한 편이다. 특히 공교육 과정에서 이러한 기회를 제공하기 위한 준비가 충분하지 못하다.

스타트업 활성화는 우리 사회가 당면한 가장 시급한 과제 중의 하나이다. 현재 저성장과 내수침체가 장기화되면서 성장동력이 약화되고 있는 데 대한 우려의 목소리가 높다. 기술과 아이디어를 가지고 불확실성과 위험을 극복하면서 새로운 가치를 창출하고자 하는 열정을 가진 기업가들의 존재는 매우 중요하다. 젊고 유능한 인력들의 창조력과 도전정신이 사라진다면 미래의 발전은 물론 현재의 위기상황도 극복해 나가기 힘들 것이기 때문이다.

이번 개정판은 이러한 시대적 흐름을 반영하여 논점을 보다 명확히 하고, 데이터를 업데이트하였다. 이 책을 쓰면서 가장 많은 노력을 기울인 부분은, 창업과 기업가정신에 관한 핵심이론과 개념을 쉽게 이해할 수 있도록 했다는 점이다. 이론이 이론에 그치지 않고 현장과 연계해서 학습할 수 있도록 사례를 다양하게 포함시켰다. 또한 학습자들이 한국의 벤처상황을 명확하게 이해할 수 있도록 최근의 현실이 반영된 내용을 충실하게 엮어내고자 했다.

이 책의 또 다른 특징으로는 저자가 정책현장 참여를 통해 배우고 깨달은 바를 전달해 보고자 노력했다는 점이다. 저자는 2013년 3월부터 2016년 1월까지 중소기업청장으로 재직하면서 창업과 벤처활성화 관련 정책을 수립하고 시행한 바 있다. 이론과 현실의 갭을 파악하여 효과성이 높은 정책을 수행하고자 노력하는 가운데 체득한 지식과 지혜도 개정판에 반영했다.

개정판이 나오기까지 필요한 자료를 모으고 정리하는 데 도움을 준 박사과정 원치운 조교의 수고에 감사를 드린다. 처음이자 나중이며 존재와 지혜의 근원이신 창조주 하나님께 감사드리며, 항상 믿어주고 격려해 주는 가족들에게 이 책을 드리고자 한다.

2023년 8월 저자

차 례

제 1 부

벤처기업가정신

제 2 부

벤처창업

제 7 장 사업기회의 발견

제 8 장 사업타당성 분석과 위험평가

제 3 부

벤처경영

PART I

벤처기업가정신

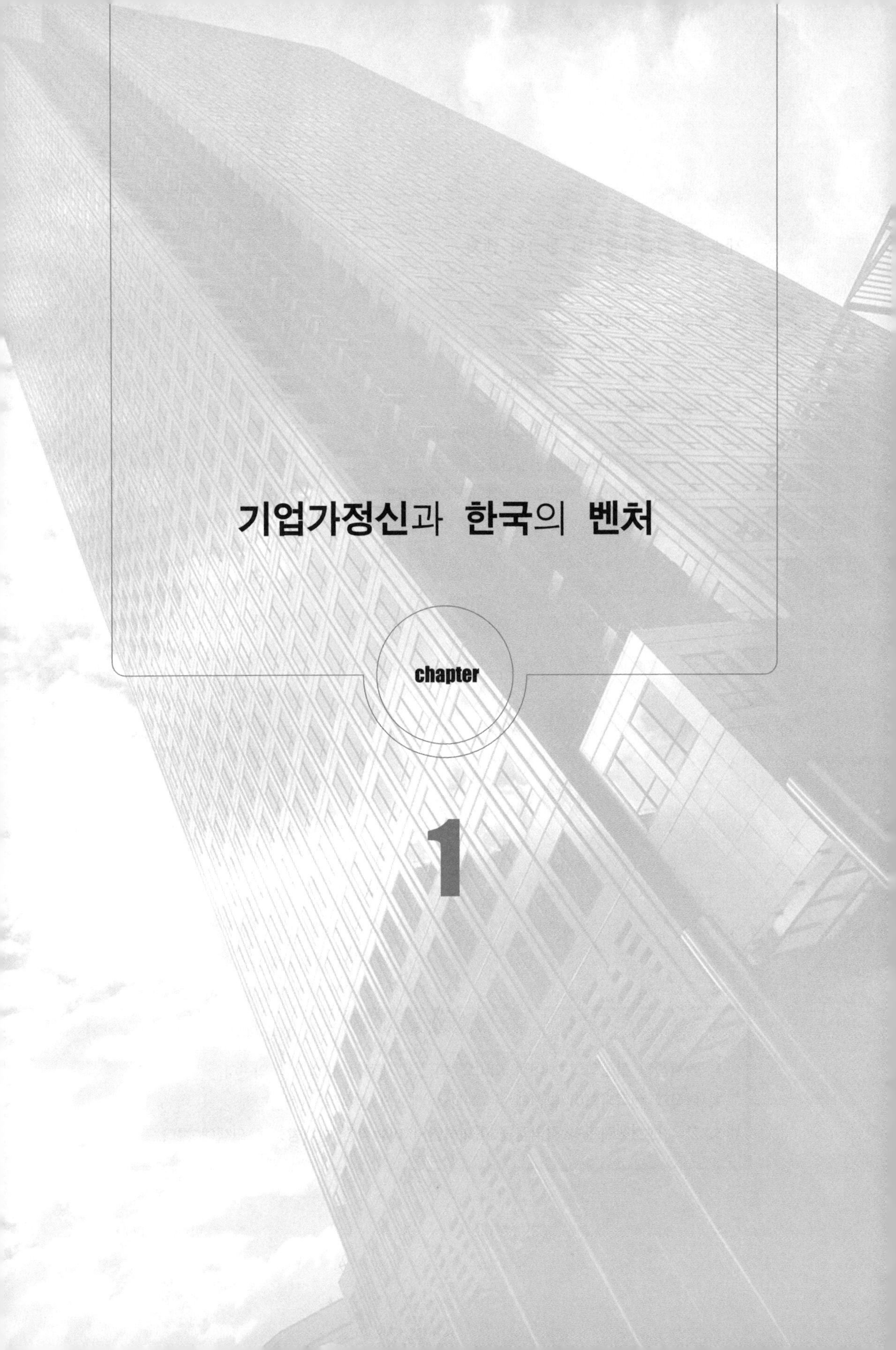

기업가정신과 한국의 벤처

chapter

1

제1장 기업가정신과 한국의 벤처

학습목표

1. 벤처창업 활성화의 시대적 의미와 최근의 새로운 흐름을 파악한다.

2. 한국의 벤처기업이 발전해 온 과정과 제도적 환경을 이해한다.

3. 한국 벤처생태계의 강약점을 이해하면서 바람직한 발전방향을 모색해 본다.

Ⅰ. 벤처창업과 기업가정신

1. 벤처창업의 시대적 의미

벤처창업은 20세기 후반 미국을 중심으로 시작되었고 지난 50여 년간 세계적인 조류로서 확산되어 왔다. 이러한 현상이 나타나게 된 배경은 과학기술 지식의 폭발적 증가와 이를 기반으로 한 새로운 사업기회를 추구하는 벤처기업가정신, 자금을 공급하는 벤처자본시장의 발전, 정부의 정책 등이다. 기술혁신 기반 벤처기업의 창업과 성장, 투자활동이 증가하면서 벤처연관산업 및 벤처지원 네트워크의 구축 등이 활발하게 이루어지는 사회적 현상이 나타났고, 이는 사회문화와 구조의 변혁을 일으키고 있다. 벤처는 디지털, 인터넷 및 글로벌 시대 등 다양한 흐름과 시너지효과를 일으키면서 기업과 경제 차원을 넘어서 새로운 사회와 문화의 패러다임으로 자리 잡았다.

90년대에 미국발 벤처붐에 자극을 받은 이스라엘과 대만의 벤처창업이 활발해지고 성공적인 모델이 나타나게 되었다. 이스라엘은 구소련 붕괴 후 과학기술자가 대거 이스라엘로 이주해오자 정부가 주도적으로 벤처캐피탈과 인큐베이터를 조성하여 벤처기업을 육성하게 되었다. 이스라엘은 국내시장이 협소하기 때문에 나스닥에 상장하여 수익을 실현하고 있다. 대만은 신주단지를 조성하여 벤처붐을 일으켰다. 대만도 실리콘밸리에 있는 화교네트워크와 연계하여 글로벌화된 벤처기업을 육성하였다. 이러한 현상은 독일, 영국, 프랑스, 네덜란드, 덴마크 등 유럽국가와 캐나다, 오스트레일리아 등 영연방 국가로 확산되었고, 최근 10여 년간은 중국이 기술창업에 국가와 민간 차원의 노력을 기울여 왔고 수많은 성공모델이 나타나게 되었다.[1]

1 2015년 중국 정부가 일자리 창출을 위한 창업을 적극 장려하면서 창업 열풍이 거세게 일어나고 있다. 그해 3월 전국인민대표회의 보고에서 리커창 총리가 '대중의 창업, 인민의 혁신(大衆創業, 萬衆創新)'이란 표현을 쓰면서 창업을 활성화하겠다는 적극적 의지를 표명했다.

한국도 이러한 글로벌 흐름에 대응하여 벤처창업에 대한 사회적 관심과 함께 선도적인 창업사례가 나타나기 시작했다. 80년대 후반 민간 벤처캐피탈의 출현, 90년대 중반 코스닥 등 회수시장 형성 이후 벤처붐이 나타났다. 그러나 2000년대 초반 시장거품의 붕괴와 함께 상당 기간 침체현상을 보이다가 2005년 벤처 재도약을 위한 정책을 수행했으나 2008년 금융위기 속에서 별다른 성과를 거두지 못했다. 지난 정부에서 창조경제라는 정책방향을 설정하여 벤처활성화를 위한 제도적 기반을 마련하였고, 이번 정부에서는 혁신성장이라는 정책방향을 가지고 혁신창업과 벤처육성을 위한 노력을 기울이고 있다.

21세기 벤처창업은 창조적 기업가정신의 발현을 통한 경제사회 발전의 핵심수단으로 인식되면서 선진국들의 최우선 국가전략이 되었다. 국가 간 경쟁의 핵심이 기술혁신의 촉진과 이를 기반으로 한 창업 활성화, 새로운 일자리 창출과 국민소득 증대에 있기 때문이다. 한국도 이러한 흐름에서 선도적인 위치를 점하기 위해 효과적인 정책을 수립하여 필요자원을 집중시키고 있다.

가. 글로벌 구조변혁과 4차 산업혁명에의 대응

벤처창업은 글로벌 산업구조의 변화를 가져왔다. 벤처가 활발한 미국에서는 80년대 이전까지 Fortune 500대 기업으로 불리는 전통적 대기업이 산업발전을 주도해 왔으며 벤처기업 중 극소수만이 대기업으로 성장했다. 그러나 80년대에 들어서면서 흐름이 바뀌기 시작했다. 다양한 기술혁신의 성과가 상업화되고 신기술 기반 벤처기업의 창업과 성장의 속도가 빨라지면서 전통적 대기업의 위치가 흔들리기 시작했다.

그 당시 미국 대기업의 경쟁력 기반이 약화된 것은 해외기업과의 경쟁, 특히 일본과의 경쟁 때문이었다. 전통적 제조업은 성숙단계에 접어들면서 공급과잉으로 인한 경쟁격화가 초래되었다. 거대기업 간 제휴 및 인수합병이 일상화되면서 범세계적 경쟁구도가 바뀌었다. 이러한 변화를 초래한 근본동인은 산업사회에서 지식정보사회로의 전환과정에서 과학기술의 발달에 따른 혁신활동의 급속한 증가와 이를 바탕으로 한 새로운 상품과 서비스, 비즈니스 모델의 출현이다. 이러한 흐름은 21세기가 시작되면서 새로운 거시적 사회현상으로 나타나게 되었다. 새로운 기술은 새로운 시장을 만들어 내고 그 결과 수많은 신생기업이 탄생하게 되었다.

이러한 현상을 가속화시킨 것은 다양한 산업분야의 기술혁신이다. 마이크로 일렉트로닉스, 정밀화학, 생명공학, 신소재 등의 발전은 새로운 산업을 파생시켜왔다. 마이크로웨이브, 인공위성, 광섬유, 전자교환 시스템의 발전은 정보통신의 혁명을 가져오게 되었다. 정보가 시공의 한계를 넘어 빠르게 퍼져 나가는 광속사회에 진입하게 되었다. 전 세계가 하나의 통신정보권역으로 묶여가고 있으며 디지털, 인터넷, 모바일이 광속사회를 펼쳐가는 핵심원동력이 되었다. 사이버 공간을 대상으로 한 새로운 상품과 서비스의 급증 및 인터넷의 폭발적 증가는 이러한 추세의 산물이다.

최근 이러한 현상은 4차 산업혁명이라는 문명사적 변환 과정에 들어서면서 가속화되고 있다. AI, 빅데이터, 로봇을 활용한 인간의 경험과 지적 활동을 대체하는 서비스가 급속히 증가하면서 미래의 일자리에 대한 불안감이 급증하고 있다. 스마트 기기, 스마트 시스템은 교통, 보건, 교육, 안전 등의 전 영역을 새롭게 변화시키면서 스마트 시티, 스마트 라이프로의 변화를 가져오고 있다. 사물인터넷, 3D 프린팅은 전통적 제조업의 서비스화와 맞춤형 제조를 촉진시키면서 스마트 제조로의 변화를 촉진시키고 있다. 독인의 인더스트리 4.0이 촉발한 제조업의 혁신은 전 세계로 확산되면서 스마트 팩토리를 향한 치열한 국가 간 레이스가 벌어지고 있다.

우버와 에어비앤비가 촉발시킨 공유경제는 스마트폰과 모바일 기술의 기반 위에서 AI, 빅데이터 활용을 정교화하는 알고리즘 경쟁을 가속화하고 있다. 전기자동차와 자율 주행의 발전은 화석연료에 대한 의존도를 낮추면서 자동차업계의 판도 변화와 함께 삶의 방식에 근본적인 변화를 가져올 것으로 보인다. 단기간에 폭발적 성장을 통하여 기업가치를 증가시키는 유니콘 기업 현상은 전 세계 기업 간 경쟁의 판도를 바꾸고 있다. 바이오와 뇌과학의 발전은 인간의 무병장수에 대한 기대감을 높이면서 수많은 기술혁신 기반 기업들을 탄생시키고 있다. 이러한 현상은 기존 기업에 대한 도전과 함께 새로운 사업의 기회를 제공하고 있다. 이를 적극적으로 활용하는 나라는 미래 사회에서 지속적인 성장과 발전이 가능할 것이고, 그렇지 못한 나라는 침체와 쇠퇴를 면하기 어려울 것이다. 한국은 현재 이러한 거대한 변혁 속에서 다양한 노력을 하고 있지만 낙관하기 어려운 상황에 처해 있다. 새로운 차원의 기업가정신과 벤처활성화가 요구되고 있는 시점이다.

나. 지식과 욕망의 상호작용 가속화

벤처는 지식기반 경제시대의 도래와 함께 발전되고 있다. 지식들이 융복합화되면서 새로운 지식을 만들어내는 지식의 핵반응을 일으키는 시대가 도래되었다. 지식혁명의 물결 속에서 벤처창업이 활발해진 것은 기술수명주기 및 제품수명주기가 짧아지면서 유연성과 신속성이 핵심성공요인이 되었기 때문이다. 신기술을 활용한 수많은 틈새시장이 나타나기 시작하면서 창업의 기회가 급속하게 증가되었다.

벤처창업이 활성화된 또 다른 원인은 인간의 욕구폭발에 따른 존재혁명이 일어나고 있기 때문이다. 20세기 후반 선진국은 소득증가와 함께 풍요의 시대를 맞게 되었다. 또한 교육수준의 증가는 다양한 욕구에 대한 수요를 증가시켰다. 사람들은 편리성, 쾌적성, 즉시성, 안전성, 심미성 등의 가치에 대한 선호가 증가하게 되었다. 새로운 경험에 대한 가치를 추구하는 가운데 교육, 문화, 오락, 여행, 건강, 과학, 기술, 환경, 커뮤니케이션 등의 경험산업experience industry[2]이 발달하게 되었다.

가전, 차, 주택, 컴퓨터, 기기, 소재, 건설 등 전통적인 인프라 산업과 통

2 경험산업이란 인간의 욕구가 고도화되면서 보다 상위적인 욕구를 추구하는 과정에서 성장하는 산업군을 총칭하는 말이다. SRI(스탠포드 연구소)는 인간의 욕구단계설의 가정에 입각하여 새로운 경험을 통한 존재욕구를 충족시키는 산업이 미래에 성장할 것을 예측했다.

신, 방송, 출판, 광고, 물류, 유통, 금융 등의 산업도 경험가치를 제공할 수 있는 지식과 결합되어야만 보다 높은 부가가치를 실현할 수 있게 되었다. 21세기 최대산업 중의 하나가 오락을 제공하는 게임 산업과 비디오 산업이 되고 있으며, 이를 효과적으로 제공할 수 있는 인터넷과 모바일 플랫폼 산업이 팽창하고 있다. 이러한 흐름 속에서 새로운 기회를 추구하고자 하는 사람들의 움직임이 더욱 활성화되면서 벤처현상은 더욱 활발해지고 있다.

과학과 기술이 인간의 욕망을 자극하고, 새로운 욕망이 새로운 지식을 만들어 내는 가속화 현상이 나타나고 있다. 이제 인간의 욕망은 무병장수를 넘어서 영생불사의 가능성에 도전하면서 유발 하라리가 적시한 신이 되고 싶어 하는 인간 즉, '호모데우스'의 출현이 현실화되고 있다. 이러한 가능성을 강력하게 주장하는 레이 커즈와일을 중심으로 소위 '싱귤레리언'이라는 모임이 나타났다.[3] 새로운 기회를 찾아 움직이는 거대 자본의 글로벌 이동성은 기술과 욕망의 상호작용과 가속적 발전을 촉진 시키면서 경제와 산업의 생태계를 바꾸고 있다.

다. 새로운 경영모델의 발전

벤처기업은 투명성을 강조하는 경영모델의 발전을 촉진시켜왔다. 벤처기업은 미래의 가능성을 보고 시장으로부터 우수한 인력과 자금을 조달하여야 한다. 이를 위해서는 기업의 가치를 증진시키고 이를 명확하게 평가하여 창업팀과 구성원, 투자자에게 배분하여야 한다. 이 과정에서 경영의 투명성이 매우 중요한 요소가 된다. 투명하지 않으면 기업가치에 대한 평가도 어렵고 지속적으로 외부 투자자를 끌어들이기가 어렵다.

벤처기업은 공동체로서의 결속력이 핵심역량의 원천이 된다. 결속력은

3 레이 커즈와일은 바이오 기술의 발전, 인간의 맨머신(man-machine) 인터페이스, 인공장기 등의 기술은 질병의 사전예방과 치료를 통하여 인간생명의 획기적인 연장이 가능하다고 주장했다. 최소 140년은 살 수 있으며 500년까지 가능하다는 주장을 내어 놓았고, 싱귤레리언(singularian)이란 커즈와일의 이러한 주장을 신봉하는 사람들의 모임을 뜻한다.

정보의 공유를 통한 신뢰형성에 바탕을 두고 만들어진다. 정보공유를 통한 창의성과 자율성을 높이는 경영이 경쟁력의 핵심이다. 이러한 경영방식은 과거 통제패러다임으로부터의 탈피를 의미하며, 급속히 변화하는 시대에 적합한 경영모델로서 정착되고 있다. 투명경영은 투자회수를 위해서도 중요한 요소다. 투자회수를 위한 인수합병 및 상장 시 투명성이 유지되어야만 정확한 기업의 가치평가가 될 수 있기 때문이다. 정보화와 인터넷 시대는 이러한 추세를 가속화시키고 있다.

벤처는 새로운 창업모델에 대한 학습을 촉진시키고 있다. 과거의 창업모델은 기업가가 기회를 발견하여 자원을 동원하고 시장을 개척하는 모든 과정에서 발생하는 위험을 전담하는 형태가 보편적이었다. 따라서 자신이 동원할 수 있는 개인자금과 차입금이 창업자금의 원천이 되었다. 이러한 유형의 창업은 실패하는 경우 기업가가 모든 위험부담을 지며 그러한 피해가 개인은 물론 자금을 지원하거나 보증을 선 주위사람들에게 돌아간다. 이 경우 사업실패가 인생실패가 될 수 있기 때문에 보다 좋은 직업의 대안이 있는 사람들에게 창업은 기피의 대상이 될 수밖에 없었다.

그러나 이제 벤처창업은 위험전담형이 아니라 위험분산형을 지향하고 있다. 융자가 아닌 투자 위주의 자금조달을 통해 기업가와 투자자가 위험을 나눠 가진다. 투자와 함께 성장지원, 자금회수의 과정을 지원하는 엑셀러레이터형 창업지원기관이 급성장하고 있다. 이 경우 투자자의 입장에서 가장 관심을 갖는 것은 투자회수로서, 기업가가 자금을 성실하게 기업경영에 투자하여 기업가치를 증가시키기를 원한다. 여기에서도 가장 필요한 요소가 신뢰와 투명성이다. 우리나라가 90년대 말 벤처붐 이후 침체와 혼란에 빠진 근본원인이 바로 이러한 기본을 지키지 않았기 때문이다. 따라서 벤처생태계의 건전한 발전을 위해서 가장 먼저 해결해야 할 과제가 신뢰와 투명성을 갖춘 경영모델을 갖추어 나가는 것이다.

2. 스타트업 생태계의 새로운 변화

스타트업startup은 '새로 사업을 시작한다'라는 의미로서 오랫동안 현장에서 사용되어 오다가 지난 수년간 새로운 사회적 트렌드로 부상했다. 최근 현장에서는 벤처라는 용어보다 스타트업이 더 보편적으로 사용되고 있으며 일부에서는 기술창업의 의미를 강조하는 벤처보다 새로운 아이디어를 가지고 도전하는 혁신형 창업을 포괄하는 용어로 사용되고 있다.

또한 스타트업은 미국을 비롯한 선진국들을 중심으로 창업과 기업가정신이 국가전략의 핵심으로 부각되는 과정에서 널리 알려지게 되었다. 미국의 오바마 대통령이 제시한 Start-up America를 비롯해 유럽의 Entrepreneurship 2020 전략, 이스라엘의 국가 주도의 스타트업 전략은 글로벌 창업생태계의 큰 변화를 가져오고 있다. 특히 글로벌 경제위기를 겪으면서 국가마다 새로운 성장동력을 찾기 위해 혁신적 기술과 사업 아이디어를 가지고 있는 벤처의 창업과 육성에 최우선적 노력을 기울이고 있다. 스타트업 활성화를 통해 일자리 창출과 소득 상승을 실현하기 위한 것이다.

이들 국가는 신 성장동력 확보를 위해 스타트업 활성화를 위한 다양한 지원정책을 펼치고 있다. 특히 민간의 주도하에 창업활동이 활발히 이루어지고 있음에도 불구하고, 정책적 인센티브를 통해 강한 드라이브를 걸고 있다. 미국, 독일, 호주, 싱가포르는 세액 공제를 통한 혜택, 영국, 캐나다, 이스라엘은 민관 공동투자를 통한 매칭방식의 적용을 통해 투자 손실에 대한 리스크를 회피할 수 있도록 지원하고 있다.

가. 엑셀러레이터

스타트업 선진국들은 이러한 전략을 실행하기 위하여 스타트업이 다양하게 보유하고 있을 아이디어의 성공 가능성을 높이고, 생존율을 향상시킬 수 있는 접근법을 개발해왔다. 민간 영역에서는 성공창업가 등이 자기 자본과 전문성을 활용하여 스타트업을 우수벤처로 육성하는 엑셀러레이터[4] 모델이 점차 확산되고 있다. 이들은 초기투자뿐만 아니라 사업의 파트너로서 참여하여, 스타트업이 가질 수 없는 경험과 노하우, 그리고 수요처를 연계하여 시장진입을 원활히 할 수 있도록 지원한다.[5]

미국의 Y-Combinator와 TechStars, 독일의 GSVA, 그리고 핀란드의 The Startup Sauna 등이 대표적인 해외 선진 엑셀러레이터들이다. 이들은 공정한 선발체계, 조기투자를 통한 스타트업의 생존율 향상, 단순 투자자가 아닌 사업의 동반자라는 인식을 심어줄 수 있는 지원 방향성, 차별화된 멘토링 프로그램, 그리고 전문성이 검증된 멘토풀mentor pool 등의 핵심역량을 갖추고 있다. 단기간 집중교육과 관리체계를 통해 스타트업이 시장진입과 지속적 성장을 위한 역량을 확보하는 데 초점을 두고, 상담 대신 문제해결과 이슈를 풀어나갈 수 있는 코칭 형태로 육성 프로그램을 운영하고 있다.

엑셀러레이터의 접근법은 기존의 벤처캐피탈이나 창업보육센터와는 다르게 스타트업의 육성을 위한 전략적 접근법이다. 이들은 소규모의 초기 투자를 통해 빠르게 스타트업 서비스와 제품의 시장진입을 성공한 후 투자자가 보유 및 형성하고 있는 글로벌 네트워크를 통해 일정 규모 수준으로 성장시킬 수 있도록 대규모 자금이 다시 투입될 수 있는 구조로 설계하여 운영하고 있다.

2010년대 스타트업들은 사업 초기부터 글로벌 시장을 사업영역으로 정하는 한편 최소투자를 통해 빠른 시간 내에 비즈니스 모델의 성공을 확보하는 방향으로 사업전략을 수립하고 있다. 이들은 글로벌 시장을 목표로 비즈니스 모델을 설정하고 전 세계의 스타트업 또는 선도기업과의 상호결합을

4 엑셀러레이터는 법인 및 개인투자자로부터 자본을 투자받아, 스타트업에 대하여 지분투자와 멘토링/교육을 제공하고, 이에 대한 대가로 회사의 지분을 취득하게 된다. 이후 시장에 성공적으로 안착한 졸업 스타트업을 대상으로 지분매각과 배당을 통해 투자금을 회수하게 되는 비즈니스 모델이다.

5 이하 한국생산성본부, 엑셀러레이터 성과분석 시스템 구축과 제도적 기반조성 연구, 2014를 참조하여 작성하였음.

통해 창의적 아이디어를 확보하는 생태계 형성 전략을 사용하고 있다.

새로운 사업환경을 형성하고, 경쟁력을 확보하기 위해서는 창업하기 전 비즈니스 모델과 핵심기술의 글로벌 성공을 직접 멘토링할 수 있는 파트너십 형태의 투자 전략이 요구된다. 이와 병행하여 소규모의 초기투자를 통해 빠르게 스타트업의 서비스와 제품의 시장진입을 성공한 후 투자자가 보유 및 형성하고 있는 글로벌 네트워크를 통해 일정 규모 수준으로 성장시킬 수 있도록 대규모 자금이 다시 투입될 수 있는 형태로 변화됨을 의미한다.

국내는 일부 성공창업가 및 선도벤처 등을 중심으로 20여 개가 운영 중이다. 이들은 해외 선진 엑셀러레이터가 약 8년 이상 정도인 것에 비해 3년 정도로 짧은 업력으로 아직 질적 · 양적으로 초기 단계에 머무르고 있는 것으로 판단된다. 한국정부는 해외 네트워크를 확보하고 있는 글로벌 엑셀러레이터와 국내 중소기업의 글로벌화를 지원하는 정책을 추진 중에 있다. 이와 함께 2013년 시작한 TIPSTech-incubator Program for Start-up라는 민관협력형 엑셀러레이터 프로그램을 통하여 우수한 혁신기술 창업을 촉진하고 있다.

나. 린스타트업

린스타트업은 실리콘 밸리의 벤처사업가 에릭 리스Eric Ries가 자신의 사업경험을 바탕으로 벤처기업의 성장을 돕기 위해 새롭게 고안한 방법론으로 "아이디어를 빠르게 최소요건제품 MVPminimum viable product로 제조한 뒤 시장의 반응을 통해 다음 제품 개선에 반영하는 전략"이다. 이러한 방법을 통하여 짧은 시간 동안 제품을 만들고 성과를 측정해 다음 제품 개선에 반영하는 것을 반복해 스타트업의 성공 확률을 높일 수 있다. 인원과 자본이 제한적인 벤처기업들이 낭비를 줄이고 반복적인 학습을 통해 혁신을 추구하기 위해 돕는 것이다. 비즈니스 가설에 따라 제품을 빨리 만들고, 고객의 반응을 측정해 실패의 원인을 찾는 과정을 반복함으로써 고객의 니즈를 이해하고, 사업의 성공가능성을 높이기 위한 것이다. 완전한 제품을 출시하느라 시간과 자원을 허비하기보다 최소한의 기능을 갖춘 제품을 만들어 고객의 평가를 받고 비즈니스 가정의 타당성과 문제점을 분석한다. 이를 통해 제품의 기능을 보완하거나 혹은 사업의 방향을 조기에 전환해pivot 실패의 부담을 줄일 수 있다. 드롭박스 등 린스타트업을 적용한 성공사례가 나타남에 따라 가장 효과적인 방법론으로 확산되어 왔다.

다. 유니콘 기업 현상

최근 벤처생태계의 새로운 현상 중의 하나는 유니콘unicorn 기업의 출현이다. 유니콘 기업이란 기업 가치가 10억 달러=1조 원 이상인 비상장 스타트업 기업을 말한다. 원래 유니콘이란 뿔이 하나 달린 말처럼 생긴 전설상의 동물로서 기업이 상장하기도 전에 기업 가치가 1조 원 이상이 되는 것은 마치 유니콘처럼 상상 속에서나 존재할 수 있다는 의미로 사용되었다. 2013년 여성 벤처 투자자인 에일린 리Aileen Lee가 처음 사용한 용어로서 2017년 말 현재 215개가 있으며 절반 정도인 108개가 미국기업이며 58개가 중국기업이다. 미국의 우버, 에어비앤비, 핀터레스트, 슬랙, 에버노트, 중국의 샤오미, 디디추싱, DJI, 한국의 쿠팡, 넷마블 등이 있다.

중국이 유니콘 기업의 강자로 부상하고 있다. 2017년 한 해 동안 16업체가 기업가치 1조 원 이상으로 평가받아 새롭게 유니콘으로 등장했다. 같은 기간 미국의 신규 유니콘은 18업체였다. 비상장 스타트업 중 기업가치가 가장 높은 기업은 미국의 차량공유 서비스 업체 '우버약78조 원'였다. 2위는 중국판 우버 '디디추싱약57조 원', 3위는 중국의 IT 기기 제조업체 '샤오미약53조 원'다.

현재 미국에서는 유니콘 기업의 가치에 대해 버블논쟁이 있다. 플레이비거의 연구에 의하면 2012~2015년에 설립된 회사들은 2000~2003년에 설립된 회사들보다 두 배 빨리 기준 시가총액에 도달했다. 오늘날의 스타트업은 10년 전에 설립된 스타트업보다 두 배 가량 빠르게 성장하고 있다는 뜻이다. 투자자들이 유니콘 주식에 필요 이상으로 돈을 지불하면서 유니콘 기업들의 시가총액을 부풀리고 있다는 주장이다. 이러한 비판이 있지만 새로운 현상으로서 글로벌 산업과 경쟁 구도에 심대한 영향을 미치는 현상으로서 주목해야 할 것이다.

Ⅱ. 한국의 벤처생태계

1. 벤처활성화를 위한 제도적 기반 구축

우리나라에서 벤처기업이란 용어가 본격적으로 사용된 것은 1997년 「벤처기업육성을 위한 특별조치법」의 제정 이후다. 정부는 1986년 창업지원법의 제정에 의하여 창업투자회사벤처캐피탈를 설립하도록 하여 벤처기업[6]의 창업을 활성화하고자 하였다. 이러한 노력은 뚜렷한 성과를 나타내지 못한 가운데 90년대 중반까지 침체상태를 벗어나지 못했다.

우리나라의 벤처가 본격적인 발전의 전기를 맞게된 것은 1996년 코스닥의 설립과 함께 벤처기업에 대한 투자붐이 일어나기 시작하면서부터이다. 그러나 1997년 말 IMF 경제위기로 인하여 코스닥시장은 극도로 침체되었다가, 1999년 4월부터 시장이 활성화되더니 연말에는 과열현상까지 보이게 되었다. 2000년 후반부터 주가의 폭락과 함께 코스닥이 다시 침체국면으로 접어들면서 벤처생태계 전반적인 위기가 닥쳐왔다.

2000년 초 코스닥의 폭락과 함께 투자자의 막대한 손실 및 일부 벤처의 정관계 로비 등이 언론을 통해 알려지면서 벤처에 대한 사회적 인식이 부정적으로 변했다. 벤처에 대한 불신은 투자를 위축시키고 창업생태계의 발전을 저해하게 되었다. 그러나 2000년대 중반 이래 벤처창업을 활성화하고자 하는 정부의 노력은 지속되었다. 2005년 벤처재도약정책을 추진하였고,

6 그 당시 정책적인 용어는 기술집약형 또는 기술집약적 중소기업이었다.

2013년 창조경제활성화정책을 추진하면서 벤처창업과 성장을 핵심전략으로 삼았다. 현 정부에서도 혁신성장의 핵심이 벤처창업 활성화이다. 이는 우리나라의 경제 · 사회적 조건이나 국제적인 환경을 볼 때, 첨단기술 발전을 통한 국가경쟁력 강화, 새로운 고용의 창출, 지속적 경제성장을 실현하기 위해서는 벤처창업 활성화가 절실하게 요구되고 있기 때문이다.

한국의 벤처생태계는 여러 가지 문제점을 가지고 있지만, 새로운 변화를 주도하고 있는 것도 사실이다. 가장 대표적인 것이 전문인, 청년, 여성 등 새로운 벤처기업가 집단이 등장한 것이다. 또한 창업자본 조달형태의 변화, 창업지원 인프라의 발전, 공격적인 해외진출 등이 이루어지고 있다. 이러한 변화는 새로운 창업 생태계의 흐름으로서 향후 우리나라 창업문화의 변화를 만들어 내고 있다.

표 1-1 한국 벤처생태계의 새로운 변화

주요 변화	내 용
새로운 유형의 벤처기업가 집단 출현	• 전문인창업(교수, 연구원) • 청년창업(20대, 30대) • 여성창업
창업자본 조달 형태의 변화	• 지분출자 • 창업기의 자금조달 용이(start-up financing)
지원 인프라의 구축	• 창업보육 • 엑셀러레이터 • 창업 교육/컨설팅
공격적 해외 진출	• 창업 초기단계에서 해외시장 진출(born global) • 해외직접투자, 기술습득, 네트워크 구축 • 신속한 현지화(localization)

2. 한국 벤처생태계의 발전과정

우리나라의 벤처현상을 이해하는 데 생태계ecosystem라는 개념이 유용하다. 어떤 지역이나 사회에 특정한 유형의 기업이 활발하게 나타나는 것은 거기에 적합한 기후나 토양 등 생태학적인 조건이 있기 때문이다. 생태계란 특정한 동식물이 생성되고 소멸되는 순환적 시스템으로서 생태계의 적합성이 있어야만 특정 동식물이 번성할 수 있다. 이와 마찬가지로 기업생태계도 특정유형 기업군의 생성과 발전 및 퇴출이 원활하게 이루어지는 시스템을 의미한다.

벤처기업이 번성할 수 있는 생태계는 벤처에 필요한 지식, 정보, 인력, 자금이 원활하게 공급되는 시스템이다. 벤처생태계의 핵심이 되는 구성요소는 벤처기업, 벤처캐피탈 그리고 회수시장이다. 벤처기업은 벤처생태계의 주체이자 부가가치 창출의 원천이다. 벤처캐피탈은 벤처기업에 투자하여 수익을 올리는 기관으로서 벤처기업의 창업과 성장을 돕기 위해 전문투자자들이 조성한 자금을 벤처기업에 투자하는 기능을 담당하고 있다. 회수시장은 미국의 나스닥, 우리나라의 코스닥과 같은 주식거래시장이나 M&A인수합병시장 등을 말한다.

벤처생태계에는 이러한 핵심요소를 지원하는 기반요소가 필요하다. 대학을 포함한 교육기관, 연구소, 창업보육센터, 법률회사, 컨설팅사 등이 여기에 속한다. 대학 및 연구소는 기술 및 인력유입의 주요 공급처가 되며, 법률회사 및 컨설팅사의 전문서비스는 성공적인 창업과 사업성장에 도움을 준다. 창업보육센터나 사이언스 파크science park[7]는 기술을 사업화하고 창업초기 실패위험을 줄이는 데 기여한다.

벤처생태계를 형성하는 또 다른 요소는 정부나 해외벤처 같은 외부요소다. 정부의 역할은 주로 벤처생태계의 기반요소를 지원하여 벤처육성의 토양

7 대학, 연구소, 기업계의 산학협동을 촉진하기 위해 대학 구내나 지역사회에 조성된 대단위의 연구소, 기업의 집적단지를 말한다.

을 형성하는 역할을 한다. 해외벤처는 우리나라 벤처기업에 투자하거나 전략적 제휴를 통하여 해외진출을 하는 데 중요한 기능을 담당하고 있다.

가. 태동기 1980년대-1995년

우리나라 벤처생태계의 태동기는 80년대 초부터 시작해서 96년 코스닥이 설립되기 직전까지로 볼 수 있다. 이 기간 동안 1세대 벤처기업이라고 할 수 있는 큐닉스, 메디슨, 비트컴퓨터, 미래산업 등이 출현하였다. 우리나라 최초의 벤처기업으로는 큐닉스를 꼽는다. 그 당시 KAIST 이범천 교수가 30대 초반의 나이로 창업을 했다. 83년에 인하대학교 재학생이었던 조현정이 창업한 비트컴퓨터, 정문술이 창업한 미래산업, 85년에 이민화가 창업한 메디슨 등이 태동기 벤처생태계의 선두주자에 속한다. 이외에도 양지원 공구, 삼보컴퓨터, CAS 등이 있다. 벤처기업가의 세대구분에서는 이들을 1세대로 구분하기도 한다.

80년대 후반 벤처 2세대라고 불리는 핸디소프트의 안영경, 터보테크의 장흥순, 퓨처시스템의 김광태, 휴맥스의 변대규 등이 나타나게 된다. 한글과컴퓨터, 두인전자, 가산전자 등도 여기에 속한다. 이들의 창업시기는 몇 년 늦지만 1세대와 비슷한 여건에서 창업되어 같은 세대로 구분될 수 있다.

이 기간 동안 벤처금융은 매우 빈약했었으며, 창업지원법 제정이후 처음으로 민간 벤처캐피탈이 만들어지기 시작했다. 80년대 말까지 50여 개의 벤처캐피탈이 만들어졌으나 대부분은 실질적인 벤처캐피탈로서의 역할을 제대로 수행하지 못했다. 주된 이유는 투자할 만한 우수한 벤처기업이 많지 않았으며 투자회수시장이 빈약했기 때문이다. 벤처캐피탈이 벤처기업에 투자를 하는 주목적은 기업가치의 상승에 따른 자본이득capital gain때문이며, 이를 실현하는 수단으로 M&A와 IPO최초주식공개가 활용된다. 그러나 코스닥이 설립되기 전까지 회수시장은 열악했다. 장외시장이 있었지만 거래량이나 거래종목이 빈약하여 유명무실한 상태였다. 그 결과 창업투자회사는 본질적인 벤처캐피탈의 역할을 하지 못하고, 약정투자[8]나 융자의 비중이 커지게 되어 벤처기업 입장에서는 불만의 대상이 되었다.

표 1-2 벤처생태계의 진화과정

구 분	주요 특성
태동기 (1980년대-1995년)	• 1세대 벤처기업 출현 • 창업지원법(1986)에 의한 민간 창 · 투 설립 • 회수시장 부재 • 벤처창업에 대한 낮은 사회적 인식
기반 구축기 (1996년-2000년)	• 회수시장(KOSDAQ)의 형성 • 벤처 육성을 위한 제도적 환경 구축 • 벤처스타 등장 • IMF 경제위기 이후 새로운 성장엔진 • 사회적 자원의 벤처 이동
조정기 (2001년-2012년)	• 정부지원의 역기능에 대한 비판 • 시장중심의 벤처확인제도 • 모태펀드 조성 • 거품 이후의 침체기(post-bubble effect)
재활성화기 (2013년 이후)	• 창업벤처자금 선순환 생태계 조성 • 민간투자 주도형 기술창업 활성화 • 창업자 연대보증 면제 확산 • 혁신성장 펀드 조성

이러한 상황에서 창업투자회사도 수익성이 저하되어 부실화되었다. 창업투자회사는 경영난 타개를 위하여 정부에 정책적인 지원을 요청하게 되었다. 투자대상 기업의 업력을 완화하거나 팩토링 등 금융업 비중을 확대해 주기를 요구했다. 또한 벤처주식의 거래를 위한 3부시장의 개설을 요구했다. 정부는 처음에 이를 거부하다가 창업투자회사의 경영난이 심각해지자 업력

8 약정투자란 벤처캐피탈이 벤처기업에 투자하면서 이면계약을 통하여 원금의 회수나 일정 수준의 이자를 보장받는 편법적인 투자방식을 의미한다. 따라서 명목상은 투자이지만 실질적으로는 융자와 유사한 형태의 투자다.

확대를 허용해 주게 되었다. 태동기 벤처생태계의 가장 큰 문제는 벤처창업에 대한 낮은 사회적 인식, 자금조달의 어려움, 회수시장의 부재였다고 볼 수 있다.

80년대 벤처창업 현상이 나타난 원인을 보면 우선 70년대부터 과학기술에 대한 투자가 확대되고 축적된 기술이 있었기 때문이다. KAIST를 비롯한 국공립 연구소, 대학 등이 배태조직incubating organization[9]으로서 기능을 하였다. 정부는 기술개발 투자를 활성화하기 위해서 국공립연구소 중심의 기술개발에서 80년대 민간 기술개발을 촉진하기 시작했다. 그 결과 민간연구소의 설립이 활발해지고 기술개발 투자가 증가하면서 기술력이 향상되어 왔다. 또한 기술개발을 위한 산학협동도 활발해졌다. 이러한 여건이 있었기 때문에 창업아이템이 PC, 반도체 장비, 소프트웨어 등 당시의 첨단기술 분야가 주축을 이루게 된 것이다. 산업기술 투자가 증가하면서, 이에 기반을 둔 기술집약형 중소기업의 창업현상이 나타난 시기였다.

나. 기반구축기 1996년-2000년

우리나라 벤처생태계의 진화과정에서 획기적 전환점은 96년 코스닥의 설립과 97년 「벤처기업 육성을 위한 특별조치법」의 제정이다. 그 이전에는 벤처투자의 회수기능이 빈약하여 벤처캐피탈의 흐름이 원활하지 못했다. 벤처기업은 일반 중소기업과 별 차이 없이 자금조달의 어려움 속에서 성장해 왔다. 코스닥은 이러한 구조를 단기간에 바꿔 놓았다. 또한 벤처육성법의 제정은 제도적 기반을 구축하는 데 지대한 공헌을 했다.

벤처기업협회를 중심으로 제시된 벤처기업 육성정책이 정부에서 받아들여지면서 벤처발전을 위한 기반의 하부구조가 갖추어지기 시작했다. 정부는 벤처기업 발전의 주도적 역할을 하면서 여러 가지 법적 제약을 해결해 나갔

9 배태조직이란 벤처창업자가 창업이전 몸담았던 대학, 연구소, 대기업 등을 의미한다. 이러한 기관에서 잠재적인 벤처창업자가 자신이 습득한 기술역량이나 사업아이디어를 가지고 나와서 창업을 하는 경우가 많다. 이러한 현상을 파생창업(spin−off)라고 한다.

으며, 그 시기에 벤처전문 컨설팅사, 법률지원기관들이 만들어지기 시작했다. 그리고 엔젤투자자들의 출현으로 개인들이 벤처투자에 대한 관심을 갖게 되었으며, 벤처캐피탈도 경영개선과 역량강화를 이루었다. 대학도 창업보육센터나 사이언스 파크의 설립을 통하여 제도적으로 벤처기업을 양성하는 노력을 보이게 되었다.

당시 대학이나 기업, 국책연구소들은 창업을 지원하는 풍토가 아니었다. 96년부터 벤처산업협회는 임원들을 중심으로 각 대학을 순회하며 창업을 촉진하는 벤처창업 로드쇼를 개최하기 시작했다. 이 행사는 대학에서 열렬한 호응을 받으면서 대학 내 창업인식을 제고하는 데 기여하였다. 실제로 벤처기업이란 용어조차 생소할 당시 이 행사는 대학가에 붐을 일으키는 계기를 만들었다. 창업로드쇼에 자극을 받은 학생들과 연구원들은 창업동아리를 만들었다. 그 결과 99년 말 기준 중소기업청이 자금을 지원한 창업동아리가 126개에 이르렀다.[10]

제도적인 인프라를 구축하는 데 지대한 기여를 한 것은 벤처기업 육성을 위한 특별조치법의 제정이다. 1997년 벤처기업 육성을 위한 특별법이 제정되었다. 법에 의한 벤처기업의 기준은 1) 투자조합을 포함한 벤처금융이 해당기업 자본금의 10% 이상을 투자한 중소기업, 2) 매출액 대비 연구개발비 비중이 5% 이상인 중소기업, 3) 특허권, 실용신안권, 의장권 등을 주된 부분으로 사업화한 중소기업, 4) 공업기반 기술개발사업의 성과를 사업화하거나 신기술의 사용 또는 지식을 집약하는 사업으로 대통령령이 정하는 사업을 영위하는 기업 등이다.

99년에 벤처생태계는 급격한 변화를 겪기 시작했다. 이러한 변화를 주도한 핵심동인은 코스닥의 급팽창으로서 벤처로의 자원이동 가속화를 가져왔다. 벤처열풍이 불면서 거품논쟁이 나타나기 시작했다. 이러한 열풍에 대한 후유증을 우려하는 목소리들도 나오기 시작했다. 대학에서는 실험실 벤처

10 김명수(2000); 중소기업청의 최근 자료(2002년 9월말)에 의하면 222개 대학에 518개 동아리가 결성되어 있다. 동아리 회원 학생 수는 12,000명에 이르렀다.

가 나타나기 시작했다. 코스닥이 활성화되면서 해외벤처캐피탈이나 펀드가 들어오고 엔젤이 크게 활성화되면서 투자조합이 많이 늘어났다. 벤처캐피탈이 양적으로 증가하였고 투자도 증대되었으며 특히 유능한 인재가 벤처로 대거 이동하였다.

언론에서는 '벤처열풍'이라는 표현과 함께 지나친 급팽창을 우려한 '벤처거품'이라는 용어가 함께 사용되었다. 가장 대표적인 현상은 코스닥의 급팽창과 선도적 벤처기업 주가의 급상승이다. 99년 한 해 동안 코스닥의 규모가 13배로 성장했다. 99년의 거래량은 96년보다 50배정도 증가한 50조 원대를 기록했다. 98년보다도 8배 늘어난 액수다. 코스닥지수도 급상승하는 곡선을 그렸다. 특히 99년에만 240% 상승했다.

코스닥의 급팽창은 벤처창업과 투자열기를 불러일으켰다. 벤처투자조합의 결성이 증대하였다. 98년 67개 창업투자회사의 총투자금액은 6,571억 원에서 코스닥시장이 활성화되기 시작한 99년에는 1.2조 원으로 증가했고 창업투자회사의 수도 91개로 늘어났다. 창투사의 투자조합 결성도 98년의 12개 755억 원에서 99년에는 81개 4,559억 원으로 5배 증가했다. 중소 · 벤처기업은 99년 한 해 동안 유상증자와 기업공개를 통해 5.7조 원의 자금을 조달하여 등록기업 성장을 통한 한국경제 회복과 일자리 창출에 기여했다.[11]

기반구축기의 가장 큰 특징은 대규모 벤처캐피탈 시장의 형성이다. 이와 같이 코스닥시장에 자금이 몰리게 된 원인은 IMF금융위기로 인하여 위축됐던 투자심리가 위기극복의 조짐과 함께 되살아나면서 부동산 경기침체, 저금리 등의 요인에 의해 코스닥시장으로 몰리게 된 것이다. 신경제에 대한 기대 속에서 하이테크, 인터넷 관련 기업의 주가가 폭등하고 여기에 작전세력까지 가세하여 투기장세가 형성되었다. 유동성이 풍부해진 자금시장으로 인하여 창업붐이 일어나고, 단기간에 고수익의 실현이 가능하다는 기대 속에서 자금과 인력이 몰리는 현상이 나타난 것이다.

11 유시왕, 「코스닥의 역할과 미래」, 한국벤처생태계진단, 삼성경제연구소, 2000.

또 다른 특징은 우수인력의 벤처이동이다. 인력의 이동은 벤처붐의 결과이기도 하지만 새로운 붐을 일으키는 동인이 되기도 한다. 벤처로의 인력이동이 활발해진 이유는 성공모델의 출현이다. 1세대 벤처기업인들 가운데 성공모델이 나타나면서 언론의 조명을 받기 시작했다. 새로운 스타가 탄생하기 시작한 것이다. 코스닥의 붐과 함께 주가기준으로 평가된 벤처기업인의 개인자산이 재벌기업의 회장을 능가하는 현상이 초래되면서 일반인들의 인식변화와 함께 가치기준이 변화하기 시작했다. 구조조정과정에서 상대적으로 매력을 잃기 시작한 대기업에 대한 대안으로서 벤처가 각광을 받게 되었다.

정부는 벤처기업 확인제도를 도입하여 벤처기업에 대한 객관적 평가기준을 적용하고 세제와 금융의 혜택을 부여하였다. 특히 98년 경제위기속에서 창업자금의 공급을 늘려서 창업붐을 일으키는 데 기여했으며, 신용보증한도를 확대하여 자금난에 몰린 벤처기업의 생존을 지원했다. 스톡옵션, 벤처기업의 연구인력에 대한 병역 특례 등은 인적자원의 공급에 크게 기여했다. 지역별 창업보육센터의 설립 및 실험실 창업제도의 도입 등도 창업활성화에 크게 기여했다.

정부가 적극적인 역할을 하게 된 이유는 IMF 경제위기로 인한 대량실업에 대한 대응책인 창업활성화정책과 맞물렸기 때문이다. 이 기간 동안 정부주도의 벤처정책은 긍정적 효과와 함께 비판적 여론을 형성하였다. 정부가 벤처에 대해 강조를 하다 보니 대기업과 중소기업은 소외감을 느끼면서 반벤처정서를 나타내게 되는 부작용을 낳게 되었다. 또한 시세차익을 노린 작전세력의 개입을 효과적으로 차단하지 못하여 코스닥을 투기시장화하여 결과적으로 코스닥 폭락이라는 사태를 가져오게 되었다. 경영투명성이 결여된 벤처캐피탈이나 벤처정신이 결여된 벤처기업도 사태악화의 원인이 되었다. 이러한 요인들은 벤처생태계 전반에 신뢰를 상실하게 하여 급격한 조정기를 맞게 되었다.

다. 조정기 2001년-20012년

2000년 후반에 이르러 벤처생태계에 심각한 어려움이 닥치기 시작했다. 이는 코스닥의 폭락과 함께 벤처자금시장의 침체현상이 나타나면서 벤처창업이 둔화되기 시작했다. 이는 벤처만의 문제가 아닌 경제전반적인 불안이 벤처생태계에 부정적인 영향을 미쳤기 때문이다. 2000년 3월 290이라는 최정점에 이르렀던 코스닥 지수는 4월부터 급락하기 시작하여 연말에 50대까지 내려가게 되었다. 활발한 투자를 보이던 인터넷 기업에 대한 실망감이 고조되면서 벤처자금이 고갈되기 시작했다. 프리 코스닥[12]과 코스닥에 50조 가까운 자금이 묶이면서 경제전반에 부정적인 파급효과를 미쳤다. 벤처에 투자한 개인자산의 손실은 소비의 위축과 함께 사회전반적인 활력을 떨어뜨렸다. 자금유동성 저하는 벤처기업의 자금사정을 악화시켜 도산의 위험이 높아지게 되었다.

개인의 유동성도 심각한 문제가 되었다. 코스닥에 참여한 대부분 투자자는 투자자산의 가치가 급속도로 축소됐다. 정부는 해결대안으로 벤처 주식의 물량공급을 제한하고자 코스닥의 등록심사를 강화시켰다. 그러나 코스닥 주가폭락의 본질적 이유는 99년 버블기에 급등한 주가가 조정되는 과정에서 나타난 현상이다. 고평가는 자금의 공급과잉과 함께 벤처주식의 미래가치에 대한 지나친 낙관적 기대심리 때문이었다. 인터넷 인구의 폭발적 증가세는 서부개척 시대의 골드러시처럼 사람들에게 높은 기대심리를 갖게 했다. 그러나 나스닥에서의 닷컴기업의 주가하락과 함께 닷컴기업의 수익모델이 불분명해 미래가치에 대한 회의론이 나오면서 전반적인 저평가로 돌아서게 되었다.

벤처붐은 벤처기업으로의 인력이동을 활발하게 하였다. 그러나 주가하락으로 부에 대한 환상이 깨지면서 벤처기업 종업원들이 근로조건 및 처우개선을 요구하는 경향이 높아지고 있다. 벤처의 열악한 근무환경을 문제 삼

12 코스닥에 등록되지 않은 벤처에 투자된 자본을 총칭함.

고 일반기업과 동등한 처우개선을 요구하는 가운데 노동조합이 결성되기도 했다.

벤처조정기가 진행되면서 그간 벤처열풍 속에서 불건전한 행태들이 속속들이 노출되면서 사회적 불신과 비판을 초래했다. 조정기를 극복하고 벤처가 지속적으로 발전하기 위해서는 코스닥 및 벤처기업을 비롯한 벤처생태계 전반에 대한 신뢰가 회복되어야 한다. 정부는 코스닥시장의 진입장벽을 강화하고 동시에 퇴출장벽은 완화시키고 있다. 기업공시에 대한 책임의무 강화 등 제도적 기반을 개선함으로써 시장건전성을 회복하고자 하는 노력을 보이고 있다.

벤처의 침체가 장기화되자 정부는 2004년 말 벤처재도약을 위한 정책 대안을 마련했다. 핵심적인 내용은 자금공급의 원활화를 위해서 벤처캐피탈과 코스닥에 대한 규제를 대폭 완화하고, 모태펀드fund of funds[13]를 만들어서 자금공급을 늘리고자 하는 것이다. 그 밖에 창업보육기능 활성화, 창업초기 기업에 대한 투·융자확대, 대·중소기업 간 공정거래제도 개선, 벤처기업의 수출역량강화, 구매조건부 기술개발지원 등의 내용이 포함되어 있다.

벤처재도약정책에는 그간 논란의 대상이 되어왔던 벤처확인제도를 자본시장친화적인 것으로 변화시킨 조치가 포함되어 있다. 벤처확인을 벤처캐피탈, 기술보증기금, 중소기업진흥공단 등 자금지원이나 투자를 받은 기업으로 한정하였다. 이러한 정책전환은 자본시장의 선별기능을 중시한 벤처정책으로 전환을 한 것이라 볼 수 있지만 과도하게 보수적인 벤처생태계를 조성했다는 비판도 있다.

2006년 벤처캐피탈 선진화 방안을 만들고 모태펀드를 운영하기 위한 한국벤처투자KVIC를 설립했다. 정부는 2007년 6월에 '벤처기업 육성을 위한 특별 조치법'을 10년 연장하였다. 2008년에 대학 및 연구기관의 기술창업지

13 2005~2008년까지 1조 원 규모의 중소기업투자 모태조합을 조성해 창업, 지방, 바이오 등 민간투자가 취약한 분야에 대한 투자활성화를 촉진하고자 하는 것임. 정부는 조합에 출자를 하고 펀드의 투자는 벤처캐피탈이 담당하도록 함.

원, 1인 창조기업 지원 등 혁신형 중소기업 육성과 건전한 벤처생태계를 조성하는 데 주력했다. 2011년부터는 청년창업활성화를 위한 정책을 추진하였는데 이를 위해 청년창업사관학교를 개소하였다.

이 시기에 실패한 기업인의 재기를 지원하는 제도가 도입되었다. 2005년 벤처부활제도가 만들어져 실패한 벤처기업인들에게 재기의 기회를 주고, 기술 · 경험 등 사회적 자산의 사장을 방지하기 위해 기술보증기금을 중심으로 '벤처재기보증'을 시행하였다. 이후 2010년에는 구상채권을 변제하지 못한 기업이나 동 기업의 기업주가 별도로 영위하는 기업을 대상으로 하는 '재도전기업주 재기지원보증'을 도입하였다. 이와 함께 2010년부터 중소기업진흥공단이 중소기업청으로부터 연간 200억 원의 예산을 확보하여 '재창업자금 지원사업'을 시행하게 되었다.

라. 재활성화기 2013년 이후

2013년 창조경제를 실현하기 위한 경제패러다임의 변화가 추진되면서 벤처창업은 경제정책의 핵심으로 부상되었다. 한국은 지난 50년간 선진국의 기술과 제품을 모방 응용하는 추격형fast follower 성장전략을 추구하면서 탁월한 성과를 실현하였다. 그러나 이러한 전략이 한계에 직면함에 따라 창의성을 중심으로 하는 선도형first mover 경제로의 전환이 필요해졌다. 창조경제란 상상력, 창의성과 과학기술에 기반한 새로운 지식과 기술을 창출하고, 문화컨텐츠와 ICT의 혁신적 융합을 통해 새로운 산업과 시장, 새로운 일자리를 만드는 경제를 의미한다.

이를 실현하기 위해 먼저 벤처 투자의 선순환 촉진방안이 마련되었다. 창업성장단계에서 자금조달을 융자에서 투자중심으로 전환하기 위하여 엔젤투자의 활성화정책이 마련되었다. 투자인센티브를 부여하기 위해 1,500만 원까지 100%, 5천만 원까지 50%의 소득공제를 제공하였으며, 공제가능대상도 벤처기업뿐만 아니라 기술성 평가를 통과한 3년 미만 창업기업으로 확대하였다. 자본, 경험, 노하우를 갖춘 성공벤처기업인 등을 전문엔젤로 지정하여 정부 R&D를 연계지원하는 정책을 수립했다. 투자수익의 조기 회수를 촉진하기 위해 기술혁신형 M&A 시 거래가액 중 기술가치 금액의 10%를 법인세에서 공제하고, 주식 매각 대금을 재투자 시 처분시점까지 양도소득세 과세를 이연하여 재투자에 대한 인센티브를 제공하였다.

고급 기술인력의 창업을 촉진하기 위해 민간투자 주도형 창업프로그램 TIPS을 신설하여 3년간 10억 원의 자금조달을 받을 수 있도록 하였다. 이를 통해 창업 초기단계에서 투자 중심의 자금조달을 통해 실패부담을 완화하고, 기대수익의 가능성을 높이도록 하였다. 우수인재 유입을 위하여 스톡옵션 과세를 완화하고, 교수, 연구원 창업휴직 기간을 3년에서 5년으로 확대하였다. 벤처확인도 재무성 평가를 없애고 기술과 혁신 능력 중심으로 전환하여 기술력 있는 벤처의 시장유입을 촉진하도록 했다.

재도전이 원활한 환경조성을 위하여 창업자 연대보증 면제 확산을 추진했다. 중소기업진흥공단, 신용보증기금, 기술보증기금 등과 같은 정책금융 분야에서 우선 실시하여 민간금융 영역으로 확대하고 있다. 융자상환금 조정형 창업자금제도를 도입하고, 중소기업 회생제도를 간소화하는 등 사업실패의 개인적 부담을 완화하였다. 재도전 패스트트랙을 구축하여 사업정리, 신용회복, 재창업 지원 등 재도전 전반의 우대방안을 마련했다.

이러한 정책의 결과 2014년 신설법인이 8만 개를 돌파하였고, 부도법인 수 대비 신설법인수로 측정하는 창업배율도 137.9로 사상 최대치를 기록했다. 벤처투자 펀드도 2조 5천억 원이 결성되었으며, 투자액도 1조 6천억 원에 이르는 등 긍정적인 시장의 반응이 나타났다. 이는 전년 대비 각각 61.9%, 18.4% 증가한 결과이다. 엔젤투자자도 2011년 말 등록을 시작한 이래 매년 2천명이 등록하여 2015년 2월말 현재 약 7,600명이 활동하고 있다. 창업환경 순위도 13년 34위에서 14년 17위로 향상되었다. 이러한 긍정적 성과가 나타난 반면, 기회형 창업은 아직도 OECD 국가 중 최하위 수준에 머물러 있으며, 창업 5년차 생존율은 30% 수준유럽 47%, 미국 43%이어서 창업실패의 위험이 상대적으로 높은 수준이다.

2017년 문재인 정부의 출범이후 혁신성장 정책을 추진하기 위하여 벤처생태계를 혁신하기 위한 방안을 제시했다. 혁신창업 친화적 환경을 조성하고 벤처투자자금을 획기적으로 증대할 계획이다. 3년 동안 10조 원의 혁신모험펀드를 조성하여 성장단계별로 투자를 확대할 계획이다. 벤처확인 제도도 전면개편하여 민간 주도로 전환하여 연구개발 유형과 신기술 성장기업들의 벤처확인을 촉진할 계획이다. 10년 전에 폐지되었던 스탁옵션 비과세 제도를 부활시키고 엔젤투자 소득공제도 3,000만 원까지 100% 공제혜택을 받도록 했다. 대기업과 중견기업의 우수인력이 혁신창업에 나설 수 있도록 지원프로그램도 운영할 계획이다. 대학교수, 전문인력의 창업을 촉진하기 위해 TIPS 방식을 확산할 정책도 제시했다.

3. 우리나라 벤처창업의 촉진요인과 저해요인

우리나라는 90년대 벤처창업의 시대적 흐름을 적기에 타는 데 성공하면서 벤처창업이 활성화되었다. 이러한 현상을 가져온 핵심 요인은 80년대 후반과 90년대 초반에 다수의 성공모델이 출현했고, 언론이 이를 집중 조명함으로써 벤처 스타들이 등장했기 때문이다. 정부의 정책적 지원에 힘입어 벤처캐피탈과 투자자의 주요 회수시장인 코스닥이 발전했다. 특히 90년대 후반 벤처창업을 촉진한 것은 97년 IMF 금융위기가 촉발한 대기업의 구조조정에 의한 고용불안과 대기업이나 연구소에서 습득한 기술을 바탕으로 창업에 도전하는 파생형spin-off 창업의 활성화, 대기업의 아웃소싱의 활성화 등이다.

반면에 벤처창업 활성화를 저해하는 요인들도 여러 가지가 있다. 무엇보다도 사업실패 시 창업자가 부담해야 되는 비용이 크고, 실패 후 재도전을 어렵게 하는 법률과 금융 제도의 제약이 많다. 2000년대 초반 벤처버블이 꺼지면서 한때 명성이 높던 벤처스타들 가운데서도 이미 많은 실패사례가 나타나게 되었다. 그 후 10년간 한국의 벤처생태계는 침체시기를 거쳐 오다가 지난 정부 창조경제 정책 하에서 벤처생태계 활성화를 위한 다양한 조치들이 이루어졌다.

표 1-3 한국의 벤처창업 촉진요인과 저해요인

벤처창업 촉진요인	벤처창업 저해요인
• 성공모델의 출현	• 창업자의 높은 실패비용
• 정부의 정책지원	• 재도전을 제약하는 제도적 환경
• 벤처캐피탈의 성장	• 창업기업에 대한 낮은 사회적 인식
• 투자회수시장(코스닥) 형성	• 벤처캐피탈의 전문성 부족
• 대기업의 고용불안	• M&A 등 회수시장 활성화 미흡
• 파생창업(spin−off)과 아웃소싱 증가	• 내수시장 규모 한계

최근 5년간 창업이 활성화되고 있지만 아직도 창업에 대한 사회적 인식도가 낮은 가운데 민간투자와 회수 시장이 활성화되지 못하여 정부주도의 벤처정책에 대한 의존도가 높다. 코스닥의 장기침체를 벗어났으나 M&A 활성화 미흡으로 회수시장의 활성화는 아직도 취약한 상태에 있다. 전반적으로 내수시장 규모한계, 경제의 저성장세, 우수 인력의 창업시장 진입부진 등이 벤처창업 활성화의 저해요인으로 작용하고 있다.

토의주제

1. 한국의 경제상황에서 벤처기업의 역할과 중요성에 대해서 토의해 보자.
2. 한국 벤처창업의 촉진요인과 저해요인에 대해 논의해보고 벤처생태계 활성화 방안에 대해 토의해 보자.
3. 최근 벤처정책 변화의 주요 특성에 대해 생각해 보고, 이러한 변화가 가져올 수 있는 효과에 대해 논의해 보자

읽을거리

손재권, 「파괴자들」, 한스미디어, 2014.

에릭 리스, 「린스타트업」, 인사이트, 2012.

이남훈, 「찬스: 패러다임이 바뀌는 곳에 기회가 있다」, 위즈덤하우스, 2010.

이민화 · 김명수, 「한국벤처산업발전사 I」, 아르케, 2006.

장흥순 · 조현정 · 오완진, 「한국벤처산업발전사 II」, 아르케. 2006.

한정화, 벤처기업과 기업가정신, 「벤처기업 육성방안에 관한 연구」, 대한상공회의소, 1998.

한정화, 「한국벤처생태계의 진화과정과 미래전망」, 한국의 벤처생태계 진단, 삼성경제연구소, 2000.

ADL, 매일경제TV, 「세계를 사로잡은 그들은 시작부터 달랐다」, 매일경제신문사, 2014.

벤처기업의 성공과 실패

chapter

2

제 2 장 **벤처기업의 성공과 실패**

학습목표

1. 벤처기업의 성공요인에 대한 이해를 높인다.
2. 벤처기업의 실패요인에 대한 이해를 높인다.
3. ERIS 모델에 대해 학습한다.

Ⅰ. 벤처창업의 빛과 그림자

1. 벤처의 성공신화

한국어판 포브스Forbes 2005년 7월호에 한국의 대표적인 벤처부자들이 소개된 적이 있었다. 그 당시 게임업체인 넥슨의 김정주 사장, 주성엔지니어링의 황철주 사장 등을 비롯해서 대표적인 벤처기업의 대표이사나 대주주들이 이 중에 포함되어 있다. 업종을 보면 게임, 포탈 등 인터넷 분야, LCD 장비, MP3, 카메라폰 관련 IC, 보안S/W, 반도체 칩 설계 등 IT 분야가 가장 많다. 이밖에도 자동차 부품, 환경사업, 교육서비스, 엔터테인먼트, 의료기기 등 다양한 분야 사업도 포함되어 있다. 이들 중 연령별로 보면 50대도 일부 포함되어 있지만 대부분이 30대 후반과 40대에 속해 있는 기업인들이다. 이러한 성과를 놓고 볼 때, 벤처란 비교적 젊은 사람들이 새로운 분야에 도전해서 새로운 제품과 서비스 시장을 창출해서 사회에 새로운 가치를 제공하고, 그 결과로서 부를 축적하는 과정임을 확인할 수 있다.

10년 뒤인 2015년 코스닥 시가총액 상위 벤처기업을 보면 셀트리온, 메디톡스, 바이로메드, 코미팜 등 바이오와 헬스 관련 기업이 대거 포진해 있으며, 다음카카오나 컴투스 등의 IT 콘텐츠 업체들이 다수를 차지하고 있다. 2016년 매출 1천억 원을 넘는 벤처기업은 513개이며 최근 높은 성장세를 보이고 있는 업종은 IT, 방송서비스, 에너지, 의류, 정밀기계 등의 분야로서 지난 10년간 IT나 게임 등의 업체의 꾸준한 성장세와 함께 바이오와 헬스 관련 분야의 도약이 두드러지게 나타나고 있다.

미국의 경우도 빌 게이츠, 스티브 잡스, 마이클 델, 마크 저커버그 등 벤처사업 성공을 통하여 30대에 막대한 부를 형성한 기업가들이 즐비하다. 이들의 성공이 갖는 특성은 새로운 시장과 산업을 형성하면서 기업의 성공과 개인의 성공을 이루어 냈다는 것이다. 이들은 부와 함께 명성을 획득하여 성공의 표상으로 떠오르면서, 수많은 젊은이들이 꿈을 가지고 도전하게 하는 시대의 상징이 되었다.

중국도 최근에 알리바바의 마윈, 텐센트의 마화텅, 샤오미의 레이쥔 등의 성공신화가 나타나면서 청년들의 창업열풍이 불고 있으며, 중국 정부도 적극적인 정책지원을 펼치고 있다. 중국은 시장규모에서 미국을 능가하고 있으며 기술혁신정책도 공격적으로 추진하고 있기 때문에 이들의 창업열풍은 중국을 넘어서 글로벌 시장과 산업에 미치는 영향이 매우 클 것으로 예상된다. 한국은 이러한 영향을 가장 크게 받게 될 것이기 때문에 이러한 현상을 올바르게 이해하고 대응해야 할 시점이다. 이러한 흐름을 볼 때 벤처창업은 개인의 성공신화 차원이 아닌 국가 경쟁력과 글로벌 경쟁의 판도를 바꾸는 메가트렌드로 인식하고 국가전략 차원에서 적극적으로 대처해야 한다.

2. 실패경험의 자산화

미국은 벤처기업과 벤처캐피탈의 활동이 왕성하고, 실리콘밸리를 비롯한 벤처생태계가 잘 발전되어 있어서 전 세계 국가들의 벤치마킹 대상이 되어 왔다. 2005년 유럽연합EU에서 만든 보고서에 의하면 "왜 유럽에는 빌 게이츠가 나오지 않는가?"라는 질문에 대해, 실패에 대해 경직된 사회제도와 문화를 지적했다. 미국의 창의성과 도전정신은 실패에 대해 관용적tolerance for failure인 사회문화적 특성과 밀접하게 연관되어 있다. 실리콘밸리에서 벤처사업에 성공한 기업가들의 대다수가 한두 번의 실패를 경험했다는 사실로 미루어 봐도 실패경험의 창조적 활용이 매우 중요함을 알 수 있다.

2011년 벤처기업협회에서 벤처기업인과 전문가를 대상으로 '왜 한국에서는 페이스북을 창업한 마크 저커버그와 같은 기업가가 나오지 않는가?'라는 조사를 한 적이 있다. 조사 참여자들이 가장 중요하다고 응답한 것이 "실패에 대한 관용 문화의 부재"와 "재기 시스템 부재"였다. 2005년 EU의 경우와 같은 응답이었다. 지금 시점에서 "왜 한국에서는 테슬라를 창업한 엘론 머스크와 같은 혁신기업가가 나오지 않는가?"라는 질문을 던져도 유사한 답이 나올 것이다. 우리 사회의 우수한 전문인력이 실패를 두려워하지 않고 과감하게 도전할 수 있도록 하는 창업생태계의 조성 없이는 이러한 유형의 기업가가 나타나기를 기대하기 어렵기 때문이다.

한국도 지난 30년간의 벤처발전 과정에서 성공사례도 나타났지만, 동시에 수많은 실패사례가 양산되었다. 2000년대 초 한국은 벤처버블 붕괴의 후유증을 극복하면서 새로운 도약을 준비해 왔지만, 높은 사업 실패비용, 실패에 비관용적인 사회문화, 재도전을 어렵게 하는 제도적 걸림돌 등이 심각한 장애요인이 되고 있다. 정부는 2005년도에 벤처재도약정책의 일환으로 '패자부활전'을 추진했으나, 제도적 제약이나 관행 때문에 성과가 저조했었다. 2010년에 재도전 사업자를 위한 자금지원프로그램을 운영해 오고 있으나 아직 성과실현이 미미하다. 지난 2년 동안 창업자 연대보증제도 폐지 등 사업 실패의 비용을 완화하기 위한 제도개선이 이루어져 왔으나 아직도 대상 범위가 좁아서 큰 성과를 나타내지 못하고 있기 때문에 이 분야도 지속적 개선이 요망된다.

한국에 바람직한 벤처생태계가 형성되기 위해서는 재도전의 걸림돌을 제거하는 노력과 함께, 성공 · 실패의 원인에 대한 지식과 경험을 축적하여 창업자와 재도전 사업자의 교육훈련프로그램에 반영해야 한다. 장기적으로 벤처산업의 본질적 특성에 비추어 실패경험의 자산화하고 재도전을 활성화할 수 있는 정책강화와 함께, '정직한 실패'에 대해 관용적인 사회문화와 제도의 개선이 필요하다.

3. 성과평가

벤처기업의 성과를 어떻게 측정하고 평가할 것인가, 성과결정요인은 무엇인가에 논의가 오랫동안 있어왔다. 일반기업과 마찬가지로 매출액이나 수익률과 같은 재무적 성과가 성과의 평가기준이 되지만, 창업 초기나 성장단계의 기업을 대상으로 재무적 기준을 중심으로 평가하기에는 한계가 있다. 개발된 제품이나 서비스의 시장잠재력이나 미래가치가 중요한 평가의 기준이 되어야 하나, 이를 평가할 수 있는 명확한 기준을 설정하기 힘들다는 점이다. 결국 투자자의 평가와 판단에 의존할 수밖에 없다.

마찬가지로 벤처기업의 성공과 실패에 대해서도 명확한 기준을 설정하기는 쉽지 않다. 어느 한 순간에 화려한 성공의 무대에 등장했다가 이름도 없이 사라져간 기업들도 무수히 많다. 현재 침체와 위기를 겪고 있는 기업이라도 어느 순간에 부상하는 일이 비일비재한 것이 벤처의 세계이다. 따라서 성공이나 실패를 어느 한 시점에서 단정하기 보다는 전반적인 사이클의 관점에서 볼 필요가 있다. 창업초기단계, 성장단계, 성숙단계별로 성공과 실패의 모습이 다르게 나타날 수 있기 때문이다. 또한 재무적인 측면만이 아닌 내부 자원과 역량의 구축, 고객관계의 구축 등의 다차원적인 요소를 포함할 필요가 있다.

벤처기업은 태생적으로 실패의 확률이 높기 때문에 고위험을 수반하는 투자가 될 수밖에 없다. 그러나 성공하면 고수익을 실현할 수 있다는 점이 벤처기업의 매력이기도 하다. 벤처창업에 도전하는 사람은 경제적 동기도 있지만 새로운 분야에 도전해서 남이 하지 않았던 분야를 개척하다는 성취동기가 강하게 작용한다. 높은 성취동기는 창업과정에 수반하는 어려움을 극복하게 하는 기능도 하지만 때로는 무모한 도전을 유발하기도 한다.

창업을 꿈꾸는 사람은 많지만 과감하게 도전하지 못하는 이유는 실패에 대한 두려움 때문이다. 우리 사회는 아직 사업실패에 대해 가혹한 편이다. 사업실패가 인생의 실패로 간주되는 경향이 있기 때문이다. 그럼에도 불구하고 한편에서는 미래의 기업가를 꿈꾸며 도전하는 사람들이 있어야 한다. 이는 우리 사회의 발전 및 국가 경쟁력의 향상을 위한 소중한 자산이다. 따라서 사회적 차원에서 현재 또는 잠재적 벤처창업자들에게 기업가로서의 역량을 효과적으로 배양할 수 있는 기회를 제공해야 한다. 이를 위해서는 창업의 성공과 실패, 즉 성과결정요인에 대한 심도 있는 이해가 필요하다. 직접 경험을 통한 학습을 하기 전에 사전적으로 학습시키는 것이 중요하다.

4. 실전지식의 부족

벤처는 고학력자나 전문인에 의한 창업비율이 높다. 일반적으로 능력이 있고 똑똑한 사람들이어서, 주변의 기대 속에 창업을 했는데 결과는 실패로 끝나는 경우가 많이 있다. 학교 다닐 때 우등생이었다든가, 자기 분야에서 알아주는 전문가라고 해서 사업에 성공한다는 보장은 없다. 오히려 과거의 화려한 경력으로 인한 과도한 자신감이 실패의 원인이 될 수도 있다. 창업자에게 가장 필요한 똑똑함은 '현장 지식'과 '세상물정'이다. 영어로 'Street Smart'라고 한다. 밑바닥에서부터 시작해서 사업을 일으킨 사람들에게서 볼 수 있는 경험으로 체득한 지식이다. 이런 사람들은 실속 있게 회사를 꾸려가는 경향이 있다.

그러나 '현장 중심의 똑똑함'도 한계가 있다. 사업에 성공하면 여기저기서 강의를 요청하게 되어 졸지에 인기스타가 될 수 있다. 언론에서 조명을 받고, 대학을 비롯한 수많은 곳에서 강의 청탁이 들어온다. 처음에는 사양도 하고 절제도 하지만, 여기 저기 나가다 보면 자기도 모르게 유명인이 된다. 자기 경험을 반복해서 말하다 보면 스스로의 논리에 도취되고, 주변의 칭찬을 많이 듣다 보면 자기 역량에 대해 과신하게 된다. 자아도취와 자만심이 생기는 순간 실패의 씨앗이 싹튼다.

결국 사업가에게 있어서 진정한 똑똑함이란 자기절제와 균형감각이다. 인간의 깊은 심성을 이해하는 마음과 세상 물정을 꿰뚫어 볼 줄 아는 통찰력이다. 이는 성공만을 거듭해 온 사람들이 가지기 힘든 지혜다. 오히려 실패경험을 통해서 이러한 지혜와 능력이 길러진다. 모든 실패한 사람들이 이러한 지혜를 체득하는 것이 아니고, 실패를 통하여 충분한 자기 성찰을 한 사람에게만 가능하다.

Ⅱ. 벤처사업 실패의 7가지 함정

사람들은 누구나 성공을 꿈꾸면서 사업을 시작한다. 그러나 성공하는 사람들보다 실패하는 사람들이 많다. 실패의 가장 큰 원인은 사업에 따르는 여러 가지 위험에 대한 관리 및 대응능력이 취약하기 때문이다. 다양한 실패사례를 분석하고 정리해 보니 선택의 함정, 개발의 함정, 시장의 함정, 관리의 함정, 태도의 함정, 관계의 함정, 불운의 함정 등으로 나눌 수 있다.[1]

1. 선택의 함정

실패원인으로 가장 많이 언급되는 것이 창업아이템 선정의 잘못이다. 기술이나 업종 선택의 잘못으로 인해 겪는 어려움이 크다. 창업아이템 선택이 잘못되는 가장 큰 이유는 사업의사 결정 시 정확한 판단에 필요한 지식과 정보가 충분히 주어지지 않기 때문이다. 사업이란 '해보면서 알게 되는'learning by doing 특성을 가지고 있어서 해보기 전에 사업과 관련된 모든 정보와 지식을 숙지하는 것이 불가능하다.

아이디어를 사업화하려면 검증test과 정교화elaboration 과정을 거쳐야 한다. 아이디어가 사업화되어 수익을 창출하기까지 거쳐야 할 단계가 많고 그 과정에서 대다수의 아이디어는 타당성 부족으로 사라지게 된다. 좋은 아이디어가 바람직한 성과로 연결되지 않는 또 다른 원인은 시간의 흐름에 따라 사업 환경이 바뀌기 때문이다. 오늘의 합리적인 결정이 내일은 불합리한 의사결정이 될 수 있는 것이 사업의 세계이다. 이를 산전적 합리성과 사후적 합리성의 갭이라고 한다. 합리적 선택을 하기 위해서 많은 정보와 지식을 수집해야 하는데, 분석하는 데 시간을 끌다보면 시장진입의 타이밍을 놓치게 된다.

1 한정화, 불황을 뚫는 7가지 생존전략, 랜덤하우스 중앙, 2005.

창업자가 가지고 있는 자원이나 역량에 비해 무리한 분야를 택하는 경우 대부분 실패로 끝난다. 자신의 전문성이 부족한 분야에 뛰어들게 되면 상대적으로 시행착오를 많이 겪게 되어 실패의 위험이 증가한다. 또한 어느 사업분야가 유망하다고 하면 너도나도 유사한 업종에 뛰어드는 '쏠림 현상'도 결과적으로 아이템 선정의 오류가 된다. 20년 전 벤처붐과 대량 실패의 이면에는 바로 이와 같은 문제점이 있었다.

2. 개발의 함정

첨단기술이나 신기술에 기반을 둔 창업은 개발과정에 많은 위험이 존재한다. 개발위험의 가장 일반적인 유형은 예상했던 것보다 시간과 비용이 많이 들어가는 경우다. 잠재적 가능성을 믿고 수년간 막대한 자금을 투입했는데, 기술개발이 지연되는 경우 사업은 심각한 위험에 직면하게 된다. 자금이 소진되면 운전자금의 압박을 받게 되어 직원들이 동요하고 핵심인력이 이탈하게 된다. 결국 개발조직이 와해되어 기술개발에 실패하게 된다.

개발단계에서 자금이 소요되는 규모를 연소율burning rate이라고 한다. 기술개발형 창업은 2차, 3차 펀딩을 통해 추가 연료를 확보할 수 있어야 한다. 추가적 자금조달이 확실하지 않은 경우 고정투자비를 최소화하고 아웃소싱 등의 방법을 통해 연소율을 낮추기 위한 조치를 취해야 한다. 대학이나 공공기관에서 운영하는 창업 인큐베이터를 이용하면 초기 비용을 낮추는데 도움을 받을 수 있다. 대학이나 연구소와 기술협력을 통해 외부의 실험장비나 인력을 활용하는 방안도 찾아야 한다.

개발된 기술의 성능이나 품질에 결함이 있는 경우도 실패를 가져온다. 첨단기술 제품인 경우 초기 제품의 성능에 결함이 있는 경우가 많다. 신속하게 취약한 부분을 보강하여 고객의 기대에 부응해야 하는데, 이 과정에서 어려움을 겪다가 좌초하는 경우가 많다. 또한 시제품까지 성공하고도 양산단계로 넘어가면서 성능과 품질상의 문제점으로 인하여 고전을 하기도 한다. 신제품의 핵심 노하우를 이전 근무처에서 획득한 기술과 정보를 활용하는 경우 지적재산권 분쟁에 휘말리게 되어 개발단계에서 좌절을 겪기도 한다.

3. 시장의 함정

시장은 창업의 성공과 실패를 결정하는 가장 중요한 변수이다. 연구개발을 통해 만들어 낸 제품이나 서비스가 시장에서 수용되지 못하면 사업은 실패로 귀결될 수밖에 없다. 특히 신기술이나 첨단기술일수록 시장의 위험이 크다. 이러한 위험을 초래하는 원인 중의 하나가 창업자의 '기술중심 사고'이다. 고객이 바라는 것은 문제해결이며, 가격 대비 가치이다. 사업의 성패는 기술우위가 아닌 '시장에서의 경쟁우위'에 결정된다는 사실에도 불구하고 기술개발에 전념하면서 판매 계획을 소홀히 하는 창업가가 의외로 많다. 새로운 기술이 시장에 수용되기 까지는 많은 장애요인이 있다는 점을 명확히 인지하지 못하는 데 실패의 위험이 있다.

혁신기술 제품이 실패하는 가장 큰 원인 중의 하나는 새로운 기술이 고객에게 수용되는 데 상당한 시간과 비용이 소요된다는 사실을 간과하기 때문이다. 신제품을 개발한 기업들은 자신들의 제품이 왜 시장에서 수용되지 않는지에 대한 원인도 모른 채 실패하는 경우가 많다. 이를 설명해 주는 중요한 개념이 캐즘chasm이다. 첨단제품 시장에서의 캐즘은 개발된 제품이 주류시장에 진입하기 전까지의 침체현상을 의미한다. 캐즘이 발생하는 원인은 혁신제품의 성능이나 가격이 일반 대중 고객이 원하는 수준에 미치지 못하거나, 신제품에 대한 인지도가 낮고 사용법에 대한 학습이 이루어지지 못하기 때문이다.

창업기업이 시장에 진입하는 데는 다양한 진입장벽이 존재한다. 기존제품에서 신생기업의 제품으로 전환하는 데서 발생하는 전환비용, 제품 차별화, 규모의 경제, 유통망에의 접근, 정부의 정책 등 다양한 요인들이 있다. 특히 시장진입 시 어느 정도의 경쟁우위를 가지고 있더라도 경쟁강도가 높아지면서 우위가 지속되기 어렵다는 문제점이 있다. 소비자 욕구변화, 경쟁업체의 등장, 모방제품이나 대체재 등이 경쟁우위 상실의 원인이 된다. 시장진입장벽을 효과적으로 넘지 못한 경우나 시장진입 후 경쟁우위 약화 등이 시장에서의 실패를 가져오는 원인으로 작용한다.

4. 관리의 함정

창업이후 기업이 성장함에 따라 조직의 규모가 커지고 관리의 복잡성이 증가한다. 이 때 관리실패의 위험이 발생한다. 창업 초기에는 조직의 규모가 작기 때문에 관리의 위험이 높지 않다. 그러나 직원 수가 늘어남에 따라 평가와 보상, 채용과 해고 등 인적자원관리의 어려움을 겪는다. 이를 잘못하게 되면 갈등이 증폭되어 조직의 응집력이 떨어진다. 특히 관리의 위험은 급성장하는 벤처기업에서 많이 발생한다. 조직의 성장속도와 관리역량의 불균형으로 인해 문제가 발생하기 때문이다.

조직의 성장속도에 비해 관리역량이 따라가지 못할 때 성장통growing pain이 나타난다. 기업규모의 성장에 따라 새로운 시스템과 조직구조를 만들어야 하는데, 이를 간과할 경우 어려움을 겪게 되는 현상이다. 창업기업이 관리역량 부족이라는 문제에 직면하게 되는 원인 중의 하나가 창업자가 관리의 중요성을 제대로 알지 못한 채 사업을 하기 때문이다. 성장통을 해결하기 위해 관리시스템을 도입하는 경우 창업자의 역할과 책임roles and responsibilities의 변화가 필요하다. 창업자가 모든 일을 관여하며 주도하는 경영스타일의 변화가 있어야 시스템 도입의 성과가 제대로 나타날 수 있다.

관리가 잘 안 되는 조직은 비효율성으로 인하여 낭비가 많고 생산성이 떨어진다. 또 규정이나 원칙이 모호한 경우 내부 갈등의 원인이 된다. 자금관리가 잘 안 되는 경우 현금흐름의 불균형으로 인해 자금압박을 받게 되고,

전반적인 금융비용이 높아지게 된다. 인적자원관리가 부실하면 유능한 사람들을 유지하고 동기부여하는 데 지장이 많다. 생산 및 품질관리 역량의 부족은 제품경쟁력을 저해하고 고객의 불만족을 초래하게 된다. 영업인력에 대한 관리 및 재고관리의 위험도 있다. 매출채권의 관리가 부실하면 현금흐름에 위기가 온다. 이는 결국 재무와 수익관리의 어려움을 초래하여 기업실패의 원인으로 작용한다.

5. 태도의 함정

창업자의 성격과 태도는 실패의 많은 부분을 차지하고 있다. 벤처창업은 대부분 그 분야의 전문가들에 의해 이루어진다. 전문가들의 지나친 자기 확신도 실패를 가져오는 원인이 된다. 사람을 잘 다룰 줄 모르고, 과도한 통제욕구나 과시욕 등도 부정적인 요소에 속한다. 완벽주의적인 성격을 가진 리더는 독선과 권위주위에 빠지기 쉽다. 초기 성공을 경험한 창업자가 자기 방식에 대한 집착을 하는 경우 위험을 초래한다. 세심함과 주의력의 부족도 뜻하지 않는 실수의 원인이 되기도 한다.

일반적으로 창업기업가는 자기 회사와 자신의 운명을 스스로 통제하려는 강한 욕구를 가지고 있다. "내 인생은 내가 만들어 간다"라는 운명개척론자 스타일이 많다. 이러한 성향이 지나치면 모든 것을 통제하려는 일종의 강박관념을 보이게 된다. 통제에 대한 과도한 욕구로 인해 의사소통의 어려움이 생기게 되고 권위주의적 리더십 스타일을 보이게 된다. 또한 완벽주의의 함정에 빠지기도 한다. 모든 일을 너무 완벽하게 하려다 비용이나 시간에 대한 고려가 부족해서 경쟁자에게 기회를 빼앗기거나 변화에 대한 대응 시기를 놓치게 된다.

수년 전 벤처붐이 일면서 창업이 활발하게 일어났으나 위험을 평가하고 대응하는 역량의 부족으로 인한 실패가 많이 나타났다. 열정적인 기업가들이 위험을 과소평가하는 이유는 자신의 비전에 사로잡혀서 부정적인 정보를 무시하는 경향이 있기 때문이다. 사업 아이디어를 다각적 관점에서 분석하고 평가하기보다 직관적 판단이나 감정에 치우친 경우도 있다. 주위의 기대와 우려 속에서 창업을 하는 과정에서 단기간에 사업을 일으켜보려는 생각에서 성급하게 행동하거나 무리한 의사결정을 하게 된다.

6. 관계의 함정

창업은 수많은 이해관계자의 관계 속에서 이루어진다. 관계의 실패가 사업의 위험을 초래한다. 창업팀 내부에서 서로 이해가 맞지 않아 갈등을 일으키고, 상대방이 기회주의적 행동을 할 때 상호신뢰가 저하된다. 경영진이 내부갈등을 일으키면 직원들이 동요하게 된다. 핵심 투자자와의 관계가 어려워지면 경영상의 어려움이 높아지고 결과적으로 추가적인 자금조달에 지장을 초래하고 대외적 신뢰도도 저하된다.

벤처의 성장과정에 창업멤버와 영입인력 간에 갈등을 일으키는 일이 많다. 창업팀의 배타적인 태도나 영입인력에 대한 상대적으로 높은 보상 등이 원인이 된다. CEO의 도덕적 해이로 말미암은 리더십의 위기가 초래되기도 한다. 리더에 대한 신뢰가 결여된 조직은 조직갈등이 증폭되고 동기부여에 부정적인 영향을 미치게 된다.

실패 기업인들에게 흔히 듣는 말이 “믿었던 사람에게 배신당했다”, “사람을 너무 쉽게 믿었다” 등이다. 배신은 관계실패의 전형적인 모습으로서 인간에게 내재된 기회주의적 성향이 행동으로 표출된 것이다. 이러한 행동은 비전이 결여된 조직, 공헌과 보상의 형평이 결여된 조직, 위기가 감지되는 조직에서 많이 발생한다. 기업가는 자신에 대한 인간적인 신뢰나 조직의 비전에 대한 공감대가 부족할 때 구성원의 기회주의적 행동이 나타날 수 있다는 점을 유의해야 한다.

7. 불운의 함정

사업하면서 겪는 어려움중의 하나는 흔히 '운이 따르지 않았다'라고 하는 불운의 위험이다. 운이란 아무리 사전에 철저하게 계획을 세우고 위험관리를 해도, 기업 내부나 외부에서 통제가 어려운 사건이 발생함으로써 경영에 심대한 영향을 미치는 사건을 의미한다. 급격한 경기변동, 정책변화, 사고, 사기 등으로 인하여 사업이 위기에 빠지는 사태가 발생한다. 최근 우리 사회는 급격한 사회변동을 겪고 있는 가운데, 예기치 않았던 정책변화가 시장의 기회나 자금조달의 기회를 막아버리기도 한다.

거래처의 부도로 인한 연쇄도산도 개별기업으로서는 감당하기 힘든 위험이다. 창업초기 기업은 우수한 거래처를 확보하기 힘들기 때문에 이러한 위험에 노출될 확률이 크다. 사기나 횡령 등으로 인하여 사업 전체가 흔들리는 일도 발생한다. 생산현장에서의 인사사고 등이 발생하는 경우도 심각한 타격을 입게 된다. 불운의 함정에 대처하기 위해서는 사전대응력과 함께 위기관리 역량을 갖추어야 한다.

예기치 않은 환경 변화는 기업에 위기를 초래하기 때문에 사업을 하는 사람은 환경변화를 감지하는 능력을 가지고 있어야 한다. 기업가는 매일매일의 일에 함몰되지 말고 멀리서 몰려오는 먹구름을 보아야 한다. 안전사고, 재해, 환경 등의 위험에 대비해야 한다. 건물은 물론 원자재, 기계장치 등 모든 분야에 대해 보험을 들어 만일의 사태에 대비해야 한다.

Ⅲ. 벤처기업의 성공전략

1. 역량 있는 창업팀의 구성

벤처창업은 다양한 지식과 자원의 결합이 필요하기 때문에 역량 있는 사람들을 창업팀에 합류시키는 것이 중요하다. 창업자 자신이 부족한 부분을 보완해 줄 수 있는 사람을 찾아서 팀에 영입해야 한다. 특히 기술자가 주도하여 창업을 할 때, 경영관리와 영업인력이 보강되어야 한다. 창업기업이 성공적으로 시장에 진입하더라도 다시 심각한 위기에 빠지는 이유가 균형잡힌 팀이 부족하기 때문인 경우가 많다. 벤처투자자는 투자의사결정시 창업자 개인역량과 함께 팀 역량을 동시에 고려한다.

창업 초기에 다양한 분야의 전문가를 확보하기 위한 방법으로 창업주주로 영입하는 것이 효과적이다. 창업주주는 자신의 전문성을 활용하여 사업성공에 기여하기를 바라기 때문에 필요한 경우 적절한 자문을 구할 수 있다. 투자자는 창업주주의 구성을 보고 창업팀의 역량과 창업의 성공가능성을 평가하기도 한다.

실제 창업과정에서 창업자의 고민은 우수인력을 모으기가 매우 어렵다는 사실이다. 창업단계의 기업은 자원의 제약성이 높기 때문에 보상이나 근무환경 등이 열악한 경우가 많다. 사회적 인지도는 낮고, 실패 위험은 높기 때문에 매력적인 직장의 조건에 미달되기 쉽다. 미래의 가능성을 보고 현재의 어려움을 극복해 나갈 수 있는 사람들을 찾아야 한다. 이 경우 설득력 있는 비전을 제시할 수 있는 창업자의 역량과 태도가 매우 중요하다.

2. 효과적인 시장진입전략의 수립

창업초기 단계에서 실패의 주원인은 시장진입 시 발생하는 비용과 위험을 감당하지 못하기 때문이다. 진입장벽이 높을 경우 시장진입의 위험이 커지게 된다. 따라서 생존확률을 높이기 위해서는 진입장벽이 낮아지는 시점을 포착하거나 우회하는 전략이 필요하다. 진입장벽은 시장의 진화단계에 따라 변화하기 때문에 진입시기timing of entry를 적절하게 선택하면 비용을 낮출 수 있다. 시장이 도입기를 지나 급속하게 성장하는 경우 수요가 공급을 초과하기 때문에 상대적으로 진입장벽이 낮다. 초기 기술의 불확실성도 감소되고, 제품의 품질과 성능도 향상되어 고객기반이 확대되기 때문에 시장진입에 유리한 조건이 형성된다.

차별화를 통해 진입장벽을 우회하는 전략을 개발해야 한다. 차별화 요인은 기술 · 품질 · 성능 등의 물리적 요소뿐만 아니라 미적 감각, 사회적 지위에 대한 만족 등 심리적인 요소가 차지하는 비중이 크다. 차별화 전략의 성공 여부는 제품이나 서비스에 대한 소비자의 인지도나 충성도를 형성할 수 있는가에 달려있다. 기술창업의 실패요인 중의 하나가 기술의 차별화에 치중한 나머지 시장에서의 차별화를 소홀히 하기 때문이다.

틈새시장niche market을 공략하는 것도 진입비용과 위험을 낮출 수 있는 전략이다. 기존기업들이 미처 인지하지 못한 시장이거나, 시장규모가 작아서 관심을 두지 않는 시장에 집중하여 시장진입을 하는 전략이다. 이 전략은 좁은 범위의 고객과 시장을 상대로 하여 기존기업과 효과적으로 경쟁할 수 있다는 장점이 있는 반면, 시장 확대의 어려움을 겪을 수 있다는 사실을 염두에 두어야 한다.

3. 초기비용 부담 줄이기

경험이 없는 창업자가 사업을 시작하면서 당황하는 것은 예상보다 지출이 늘어난다는 사실이다. 사무실이나 공장 임대료, 시설비 등 고정비 부담이 커지면 자금압박을 받게 된다. 따라서 창업기업은 사무실이나 공장에 투자되는 비용을 최소화하여 자금부족의 함정에 빠지지 않도록 해야 한다. 자금흐름이 안정될 때까지 사무실이나 공장에 투자되는 비용을 최소화하여 자금 부족의 함정에 빠지지 않도록 해야 한다.

사업을 개시하게 되면 월별 자금소진율burning rate에 대해 관심을 기울여야 한다. 벤처창업은 초기 제품개발에 들어가는 연구개발비 외에 인건비, 사무실 운영비 등의 비용이 발생하는데, 자금소요량에 비해 조달규모가 적으면 자금압박을 받게 된다. 따라서 현금소진율을 최소화할 수 있는 전략이 필요하다. 이를 위해서 필요자원을 자체적으로 소유하기보다 접근성을 높여서 필요시 활용 가능하도록 해야 한다.

초기 고정비 투자부담을 줄이는 방법으로 아웃소싱을 활용할 수 있다. 제조가 필요한 경우 생산시설을 갖춘 기존업체를 활용하거나 소프트웨어 개발 시 외부인력을 활용하는 것이다. 그러나 아웃소싱 전략을 활용할 때, 외주업체가 기대한 것만큼의 기술과 품질 수준을 제공할 수 있는가, 납기는 철저하게 지키는가, 영업기밀은 지켜지는가 등을 평가해야 한다. 아웃소싱 업체의 문제로 인하여 심각한 타격을 입을 수 있다는 사실을 항상 염두에 두어야 한다.

4. 경쟁우위의 지속화

창업기업이 실패하는 원인 중의 하나가 경쟁우위를 지속시키지 못하기 때문이다. 한 때 경쟁우위가 있었더라도 다른 업체가 모방하거나, 경쟁우위의 기반이 되는 자원의 가치가 약화되면 위기에 빠지게 된다. 초기 시장진입에 성공하고 나서도 다른 경쟁자가 후속 진입하여 경쟁강도가 높아지면 급속히 경영성과가 떨어지는 이유도 경쟁우위의 소멸현상 때문이다.

경쟁우위를 지속하기 어려운 원인 중의 하나가 기술의 수명주기가 짧아지고 있다는 점이다. 기존기술과 전혀 다른 특성의 기술이 개발되는 경우 선발자의 경쟁우위가 무력화되기도 한다. 또한 핵심기술이 유출되지 않도록 보호책을 강구해야 한다. 고용관계를 맺는 첫날 직원들로 하여금 ‘비밀 유지동의서'에 서명하도록 해야 한다. 특허에 관련된 개발절차를 문서화하고, 문서관리를 철저히 할 필요가 있다.

경쟁우위를 지속시키기 위해서는 핵심역량이 어디에 있는지 확인해야 한다. 시장수요와 고객의 욕구에 대한 명확한 인식, 고객욕구에 대한 감지능력을 보유해야 한다. 경쟁우위를 바탕으로 거래선과 교섭력의 우위를 확보해서 사업의 주도성을 확보해야 한다. 경쟁우위의 지속성 여부는 경쟁자들에 비해 고객들에게 월등한 가치를 전달할 수 있는가에 달려 있다.

5. 균형감각의 유지

창업실패요인 중의 하나가 균형감각의 상실이다. 사업을 하다보면 원칙보다는 현실에 맞게 변칙적인 방법을 선택하게 되는 수가 있다. 그러나 변칙을 계속하다 보면 균형감각을 잃게 되어 어려움에 빠질 수 있다. 원칙과 현실사이에서 균형을 유지해야 한다.

단기적인 재무성과에 치중할 경우 장기적인 성장기반을 상실하게 될 우려가 있다. 반면에 장기비전만 내세우며 단기적인 성과를 소홀히 할 경우 생존의 위협에 처하게 된다. 새로운 아이디어나 기술혁신 중심의 창업기업이 도전하는 시장은 대부분 유아기나 성장초기에 있는 산업들이다. 불확실성과 위험이 높은 산업에 도전하는 경우 위험관리 역량이 제고되어야 하고, 성과를 평가하는 데 있어서도 위험요소를 고려한 균형감각이 필요하다.

신생기업이 외형성장에 치중하다 보면 안정성을 상실할 우려가 높다. 외부자금조달을 위해서 성과를 부풀리다 보면 경영투명성을 상실하게 된다. 세금절감을 위해 회계기록을 부정확하게 하다보면 경영투명성이 상실된다. 기업의 성장성, 안정성, 수익성의 균형과 함께 투명성과 신뢰성의 확보가 중요하다.

창업자는 일과 가정의 균형을 유지하는 일에도 관심을 가져야 함과 동시에 일에 함몰되는 위험에 대비해야 한다. 경험자들은 사업에 쏟는 시간을 벌기 위해 가족과 취미, 친구들을 버리지 말라고 충고한다. 창업자는 최고를 추구하되 완벽주의의 함정에 빠지지 말아야 하고, 높은 목표를 설정하여 도전하되 비현실적인 목표나 기준은 무리한 결과를 초래하게 될 위험이 있다는 점을 유념해야 한다.

6. 직원에 대한 동기부여

'벤처는 사람이다'라는 말이 있는 것처럼 핵심인력의 확보와 유지가 무엇보다도 중요하다. 개발단계에서 실패를 피하기 위해서는 유능한 개발인력을 확보하고, 이들에게 동기부여를 하여 적시에 생산 및 서비스가 제공되도록 해야 한다. 핵심기술인력에 대해서 단기보상과 중장기 보상의 패키지를 제공해서 업무에 대한 몰입도를 높여 주어야 한다. 자금조달을 원활하게 하여 연구인력이 연구에 전념할 수 있도록 해야 한다.

창업기업은 대기업과 달리 보유자원이 적고 물질적인 보상에 한계가 있기 때문에 다른 차원의 보상방법을 사용해야 한다. 스톡옵션이나 보너스와 같은 금전적인 보상뿐만 아니라 개인의 성취감, 자긍심 고취, 역할 수행의 자율성 등과 같은 정신적인 보상을 제공해야 한다. 합리적인 채용기준과 보상을 제시하지 못하면 핵심인력의 이탈을 가져오게 된다.

직원에 대한 보상시스템은 진실성, 공정성, 일관성의 원칙을 가지고 운영되어야 한다. 성과중심의 보상제도로서 연봉제를 도입하는 기업들이 증가하고 있다. 연봉제를 도입하는 경우 성과평가기준이 명확해야 한다. 그렇지 못하면 오히려 보상에 대한 불만으로 인하여 조직의 갈등이 증폭될 우려가 있다.

직원들의 역량을 강화하기 위한 투자도 동기부여 방법 중의 하나다. 전문성 향상을 위한 교육프로그램과 함께 감성적인 측면도 계발될 수 있는 프로그램도 제공되어야 한다. 수평적 · 수직적 의사소통을 활성화하여 조직 활성화와 함께 창의성이 제고되도록 해야 한다.

7. 외부자원의 활용

외부자원을 적극적으로 활용하면 초기 자원투자의 부담을 줄일 수 있기 때문에 창업초기에 필요한 자원을 외부에서 효과적으로 끌어들일 수 있어야 한다. 시장가격보다 낮게 자원을 획득하기 위해 사회적 관계를 활용하기도 한다. 효과적인 네트워킹을 위해서는 주체 간의 신뢰관계가 중요한데, 이 과정에서 창업자의 명성과 신뢰, 네트워크 등이 유용하다. 그래서 경영자들은 공식적 · 비공식적 네트워크 구축을 위해 자신의 시간과 조직의 자원을 활용한다.

전략적 제휴나 M&A를 통해서 외부자원을 적극 활용함으로써 열악한 내부경영 자원의 불리함을 극복할 수 있다. 전략적 제휴는 자사의 전문화와 유연성을 견지하면서 외부자원을 안정적으로 확보할 수 있는 수단으로서 유용하다. 창업기업의 입장에서는 이미 업계에서 명성이 확보된 기업가의 전략적 제휴는 신생기업의 부담을 극복하게 하는 데 큰 도움이 된다.

우리나라는 벤처기업을 육성하기 위해서 다양한 지원책을 제공하고 있다. 정부지원을 적절하게 활용하는 것도 초기 경영성과에 많은 도움이 된다. 정부지원을 활용하는 방법은 연구개발 자금, 정부 프로젝트 참여, 창업교육 수강, 창업보육센터 입주 등이 있다. 창업지원금, 개발지원금, 중소기업 육성자금은 초기 자본조달의 어려움을 극복하게 하는 데 도움이 된다. 보증제도도 담보 없이 자금을 조달할 수 있는 좋은 수단이다. 그러나 대표이사의 연대보증을 요구하기 때문에 창업자의 개인적 위험부담이 큰 자금이라는 점을 유의해야 한다.

Ⅳ. 벤처기업의 성과결정요인

벤처기업 성과결정요인에 관한 수많은 경험적 논의와 실증적 연구가 진행되어 왔다. 초기 로쓰웰Rothwell[2]의 연구에 의하면 원활한 의사소통과 효과적인 협동, 전사적인 과업으로서의 혁신, 효과적인 개발업무, 계획 및 경영기술, 경영의 질, 인사정책, 경영스타일, 마케팅 능력과 소비자 욕구 파악, 주요 임직원의 능력 등이다. 퀸Quinn[3]은 기업가의 광적인 실천력, 발전과정상의 혼란과 장애의 극복, 기존자원의 최대 활용, 위험감수정신, 장기적 안목, 자금조달 원천의 다양화, 시장수요 및 수요자 욕구의 명확한 인식 등을 들고 있다. 루Roure와 마디크Maidique[4]는 탑다운 경영, 마케팅 능력, 고객의 욕구에 대한 감지능력, 연구개발 활동 및 개발능력, 종적 · 횡적 의사소통 능력 등을 들고 있다.

스튜아트Stuart와 아베티Abetti[5]는 하이테크 벤처기업에 초점을 맞추어 분석했다. 그 결과 성공요인으로 능력 있는 기업가, 시장과 기술에 대한 전문성을 갖춘 팀, 비교적 안정적인 시장, 연구개발에 대한 신중한 투자, 방만하지 않은 경영, 조직과 전략의 정상적인 균형 등을 들고 있다. 이 연구의 시사점은 벤처사업의 성공에 있어 창업가의 능력이 강조되고 있으며, 첨단산업이라고 해서 무모하게 연구개발 투자를 강조해서는 안 된다는 점이다. 타 분야와 마찬가지로 연구개발에도 전략적 접근이 이루어져야 하며, 초기에

2 Rothwell R., 「The Characteristics of Successful Innovators and Technically Progressive Firms」, R&D Management, 7 (3), 1977, pp. 191–206.

3 Quinn J. B., 「Technological Innovation, Entrepreneurship and Strategy」, Sloan Management Review, 20 (3), 1979, pp. 19–30.

4 Roure J. B. and Maidique M. A., 「Linking Prefunding Factors and High Technology Venture Sucess: An Exploratory Study」, Journal of Business Venturing, 1 (3), 1986, pp. 295–306.

5 Stuart & Abetti, 「Start–up Venture: Towards the Prediction of Initial Success」, Journal of Business Venturing, 2 (3), 1987, pp. 123–137.

비용관리를 잘하고, 전략에 부합되는 조직구조를 갖추고 있어야 한다는 점이다.

루Roure와 킬리Keeley[6]는 매력적인 시장기회의 파악과 초창기 자금의 확보, 필요한 핵심인력의 충원, 신제품에 대한 기술적인 향상, 중요한 고객, 원료공급자와의 관계정립, 제조, 마케팅, 경영에 필요한 자금의 확보, 환경에 적응할 수 있는 기업전략의 수립, 필요한 조직의 구성 등을 성공요인으로 꼽고 있다.

흘라베첵Hlavacek[7]은 벤처기업의 실패요인으로 비용 과다지출, 시장규모 협소, 유통의 문제, 기술적 문제, 창업자의 능력 부족, 부서 간의 분쟁, 최고경영자의 지원부족 및 성급함, 영업사원의 비협조, 부정확한 마케팅 조사, 그리고 예산부족을 들었다. 브루노Bruno[8] 등은 실패요인으로 제품개발시기의 부적절, 제품설계의 결함, 부적절한 판매유통전략, 사업에 대한 명확치 못한 정의, 특정 고객에 대한 과도한 의존, 초기 저조한 자금동원, 과도한 부채의존, 창업투자회사와의 부적절한 관계, 팀 구성의 부조화, 인간관계 실패 등을 들었다. 첨단산업에 제품의 수명주기가 단축되는 경향이 있기 때문에 제품의 개발시기 등은 매우 중요한 성과결정요인이 되고 있다. 이러한 요소들을 관리할 수 있는 것이 최고경영자의 능력에 달려있기 때문에 창업가의 능력과 투자의사 결정이 성공과 실패에 결정적인 역할을 한다고 볼 수 있다.

6 Roure & Keely, 「Predictor of Success in new technology-based Venture」, Journal of Business Venturing, 5 (4), 1990, pp. 201-220.

7 Hlavacek J. D., 「Toward More Successful Venture Management」, Journal of Marketing, 38 (4), 1974, pp. 56-60.

8 Bruno & Tyebjee, 「The Entrepreneur's Search of Capital」, Journal of Business Venturing, 1 (1), 1985, pp. 61-74.

V. ERIS 모델

이러한 연구결과들을 종합해 보면 벤처기업의 경영성과는 기업가, 조직의 자원과 역량, 산업환경, 경쟁전략 요인에 의해 결정됨을 알 수 있다. 이들 요소는 각각 기업의 경영성과에 중요한 영향을 미칠 뿐만 아니라 각 요소가 상호작용을 하면서 복합적으로 영향을 미치고 있다. 창업 시 기업가의 개인적 능력을 바탕으로 자원축적과 산업의 선택이 이루어지며, 축적된 자원을 바탕으로 전략을 수립하여 시장에서 경쟁을 함으로써 경영성과가 나타나게 된다. 환경변화를 읽고 자사의 자원과 역량에 대한 분석과 평가를 바탕으로 경영전략을 수립하는 것이 기업가의 가장 중요한 과업이다. 이를 공식화하면 다음과 같다. 이 책에는 벤처기업의 경영성과를 다음의 네 가지 요인을 중심으로 설명하고자 한다.

$$VP = f(E, R, I, S)$$

VP: 벤처기업의 경영성과(Venture Performance)

E: 기업가(Entrepreneur)

R: 자원과 역량(Resources and Capabilities)

I: 산업환경(Industry Environment)

S: 전략(Strategy)

사례분석 **스타벅스의 ERIS모델**

1. 스타벅스 개요

'항상 최고품질의 신선한 원두커피를 팔아야 한다'가 스타벅스의 원칙이다. 스타벅스는 1971년 시애틀에서 탄생했으며 현재 CEO인 하워드 슐츠(Howard Schultz) 회장이 1987년 스타벅스를 인수, 오늘날 전 세계 조직과 마케팅에 참여하기 시작해 현재 미국, 캐나다, 일본, 필리핀, 싱가포르, 태국, 영국, 대만, 중국, 뉴질랜드, 쿠웨이트와 전 세계 공항, 서점, 캠퍼스, 병원 등에 라이센스 전문점 및 40여 개국 총 9,000여 개(2008년 현재)의 점포를 운영하고 있는 세계 최고의 커피왕국을 건설하고 있다. 현재 전미에 걸쳐 8만여 명의 파트너가 일하고 있으며 파트타임 근무자를 포함한 직원들에게 'Beans Stock'이라는 스톡옵션을 비롯한 양질의 복지제도를 실시하고 있다. 특히 시간제 근로자를 포함한 모든 직원들에 대한 복지와 존중, 기업윤리로 1998년에는 포춘지에 의해 100대 '최고의 직장'의 하나로 선정되었다. 현재 기업공개를 통하여 나스닥에 상장되어 있으며 단 시간 안에 가장 빠른 주가성장을 보인 기업으로 널리 알려져 있다.

2. 스타벅스 성공요인 분석

▶ 기업가요인

스타벅스에 참여하기 이전 하워드 슐츠는 한 스웨덴 기업의 미국 지사 부회장이었으며, 스타벅스도 시애틀의 조그마한 원두커피 전문점에 불과했다. 아울러 그 당시 미국의 커피 소비는 점차적으로 감소하고 있는 시기였다. 그러나 그는 고객의 욕구와 틈새시장, 즉 고급커피에 대한 욕구를 파악하여 스타벅스호에 합류한다.

1960년대에 미국 커피 회사들은 가격 경쟁을 하기 시작했다. 그들은 비용을 절감하기 위해 품질과 향을 무시하고 값싼 원두를 섞어서 캔에 담아 팔았으며 커피가 찌들 정도까지 슈퍼마켓 선반위에 남아 있는 경우가 많았고 커피의 질은 점점 나빠지고 있었다. 이런 시장 상황에서 슐츠는 맛, 서비스, 분위기의 세 가지 차별을 통해 새로운 시장을 개척할 수 있다고 판단하고 장기적인 안목으로 고급커피시장을 개척하려는 자신의 비전을 제시하였다. 이러한 그의 사업모델은 그 당시 미국사회에 있어서의 전혀 새로운 패러다임이었다. 뉴욕은 물론 미국의 어떤 다른 도시에도 그와 같은 형태의 비즈니스는 없었다. 그리고 그는 3년이라는 시간동안을 철저한 준비와 계획을 통해 현재 모습의 스타벅스를 만들어 내었다. 결과적으로 그는 커피라는 품목을 재발견한 것이다.

그리고 하워드 슐츠는 최고품질의 신선한 원두커피를 팔아야 한다는 원칙 이외에는 모든 것을 고치고 혁신할 수 있으며 그것이 바로 스타벅스의 유산이라고 강조하였다. 이 같은 정신이 없었다면 스타벅스는 미국 시애틀의 소수의 커피 애호가들만 기억하는 최고급 커피 원두 판매점으로 남아있었을 것이다.

▶ 자원요인

스타벅스에서 가장 중요시 되는 자원은 최고의 커피브랜드라는 브랜드와 커피제조기술, 인적자원이다. 슐츠는 이 세 가지 중요자원 중 인적자원이 가장 근본이 된다고 생각하였다. 그는 자신이 추구하는 혁신에 현장근로자들의 지식을 최대한 존중하고 활용하려고 하였다. 대표적 사례로 후라푸치노를 들 수 있다. 커피와 우유를 미세한 얼음과 섞은 이 제품은 더운 지방인 캘리포니아 산타모니카 지역 관리자인 디나 캠피온의 아이디어에서 비롯됐다. 근처 다른 커피바에서 인기를 끌고 있던 냉커피에 설탕을 넣은 음료를 보고 생각해낸 그 제품은 스타벅스의 이미지와 맞지 않다는 이유에서 본사로부터 처음에는 기각됐다. 그러나 고객의 요구와 흐름을 누구보다 꿰뚫어 보고 있는 현장근로자와 그들을 존중하는 매니저의 설득으로 마침내 제품으로 개발되어 소비자에게 제공됐다. 결과는 대 성공이었다. 1994년 여름 후라푸치노의 매출액이 스타벅스 전체 매출액의 11%를 차지하는 성과를 올렸으며 연간 총판매액의 7%에 달하는 5,200만 달러의 매출을 올렸다.

스타벅스의 독특한 기업문화는 커피 자체와 커피로 상징되는 모든 것에 대한 열정과 사랑으로 대표된다. 이것이 후라푸치노와 같은 실적을 올릴 수 있는 바탕이 된 것이다. 슐츠는 이러한 인적자원과 조직문화 창출을 위해서 일주일에 20시간 이상 일하는 모든 직원에게 건강보험의 제공을 제안했다. 초기에는 높은 비용과 재정 손실로 인해 이사회의 비판을 받았으나 슐츠는 이것이 스타벅스의 정체성, 기업문화, 미래 이윤추구에 있어 현명한 투자라고 확신하여 실행하였다. 이를 통해 내부고객만족이 이루어졌고, 직원이직률 감소로 인한 교육비 절감과 서비스의 질이 향상 되어 결과적으로 스타벅스라는 브랜드의 가치를 높였다. 건강지원, 스톡옵션제도로 대표되는 복지제도와 철저한 교육, 의사소통향상을 위한 포럼 등과 같은 프로그램을 실시하였고 이를 통해 교육되고, 동기부여된 직원들이 스타벅스에 있어서 가장 중요한 자원이 되었다.

▶ 산업요인

미국의 커피시장은 20세기 초반 급성장하였다. 그리고 20세기 중반에 커피의 유행은 커피만의 문화와 사회관례를 낳았다. 뉴욕 혹은 샌프란시스코의 카페는 문필가, 예술인이 단골이었으며, 일반적인 저녁식사나 사업상에서도 커피브레이크가 일상적이게 되었다. 20세기 중반이후에 접어들면서 커피시장은 시장점유율과 슈퍼마켓의 진열공간을 얻기 위한 대규모 가공업자들의 가격경쟁은 전반적인 품질하락을 발생시켰고 대규모 제조업자들은 커피자체의 품질은 무시한 채 인쇄광고와 텔레비전광고에 대규모 투자를 하였다. 결과적으로 70년대에 이르러서는 산업이 침체되었으며 소비자들로부터 외면당했다.

대규모 커피 사업이 1970년대와 80년대에 침체되고 있는 데 반해, 전문커피 시장은 확장되었다. 대규모 제조업자들과는 달리 전문커피 생산자들은 질 높은 아라비카 원두만을 파는 소규모의 독립적인 유통업자였다. 이들은 60년대의 대규모 커피시장에서 세분화된 니치시장으로 살아남았다. 그리고 60, 70년대 대다수의 소비자들은 전문커피에 대한 인지도가 낮았다. 80년대에 접어들면서 전문커피에 대한 소비자들의 관심은 입소문에 의해 커졌고 전문커피시장은 80년대 초반 급속도로 확대되었다. 이 같은 확대는 경제호황과 높은 수준의 교육과 수입을 올리는 미국 베이비 붐 세대의 성장과 미국인들의 해외여행도중의 커피관련 경험을 통해 80년대와 90년대의 전문커피에 대한 관심이 증가하였고, 시장 역시 급성장하였다. 전문커피 매출은 1980년대 후반과 1990년대 초반에 치솟았고, 1993년 미국에서만 1억 2천만 달러 이상이 증가 했다. 이러한 수익의 대부분이 커피 바, 카페, 노점상, 그리고 배전 소매업자 수의 증가를 낳았다. 1993년, 커피원두, 에스프레소 음료 등 관련 식품과 음료를 파는 가게가 4,500개 이상이었고 이는 1979년에 비해 6배가 증가한 것이었다.

▶ 전략요인

스타벅스 초기의 시장진입전략은 '고객의 낮은 입맛을 한층 고급스럽게 변화시키는 작업'과, '커피의 품질은 최선으로 유지하며 변화할 수 있는 방법을 찾아가는 것'이었다. 이를 위해 슐츠는 커피의 '맛'을 최우선으로 했다. 그는 먼저 세계에서 가장 좋은 아라비카 커피를 구입해서, 각각의 다양한 원두에서 가장 바람직한 향을 끌어 낼 수 있는 배전에 신경 썼다. 그럼으로써 자연히 기존의 인스턴트나 질 낮은 커피보다 고급스런 맛을 고객에게 제공하였으며 아울러 엄격한 제조관리를 통해 커피의 신선함과 향을 유지토록 했다.

그 다음 중요시한 요소가 서비스 측면이다. 스타벅스는 고객이 높은 수준의 경험을 할 때, 즉 고객이 웃음으로 환영받고 인정받을 때 그 경험을 오래도록 기억할 것이라는 믿음을 가지고 있다. 그래서 그들은 채용에도 신경을 쓰고 기존의 소매에서는 보기 드문 정교함과 깊이가 있는 교육을 시켰다. 이런 일련의 과정을 통해 종업원들에게 스타벅스의 가치 중심 문화를 심어주고, 고객을 존중하는 마음의 중요성을 일깨워 주었다. 이 뿐만 아니라 1 : 1 교육 시스템이나 고객카드 등을 통해 질 좋은 서비스를 제공함으로써 고객이 다시 그들의 제품을 구매토록 유도했다.

마지막이 '분위기'이다. 스타벅스는 특유의 분위기를 통해 고객이 안에 들어가 보고 싶게 만들고 풍요로운 분위기를 경험할 수 있도록 했다. 음악, 향기, 인테리어 등을 통해 창출된 스타벅스 브랜드 고유의 인상을 통해 고객들에게 일터와 가정의 긴장감에서 벗어날 수 있는 제3의 장소를 제공하고 재충전과 개인적인 휴식을 도모토록 했다.

성장기의 스타벅스는 창사이래 두 번째의 패러다임의 전환을 시도하였다. 그 첫 번째는 1984년에 커피판매에 커피음료를 추가한 것이다. 즉 스타벅스는 커피뿐 아니라 커피음료를 마심으로써 만끽할 수 있는 즐거움도 서비스한 것이다. 두 번째는 커피의 향기를 즐길 수 있는 새로운 방법을 재창조하여 병음료, 아이스크림, 기타 혁신적인 제품의 출시를 통해 시장의 규모를 늘렸다. 즉 핵심역량인 커피에 기반 한 관련 다각화를 추진한 것이다. 스타벅스는 이러한 변화를 통해 잠재적인 시장을 꾸준히 개척해 왔다.

그러던 1996년 1월 하룻밤 사이에 스타벅스 커피를 마시는 사람의 수가 2배로 늘어났다. 유나이티드 항공사가 스타벅스 커피를 기내에서 제공하기 시작한 것이다. 하지만 그 후 몇 주에 걸쳐 스타벅스는 전국적으로 커피맛에 대한 불평을 늘어놓는 수백 통의 전화를 받게 되었다. 영광의 순간이 오히려 재앙으로 돌아온 것이었다. 여행자들은 항공사의 기내 커피가 형편없다는 것을 잘 알고 있다. 반면 스타벅스는 커피의 명성을 우선순위로 삼고 있다. 그러면 왜 스타벅스가 그렇게 큰 위험을 무릅썼을까? 이유는 이제껏 아무도 하지 않은 일, 즉 기내 커피의 이미지를 다시 정립하는 기회에 도전하려 했기 때문이다. 결국 엄격한 품질보증 프로그램의 도입을 통해 기내 커피맛에 대한 선입관을 무너뜨리고 2,000만 명의 새 고객을 확보하게 되었다. 이와 같이 스타벅스의 마케팅전략은 공격적이었다. '유나이티드 항공'의 기내 커피 제공뿐만 아니라, 회사의 이미지와 철학이 자신의 것과 일치하면 파트너쉽을 맺는 프로그램을 추진한다. 즉, 스타벅스는 단순한 파트너가 아닌 전략적 파트너를 찾는다. 그 과정은 매우 엄격한데 스타벅스와 너무 경쟁 상태에 있거나, 경영의 방식이 다르거나, 고객들에 대한 태도가 적합하지 않을 때 거절한다. 스타벅스의 목표가 '사람들이 어디에서나 그들의 커피를 마시게 하는 것'인 만큼 파트너십을 통한 공격적인 마케팅을 활용하였다.

모험을 하지 않고서는 진정 위대한 일을 이루어 낼 수 없지만 스타벅스 같이 브랜드 인지도에 의지하는 회사로서는 최고의 브랜드를 유지하는 것이 매우 중요하다. 그렇다고 해서 브랜드 때문에 새로운 일에 착수하지 못하지는 않았다. 새로운 사업의 추진 중 오랫동안 다져온 이미지가 위협받을 때, 가능한 모든 조치를 취함으로써 그 문제를 해결하였다.

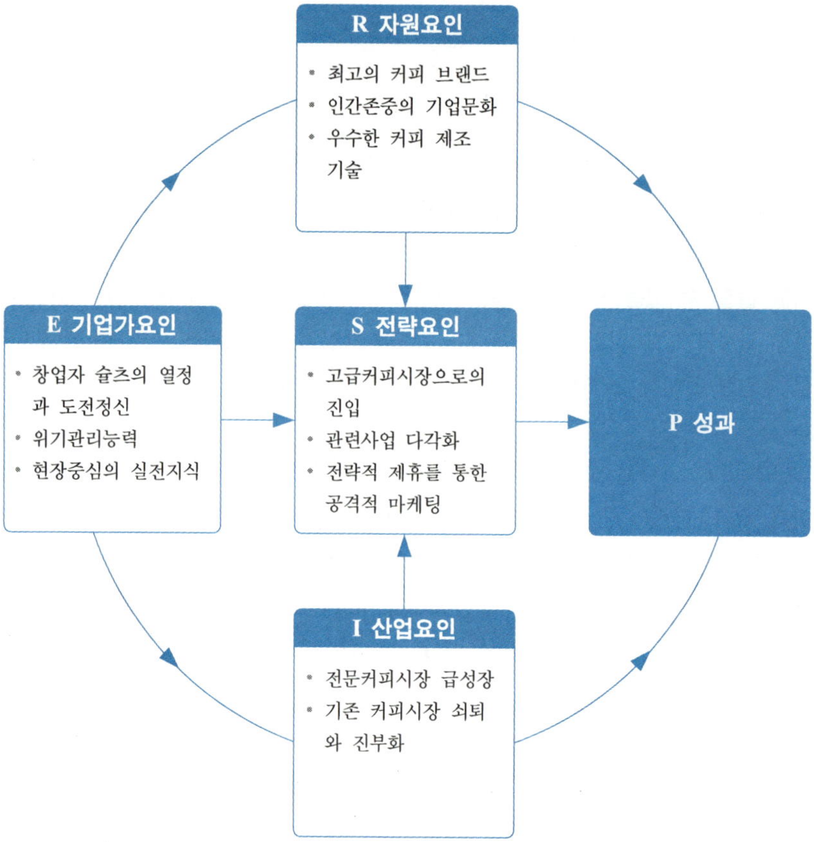

스타벅스의 성과결정요인

사례분석 **안랩(Ahnlap)의 ERIS모델**

1. 안랩 개요

안랩은 국내 1위의 바이러스백신 공급업체이다. 1988년부터 백신을 무료로 제공하기 시작하여 컴퓨터 백신사업 분야에서 지난 14년간 독보적인 입지를 유지하고 있다. 1995년에 '안철수 컴퓨터바이러스 연구소(2000년 안철수연구소, 2012년 안랩)'라는 이름으로 법인을 설립하였으며 해외의 대표 바이러스 백신 제품인 맥아피보다 상용화가 1년 앞서는 등 백신 연구 분야에서 해외 유수 업체에 뒤지지 않는 기술력을 보유하고 있다. 안랩은 국내 안티바이러스 백신 시장에서 62%라는 점유율을 기록하고 있다.[9] 해외 업체인 트렌드마이크로와 시만텍, 국내 업체인 하우리가 나머지 37%의 시장을 3등분하고 있다. 최근 공공분야에서는 외국산 제품의 시장점유율이 높아졌다. 그러나 안랩은 이 두 분야에서 모두 높은 시장점유율을 보여주고 있다. 이러한 높은 시장점유율은 안랩의 V3제품군의 경쟁력에서 나온다. V3의 경쟁력은 해외 백신보다 치료가 빠르고, 메모리나 부트치료에 강하며 고객 위주의 설계와 고객지원 서비스의 탁월성에 기반하고 있다.

이러한 제품군의 기술 경쟁력을 기반으로 컴퓨터바이러스의 연구 및 백신프로그램의 제조 및 개발, 신속한 보안 솔루션 제공 및 계도, 대국민 정보 이용 활성화와 건전한 정보이용 마인드 구축 기반 제공, 소프트웨어 자문, 개발 및 공급, 인터넷 정보 서비스 등으로 초기 백신프로그램 제작 전문 회사에서 보안전문회사로 성장해 왔다. 주요 제품으로는 바이러스 치료 프로그램인 'V3', 개인정보 보안 프로그램인 'EnDe', 파일복구 프로그램인 'Finaldata', 무결성 검사 프로그램인 'Tripwire'가 있으며 현재 통합보안 솔루션 제작에 힘쓰고 있다.

2. 안랩 성공요인 분석

▶ 기업가요인

안철수 사장은 서울대 의대를 졸업하였고, 서울대 대학원에서 의학박사를 취득한 재원이나, 사업과는 무관해 보이는 사람이었다. 그는 1988년에 운명처럼 '브레인 바이러스'를 만났다. 그는 밤을 새워가며 바이러스를 퇴치하기 위한 백신을 개발하였고, 이

9 IDC 2001(2000년 기준).

것이 계기가 되어서 그는 7년 동안 컴퓨터 바이러스 백신을 만들기 위해 의학공부와 컴퓨터 공부를 병행하였다. 또한 바이러스 퇴치를 위한 공익법인을 구상하였으나, 현실적인 문제로 인해 주식회사 형태의 안철수 컴퓨터바이러스 연구소를 1995년에 설립하였다. 그는 신뢰받는 CEO가 되기 위해서 여러 가지 지침을 정해 놓고 그것을 지키기 위해 부단히 노력하는 사람이다. 경영자이지만 동료로서 인식되는 CEO 안철수, 그가 지닌 여러 가지 기업가의 요인들을 구체적으로 살펴보면 다음과 같다.

첫째, 비전을 제시하는 경영자이다. 안철수 사장은 아무도 관심 갖지 않는 분야였던 컴퓨터 바이러스 치료백신에 관심을 두고 집중해서 개발해 왔다. 컴퓨터 바이러스 치료 백신으로 쌓은 기술력과 경쟁우위를 바탕으로 2005년까지 세계 10대 종합 네트워크 보안회사로 진입한다는 비전으로 기업을 운영하고 있다. 이와 같은 목표시장의 변화와 잠재적 파이의 크기를 예상하는 탁월한 장기적 안목을 기반으로 비전을 제시하는 그의 역량이 안랩을 현재의 위치에 이르게 한 요소라 할 수 있다.

둘째, 기업 경영에 있어서의 장기적 안목이다. 그는 사업을 긴 승부라고 생각하며 되도록 성공을 위해 장기적인 관점에서 판단하려고 노력해왔다. 합작 설립한 리눅스 애플리케이션 회사인 앨릭스를 손실을 입으면서까지 자진 해체하였다. 그 이유는 부적합한 파트너십으로 인해 장기적으로 회사 경영에 더 큰 손실을 입힐 것으로 생각했기 때문이다. 대신에 신뢰할 수 있는 파트너들과 아델리눅스란 회사를 다시 설립했고 지금도 잘 운영되고 있다. 안랩의 코스닥 등록 문제도 등록 시기는 회사발전계획에 맞춰야 한다고 생각했다. 비슷한 규모의 회사들이 등록 붐을 이룰 때에도 움직이지 않았다. 덕분에 2000년 벤처기업 열풍과 냉각이 교차될 때에도 외부환경변화에 흔들림 없이 역량을 집중할 수 있었다.

셋째, 위기관리 역량이다. 안철수 사장은 회사가 어느 정도 성장하면서 좀 더 견고하게 장기적 시각을 다지는 노력을 계속하였다. 또한 기업의 위기관리 중요성을 인식하였다. 그는 어떤 일이든지 회사 내에 충분한 기반을 갖춘 후에 실행하였다. 이러한 태도는 고객의 신뢰라는 결과로 돌아왔다. 코스닥 등록 때도 충분한 기간을 두고 전개하였고, 사업방향을 통합보안 중심으로 전환할 때도 2년간의 준비과정을 거친 후 충분히 준비를 하고 실행하였다. 영업전략은 매우 공격적으로 전개하지만, 재무나 인력관리는 항상 최악의 상황을 가정하고 추진하고 있다.

넷째, 자기계발 노력, 자신에 대한 올바른 평가, 그리고 실천이다. 안철수 사장은 회사 설립 후 자신이 경영자로의 자질이 부족함을 인식하였다. 그의 부족한 회사 경영을 위한 경영마인드의 보완을 위해 미국 펜실베니아 대학 테크노 MBA과정을 밟게 된다.

그리고 학업을 마치고 귀국한 후에도 그는 자기 자신의 한계를 정확히 인지하였다. 회사 업무에서 자신이 해결할 수 없을 경우에는 적임자에게 책임을 위임할 뿐만 아니라, 그 적임자를 충분히 신뢰하였다.

▶ **자원요인**

안랩의 자원은 크게 핵심가치를 중심으로 한 건전한 기업문화, 안정적인 재무자원 관리, 우수한 기술 기반의 제품역량 등이다.

첫째, 핵심가치를 중심으로 한 건전한 기업문화이다. 안랩은 건전한 기업문화를 가지고 있다. 투명경영과 고객만족을 기반으로 최근 윤리경영대상을 수상하기도 하였다. 다음은 그들의 핵심가치를 정리한 것이다.

핵심가치 1.

- 우리 모두는 자신의 발전을 위해 끊임없이 노력한다.
- 우리 모두는 자신의 발전을 위해서 적극적으로 그리고 지속적으로 노력한다. 시간이 없거나 자신의 능력이 부족하다고 좌절하거나, 현재의 위치에 안주하지 않고 그 한계를 극복하기 위한 방법을 찾고자 노력한다.

핵심가치 2.

- 우리는 존중과 신뢰를 기반으로 서로와 회사의 발전을 위해 노력한다.
- 우리는 서로 존중한다. 상사는 부하를 존중하고, 부하는 상사를 존중하며, 동료 간에 서로 존중한다. 상사는 부하가 발전할 수 있도록 이끌어 주고 본보기가 되며, 부하는 상사를 신뢰하고 합리적인 의사결정을 할 수 있도록 당당하게 의견을 제기하며, 동료끼리는 서로 돕고 때로는 애정 어린 비판에 인색하지 않는다.

핵심가치 3.

- 우리는 고객의 소리에 귀를 기울이고 고객과의 약속은 반드시 지킨다.
- 우리는 고객의 요구로 탄생되었다. 우리는 고객의 관심과 기반으로 설립되었고 현재와 미래 성장의 가장 큰 힘은 고객임을 잊지 않는다. 우리가 고객에게 한 약속은 반드시 지킨다. 우리의 의사결정의 변하지 않는 기준은 곧 고객이다.

이와 같은 핵심가치를 기본으로 형성된 정신적 무형자원은 안랩의 인적자원을 풍부하게 하였으며, 더 강한 기업문화를 구축할 수 있는 계기가 될 수 있었다. 특히 이러한 기업문화는 인재채용 방식에 나타나 있다. 안철수 사장은 업무능력보다는 회사, 동료, 자신의 발전을 모두 도모하고, 정직하고 성실하며, 건전한 사고를 가진 인재를 중요시하고 있다.

둘째, 안정적 재무 관리이다. 안랩의 마케팅 및 영업은 공격적으로 하면서도 재무관리는 매우 보수적인 성향을 보이고 있다. 안철수 사장은 사업초기에 수익이 없는 상황에서 매우 어려움을 겪었다. 회사 자본이 다 고갈되고, 수익은 나지 않았다. 심지어 자신의 월급도 못 받고, 부모님께 자본을 받기도 하였다. 현금관리와 수익에 대한 중요성을 인식한 그는 보수적인 현금관리를 하고 있다. 월말에 결재하는 식의 외상거래를 하거나, 기본적으로 차입금을 보유하지 않고 있다. 아무리 작은 규모라도 장부상으로 흑자이지만 현금이 부족한 경우가 생기기 때문에 늘 자금 관리를 최악의 상황을 가정하고 계획을 세워야 함을 인식하게 되었기 때문이다. 안랩은 부채비율 42%, 차입금 의존도 17%, 유동비율 570%(2001년 기준)의 보수적인 재무관리를 함으로써 매우 높은 안정성을 실현하고 있다. 이러한 안정적인 자본 관리는 IMF 시절이나 최근의 벤처거품이 꺼진 상황에서도 기업을 안전하게 유지할 수 있었다.

셋째, 전문 분야에서의 경험과 기술력에 대한 자신감이다. 안랩은 1988년부터 컴퓨터 백신 분야의 역량을 구축해왔다. 안랩은 세계적인 바이러스 백신 제품인 맥아피보다 상용화가 1년 앞섰다. 또한 V3의 경쟁력은 해외 백신보다 치료가 빠르고, 메모리나 부트 치료에 강하며 고객위주의 설계와 고객지원 서비스의 탁월성에 기반하고 있다. 이러한 기술력에 대해서 맥아피 사가 1천만 달러 인수제의를 할 정도로 동일 산업 내 최초의 기업으로서 쌓아온 경험과 기술력, 거래협상에서의 노하우를 바탕으로 한 자신감을 충분히 가지고 있었다.

▶ 산업요인

안랩이 성공할 수 있었던 산업요인에는 성장산업, 잠재적 시장규모의 가능성, 기술경쟁 치열 등이 있다. IT 기술의 발달과 인터넷의 보급으로 컴퓨터 백신 및 보안 산업은 크게 성장하였고, 인터넷 사용인구의 급속한 확산은 잠재적 시장규모가 매우 크다는 것을 알 수 있다. 이러한 환경에서 안랩은 불법 소프트웨어 규제와 같은 정부정책과 맞물려 수익모델을 창출할 수 있었다. 또한 바이러스의 기승으로 대기업이나 공기업, 정부관공서 같은 곳에서 자료보호에 대한 관심이 높아졌고, 시장규모는 점점 증가했다.

백신 및 보안산업은 기술경쟁이 치열한 산업이다. IT기술이 계속적으로 발전하면서 제품은 더욱 복잡해지고, 그에 따른 지속적인 기술력의 개발이 중요하다. 반면 보안산업에 진출하는 기업은 매우 적다. 이유는 계속 늘어만 가는 바이러스를 신속하게 퇴치할 수 있는 기술력이 있어야 하고, 그동안 해결해온 바이러스에 대한 방대한 자료가 있어야 한다. 그리고 앞의 두 가지를 위해 한 꾸준한 업데이트가 요구된다. 이러한 어려움 때문에 대부분의 회사들은 손을 대지 못하는 실정이다. MS역시 이러한 점 때문에 막대한 시장이지만 참여하지 않는 실정이다.

보안산업은 향후 해외 시장으로의 진출이 가능하다. 컴퓨터 보안 산업은 전세계적으로 공통적인 사항이기 때문이다. 안랩도 최근 일본 및 중국으로 진출하여 해외 시장의 기회를 확대하고 있다.

▶ 전략요인

안랩의 경영전략은 고객에게 신뢰로써 보답하자는 것이다. 신뢰경영의 파급효과는 매우 강력한 것이다. 신뢰를 구축하긴 어렵지만 구축된 신뢰는 강력한 효과를 발휘한다.

초창기 V3의 유료화 전략을 위해 고객의 인식을 전환하는 노력을 기울였다. 기존의 무료로 제공하던 V3는 계속 무료로 유지하였고, 보다 향상된 성능의 V3를 유료화하였다. 새로운 V3의 주요 고객은 개인이 아니라 기업과 관공서였다. 개인을 상대로 한 소프트웨어는 큰돈을 벌기 힘들다. 차라리 개인에게 무료로 제공하여 소프트웨어의 인지도를 높이고 신뢰를 쌓고 기업과 관공서에서 그것을 구매하도록 유도한 것이다. 또한 고급화된 기능으로 무료로 사용하던 사람들의 구매욕을 자극하였다. 게다가 기존의 무료제품 품질을 유지하여 고객의 신뢰를 강화하면서 유료화에 성공하였다.

성장기에는 새로운 영역으로의 진출 전략을 꾀하였다. 개인정보 보안 분야로 진출하였고, 인터넷 확산으로 인터넷 보안으로도 진출하였다. 이것은 현재의 핵심역량을 기반으로 한 관련 다각화 전략이다. 기존의 기술을 바탕으로 전략적 제휴를 통해 통합보안 솔루션을 개발하였고 이로써 단순한 백신제작회사가 아닌 종합네트워크 보안회사로 성장할 수 있는 기반을 마련하였다.

도약기인 현재에는 통합보안 솔루션산업에 전력을 다하고 있다. 이것은 기업의 최근 정보 보안 산업의 경향이 통합패키지 패러다임으로 전환하고 있기 때문이다.

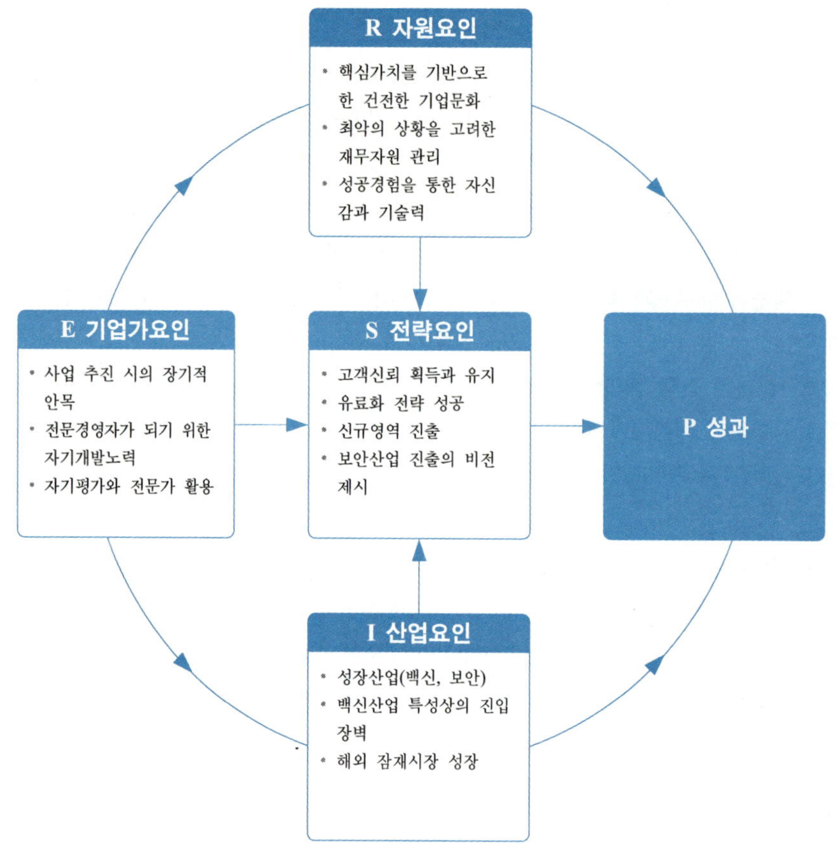

안랩(Ahnlab)의 성과결정요인

토의주제

1. 벤처기업의 성공 또는 실패 요인에 대해 토의해 보자.
2. 실패기업에 대한 사례연구가 실패를 줄이는 데 도움이 될 수 있다고 생각하는가? 한계점은 무엇이라고 생각하는가?
3. 벤처창업 사례를 선정해서 성공 또는 실패 요인을 논의해보라.

읽을거리

노암 아서먼, 「창업자의 딜레마」, 에코리브르, 2013.

매일경제 중소기업부, 「나의 사업이야기」, 매일경제사, 2000.

매일경제 중소기업부, 「경영은 도전이다」, 매일경제사, 2001.

이남훈, 「찬스: 패러다임이 바뀌는 곳에 기회가 있다」, 위즈덤하우스, 2010.

존 네샤임, 「벤처창사 A to Z」, 유승삼 외 옮김, 한경PC라인, 2002.

중소기업청, 「벤처, 재도약을 위해: 성공스토리 20」, 2003.

중소기업청, 「성큼성큼 스타트업 성공이야기」, 2014.

한정화 · 김혜정, 「아이티 우먼: 여성 IT CEO의 창업이야기」, 다해, 2002.

한정화, 「불황을 뚫는 7가지 생존전략」, 랜덤하우스 중앙, 2005.

한정화, 「전략이론의 관점에서 본 벤처기업의 창업과 경영성과」, 한국전략경영학회, 1998.

Sandberg W. R., 「New Venture Performance: The Role of Strategy and Industry Structure」, Lexington Books. 1986.

벤처기업가

chapter

3

제 3 장 **벤처기업가**

학습목표

1. 벤처기업가에 대한 이해를 도모한다.
2. 성공적인 벤처기업가의 특성을 알아본다.
3. 창업기업가가 겪는 어려움과 극복방안을 파악한다.

Ⅰ. 벤처기업가에 대한 이해

벤처기업가는 사업기회를 인지하여 계획을 세우고, 사업에 필요한 자원을 동원하고 사업과정에서 직면하는 위험을 극복하면서 조직을 만들고 운영하는 사람을 말한다. 즉, 창업과정에서 나타나는 기회의 인지opportunity identification, 자원의 동원resource mobilization, 위험의 관리risk management, 경영시스템의 구축system building을 주도적으로 수행하는 사람이다.

벤처기업의 성공과 실패에 관한 사례를 보면 창업기업가 또는 경영자의 개인적 역량이 차지하는 비중이 높다. 실제로 창업단계에서 벤처기업의 성과는 대부분 창업자의 능력과 자질에 의하여 결정된다고 볼 수 있다. 창업기업가가 경영성과에 차지하는 비중이 높은 이유는 벤처기업이 대기업에 비해 상대적으로 규모가 작음으로 인하여 기업가 개인이 미치는 영향력이 크기 때문이다. 특히 창업초기에 기업이 조직화 및 안정화 단계에 접어들기 이전에 기업가의 역할은 매우 중요하다. 창업자 자신의 경영철학이나 경영이념이 조직 내에 체화되어 나타나는 것이 바로 기업문화이자 조직분위기이다. 창업자는 사내분위기를 고취시키고 종업원들이 신명나게 일할 수 있도록 만들어야 할 중요한 임무를 가지고 있다.

창업기업가에 대한 많은 연구에서도 심리적 특성, 행동방식 및 사회적 배경 등의 요소가 창업기업의 성과에 미치는 영향이 매우 크다고 밝히고 있다. 미국의 벤처캐피탈리스트들이 투자의사결정을 할 때도 창업기업가에 대한 평가가 차지하는 비중이 가장 높다. 맥밀란MacMillan 등에 의하면 뉴욕의 벤처캐피탈리스트들이 투자의사결정을 하는 가장 중요한 기준의 열 가지 중 창업자에 대한 평가항목이 여섯 가지를 차지하고 있음을 밝히고 있다.[1] 여기에는 창업자가 집중적인 노력을 지속할 수 있는 능력, 목표로 하는 시장에

1 MacMillian, Siegel, Narasimha, 「Criteria Used by Venture Capitalist to Evaluate New Venture Proposals」, Journal of Business Venturing, 1 (1), 1985, pp. 119–128.

대한 친숙성, 과거에 보여준 리더십 능력, 위험을 평가하고 대처할 수 있는 능력, 과거의 사업실적, 벤처에 대한 설명능력 등이 포함된다.

미국의 최초 벤처캐피탈회사인 ARDC의 설립자 도리옷Doriot은 말하기를 "투자의사결정을 할 때, A급 아이디어를 가진 B급 창업팀보다는 B급 아이디어를 가진 A급 창업팀을 선호한다"고 했다. 이는 창업자나 창업팀이 기업의 성과에 결정적인 중요성이 있음을 시사하는 표현으로서, 미국 벤처캐피탈 산업에서 기본 원리처럼 통하고 있다.

창업기업가의 공통적 태도와 행동에 대한 많은 연구들이 이루어졌다. 티몬스와 스티븐슨Timmons & Stevenson은 60명의 창업기업가와의 면담을 통하여 그들이 몇 가지 근본원칙에 충실하다는 점을 발견했다.[2] 그것은 새로운 기회를 추구하는데 반응이 빠르고, 유연하며, 적응성이 높다는 점이다. 또 비전을 실현하는 능력, 새로운 기술을 배우고 투자하는 데 적극적인 자세, 우수한 사람들을 끌어 모으고 이들에게 동기를 부여하며 유지하는 능력 등이 중요하다고 말한다.

창업연구로 유명한 뱁슨 대학에서는 DEC의 켄올슨Ken Olson, 왕Wang컴퓨터의 안 왕An Wang, 혼다자동차의 혼다 소이찌로 등을 21명의 탁월한 창업기업가들을 초청하여 그들의 성공원칙을 들었다. 핵심적인 원칙은 다음 세 가지다: 1) 도전에 대해 적극적으로 대응하고 실수로부터 배우는 능력, 2) 주도성의 발휘, 3) 강한 인내력과 결단력이다.

존 카오John Kao는 창업가에 대해서 11가지의 공통적 특성을 제시하고 있다.[3] 1) 전적인 몰입, 결단력, 인내, 2) 성취와 성장에 대한 열망, 3) 기회 및 목표지향성, 4) 주도성의 발휘와 개인적 책임감, 5) 끈질긴 문제해결, 6) 현실주의와 유머감각, 7) 피드백의 추구와 활용, 8) 내적 통제소재, 9) 계산된 위험부담과 추구, 10) 지위와 권력에 대한 낮은 욕구, 11) 성실성과 신뢰성이다.

2 J. A. Timmons, 「New Venture Creation」, MaGraw Hill, 1999, p. 217.

3 John J. Kao, 「The Entrepreneurial Organization」, Prentice-Hall, 1991.

창업기업가의 심리적 특성에 대한 연구도 진행되었다. 가장 공통적으로 언급되는 요소가 성취욕need for achievement, 위험감수성향risk-tasking tendency, 내적통제소재internal locus of control, 모호함에 대한 관용tolerance for ambiguity이다.

성취욕은 맥클랜드McClelland 등에 의해 오랫동안 연구되어 온 인간의 핵심 욕구 중 하나다. 성취욕구는 안정된 직장을 떠나 위험부담을 안고 창업을 결심하게 되는 가장 중요한 요소다. 창업자들은 목표지향적이고 이익과 부의 획득, 기업성장의 실현, 신제품의 실시 등과 같은 도전적인 목표를 달성하기 위한 성취욕구에 의해 동기부여된다. 창업기업가는 자신이 성과기준을 설정하고 목표를 달성하고 경쟁에서 이기려는 성향이 강하다.

위험감수성향은 높은 성취욕구와 연관되어 있다. 기업가는 불확실성과 위험에 도전함으로써 새로운 기회와 가능성을 추구한다. 그러나 무모하게 위험을 감수하는 것이 아니라 신중한 계산을 통해 위험수준을 결정한다. 이를 계산된 위험감수calculated risk-taking라고 한다. 창업자들은 위험이 높은 벤처를 불필요하게 추구하는 사람risk seeker들이라기보다는 어느 정도의 위험은 감수할 각오를 하는 사람risk assumer들이다.

내적통제소재는 창업기업가가 자기자신을 믿는 성향을 의미한다. 사업의 성패가 운이나 팔자가 아닌 자신의 노력과 통제에 달려 있다고 믿기 때문에 높은 성취욕을 발휘하게 한다. 그래서 '스스로 잘 할 수 있다', '하면 된다'라는 신념이 강하고, 가급적이면 주변의 상황을 통제하고 싶어 한다.

모호성에 대한 관용은 창업기업가가 사업을 수행하는 가운데 환경변화, 돌발적 사건 등에 의해 야기되는 불확실성에 대한 수용성향을 의미한다. 즉, 불확실성을 생활의 한 부분으로 인정하는 것을 말한다. 창업자들은 조직적이고 철두철미한 것처럼 보이지만 이들은 불확실한 상황을 어느 정도 인정하는 자세를 가지고 있으며, 어떤 사실에 대해서 완벽한 지식을 가지고 있지 못한 경우에도 의사결정을 할 용의를 가지고 있다.

티몬스Timmons는 기존 연구결과들을 종합하여 여섯 가지의 핵심주제로 요약하였다. 몰입과 결단력commitment and determination, 리더십leadership, 기회에 대한 강박관념opportunity obsession, 위험, 모호성, 불확실성에 대한 관용tolerance of risk, ambiguity, and uncertainty, 창의성, 자립성 및 적응력creativity, self-reliance, 탁월성 추구motivation to excel 등이다.[4]

벤처창업의 성공, 실패에 관한 기존의 문헌을 정리해보면 성공적인 창업자의 행동특성이 장기적 안목과 비전제시, 위험평가 및 대응능력, 몰입과 집중성, 의사소통능력, 고객욕구에 대한 민감성, 벤처팀의 구성 등이다.

Ⅱ. 성공적인 벤처기업가의 특성

1. 장기적 안목과 비전 제시

벤처기업가가 도전하는 시장은 대부분 유아기나 성장초기단계에 있는 산업들이기 때문에 불확실성과 위험이 높다. 창업자는 바로 이 불확실성에 도전하여 시장을 창출하고 성과를 실현해 간다. 그래서 눈앞에 보이는 단기적인 현상에만 집착하면 방향성을 상실하거나 미래에 대한 확신을 갖기 어렵다. 또한 벤처는 창업초기 자원이 열악한 가운데서도 우수한 인적자원을 모으는 것이 중요하다. 그러나 창업단계의 벤처기업은 자원이 열악하기 때문에 금전적인 보상을 통해 이들을 고용하기가 어렵다. 미래의 가능성을 가지고 창업팀을 구성하고 사람들을 모으려면 비전의 제시가 필요하다.

비전은 구성원들에게 기업의 바람직한 미래상에 대한 열망과 꿈을 갖게 하는 것이다. 비전은 창업과 성장 과정에서 현재 상황이 어렵더라도 조직 구성원들이 인내하며 나아가야 하는 설득의 근거가 된다. 비전이 효과를 나타내려면 구성원들에게 명확하게 전달되어야 한다. 비전은 전략수립의 지침이

4 J. A. Timmons, 「New Venture Creation」, McGraw Hill, 1999.

되고, 리더십 발휘의 가치체계를 제공하며, 구성원의 정신자세와 행동의 구심점이 된다. 창업자의 비전이 살아 움직이려면 구성원 간에 공유되고 공감되어야 한다. 공감을 불러일으키는 비전은 단기적인 이해관계를 넘어서 장기적인 목표를 일치시키게 한다.

소프트뱅크의 손정의는 디지털 세계의 미래에 대한 확신을 가지고 사업을 시작했다. 초기 인터넷 사업에 대해 비판적인 의견이 많았다. 그러나 손정의는 매우 확고한 답을 가지고 있다. 인터넷이 사람들에게 유익한 가치를 제공하고 있는가? 그렇다면 시장이 형성되고 수익이 발생하리라는 것이다. 손정의는 시대의 흐름을 단순하게 읽어내는 능력을 갖추고 있다. "… 좀더 멀리 떨어져서 상황을 살펴본다면 시대의 흐름은 뜻밖에 매우 단순하다는 사실을 알 수 있습니다. … 자동차가 편리하듯, 전화가 편리하듯, 텔레비전이 편리하듯, 인터넷은 틀림없이 편리한 존재이므로 인간의 사회생활에서 빼놓을 수 없는 위치를 차지할 것입니다. 그렇다면 다른 사람보다 늦게 덤벼드는 것보다는 조금이라도 일찍 덤벼드는 쪽이 승리를 쟁취할 가능성이 높지 않겠습니까. … 눈앞을 보기 때문에 멀미를 느끼는 것입니다. 몇 백 킬로미터 앞을 보십시오. 바다는 기름을 제거한 것처럼 평온합니다."

엔드밀 공구에서 세계적인 경쟁력을 가지고 있는 와이지원의 송호근 사장도 비전의 중요성을 다음과 같이 말한다.

"진정한 효율성을 가지고 일하는 것은 인식에서 차이가 나는 경우가 많습니다. 나는 나와 같이 일하는 양지원 식구들에게 뭔가 꿈을 키워주는 것이 중요하다고 생각합니다. 꿈이 있을 때 무슨 일이든 된다고 생각합니다. 그래서 꿈을 그것도 기왕이면 크게 심어주고 싶습니다. 그 대신 거짓말은 절대로 안하며 약속은 남발하지 않습니다. 이런 취지가 창업이념에도 반영되어 얼핏 생소하게 들리는 회사명인 양지원養志園 공구[5]로 명명했습니다."

스타벅스Starbucks의 하워드 슐츠도 비전과 신념을 가지고 기업을 일군 사람 중의 하나다. 그는 창업을 구상하면서 다음과 같은 말로 동업자를 설득

5 양지원 공구는 글로벌 기업으로 변신과정에서 와이지원(YG-1)으로 회사명을 바꾸었음.

한다.

"뉴욕에 있는 친구들에게 스타벅스 커피의 맛을 보여 주었더니 그들은 깊고 풍부한 맛과 향기에 금방 반해 버렸습니다. 그들처럼 뉴욕사람들, 그리고 시카고, 보스턴, 워싱턴 등 모든 지역에 있는 사람들이 같은 반응을 보일 것이라고 확신합니다. 스타벅스는 지금보다 크게 성장할 것입니다. 시애틀이 있는 북서지역을 넘어 서부연안에 있는 도시 전체로, 수십 개 아니 수백 개의 스토어를 가진 전국적인 회사가 될 것으로 저는 믿습니다. 그리하여 스타벅스라는 이름은 세계적 품질을 보증하는 브랜드 이미지를 가진 고급커피의 대명사가 될 것입니다. 생각해 보십시오. 만일 스타벅스가 미국과 캐나다 전역으로 진출한다면 당신들은 아주 많은 사람들과 지식과 열정을 함께 나누며 그들의 삶을 보다 풍부하게 해줄 것입니다."

2. 몰입과 집중력

드러커는 "목표를 달성하는 방법 중 한 가지 비결이라면 그것은 집중하는 것이다"라고 말했다. 성공벤처기업가의 가장 중요한 특성 중의 하나가 몰입과 집중성이다. 예외 없이 창업 기업가는 기업의 생존을 위한 압박감에서 살아야 한다. 신생벤처는 창업자가 자기자금을 투자하는 일, 낮은 월급, 생활방식, 가족관계 등의 개인적 희생을 필요로 한다. 또한 일반적으로 벤처는 기술과 고객욕구의 변화가 빠른 산업에 참여한다. 따라서 누가 더 먼저 시장의 욕구에 부합하는 제품과 서비스를 제공하는가가 성공과 실패의 갈림길이 된다. 소수의 인력과 제한된 자원으로 제품개발의 적시성timing 경쟁에서 이기기 위해서는 단기간에 집중할 수 있어야 한다.

몰입은 탁월성의 원동력이다. 사람이 어떤 일에 몰입할 때, 남이 생각하지 못하는 수준의 일을 해낼 수 있다. 몰입은 창조력의 근원이기도 하다. 몰입은 인간의 잠재의식을 깨어나게 하고, 강력한 심리적 에너지의 근원이다. 몰입하면 육체적 피곤함이나 스트레스마저 사라진다. 남들이 힘들어 보인다고 하는 일도 장시간 해낼 수가 있는 것이다. 창업기업가는 바로 이러한 심리적, 정신적 에너지를 100%이상 활용할 줄 아는 사람들이다.

벤처의 본고장이라고 할 수 있는 실리콘밸리에서는 수많은 벤처들이 창업된다. 비슷한 아이디어를 가지고 비슷한 수준의 기술역량을 가진 기업들이 창업될 때, 누가 더 먼저 고객만족도가 높은 제품이나 서비스를 개발하는가가 중요해질 수밖에 없다. 그래서 창업팀들은 침식을 잊고 개발에 몰두하게 된다. 몰입은 열정과 통한다. 열정이 있을 때 몰입하고 몰입을 통하여 열정을 키워나간다.

하워드 슐츠는 성격상 흥미를 돋우는 것에 열정적으로 몰두하는 경향이 있다. 그는 어렸을 때 운동에 몰두했고 스타벅스 커피를 만났을 때, 커피에 몰두했다. 마이크로소프트의 빌 게이츠는 초창기 프로그램 개발에 매달리다가 퇴근도 못하고 사무실바닥에 쓰러져 자는 경우가 많았다고 한다. 아침에 출근하던 비서가 걸려 넘어지는 바람에 깨어났다는 일화가 있다.

비트컴퓨터를 창업한 조현정 사장이 처음으로 의뢰 받은 일은 의료보험을 자동으로 청구하는 프로그램 개발이었다. 회사가 자리를 잡느냐 흐지부지 사라지느냐 하는 것은 맡은 일을 어떻게 정해진 시간 내에 완성하느냐에 달려 있었다. 그래서 그는 프로그램 개발에 모든 능력을 쏟았다. 그 당시 그의 실제 근무시간은 무려 17시간에 달했다고 한다. 너무 몰입한 나머지 회사 앞 다방으로 찾아온 손님을 만나러 가면서 여름철인데 겨울옷을 입고 나간 일화가 유명하다.

마이클 델의 경우도 주위에서 편집증 환자로 오해할 정도로 집중력을 보였다. 그는 뭔가에 집중하면 옆에서 폭탄이 터져도 모를 만큼 몰두한다. 언젠가 분노한 데모대의 한가운데를 뚫고 지나간 일화는 그의 집중력이 어느 정도인지를 보여준다. 이날 그는 저녁식사를 하러 가는 중이었지만 골똘한 사색에 빠진 그의 눈에는 아무 것도 들어오지 않았던 것이다. 바로 이 놀라운 집중력과 승부욕이 마이클 델의 성공비결이라고 한다.

3. 결단력과 끈기

성공적인 창업가들이 공통적으로 성공에 가장 필요한 요소가 무엇인가 하고 물으면 많은 경우 결단력과 끈기를 말한다. 벤처창업과정에서 중요한 것은 장애와 좌절을 어떻게 극복해 나가는 가다. 벤처는 창업과정에서 다양한 어려움에 직면하게 되는데, 그러한 상황에서 포기하지 않고 버티는 능력이 필요하다. 결단력은 과감하게 사업을 추진하게도 하지만, 불가능한 일을 미련없이 포기하는데도 필요하다. 실패를 크게 하는 이유 중의 하나가 포기의 결단을 못하기 때문인 경우도 많다. 기업가는 끈질긴 성격을 가지고 있으면서도 도저히 불가능한 상황에서는 포기하는 결단도 빠르다. 이를 위해서는 자신이 할 수 있는 일과 할 수 없는 일을 판단하는데 매우 현실적이어야 한다.

미국 벤처투자자venture capitalist가 투자의사결정을 할 때 기업가의 자질과 역량을 중요하게 고려한다. 기업가를 평가할 때 가장 우선시 하는 요소가 '위기상황에서 끈질긴 노력을 할 수 있는가'이다. 기업을 하다보면 위기는 오게 마련이고 이때 어떻게 대응하는가가 사업의 성패를 결정하게 된다.

한 예로 스타벅스 회장인 하워드 슐츠Howard Schultz를 들 수 있다. 그는 창업 초기 자신이 구상한 프리미엄 커피 체인점이라는 비즈니스 모델을 가지고 자금을 조달하는 과정에서 한 해에 242명의 잠재적인 투자자를 접촉했지만 217명이 부정적인 견해를 표명했다. 간단히 말해서 10명 중에 9명이 성공할 가능성이 없다고 말하는 상황에서 포기하지 않고 끈질기게 매달려 소수로부터 받아낸 투자 자금을 가지고 사업을 시작했고, 결과적으로 큰 성공을 이루어 냈다. 그는 자신이 좌절을 극복할 수 있었던 이유를 '열패자의 정신력'underdog spirit으로 설명한다. 언더독이란 싸움하다 밑에 깔린 개, 즉 열패자를 의미한다. 그는 뉴욕 브루클린 빈민가 출신으로 성장과정에서 수많은 좌절과 역경을 경험하고 극복했다. 그는 그 과정에서 거절당하는 데 익숙해서 수많은 사람들의 거절에도 불구하고 용기를 잃지 않았다고 한다. 장애와 좌절을 극복하여 사업의 성공을 이룬 사례는 국내에서도 많이 찾아볼 수 있다.

벤처 1세대인 미래산업의 정문술 사장은 아이디어도 끈기라고 하면서 "신이 공평한 것은 획기적 발상도 죽어라고 고민하고 실험하는 과정이 없으면 결코 나와주지 않는다는 것이다. 획기적인 발상이 먼저 있다고 해도 그대로 현실에 적용하면 항상 예상치 못했던 변수가 튀어나와 실패하게 마련이다. 그러나 현실적인 변수들을 거의 모두 경험하고 제어할 수 있는 상태에서 획기적인 발상이 나와준다면 성공은 시간문제가 된다"고 한다. 정문술 사장이 미래산업 초창기에 무인웨이퍼 장비를 개발하다 실패했다. 친구며 친지의 돈을 모두 끌어다 4년간 18억의 연구비를 쏟아 부었는데 사업성이 없는 제품을 개발한 것이다. 자살 일보직전에서 축적된 기술을 기반으로 하여 테스트 핸들러라는 반도체 장비를 개발해서 반도체 회사에 납품함으로써 기사회생의 기회를 잡을 수 있었다.

줄기세포를 이용해 난치병 치료제를 만드는 사업을 국내 최초로 시작한 메디포스트의 양윤선 대표도 고난과 좌절을 극복하면서 사업을 극복한 자신의 경험을 다음과 같이 말한다. "사업은 생각하는 것처럼 되지 않습니다. 시간, 역량, 환경, 법 등등이 다 마음먹는 대로 되지 않는데 그것을 뚫고 나가야 합니다. 인내든 끈기든 포기하지 않고 일단은 가보는 능력, 맞서 싸울 의지가 필요합니다."[6]

조현정 사장의 옆자리엔 언제나 작은 자전거 조각품이 놓여 있다. 그것은 자전거 철학을 늘 상기시키기 위해서이다. 끊임없이 신기술이 개발되기 때문에 라이프사이클이 짧은 소프트웨어 산업은 멈추면 쓰러지는 자전거와 많이 닮았다. 멈추지 않고 계속 달리면 결코 쓰러지지 않는다는 자전거 철학이라고 할 수 있다.

6 최도영, 「더 나은 세상을 위한 선택, 기업가정신」, 2015. p. 101.

4. 위험평가 및 대응능력

벤처는 창업단계부터 성장의 고비마다 다양한 위험에 직면하게 된다. 기업의 성패는 위험을 어떻게 대비하고 이를 극복해 나가는가에 달려있다. 기업가의 특성중의 하나가 계산된 위험부담calculated risk-taking이라고 한다. 이는 위험을 감수하되 계산을 통하여 합리적으로 대응하는 역량을 갖추어야 한다는 의미다. 또한 벤처는 기술과 시장변화의 속도가 빠르고 모호성과 불확실성이 높기 때문에 성공적인 창업기업가는 이에 대한 관용과 수용도가 높다. 그들은 도박사가 아니라 계산된 위험을 수용한다. 위험을 철저하게 계산하고 불리한 상황에 대비한다.

최근 벤처붐이 일면서 창업이 활발하게 일어나고 있으나, 위험을 평가하고 대응하는 역량의 부족으로 인해 많은 문제점이 노출되고 있다. 사업의 타당성에 대한 합리적 분석능력의 결여로 인하여 투자자들의 자금을 쉽게 소진하고 마는 현상이 나타나고 있다. 벤처캐피탈리스트가 투자의사결정을 할 때도 중요하게 고려하는 요소가 바로 위험의 평가와 대응능력이다. 열정적인 기업가들이 위험을 과소평가하는 이유는 자신의 비전에 너무 사로잡혀 비전에 부합하지 않는듯하면 그것을 무시하고 싶어 하는 경향이 있기 때문이다.

손정의는 신규사업을 전개할 때 속도가 매우 빠른 것으로 잘 알려져 있다. 그러나 빠른 의사결정의 이면에는 철저한 계산이 숨어있다. 그는 '천 번 노크'라는 방법론을 개발해서 사용하고 있다. 한 사업체의 경영상황을 천 가지 각도에서 바라보고 그 사업체가 전망이 있다면 계속 경영 지원을 해준다는 방식이다. 이러한 이론의 성과가 발휘된 사례가 지프 데이비스를 2천1백억 엔이라는 거액으로 매입했을 때다. 사전에 철저한 계산을 통해서 이러한 금액을 투자해도 이익을 실현할 수 있을 것이라는 확신이 있었기 때문에 신속한 의사결정이 가능했던 것이다.

와이지원의 송호근 사장은 1997년 여름 한국경제에 이상이 생긴 것을 직감했다. 원자재를 100% 수입하는 회사의 여건으로는 국가부도가 치명적인 결과를 초래할게 뻔했다. 송 사장은 즉시 유럽과 미국에 있는 모든 바이어들에게 전화를 걸어 외상으로 구매해 오던 방식 대신 이자를 낮추는 조건으로 현금지불을 부탁했다. 그해 11월말 한국은 IMF 외환위기라는 국가부도 상황에 직면하게 된다. 하지만 송호근 사장의 예측으로 와이지원은 1998년 40% 매출성장을 이룩했고 신제품 'X-power'로 템플턴으로부터 투자제의까지 받게 되었다.

1994년 6월 스타벅스는 창업 후 최악의 위기에 직면한다. 브라질의 심각한 서리로 인해 커피원두 가격이 파운드당 1.80달러로 급등한 것이다. 엄격히 통제되어야 할 주요 원가 중의 하나가 2배 가까이 뛴 것이다. 가장 큰 배전업자인 네슬레, 크래프트, 제너럴 푸드, 프록터 & 갬블사는 그들의 캔커피 가격을 즉각 인상했으나 스타벅스는 가격인상이 고객들에게 공정하지 못한 처사라고 판단하여 즉시 가격을 올리지 않았다. 재료원가의 상승을 소비자들에게 전가하지 않으면서 위기에 대한 대처방안을 직원과 고객들에게 적극적으로 홍보함으로써 합리적인 문제해결방안을 찾았다.

5. 의사소통능력

기업은 공동체community로서 의사소통communication이 가장 중요한 구성요소이자 리더십의 효과성을 결정하는 요인이다. 기업가는 효과적인 의사소통을 위하여 다양한 채널을 활용한다. 말로 하는 의사소통뿐만 아니라 다양한 방법으로 의견을 주고받는다. 의사소통은 일방적인 것이 아닌 쌍방적인 것이다. 따라서 효과적인 의사소통을 위해서는 의견을 경청하고 수렴하고자 하는 자세가 중요하다. 그러나 경청만으로 충분한 의사소통이 이루어지지 않는다. 드러커는 진정한 소통을 위해서는 이해관계 조정이 더 중요하다고 말한 바 있다. 이해관계를 일치할 수 있어야만 진정한 소통이 이루어지고 장기적인 신뢰관계가 형성된다. 이해관계의 일치를 위해서 리더는 장기적 목표와 단기적 목표의 순위를 적절하게 조정할 줄 알아야 한다. 이해관계 조정을 위해서는 협상능력이 필요한 데 많은 창업자들이 이러한 역량을 갖추지 못한 채 사업을 하는 과정에서 소통의 어려움을 겪는 경우가 많다.

의사소통이 잘 되려면 상호신뢰가 뒷받침 되어야 한다. 신뢰는 효과적인 리더십의 필요조건이며, 좋은 리더십의 결과이기도 한다. 구성원의 신뢰를 얻을 수 있으면 리더십 발휘가 효과적으로 될 수 있지만, 처음부터 높은 수준의 신뢰를 갖춘 팀을 가지고 창업기업의 리더가 되는 경우는 많지 않다. 창업초기에 높은 신뢰도를 가진 창업팀으로 출발할 수 있다면 벤처는 성공할 가능성이 높다. 창업자의 리더십 스타일에 따라 구성원의 리더에 대한 신뢰 수준이 커지기도 하고 작아지기도 한다. 신뢰는 좋은 인간관계로만 이루어지지 않으며, 성과가 뒷받침 되어야 한다. 일반적으로 리더에 대한 신뢰는 리더의 역량competence에 대한 믿음, 공정성fairness에 대한 믿음, 배려benevolence에 대한 믿음 등이 갖추어 질 때 증가한다.

리더십의 핵심은 책임감responsibility과 진정성integrity에 있다. 리더는 조직을 대표하여 이해관계자에 대해 책임지는 사람으로서 이를 확실하게 보여줄 때 구성원은 리더를 신뢰하게 된다. 사업가가 된다는 것은 이러한 책임을 진다는 의미이다. 그러나 많은 창업자들의 책임감에 대한 각오 없이 시작했다가 예기치 못한 큰 스트레스를 받고 어려움을 겪게 된다. 또한 리더는 진정성을 가지고 구성원과 이해관계자를 대해야 한다. 진정성이란 성실성, 정직성 등을 포괄하는 개념으로서 자신의 행동을 진실하게 함으로써 사람들이 리더의 말을 믿게 하는 것이다. 이는 단순히 도덕적이고 윤리적인 면만이 아닌 올바른 목표설정과 이를 달성하는 성과에 대한 책임수행을 포함한다.

휴맥스의 변대규 사장은 소통의 중요성을 강조하면서 회사의 핵심가치에 이를 반영하고 있다. 그는 2009년 ICCI라는 네 가지 핵심가치를 제정하여 이를 기업경영과 리더십의 기준으로 삼고 있다. I는 진실성Integrity으로서 리더가 공과 사의 이익이 충돌할 때 먼저 공적인 이익을 우선하는 것을 의미한다. 이러한 리더의 자세가 믿음을 가져오고 조직이 더 강해질 수 있다고 말한다. C는 소통Communication으로 타인의 말을 경청하면서 문제를 해결하고 올바른 의사결정을 하자는 것이다.

체성분 측정기의 글로벌 선도업체인 인바디Inbody의 차기철 대표도 창업 초기 직원들과 소통의 어려움을 겪었지만 이를 극복하고 회사를 잘 성장시켜왔다. 그는 리더의 도덕성을 다음과 같이 강조한다. "리더가 정직한지, 사기성이 있는지는 느낌으로 다 알게 됩니다. 그런 냄새를 풍기면 전 직원이 다 알죠. 도덕성을 잃으면 회사는 점점 경쟁력을 잃게 됩니다. 철저하게 숨기려고 하기 때문에 눈에 바로 띄지 않을 수 있지만 결국은 무너집니다. 편법이 쌓이다 보면 나중에 회사가 어려워진 다음에도 무엇 때문에 어려워졌는지 모르죠."[7]

6. 도전의식과 탁월성의 추구

모든 성공적인 창업기업가는 탁월성을 추구하는 특성을 가지고 있다. 자기 자신이 설정한 기준을 넘어서기 위하여 노력한다. 성취욕은 탁월한 기업가들에게 발견되는 중요한 요소다. 사회적 지위와 권력에 대해 상대적으로 낮은 욕구를 가지고 있다. 반면에 성취욕구에 의하여 움직인다. 성공하게 되면 결과로서 권력이나 사회적 지위가 주어지게 된다.

도전정신은 사업의 본질인 모험적 특성과 연관되어 있다. 기업을 영어로 모험이라는 뜻을 가지고 있는 enterprise 또는 venture라고 한다. 사업과 모험은 둘 다 미지의 영역unknown을 대상으로 하고, 위험risk이 따르며, 보물treasure과 즐거움fun on the way이 있다. 그래서 모험을 해야 하는 기업가에게 가장 필요한 요소가 도전정신이다.

높은 목표의 설정은 창업기업가로 하여금 자기 일에 에너지를 집중하게 한다. 목표와 방향설정은 우선순위를 정하고 성과의 수준을 측정하는 기준을 제공한다. 성공적인 창업기업가는 자기 자신의 강점과 약점을 잘 파악하

7 최도영, 전게서, p. 190.

고 있다. 그들은 자신이 할 수 있는 일과 할 수 없는 일을 잘 구분한다. 이런 점에서 그들은 낙관적 현실주의자들이다.

최근 도전정신을 대표할 만한 기업가는 테슬라 모터스의 창업자인 엘론 머스크Elon Musk를 들 수 있다. 그는 전자결제업체인 페이팔Papal의 창업 멤버로서 페이펄을 이베이에 매각하여 얻은 전 자산을 모두 세 분야의 창업기업에 투자했다. 전기자동차 분야인 테슬라 모터스와 우주여행 분야인 스페이스X, 태양에너지 분야인 솔라시티 등이다. 그는 지구의 미래를 위해서는 화석연료에 대한 의존도를 줄여야 한다는 신념으로 세 가지 분야에 대한 도전을 했는데, 세 분야가 모두 높은 불확실성과 위험이 있는 분야였다.

모바일게임 업계를 개척한 컴투스의 박지영 사장도 개척자 정신의 중요성을 강조한다. 컴투스가 설립된 배경에는 창업멤버들이 '무언가 새로운 일에 도전해 보자'라는 결심이 있었다. 남들이 모두 평탄한 아스팔트 길로 향할 때 그들은 새로운 분야의 개척이라는 가시밭길을 택했다. 컴투스는 모바일게임 분야에서 새로운 장르를 개척함으로써 그때마다 시장 전체가 성장하게 되었다. 특히 '미니게임천국'과 같은 게임은 그 이전에는 없었던 미니게임이라는 장르를 처음 만들어 냈고, 이로 인해 모바일게임에 대한 수요를 새롭게 창출해 낸 사례다.

델컴퓨터의 마이클 델Michael Dell은 IBM을 능가하는 컴퓨터를 만들어 고객에게 직접 판매하고 최고의 가치와 서비스를 제공하여 컴퓨터 업계에 최고가 되겠다는 도전의식을 가지고 사업을 시작하였다. 그러한 목표를 직접판매방식direct model이라는 탁월한 전략을 통해서 실현했다.

모터사이클 헬멧업체 '홍진크라운'은 세계 시장에서 10여 년간 점유율 1위를 달리고 있다. 자기브랜드로 세계 일류기업이 되겠다는 CEO의 집념이 만들어낸 결과이다. 이 밖에도 컬러TV 모니터용 핵심부품인 전자선 접속장치PCM 부문에서 세계1위를 굳힌 자화전자, 절삭공구 분야에서 생산량 기준으로는 세계 1위며 현재 최고의 품질의 세계기업들과 경쟁하고 있는 YG1 등은 창업 초기 단계부터 세계 일류를 지향하면서 성장해온 기업들이다. 이들은 남다른 성취욕과 도전정신을 가지고 멀리 보면서 먼저 높은 목표를 설정하고 경영의 탁월성을 추구해 왔다.

7. 벤처팀의 구성

성공적인 창업기업가의 특성을 읽다보면 이런 생각이 들 수 있다. 어떻게 한 사람이 이러한 특성들을 다 갖출 수 있을까? 나는 도저히 기업가로서 적성에 맞지 않는다고 속단할지 모른다. 그러나 너무 걱정할 필요는 없다. 창업은 개인의 머릿속에서 구상되지만 혼자 하는 것이 아니다. 좋은 팀웍을 구축하면 나 자신의 약점을 보완해 갈 수 있다. 성공적인 창업기업가는 팀을 잘 구축한다. 사람들에게 자신감을 불러일으키고 성과를 나눌 줄 안다. 파이를 키우고 공통목표에 집중하게 하여 개인 간의 이견이나 갈등을 조정해 간다.

이런 의미에서 오늘날의 벤처창업은 팀창업이다. 얼마나 균형잡힌 팀을 구성하는가가 중요하다. 새로운 벤처가 성공적으로 적절한 시장에서 설립되고 그 후 성공적으로 재무조달을 하더라도 몇 년 후에 심각한 위기에 빠지게 되는 경우가 있다. 그 이유는 대개 경영팀의 부재 때문이다. 따라서 조직의 모든 수준에 있는 종업원들의 재능과 창의성을 이용하는 공동 창업가정신collective entrepreneurship이 필요하다.

과학자나 엔지니어가 주도하여 창업을 할 때 마케팅, 재무 등의 전문성을 가진 사람을 창업팀에 포함시키는 것이 바람직하다. 미국의 경우 벤처캐피탈이 투자의사결정을 할 때 팀구성을 중시한다. 벤처의 위험을 평가하기 위하여 제품과 경영팀의 수준을 측정한다. 즉, 시장에서 입증된 제품과 능력 있고 완전히 갖춰진 경영팀을 가진 벤처는 투자 자금을 낮은 비용으로 얻을 수 있다. 창업자들은 시제품을 만들고 마케팅과 재무적 노하우를 가진 경영팀을 조직하는 데 집중해야 한다. 창업팀이 기술적인 전문능력과 함께 경영능력을 갖추고 있는가를 중시한다. 기술자가 경영능력을 갖추지 못한 경우 벤처캐피탈리스트가 투자조건으로 전문경영자를 임명하기도 한다.

하워드 슐츠는 사업에 대한 아이디어를 갖자마자 벤처팀을 구성했다. 팀의 시작은 스콧 그린버그와 함께였다. 그들은 '일 지오날레'라는 상호를 가지고 창업계획의 초안을 작성했다. 그들은 젊고, 어떤 가능성을 보면 매료되었으며, 서로의 약점을 잘 보완해 주었다. 하워드는 비전을 가지고 있었으며, 스콧은 투자에 따른 기회와 위험성 분석방법들을 잘 알고 있었고 개인투자자를 유치하기 위한 정보와 계획을 고안하였다.

마윈도 경영위기 속에서 회사를 해체하려고 했을 때 끝까지 남겠다고 한 창업 멤버들을 중심으로 다시 재기해서 알리바바라는 중국 창업계의 신화를 만들어 냈다. 마윈은 이들을 '소림사 18 나한'이라는 무협지의 주인공에 비유했다. 부회장으로 있는 차이충신도 거액 연봉 펀드매니저직을 포기하고 알리바바라는 무명의 기업에 참여한 이유가 창업팀의 응집력과 열정이었다고 한다.

에어비앤비도 브라이언 체스키, 조 게비아, 네이선 블레차르치크라는 친구 세 명의 집념과 열정이 만들어 낸 성과이다. 초기 사업의 성과가 저조하고 누구도 성공의 가능성을 믿지 않을 때 포기하지 않고 버틸 수 있었던 것은 서로를 이해하고 격려하는 팀이 있었기 때문이다. 결국은 와이컴비네이터라는 엑셀러레이터의 지원을 받아서 사업을 성공시킬 수 있는 전기를 마련했다. 와이컴비네이터는 에어비앤비의 사업모델보다 창업팀의 끈기와 도전정신에 감동을 받아서 투자를 결정했다고 한다.

Ⅲ. 창업기업가가 직면하는 어려움

1. 창업기업가의 위험

창업과정에서 기업가는 개인적으로 다양한 위험에 직면한다. **첫째,** 재무적 위험financial risk이다. 자신의 저축이나 자산을 투자하는 경우 실패하면 모두 잃게 된다. 개인적으로 감당할 수 없는 정도의 회사 차입에 대해 보증을 서는 경우도 있다. 회사의 수익이 발생하고 재무상태가 안정되기 전까지 기대수준 이하의 소득이 발생하거나 전혀 소득이 없는 상태를 견뎌야 하는 경우도 있다.

둘째, 경력에 대한 위험career risk이다. 창업을 꿈꾸는 사람들이 하는 질문 중의 하나가 사업에 실패하면 새 직장을 얻을 수 있는지, 과거의 직장으로 돌아갈 수 있는지이다. 특히 우리사회같이 실패에 대한 관용정도가 낮은 경우에는 문제가 더욱 심각하다. 그래서 안정된 연봉과 다양한 혜택을 받고 있는 현 직장을 그만두고 창업을 한다는 것은 쉽지 않은 일이다.

셋째, 가족과 사회적 위험family and social risk이다. 창업은 개인적 에너지와 시간을 엄청나게 소모시킨다. 따라서 그 외의 다른 생활은 소홀해질 수밖에 없다. 결혼하고 또 아이들이 있는 경우 가정생활에 어려움이 올 수 있고, 결과적으로 배우자나 아이들이 정서적인 상처를 입게 될 가능성이 있다. 친구들과의 모임에 자주 빠지게 되다 보면 교우관계도 소원해질 수 있다.

넷째, 심리적 위험psychic risk이다. 창업기업가의 개인적 행복에 영향을 미친다. 사업에 성공하는 경우 경제적 풍요가 지나치게 돈 중심의 사고를 형성하게 할 수 있다. 자만심이나 절제부족에 빠질 수 있다. 반면에 사업의 실패에 의해 재정적 파탄에 이르는 경우 심리적으로 회복하기 힘든 상태에 빠질 수 있다.

2. 창업기업가의 스트레스

스트레스는 개인의 기대수준과 이를 맞출 수 없을 때 느끼게 되는 괴리감에서 발생한다고 볼 수 있다. 사업을 시작하고 경영하는 것은 상당한 위험부담을 요구한다. 또한 고객, 공급자, 금융기관, 변호사, 회계사, 공무원 등 수많은 사람들과 만나야 한다. 회의, 기술개발, 영업활동, 사람채용, 협상, 계약, 행사참가 등 수많은 활동에 참가하여 다양한 역할을 수행해야 한다. 항상 업무부담이 과중하고 신체적으로 지치기 쉽다. 대기업과 달리 소수의 직원들과 일하는 경우 회사 내 의논상대도 마땅치 않아서 혼자서 중요한 의사결정을 수행해야 하는 경우가 많다.

스트레스는 환경적 요인뿐만 아니라 개인의 성격구조에서 올 수도 있다. 흔히 'Type A' 행동성향의 경우 조급하고, 무리한 요구를 하며, 지나친 긴장상태에 있다. 지나치게 일에 몰두하다보니 항상 과부하가 걸린다. 'Type A'의 주요 성격적 특성은 다음과 같다.

- 만성적으로 심각한 시간의 긴박감을 가짐. 특히 교통체증을 참지 못함.
- 언제나 마감일이 정해진 여러 개의 프로젝트를 동시에 참여하고 있음. 정신없이 일에 몰두해 있는 것을 즐김.
- 일 이외에 다른 것은 소홀히 여김. 살기 위해 일하는 것이 아니라 일하기 위해 사는 일중독자.
- 지나치게 책임을 지려는 경향을 가짐. 나만이 이 일을 감당할 수 있다는 생각을 함.
- 말을 한꺼번에 많이 쏟아 놓고 빨리 하는 경향이 있음. 흥분하면 큰소리를 치거나 욕설을 퍼부음.

보이드Boyd와 검퍼트Gumpert는 창업기업가가 받는 스트레스의 원인을 다음 네 가지로 파악했다.[8]

첫째, 고독감loneliness. 다양한 사람들에게 둘러싸여 있으나 신뢰할 만한 사람들과는 별로 만나지 못한다. 사업적인 목적을 위해 사람을 만나고 장시간 일만 하다보니 친구나 가족으로부터 위로와 위안을 받지 못한다.

둘째, 일에 함몰되어 버림immersion in business. 성공적인 기업가는 돈은 벌었으나 이를 누릴 시간이 없는 경우가 많다. 자신이 회사를 비우기 어렵기 때문에 여가나 오락을 제대로 즐기지 못한다. 따라서 자기 재충전의 시간을 갖지 못한다.

셋째, 인간관계의 문제people problems. 기업가는 사람들과의 관계 속에서

8 David P. Boyd & David E. Gumpert, 「Coping with Entrepreneurial Stress」, Harvard Business Review(March/April), 1983, pp. 46–56.

좌절, 실망, 분노 등을 경험한다. 성공적인 기업가 중 완벽주의자적인 성격을 가진 사람은 열의가 없는 종업원을 채근하는 데 많은 시간을 보내기도 한다. 이러한 이유로 동업이 깨지는 경우도 많다.

넷째, 성취욕need to achieve. 기업가는 지나치게 높은 성취욕을 가지고 있는 경우가 많다. 성취욕을 조절하는 데 어려움을 겪는다. 잠시라도 멈추면 경쟁자에게 추월당할 것 같은 생각에 사로잡힌다.

스트레스가 모두 나쁜 것만은 아니다. 그러나 지나치면 신체적인 문제를 가져온다. 스트레스를 해소하기 위한 출발점은 1) 스트레스를 받고 있다는 것을 인정하고, 2) 이에 대처하는 메카니즘을 개발하고, 3) 인지하지 못했던 다른 개인적 욕구를 탐지해 낼 것 등이다.

스트레스 해소의 방법은 1) 다른 기업인들과의 네트워킹을 통한 고독감의 해소, 성공과 실패담을 통한 자신의 문제를 객관적으로 인식하도록 함, 2) 잠시라도 일로부터 완전히 벗어나서 재충전할 시간을 만들 것, 3) 직원들과 대화하고 인간적인 접촉을 가질 것, 4) 회사 업무 외에서 만족감을 느낄 수 있는 방법을 찾을 것, 5) 업무와 권한의 위양 등이다.

3. 창업기업가의 성격적인 단점

창업기업가를 성공으로 이끈 성격적 특성이 극단으로 치우치면 부정적인 결과를 초래할 수 있다.

가. 통제에 대한 과도한 욕구

창업기업가는 자신의 회사와 운명을 스스로 통제하려는 강한 욕구를 가지고 있다. 내적통제소재internal locus of control가 과도하면 모든 것을 통제하려는 경향을 보이게 된다. 자율과 통제에 대한 강박관념은 자신이 원하는 방식으로 만든 구조에서만 일하려고 한다. 타인을 자신의 의지대로 복종시키려 하다 보면 네트워킹 관계에서 심각한 문제가 발생한다.

나. 불 신 감

창업기업가는 경쟁자, 고객, 정부규제 등에 민감하게 대처하기 위해 끊임없이 환경변화를 탐지하여 다른 사람보다 먼저 예견하고 대처하려고 한다. 내가 가진 정보가 부정확하지 않을까, 대응이 한발 늦지 않을까 하는 생각에 사로잡히기 쉽다. 이러한 행동이 지나치면 사소한 것에 과도한 관심을 쏟게 되거나, 모든 것을 믿지 않는 성격을 갖게 되고 논리나 합리성이 결여되게 된다.

다. 성공에 대한 지나친 욕구

창업기업가는 성공에 대한 높은 욕구와 열망을 가진 사람들이다. 난관을 극복하면서 성취를 하고, 무의미한 존재가 되는 것을 강력히 거부한다. 이런 사람들은 성공을 향해 달려가고 성공을 과시하고자 한다. 성공을 회사건물, 공장, 사무실 등 외형적인 것들을 통해 보이고자 하는 개인적 과시욕에 사로잡히면 기업에 파괴적인 결과를 초래할 수 있다.

라. 비현실적 낙관주의

창업기업가의 지칠 줄 모르는 낙관적 태도는 기업의 성공에 중요한 요소다. 이러한 태도는 힘든 시기에도 다른 사람들이 자신을 믿고 열정을 가지고 일하도록 하는 데 도움이 된다. 그러나 지나치면 사업에 대한 현실감각이 떨어진다. 자신이 추진하는 사업마다 성공적인 결과를 가져올 것이라는 생각에 사로잡히는 경향을 보이게 된다.

CASE

기업가에 대한 인식의 변화

기업가(entrepreneur)는 원래 수행하다, 시도하다 또는 모험하다 등을 의미하는 불어 동사 'entreprendre'에서 유래되었다. 문자 그대로 번역을 하면 중개상(between-taker 또는 go-between)을 의미한다. 웹스터사전에 의하면, 기업가란 사업을 조직하고 운영하며 이익을 위해서 위험을 감수하는 사람으로 정의되어 있다. 처음에 기업가는 위험을 예상하고 기업의 관리를 담당하는 합리적인 의사결정자로 묘사되었다. 밀(Mill)이 기업가와 경영자를 구분시켜 주는 핵심적인 요소를 위험감수성향으로 정의 내림으로써 경제학자들 사이에 일반적으로 받아들여지기 시작하였다.

20세기 초 기업가의 사회적 이미지는 전반적으로 부정적이었다. 비윤리적이고 탐욕적이며, 일확천금을 추구하고 노동력을 착취하는 인물로 묘사되었다. 이러한 부정적 이미지는 두 가지 측면에서 나온 것이다. 하나는 기업가의 존재가 기존의 전통적 신분질서에 대한 도전을 의미했다. 기업가는 본질적으로 높은 성취욕구를 가지고 있으며, 사회적 신분상승을 꿈꾼다. 봉건사회의 질서에서 본다면 사회안정의 위협적 요소로 인식될 수 있다. 또한 19세기 말에서 20세기 초 서구 자본주의 사회는 사회진화론에 의한 적자생존의 논리, 마키아벨리즘의 사고 등으로 인하여 약육강식의 무자비한 경쟁이 일반화되어 있었다. 또한 거대한 독점자본의 등장은 대중의 이해와 상충되는 현상을 보였다. 이러한 이유로 기업가에 대한 사회적 이미지가 좋지 않았다.

이러한 이미지를 긍정적으로 전환시킨 것은 기업가들의 사회봉사활동, 기업이익의 사회환원 등의 노력과 함께 사회발전의 대리인으로서의 역할 발견이었다. 기업윤리, 기업의 사회적 책임 등이 기업활동에 반영됨으로써 사회적 비판이 완화되었다. 또 다른 측면에서 경제학자인 슘페터는 사회발전의 핵심요소가 혁신활동임을 인지하고, 바로 이 혁신활동의 담당자가 기업가임을 발견하였다. 그는 기업가를 사회발전의 대리인으로 보면서 그 중요성을 강조했다.

슘페터(Schumpeter)는 기업가를 소유주 또는 경영자와 구별되는 연구가치가 있는 실체로서 파악한 최초의 연구자이다. 그는 기업가를 생산수단의 새로운 결합을 수행하는 역할을 하는 사람으로 보았다. 슘페터의 새로운 결합이란 1) 신제품의 소개 2) 새로운 생산수단의 소개 3) 새로운 시장의 개척 4) 새로운 공급원의 개척 5) 산업에서 새로운 조직의 창출 등을 통해서 이루어진다고 보았다. 또한 드러커(Drucker)는 기업가가 자신이 소유하고 새로운 소규모의 사업을 시작하는 사람으로 잘못 정의되고 있음을 지적하면서, 기업가란 변화를 탐구하고, 변화에 대응하며 또한 변화를 기회로써 이용하는 사람으로 정의하였다. 그리고 기업가정신을 발휘하는 특유의 수단을 혁신으로 보았다.

이와 같이 용어가 오래되었음에도 불구하고, 기업가의 정의는 학자들마다 불일치하며 정의를 내리기가 매우 어렵다. 이러한 점은 베스퍼(Vesper)에 의해 잘 표현되고 있다.[9]

"경제학자에게 있어 기업가는 자원, 노동, 원자재 그리고 여러 자산을 결합하여 이전보다 가치를 증가시키고, 변화와 혁신 그리고 새로운 질서를 소개시키는 사람이다. 심리학자들에게 있어 그들은 전형적으로 어떠한 힘 ―예를 들면 무언가를 얻고 실험하고 성취하고 아니면 다른 사람의 권위로부터 벗어나고자 하는 욕구― 에 의해 움직이는 사람이다. (중략) 어떤 사업가에 있어서 기업가는 위협 또는 공격적인 경쟁자이다. 반면 또 다른 사업가에게 같은 기업가는 동업자나 공급의 원천고객 또는 투자할 만한 사람이다. (중략) 똑같은 사람이 자본주의 철학자에게는 남을 위해 부를 창출하는 사람임은 물론, 자원을 보다 잘 활용할 줄 알고 자원의 낭비를 줄이는 사람, 그리고 일자리를 창출하는 사람이다."

토의주제

1. 벤처기업가를 선정해서 기업가로서의 특성이 사업의 성공과 실패에 어떠한 영향을 미쳤는지에 대해서 논의해 보자.
2. 성공적인 벤처기업가의 특성을 알아보고, 사업성공에 가장 중요한 기업가의 특성이 무엇인지 토의해 보자.
3. 벤처기업가가 창업과정 및 벤처경영에서 직면하는 어려움이 무엇인지 파악하고 이러한 어려움의 극복 방안에 대해서 논의해 보자.
4. 자신이 벤처기업가로서 어떠한 특성 및 강약점을 가지고 있는지 알아보자.

9 Vesper, Karl, 「New Venture Strategy」, Prentice-Hall, 1990.

읽을거리

마이클 델, 「다이렉트 경영(Dell, M. Direct from Dell)」, 동방미디어, 1999.

매일경제중소기업부, 「나의 사업이야기」, 매일경제신문사, 2000.

매일경제중소기업부, 「경영은 도전이다」, 매일경제신문사, 2001.

벤처기업협회, 「소벤처생태계 강화를 위한 강소기업 성공사례」, 2009.

안철수, 「영혼이 있는 승부」, 김영사, 2001.

이시카와 요시미, 「손정의 21세기 경영전략」, 이정환 옮김, 소담출판사, 1999.

손민구 · 구남평 · 조규환, 「뚝배기와 돼지저금통」, 미디어24, 2002.

최도영, 「더 나은 세상을 위한 선택, 기업가정신」, 벤처기업협회, 2015.

황순현, 「닷컴 CEO 그들이 꿈꾸는 또 다른 세상」, 21세기북스, 2001.

Donald F. Kuratko & Richard M. Hodgetles, 「Entrepreneurship: Contemporary Approach」, 1989.

Yes리더, 이남훈, 「작은 사장을 큰 기업인으로 성장시키는 99가지 씨앗」, 북퀘스트, 2013.

벤처기업의 자원과 역량

chapter

4

제 4 장 벤처기업의 자원과 역량

학습목표

1. 자원의 획득과 동원이 벤처기업의 경영성과에 어떠한 영향을 미치는지를 학습한다.
2. 지속적 경쟁우위(SCA: Sustainable Competitive Advantage)를 유지하기 위한 자원의 특징과 종류를 알아본다.
3. 벤처기업의 실제 사례를 통해 성공적인 사업 경영을 위해서 획득하고 보유해야 할 자원은 무엇인지를 알아본다.

Ⅰ. 벤처성과와 경영자원

1. 자원동원과 벤처전략

자원은 벤처기업의 전략을 수립하고 경영성과를 결정하는 데 가장 중요한 요소 중 하나다. 제품이나 서비스 경쟁우위의 원천이 기업이 보유한 자원수준에 달려있다. 벤처기업은 기술과 사람이 핵심이며 이를 바탕으로 고객욕구의 감지를 통한 마케팅 활동, 기술혁신과 제품개발 등에서 경쟁자에게 앞설 수 있다. 특히 사람은 학습의 주체로서 기업 내에 무형자산 경쟁력을 축적하는 데 핵심적인 역할을 한다.

프러시아의 군사전략가인 클라우제비츠Clauzewitz는 전략의 핵심은 결정적 순간critical moment에 결정적 자원critical resources을 동원하는 일이라고 하였다. 창업에 있어서 대부분의 위험은 기회와 자원의 적합성fit이 부족한 사업에 도전하려고 하기 때문이다. 새로운 경쟁자들, 시장, 기술의 기회와 위협에 효과적으로 대응하기 위해서는 자원활용의 적시성timing이 매우 중요하다.

벤처의 성과를 결정하는 데 있어서 효과적인 자원의 동원이 매우 중요한 요소다. 재무적 자원은 초기에 생존을 담보하며 핵심역량구축을 위한 과감한 투자를 하는 데 중요한 요소다. 우리나라 첨단기술벤처의 경우 초기 기술개발, 생산설비, 마케팅 등에 과감한 투자를 하고 있다. 이러한 자원을 적기에 조달하지 못하면 차별적 핵심역량을 구축할 수 없고 그 결과 시장에서 경쟁우위를 실현하기 어렵기 때문에 실패를 가져오게 된다.

2. 벤처성과에 관한 자원기준 관점

자원기준관점resource–based view에서는 기업을 '다양한 자원을 효과적으로 결합하여 새로운 가치를 창출하는 주체'로 보고 있다. 벤처기업은 여타의 중소기업과 마찬가지로 자원제약 하에서 사업의 실체를 만들어 간다. 벤처기업이 시장진입 후 생존할 수 있는 근거는 자신만의 경쟁우위를 갖추는 것이며 이는 그 기업이 보유한 자원과 능력이 원천이 된다. 벤처기업은 단기간에 조직능력이나 학습을 통하여 기술과 브랜드 같은 경영자원을 어떻게 구축하는가가 기업성과에 중요한 영향을 미친다.

자원의 차이가 전략과 성과의 차이를 가져온다는 견해는 많은 실증적 연구에 의하여 지지되어 왔다.[1] 자원에는 자산, 능력, 조직과정, 기업특성, 정보, 지식 등을 포함한다. 자원은 경쟁자와 차별화를 가능하게 하고 기회발견, 신제품 개발의 원천이 된다. 그러나 모든 자원이 전략적으로 중요한 것은 아니다. 대부분의 자원은 보통 자원common resources으로서 특별한 경쟁우위를 창출해 내지 못한다. 남들이 쉽게 모방하기 힘든 경쟁우위를 창출하는데 기여하는 자원이 전략적 자원strategic resources이다. 전략적 자원은 지속가능한 경쟁우위SCA: sustainable competitive advantage의 원천이 된다.

경쟁우위의 원천이 되기 위해서는 자원이 가치 있고valuable, 희소하며rare, 모방이 어렵고inimitable, 조직organization에 체화되어 있어야 한다. 창업기업은 대부분 초기에 기업자체가 이러한 자원을 가지고 있지 못한 경우가 대부분이다. 기업가나 창업팀, 또는 투자자의 역량에 의존한 상태에서 출발을 하다가, 기업성장 단계에서 기업 내에 이러한 자원이 축적되기 시작한다. 창업자나 창업팀의 역량에 따라 자원축적의 효과성에 차이가 난다. 상대적으로 효과적인 자원축적을 하는 기업도 있지만 그렇지 못한 경우도 있다. 이를 결정하는 여러 가지 요인들이 있지만 중요한 변수는 창업 당시의 초기 조건과 창업자의 리더십 스타일, 조직문화, 의사결정시스템, 보상체계 등이다.

1 Gaylen N. Chandler & Steven H. Hanks, 「Market Attractiveness, Resource-based Capability, Venture Strategies and Venture Performance」, Journal of Business Venturing, 9 (4), 1994, pp. 331-349.

3. 성장단계와 자원획득

벤처기업은 성장단계에 따라 적절한 자원의 투입이 중요하다. 성장단계에 따라 필요한 자원의 유형과 규모가 다르기 때문이다. 또한 외부자원OPR: other people's resources을 적극 활용하는 것이 중요하다. 국가차원이나 지역차원에서 벤처기업을 육성하기 위한 지원제도가 있다. 이러한 제도를 적절하게 활용하는 것이 필요하다. 우리나라 벤처기업은 성장단계에 따라 외부자원을 적극적으로 활용해왔다. 외부자원의 원천으로 정부와 산업계를 이용한 빈도가 가장 높았으며, 대학과 벤처캐피탈의 활용도도 높은 것으로 나타나 있다.[2]

벤처기업은 상대적으로 제한된 자원을 바탕으로 창업되기 때문에 초기의 자원제약성을 어떻게 극복하는가, 제한된 자원을 바탕으로 시장에서의 자기위치를 어떻게 차지할 것인가가 전략적 의사결정의 핵심이다. 따라서 초기에 효과적으로 자원을 동원하고, 이를 효율적으로 사용하여 시장에서의 경쟁우위를 실현하는 것은 벤처기업의 생존과 성과에 직결된다. 경쟁우위와 자원획득의 선순환적 과정을 창출하고 유지하는 것이 벤처기업의 생존과 성장의 핵심이다.

벤처기업은 창업초기에 필요한 자원을 외부로부터 효과적으로 끌어들일 수 있는 능력은 창업자의 역량과 밀접하게 연관되어 있다. 창업자의 명성과 신뢰, 네트워크 등이 중요하다. 따라서 창업초기에는 창업자 및 창업팀의 역량이 자원의 대부분을 차지한다. 기업자원의 상당한 부분이 창업팀의 능력과 중복되어 있다고 볼 수 있다. 그러나 기업이 성장함에 따라 조직 내에 자원이 축적되고 활용되는 메카니즘이 형성된다. 따라서 조직특성에 따라 자원축적과 활용능력에 차이가 나타나게 된다. 그래서 이를 자원과 구분되는 조직의 역량organizational capabilities이라고 한다.

2 김영배, 「벤처기업 창업 및 성장과정에 따른 대학의 역할, 정부정책 방향에 관한 연구」, 과학기술정책연구원, 1999.

4. 사회적 관계와 자원획득

벤처기업은 시장가격보다 낮게 자원을 획득하기 위해서 사회적 관계를 활용한다. 네트워킹은 이러한 점에서 유용한 사회적 자산social assets이다. 벤처기업은 네트워킹을 통해서 필요한 자원을 조달하고, 정보를 획득하고, 학습을 한다. 효과적인 네트워킹을 위해서는 주체 간의 신뢰관계가 중요하다. 신뢰가 있어야만 상호교류와 자원의 투입량이 증가하기 때문이다. 그래서 벤처기업 경영자들은 공식적 · 비공식적 네트워킹을 위하여 자신의 시간과 조직의 자원을 할당한다.

그러나 우리사회에서는 벤처기업의 과도한 네트워킹으로 인한 문제점도 나타나고 있다. 한국사회는 기본적으로 연고주의 사회다. 지연, 혈연, 학연을 중심으로 한 사회적 네트워크가 강하게 형성되어 있다. 그래서 전문가나 비즈니스 네트워크의 이면에는 이러한 연고주의가 깔려 있다. 이러한 현상은 경우에 따라 공정성 저해요인이 되고, 사회적 갈등과 불신의 원인이 된다. 또한 벤처기업인이 네트워킹에 과도하게 시간을 쏟게 되면 기업의 본질적인 역량강화에 소홀해지기 쉽다. 따라서 사회적 자산으로서의 네트워킹의 활용에 있어서도 균형감각이 필요하다.

벤처기업은 자원을 소유하는 것보다 자원에 대한 통제, 자원에 대한 접근성을 높이는 것이 중요하다. 필요자원을 직접 소유하려다 보면 초기 투자자본을 증가시킨다. 이는 고정투자의 증가를 가져와서 조직의 유연성을 떨어뜨린다. 현재와 같이 기술과 설비의 혁신과 변화속도가 빠른 상황에서는 고정자본에 대한 과도한 자본투자는 유연성의 저하와 함께, 시장반응성을 약화시킬 가능성이 높다. 초기에 지나친 자원투입으로 인한 매몰원가가 상승하는 위험과 자원진부화의 위험을 줄일 수 있는 접근방법이 필요하다.

Ⅱ. 자원과 지속적 경쟁우위

벤처기업은 시장진입과 성장단계에서 한때 경쟁우위를 가지고 있다고 하더라도 다른 업체들이 이를 모방하거나, 경쟁우위의 기반이 되는 자원의 가치가 약화되면 경쟁우위는 지속되지 못한다. 초기 시장진입에 성공하고 나서, 다른 경쟁자가 후속 진입하여 경쟁강도가 높아지게 되면 급속히 경영성과가 떨어지는 이유도 경쟁우위의 소멸현상으로 설명된다.

기업은 시장에서의 경쟁강도가 높아지면 수익성이 저하된다. 경쟁강도가 높아지면서 차별성이 없어지면 모든 제품은 일상용품commodity화 되는데, 이 때문에 고객은 언제든지 다른 회사 제품으로 바꿀 수 있고, 기업은 구매자와의 관계에서 교섭력의 우위를 유지할 수 없다. 벤처캐피탈리스트들이 벤처기업에 대한 투자의사결정을 할 때, 가장 중시하는 평가기준의 하나가 심사대상인 벤처기업이 시장에서 확실하게 경쟁우위가 있는가, 그리고 얼마나 지속가능한가 여부다.

자원이 SCA지속가능한 경쟁우위의 기반이 되기 위해서는 다음과 같은 조건이 필요하다.

첫째, 가치value가 있어야 한다. 기업이 전략을 실행하는 데 효과적이고 효율적으로 도울 수 있는 자원이 가치 있는 자원이다. 가치 있는 자원은 기회를 활용할 수 있게 하고 위협을 최소화시켜 주기 때문이다.

둘째, 자원의 희소성rare이 중요하다. 아무리 가치 있는 자원일지라도 너무 많은 경쟁기업들에 의해 사용되고 있다면, 이러한 자원은 경쟁우위의 기반이 될 수 없다. 다른 기업들이 갖지 못한 희소성이 있어야 한다. 유리한 입지, 탁월한 리더십을 갖춘 경영자, 천연자원에 대한 통제 등이 이에 포함된다.

셋째, 경쟁기업이 모방하기 힘들어야hard to copy 한다. 지속적인 경쟁우위를 창출하기 위해서는 자원이 쉽고 빠르게 복제되어서는 안 된다. 다른 기업이 상대방 기업의 자원을 복제하기 힘든 이유는 다음과 같다.

1. **독특한 역사적 조건**: 창업 시 조건이 중요하다. 창업자의 비전이나 목표가 조직에 각인된다. 조직의 시작과 함께 만들어진 초기 자산과 자원은 장소와 시간의 독특성을 가지고 있다. 특별한 지식을 가진 과학자나 엔지니어에 의해 창업된 벤처기업이 이에 해당한다.
2. **인과관계의 모호성**: 기업이 가진 경쟁우위는 그 기업의 사회적, 심리적, 경제적, 기술적 요소들의 복잡한 상호작용으로 인하여 그 인과관계를 명확하게 구분해낼 수 없을 때 발생한다. 제품설계, 제조공정, 마케팅 등이 불완전하게 이해될 때, 다른 기업들이 모방하기 힘들다.
3. **복잡한 사회적 관계**: 경영자, 고객, 공급자들과의 인간관계가 모방의 장벽으로 작용한다. 또한 기업의 가장 복잡한 사회적 현상은 조직문화다. 문화는 창업자의 가치관, 습관, 믿음의 복잡한 결합의 산물로서 외부에서 쉽게 모방하기가 어렵다.

넷째, 기업이 가진 잠재력을 충분히 실현하기 위해서는 자원과 능력을 이용할 수 있는 조직organization이 갖추어져야 한다. 기업조직은 구조와 정보처리 과정, 의사결정 방식, 통제시스템, 보상 정책 등이 포함된다. 조직은 일상재로 교체될 수 없는 특성을 가지고 있기 때문에 경쟁우위의 기반이 된다.

Ⅲ. 자원의 종류

1. 물적자원 Physical Resources

물적자원은 공장의 설비와 기업에서 사용되는 물적 요소를 포함하는 것으로서 공장 및 설비, 지리적 입지, 원재료에 대한 접근성 등을 들 수 있다. 물적 자원은 특별한 역사적 상황에 의해 형성된 경우를 제외하고는 SCA의 원천이 되기 어렵다. 그러나 기업이 축적된 기술이나 노하우를 체화시킨 생산시설을 구축한 경우 경쟁우위의 원천으로 작용한다. 특히 한 분야에서 수십 년 동안 기술개발을 하면서 자체 제작장비를 개발해 온 기업 가운데는 장비 자체가 경쟁력을 가지고 있는 경우가 있다.

2. 재무자원 Financial Resources

재무자원은 기업이 전략을 수립하고 실행하기 위해 사용할 수 있는 모든 금전적 자원들이다. 재무자원은 기업의 차입, 증자, 내부유보 등을 포함한 자금조달 역량으로 평가된다. 평균 이하의 금융비용으로 자금을 조달할 수 있는 것은 기업의 신용과 과거의 재무적 성과에 달려 있다. 낮은 금리의 금융공급이 원활한 상황에서는 재무자원 자체가 경쟁우위의 원천이 되기는 힘들다. 그러나 투자와 융자 등의 적절한 결합을 통하여 금융비용을 낮추고 재무적 위험을 통제하는 것은 기업의 중요한 역량이다.

3. 기술자원 Technological Resources

기술자원은 특허권, 저작권, 영업비밀, 연구설비 및 기술인력 등의 요소로 구성된다. 기술자원은 연구개발에 의해 획득되고 특허, 의장권, 상표 등에 의해 보호될 때, 핵심자원으로 기능을 한다. 그러나 기술자원 그 자체만으로는 SCA의 원천이 될 수 없고, 우수한 인적 자원과 결합될 때 성과를 높일 수 있다. 벤처기업이 우수한 인력의 확보와 유지에 최선의 노력을 기울이는 것이 이러한 이유에서이다.

4. 명성자원 Reputational Resources

기업명성은 소비자들에게 널리 알려진 상표보유 및 기업에 대한 소비자들의 신뢰 등에 의하여 만들어진다. 명성자원이란 회사에 대해 다른 사람들이 가지고 있는 인식이다. 제품차원에서는 브랜드 충성도이며 기업차원에서는 기업의 전반적 이미지이다. 명성자원의 요소에는 경영수준, 기업자산의 활용, 재무건전성, 투자가치, 제품과 서비스의 품질, 혁신성, 우수인력의 개발과 유지, 지역과 환경에 대한 책임 등이다. 명성자원은 벤처기업이 외부자원을 획득하고 네트워킹을 하는 데 결정적으로 중요한 요소다. 창업초기 단계의 기업은 명성자원을 확보하기 힘들기 때문에, 기업성장 단계에 따라 꾸준히 축적해 나가야 한다. 기술의 우수성이나 제품의 품질뿐만 아니라 기업가의 도덕성과 기업윤리 등이 기업의 명성에 중요한 영향을 미치기 때문에 이를 손상시키지 않도록 유의해야 한다.

5. 인적자원 Human Resources

인적자원은 종업원에 대한 교육훈련과 그들이 보유한 전문지식, 충성과 헌신, 경험, 판단, 지능, 관계, 통찰력 등을 포함한다. 또한 창업자와 창업팀의 지식, 훈련, 경험, 창의성, 비전 및 지능수준을 포함한다. 인적자원은 관계자본relational capital을 포함한다. 관계자본이란 조직구성원이 누구를 알고 있는가의 여부로서, 관계자본을 활용한 네트워킹은 자원에 대한 접근성을 높여줌으로써, 벤처기업의 경쟁우위에 커다란 영향을 미친다.

6. 조직자원 Organizational Resources

조직자원은 기업의 구조와 시스템으로서 공식적인 보고체계, 공식 및 비공식적 계획, 통제 및 조정시스템, 문화와 명성, 이해관계집단 간의 관계 등을 포함한다. 조직자원은 기업의 구조, 시스템을 말한다. 구성원들의 창의성과 혁신, 열정을 고취할 수 있는 조직구조와 문화는 경쟁자와 차별성을 가져올 수 있는 중요한 무형자원이다. 또한 혁신과 변화의 속도, 유연성 등은 벤처기업 경쟁력의 원천이 된다.

Ⅳ. 성공벤처기업의 자원특성

1. 외부자원의 적극적 활용

벤처는 초기 자원제약성 때문에 기존자원 및 외부자원을 적극적으로 활용한다. 외부자원을 적극적으로 활용하면 초기자원의 투입을 줄일 수 있으며, 성장기에는 혁심역량의 확장 및 변화에 유리하다. 벤처기업은 내부역량과 외부자원 결합을 통해 핵심역량의 변화나 확장을 도모한다. 성장성이 높은 새로운 산업영역으로 진출하는 경우에 외부 자원을 적극적으로 활용하는 경향이 있다.

우리나라는 정부가 벤처육성을 위하여 다양한 지원을 하고 있기 때문에 외부자원 활용에 매우 중요한 비중을 차지하고 있으며, 이를 활용하여 기업의 경쟁력 원천을 확보한 사례가 많다. 정부자원은 기술개발 정책자금이 가장 많고, 창업자금, 판로지원, 수출지원 등으로 다양하다.

벤처기업은 대학이나 연구소와의 공동연구개발, 기술이전, 기술협력 등을 통하여 외부기술을 흡수한다. 최고경영자나 임직원들이 가지고 있는 개인 네트워크를 통해 기술인력을 확보하는 방법을 많이 활용하지만, 정부출연연구소와의 공동연구나 중소기업 기술무상 양허사업과 같은 기술이전 및 기술지도 사업을 활용하기도 한다. 또한 직접 정부출연연구소의 인력을 영입하거나 병역특례제도를 통해 우수기술인력을 공급받는 제도를 활용하고 있다. 판매와 관련한 외부자원의 활용은 신제품 또는 신기술에 대한 인증이 대부분이고 공공구매제도를 활용하여 정부기관에 제품 또는 서비스를 공급하기도 한다.

2. 자금조달원천의 다양화

벤처는 창업과 성장의 단계마다 적절한 규모의 자금 조달이 중요하다. 자기자본, 엔젤, 벤처캐피탈, 은행, 정책지원 자금 등 다양한 자금원을 통하여 가장 유리한 조건으로 자금을 끌어 들여야 한다. 창업초기에는 개인투자가, 친구, 동료 등의 개인투자와 융자를 활용하는 경우가 많다. 우리나라의 경우 벤처기업은 정부로부터 창업지원자금, 기술개발자금, 중소기업 육성자금 등을 받을 수 있다. 또한 기술력 평가에 의해 무담보 신용보증기금 등을 활용한다. 창업투자회사, 신기술 금융회사, 투자회사, 증권회사 같은 기관투자가의 투자나 융자를 받기도 한다. 최근 벤처금융의 국제화가 이루어짐에 따라 해외벤처캐피탈이나 해외 관련업체의 투자가 늘어나고 있다. 대기업과 협력관계를 구축하는 과정에서 대기업으로부터 투자를 받기도 한다.

3. 연구개발투자와 핵심기술 확보

시장에서의 지속적 경쟁우위의 가장 근본적인 원천은 남다른 전문기술의 확보에 있다. 시장진입에 성공했다고 해도 유리하게 전략적 위치설정을 하기 위해서는 기술력의 강화가 필수적이다. 유망 벤처기업들은 나름대로의 전문기술의 개발을 통해 전문성을 추구해 가는 '한 우물파기' 전략을 수행해 왔으며 이러한 외고집 한 길 추구의 정신이 이들이 성공하게 된 바탕이 되었다. 이전에는 아무도 시작하지 않았거나 수입에만 의존하던 상품을 새롭게 개발하여 일정 기간 동안 독점적인 지위를 누리면서 성장의 기틀을 마련한 기업들이 많다.

서울대 1호 벤처기업인 당뇨합병증과 심혈관 치료제 분야의 신약개발에 앞장서고 있는 바이로메드의 경우 초기 성장과정에서 매출액의 대부분을 연구개발비로 투자해 왔다. 글로벌 바이오 시장에서 성공하기 위해서는 원천기술을 활용해서 지속적으로 새로운 틈새시장을 창출하고, 기존의 가치사슬을 확장시켜야 하기 때문이다. 이를 위해 국내외 기업, 연구소 등과 공동연구를 통해 기술력을 축적하고 제품개발을 해 왔다.

체성분 분석기 세계 1위인 인바디도 창업초기부터 차기철 사장의 연구분야를 기반으로 원천기술 확보를 통하여 사업을 성장시킨 사례이다. 지난 2014년 기준으로 총인원 중 R&D 인력이 40%에 육박하며 이 중 절반은 석사급 인력이다. 해외 파트 역시 해외 대학 출신들이 주축을 이루어 수출현장을 진두지휘하고 있다.

전자저울시장의 선도기업인 카스의 김동진 사장은 창업 당시 시행착오의 과정을 거치면서 독자적 기술개발에 성공했다. 무게를 감지하는 센서, 즉 전자저울에 들어가는 로드셀의 핵심제품인 스트레인 게이지는 기술선진국에서만 만들고 있는 고난도 제품인데 국내에서는 카스에 의해 최초로 생산되었다. 카스는 핵심기술을 바탕으로 0.01그램 단위까지 정밀하게 표시되는 미량 저울에서부터 신생아용, 전자기계부품의 품질관리용 계수기를 비롯, 5톤 정도의 무게를 잴 수 있는 저울까지 제품 다각화에 성공했다.

4. 우수인력의 확보와 유지

벤처기업 경쟁력의 핵심은 인적자원이기 때문에 우수한 인력을 확보하고 유지하기 위한 최선의 노력을 기울인다. 그러나 창업단계의 기업은 충분한 물질적 보상을 해 줄 수 있는 자원이 충분하지 않다. 따라서 기업의 미래에 대한 비전, CEO의 경영철학에 대한 공감, 기업성장을 통한 개인성장의 가능성 등을 보고 참여하는 인재를 확보해야 한다. 또한 스톡옵션을 제공하며 미래의 기업가치 상승에 따른 보상을 제공하는 방법을 활용하기도 한다.

성공적인 벤처기업 가운데는 직원 복지나 보상이 대기업에 뒤지지 않는 기업도 많다. 그러나 금전적 보상이나 복지가 우수한 인재를 확보하는 데 중요한 수단이기는 하지만 물질적 보상만으로 유능한 인력을 유지하는 데는 한계가 있다. CEO의 가치관과 리더십 스타일, 기업문화, 직원의 역량개발에 대한 투자 등이 더 중요한 요소로 작용하기도 한다. 특히 기술창업의 경우 핵심 기술인재의 장기재직을 유도하는 것이 기업의 성패를 가르기도 한다. 직원을 뽑을 때 지나치게 금전적 보상에 민감한 사람은 기대한 만큼의 우수한 인재로 자라기 어렵기도 하고, 또 더 나은 금전적 보상을 제공하는 곳으로 쉽게 이직할 수 있다는 사실을 유의해야 한다.

주성엔지니어링의 황철주 대표는 스펙만을 보고 직원을 채용하는 것은 위험하다고 한다. 스펙이 화려하지 않아도 탁월한 능력을 발휘할 수 있는 잠재력이 있는 인재를 뽑아서 능력발휘의 기회를 제공하는 것에 더 보람이 있다고 한다. 이는 마치 숨어있는 진주를 발견하는 것과 같다고 한다.

현재 전 세계 보안감시카메라 이미지센서 분야에서 소니를 제치고 세계 1위의 점유율을 기록 중인 픽셀플러스는 전체 인력 약 120명 중 40명이 석·박사급 인력이다. 상·하반기에 기본급을 훌쩍 뛰어넘는 성과급 지급과 다양한 휴무 보장제도 등을 통해 인재들에게 남부럽지 않은 대우를 보장하고 있다.

마이다스아이티는 컴퓨터 그래픽에 기반을 둔 시뮬레이션 기술과 첨단 해석, 최적화 설계 분야에서 세계 1위의 기업이다. 이 회사는 사람 중심의 경영으로 우수한 인재를 확보하고 있으며, 직원들의 행복을 최우선으로 하는 기업문화를 가지고 있다. 이형우 대표는 "회사의 경영목적은 사람에 있다"면서 돈이 목적이 아닌 사람이 목적인 회사, 다시 말해 기술로 세상을 행복하게 만드는 사람들을 키우는 것이 자신의 일이라고 강조한다.

실력만 갖췄다면 신입사원에게도 가능한 한 많은 기회를 제공하며, 자동승진 제도를 통해 사원에서 부사장까지 승진이 보장된다. 이와 더불어 특진의 기회도 부여해 더욱 강력한 성취동기를 부여한다. 이 과정에서 주목되는 것은 '4무無 원칙'이다. 스펙을 따지지 않으며 상대평가, 징벌, 그리고 해고가 없다. 스펙 대신 진정한 열정을 평가하며, 상대방을 견제해야 하는 상대평가 대신 절대평가를 한다. 다양한 복지제도를 운영하여 즐겁게 다니고 싶은 직장을 만들었다.

5. 강한 내부결속력

성공벤처기업에는 전체가 하나가 되어 회사의 목표를 향해 매진하는 모습을 볼 수 있다. 구성원들로부터 얼마나 자발적이고 헌신적인 참여와 노력을 얻어낼 수 있는가 하는 것이 중요하다. 벤처기업이 성공하는 데는 기술력이 매우 중요한 요인이 된다. 기업이 사내에서 핵심기술을 개발하고 계속 발전시켜 가려면 기업의 인력구조가 안정되어 있어서 기술 및 노하우가 쌓여야 한다. 이렇듯 벤처기업의 안정된 인력구조 및 노사관계를 만드는 것은 경영자가 해야 할 매우 중요한 과제다.

내부결속력은 핵심가치의 공유를 필요로 한다. 핵심가치는 기업구성원의 공통된 가치관이자 신념이며 존재이유다. 또한 강한 결속력의 원천은 기업가의 기업관 및 리더십 스타일에서 나온다. 기업을 하나의 살아있는 생명체처럼 독립된 실체로서 인식하고 기업자체를 키우면서 보람을 느끼고 성취감을 추구하는 경영의 자세가 필요하다.

벤처 1세대에 속하는 미래산업의 정문술 사장은 "저는 인간은 행복을 추구하는 삶을 살아야 한다고 믿는 사람입니다. 그러나 가끔 일에 몰두하다 보면 이 본질을 잊는 수가 있습니다. 회사의 경영자나 직원이나 모두가 개인의 행복을 위해서 살아야 하고, 회사는 이를 위해 도움을 주어야 한다고 생각합니다. 그래서 회사는 개인소유라고 생각하지 않습니다. 함께 일한 모든 사람과 사회의 공동소유입니다"라고 한다.

중국에서 창업의 성공신화를 보여 준 알리바바의 마윈도 창업 당시를 회고하면서 창업팀의 강한 결속력이 어려운 시기를 극복할 수 있었던 힘이었다고 말한다. 창업 후 초기 단계에서 모두 적은 월급을 받았고 일부는 과도한 업무량에 시달리고 있었다. 고객서비스를 담당한 여직원들은 언제나 말을 많이 해야 했고, 엔지니어들은 조용한 근무 환경이 필요했다. 그래서 그들은 매일 저녁 10시부터 새벽 4시까지 일하곤 했다. 창업 초기 열악한 조건에서 버텨준 18명의 멤버가 오늘날 알리바바 성공의 초석이 되었다.

6. 자율성과 창의성

자율성과 창의성은 벤처기업 핵심역량의 원천이다. 벤처기업은 신속한 의사결정과 구성원의 창의적 역량을 최대한 발휘할 수 있도록 해야 한다. 자율성이 주어지는 곳에 창의성이 발휘된다. 조직의 자율성과 창의성을 고취하기 위해서는 리더의 역할이 중요하다.

잉크테크의 정광춘 사장은 직원을 고용 계약에 의한 관계로 보지 않으며 또 하나의 가족으로 대한다. 그가 생각하는 기업에서의 CEO의 역할이란 회사의 비전과 구성원 개개인의 비전을 함께 실현시킬 수 있는 환경을 만들어 주는 것이라고 항상 강조한다. 잉크테크의 핵심역량은 기술개발이기 때문에 사내의 연구자들이 연구에 대한 집중력을 가지고 창의적 아이디어가 넘쳐나는 회사를 만들기 위해 노력한다. '실패에 대한 두려움'으로 인해 창의력이나 혁신성이 떨어지지 않도록 실패에 대한 책임을 묻지 않으며, 실패가 반복되지 않는 기업문화를 만들려고 노력하고 있다.

컴투스의 박지영 사장도 자사의 핵심역량은 게임을 개발하는 능력이어야 하며, 이러한 능력은 개발인력으로부터 발휘된다고 보고 있다. 창업 초기부터 인재를 잘 뽑고 우수 인재들을 주축으로 하여 회사를 잘 성장시켜야 한다는 인사관리 원칙을 가지고 있으며, 이들이 창의력을 충분히 발휘할 수 있는 작업환경을 만들어 주는 데 주력해 왔다. 그는 컴투스 회사의 존재 이유가 사람들에게 즐거움을 창조하여 제공해 주는 것이기 때문에 게임을 개발하는 사람이 일하는 재미와 즐거움을 느낄 수 있도록 해야 한다는 점을 강조한다. 편안한 수평적 커뮤니케이션이 잘 이루어지는 회사 분위기를 만들어 개발인력들이 마음껏 아이디어를 제안할 수 있도록 지원하고 있다.

엔씨소프트는 '조직 밖의 고객도 사람이고, 조직 내부의 직원 또한 사람이며, 사람을 떠나서는 어떠한 기업도 존재하지 않는다'라는 인사철학을 가지고 직원들의 안정적인 생활과 다양한 욕구를 충족시키기 위한 인사프로그램을 가지고 있다. 김택진 사장 자신은 386세대답게 자율성과 창의성을 중시하고 투명한 조직을 만들겠다는 확고한 경영철학을 가지고 있다.

7. 경영시스템 구축

성공적인 창업을 위해서는 경쟁력 있는 사업시스템 및 경영시스템을 구성해야 한다. 창업기업이 성장하면서 규모가 커지게 되면 관리의 복잡성이 증가한다. 이에 따라 적절한 경영시스템을 구축하지 않으면 조직의 효율성이 떨어지면서 품질경쟁력이나 서비스 경쟁력이 약화된다. 이를 적기에 해결하지 못하면 고객이나 시장의 평가가 나빠지면서 경영성과가 나빠지고 결국 위기에 빠지게 된다.

델컴퓨터Dell Computer의 경우도 급성장 과정에서 경영시스템 미비로 위기를 겪다가 경영시스템 구축을 통하여 지속성장을 실현해 온 사례다. 초기 소규모 회사일 때는 성장성이 강조되는 단순한 조직을 운영했다. 업무수행과 전략의 변화를 쉽게 파악할 수 있는 측정기준을 제공하고 단위업무마다 손익결과를 분석, 고도의 데이터와 손익계산 중심 회사로 한 단계 도약하는 계기를 마련했다. 자금이나 인적자원 또는 법률문제와 같이 특정기능을 담당하고 있는 중역들이 특정지역이나 제품라인을 담당하고 있는 부서장들과 책임을 공유하는 시스템으로 견제와 균형으로 책임을 공유, 상호 간 협동심과 새로운 아이디어를 창출했다.

벤처 1세대로서 1조 원대의 매출까지 성장한 휴맥스의 경우 경영시스템 구축을 통해 성공적으로 성장통을 극복해 왔다. 셋톱박스 사업 7년째인 2001년 매출액이 급성장하여 3천억 원을 넘어가면서 위기를 겪게 되었다. 개발은 지연되고, 납기를 맞추지 못하는 일이 잦아지고, 품질 불량률이 높아져 A/S 비용이 급증하고, 재고가 늘어나게 되었다. 부품원가와 제조원가, 물류원가가 모두 높으니 원가경쟁력은 나빠지고 이익은 급감했다.

회사 규모와 일의 복잡성에 걸맞은 새로운 경영시스템과 문화를 만들어 내기 위하여 과감한 혁신활동을 시작했다. 개발방식과 개발관리, 품질, 원가, SCM, 영업 및 마케팅 기능까지 전사적 혁신에 돌입했다. 운영혁신 작업에 필요한 지식을 습득하고 외부컨설팅도 받았다. 새로운 프로세스를 설계하고 IT 시스템을 구축하면서 사람들의 행동에 변화가 나타났다. 이러한 혁신활동은 기업문화의 변화를 가져오면서 고객만족도와 경영성과의 향상을 가져오게 되었다.

토의주제

1. 경쟁우위의 원천이 되기 위해서는 자원이 가치 있고, 희소하며, 모방이 어렵고 대체가 불가능해야 한다. 창업기업이 초기 자원의 제약에도 불구하고 이러한 자원을 어떻게 창출하고 축적하는가에 대하여 토의해 보자.
2. 성공 혹은 실패한 벤처기업을 선정하여 그들은 성공을 위해 어떠한 자원을 중시하고 획득하려 하였는지, 실패하였다면 어떤 자원이 부족하였는가를 토의해 보자.
3. 자신이 선정한 사업아이템에서 갖추어야 할 핵심자원은 무엇인지 생각해 보자.

읽을거리

마이클 델, 「다이렉트 경영」, 동방미디어, 2001.

벤처기업협회, 「소벤처생태계 강화를 위한 강소기업 성공사례」, 2009.

다케우치 가즈마사, 「엘론 머스크: 대담한 도전」, 비즈니스 북스, 2013.

이남훈, 「찬스: 패러다임이 바뀌는 곳에 기회가 있다」, 위즈덤하우스, 2010.

이용훈, 「휴맥스 혁신실, 강소기업, 성장통을 넘다」, 메디치 미디어, 2013.

이장우, 「Small Giants: 대한민국 강소기업」, 미래인, 2010.

장사오헝, 「마윈처럼 생각하라」, 갈대상자, 2014.

Jay B. Barney, 「Gaining and Sustaining Competitive Advantage-second edition」, Prentice Hall, 2002.

Marc J. Dollinger, 「Entrepreneurship: Strategy and Resources」, Prentice Hall, 1999.

Prahalad & Hamel, 「The Core Competencies of the Organization」, Harvard Business Review(May/June), 1990.

벤처기업의 산업환경

chapter

5

제 5 장 **벤처기업의 산업환경**

Ⅰ. 산업구조와 경영성과

1. 산업구조와 경쟁강도
2. 경쟁강도와 산업매력도

Ⅱ. 진입장벽

1. 규모의 경제
2. 제품 차별화
3. 유통채널
4. 자본소요량
5. 절대적인 비용우위
6. 기존사업자의 보복

Ⅲ. 교섭력(Bargaining Power)

1. 구매자나 공급자의 시장집중도
2. 대체재의 존재여부
3. 구매에서 차지하는 비중
4. 전환비용
5. 전후방통합의 위협

Ⅳ. 산업의 진화

1. 산업진화의 단계
2. 산업진화의 원인
3. 산업진화의 불규칙성

학습목표

1. 벤처기업의 경영성과에 영향을 미치는 산업환경을 이해하기 위해 산업구조와 경쟁강도, 산업매력도 결정요인을 학습한다.
2. 진입장벽은 무엇이며 어떠한 요인이 진입장벽이 될 수 있는지, 벤처기업은 이를 어떻게 극복할 수 있는지를 학습한다.
3. 산업진화의 단계와 원인을 학습함으로써 산업이 진화함에 따라 산업구조와 경쟁강도가 어떻게 변화하는가를 알아본다.

Ⅰ. 산업구조와 경영성과

1. 산업구조와 경쟁강도

벤처기업의 경영성과에 영향을 미치는 산업특성은 성장률growth rate, 시장규모market size, 경쟁강도competitive force 등이다. 기업의 경영성과를 산업구조의 관점에서 설명하고자하는 견해는 포터Porter 이후에 널리 확산되었다.[1] 산업구조industry structure가 경쟁의 강도를 결정하고, 그 결과로서 산업의 수익성industry profitability이 결정된다는 견해다. 경쟁의 강도가 높으면 산업전체의 수익성은 떨어지게 되고, 경쟁강도가 낮으면 수익성이 올라가게 된다. 따라서 경쟁강도가 높은 산업은 상대적인 산업매력도가 낮고, 경쟁강도가 낮으면 산업매력도가 높다.

산업 내 기업의 수익성은 산업 내 경쟁강도의 영향을 받으며 경쟁강도는 경쟁기업간의 경쟁의식, 신규진출기업의 위협, 대체품의 위협, 공급자의 교섭력, 구매자의 교섭력 등 다섯 가지 힘에 의하여 결정된다. Porter모델에서 신생 벤처기업이 가장 중요하게 고려해야 할 요인은 진입장벽entry barrier과 교섭력bargaining power이다. 벤처창업 초기 생존은 진입장벽의 효과적인 극복과 공급자 및 구매자에 대한 교섭력의 균형에 달려있다.

Porter의 모델은 산업조직론의 S-C-P 패러다임에 근거하고 있다. 이는 산업 또는 시장의 구조structure가 기업의 행동conduct을 결정하고, 그 결과로서 산업 또는 시장 전체의 성과performance가 결정된다는 이론이다. 개별기업에 따라 다양한 전략적 행동을 할 수 있지만 결정적인 요인은 구조에 있다는 관점이다. 독점적 산업에 있는 기업은 독점기업의 행태를 보이고 매우 높은 수익성을 실현할 수 있다. 과점산업은 과점산업의 경쟁규칙rules of the game이 존재

1 Michael Porter, 「Competitive Strategy」, Free Press, 1980.

하고, 경쟁산업은 경쟁산업의 경쟁규칙이 있다.

이러한 현상을 마이클 포터가 다섯 가지 힘 모델five forces model을 가지고 명쾌하게 보여줌으로써, 산업구조와 경쟁강도의 관계를 이해하는 데 기여하였다. 이후 포터의 모델은 산업분석의 기본 틀로서 활용되어 왔다. 그러나 최근 이에 대한 여러 가지 한계점이 지적되고 있다. S-C-P 패러다임의 약점은 지나치게 구조결정론적이라는 점이다. 구조가 기업의 전략적 행동에 지대한 영향을 미치는 것은 사실이지만, 산업 내 모든 기업에게 동일하게 영향을 미치는 것은 아니다. 오히려 기업의 행동이 구조를 바꾸는 역방향의 힘이 존재한다.

경쟁기업이 너무 많아서 경쟁강도가 높고, 공급과잉이 된 구조불황 산업의 경우, 기업들은 인수합병을 통해 공급규모를 줄여 경쟁강도를 낮출 수 있다. 최근 벤처창업이 활발해짐에 따라 기업의 경쟁이 격화되었고, 그 결과 산업의 전체적인 수익률이 저하되어 있다. 치열한 경쟁에 의해 시장에서 퇴출되는 기업이 늘어남에 따라, 산업집중도가 높아지게 되면 상대적인 경쟁강도가 낮아지게 될 것이다. 그러나 기업들은 이와 같은 자연적 도태가 아닌 기업 간 인수합병에 의해 단기간에 산업구조를 바꾸고 경쟁강도를 낮추기도 한다.

미국의 경우 대형 벤처캐피탈이나 사모펀드private equity fund들이 경쟁기업 간 인수합병을 촉진하여 경쟁강도를 낮추는 역할을 한다. 성공가능성이 높은 벤처기업에게 IPO를 전후하여 자금을 공급하고 이를 바탕으로 인수합병을 하는데, 이를 승자선발winner picking이라고 부른다. 시장구조조정을 통한 사업집중도를 높이게 되면 수익성이 높아지면서 기업가치가 상승되고 투자자는 고수익의 성공적 자금회수liquidation가 가능해진다.

이러한 과정을 거쳐 고위험, 고수익high risk high return의 벤처생태계가 형성된다. 금융에 의한 시장구조조정을 전통적인 산업조직 경제학의 관점에서 본다면 경쟁제한에 의한 산업효율성을 약화시키는 것으로 볼 수 있으나, 첨단기술 산업의 불확실성과 위험에 대한 보상이라는 관점에서 본다면 매우 중요한 의미를 지닌다. 고수익이 실현되어야 투자자금이 증대하고 보상수준이 높아야 우수인력을 참여시킬 수 있기 때문이다.

2. 경쟁강도와 산업매력도

창업을 위한 의사결정이나 기존기업의 다각화 및 사업포트폴리오 결정 등에서 가장 중요한 고려사항이 산업매력도industry attractiveness다. 산업의 성장률이 높고, 시장의 규모가 크며, 경쟁강도가 낮으면 매력적인 산업이고 이러한 산업에는 어느 기업이나 진입하고 싶어 한다. 창업기업은 경쟁강도가 낮고 산업매력도가 높은 산업에 진입하는 것이 생존확률이 높다고 볼 수 있다. 그러나 산업매력도가 높을수록 상대적으로 높은 진입장벽entry barriers이 존재한다.

또한 더욱 중요한 점은 경쟁강도와 산업매력도는 고정적인 것이 아니라 시간의 흐름에 따라 변한다는 사실이다. 벤처창업의 경우 산업의 유아기나 성장초기단계에 시장으로 진입하는 경우가 많기 때문에 진입단계에서의 경

그림 5-1

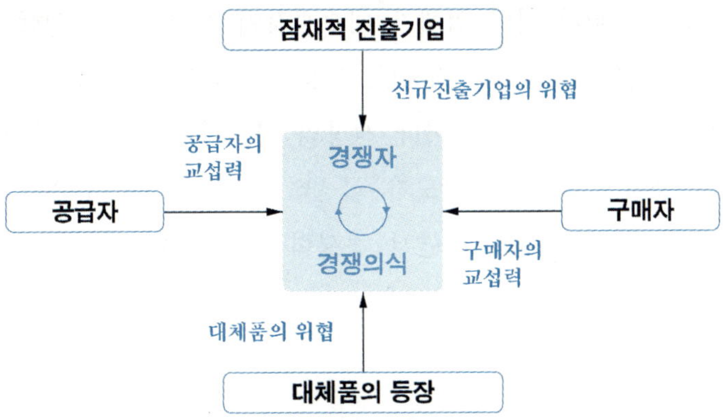

산업매력도 결정요인

쟁강도만으로 산업매력도를 평가하기가 힘들다. 즉, 시장진입 초기에는 경쟁강도가 낮아서 매력적으로 보였는데 사업을 시작하고 보니 경쟁자가 갑자기 많아져서 경쟁강도가 높아지고 매력이 떨어지게 된 경우다.

최근 IT나 인터넷 서비스 산업이 이와 유사한 경우다. 산업의 전망이 좋다는 인식에 의해 수많은 창업이 이루어졌다. 그러나 창업 후에 경쟁업체가 급속히 증가함에 따라 경쟁이 심해지고 매력이 떨어지는 시장으로 바뀐 경우가 많다. 더욱이 경기침체로 인하여 내수시장이 위축되자 상대적 경쟁강도는 더욱 높아지게 되었다. 이로 인하여 많은 기업이 도산을 하거나 해외시장으로 진출하는 계기가 되고 있다.

인터넷전화 서비스 다이얼패드를 개발하여 각광 받던 새롬기술은 초기 성공적 시장진입이 가능하였다. 그러나 Net2Phone, WebPhone, deltathree.com, Hatcaller Service, callrewards.com 등 해외기업과 우리나라의 와우콜, 텔레프리 등 100여 개가 넘는 경쟁기업이 곧 시장으로 뛰어들었다. 시장여건이 그다지 넓지 않고 뚜렷한 수익모델이 부재했던 상황에서 많은 자금을 투자해야 했던 경쟁으로 인해 결국 다이얼패드는 큰 어려움을 겪게 되었다.

셋탑박스 산업의 선두주자인 휴맥스의 경우도 국내시장의 치열한 경쟁을 피하여 해외시장으로 진출하여 생존할 수 있었다. 셋탑박스 산업이 유망하다고 인식되니 100여 개의 업체가 내수시장에 진입하여 치열한 경쟁을 벌이다보니 어느 기업도 규모의 경제나 적정 수익률을 실현하기 힘든 상황이 되었다. 이와 같이 새로운 기술이나 시장의 가능성이 보이면 단기간에 경쟁기업의 수가 늘어나면서 경쟁강도가 급증하는 것이 보편적 현상이다. 이러한 상황에서 고객기반을 확보하면서 경쟁력을 높일 수 있는 기업만이 살아남게 된다.

Ⅱ. 진입장벽

벤처창업과 경영의 성과를 설명하는 가장 중요한 변수가 시장의 진입장벽entry barrier이다. 진입장벽은 기존기업들이 신규진입기업에 비해 가지는 우위를 말한다. 벤처는 창업이나 다각화 시 새로운 시장이나 산업에 진입하는 경우가 많기 때문에 진입장벽을 낮추거나 우회하는 것이 중요하다. 신규 진입자들은 기존기업과 차별화된 방식으로 진입을 시도하지만 시장에서의 반응에 따라 성과에 차이가 나게 된다.

PC 시장에서 델컴퓨터는 IBM이 갖고 있던 소비자의 브랜드 인지도나 강력한 딜러시스템을 피해가기 위해서 새로운 유통방식, 즉 우편주문방식을 도입하여 IBM이 가지고 있던 강력한 진입장벽인 유통망을 우회하여 성공적으로 사업을 확대할 수 있었다. 서점시장의 경우에도 후발주자인 아마존이 선발업체인 반스 앤 노블스를 따라잡을 수 있었던 것은 인터넷이 가져온 유통경로의 혁신에 기인한다.

비디오 서비스 업체인 넷플릭스Netflix도 블록버스터가 장악하고 있던 시장에 후발주자로 진입하여 성공을 거둔 사례이다. 1997년 리드 헤이스팅스와 마크 랜돌프가 창업한 이 회사는 당시 DVD나 VCR 렌탈 중심의 비즈니스 모델을 가지고 있는 블록버스터를 대신해 연체료를 물지 않고 메일로 빌려볼 수 있는 서비스 혁신을 통해 블록버스터를 무너뜨리고 시장을 장악하였다. 스트리밍 서비스에 주력하면서 빅데이터에 의한 독자적인 추천 알고리즘인 시네매치를 개발하여 고객만족도를 높이는 데 성공했다.

후발업체로 시장에 진입하는 경우는 시장진입 시 발생하는 비용과 위험을 어떻게 낮추는가가 중요하다. 제품 차별화나 틈새시장을 공략하는 전략이 유효하다. 따라서 시장진입장벽은 창업성과를 결정하는 매우 중요한 요소이다. 반면에 선발업체로 새롭게 나타나는 시장에 진입하는 경우 후발업체에 대한 진입장벽을 만들 수 있는가가 중요하다. 진입장벽이 높으면 쉽게 신규업체가 시장에 진입할 수 없기 때문에 상대적인 위협이 작다. 반면에 진입장벽이 낮으면 경쟁자의 수가 많아지면서 경쟁강도가 높아지게 된다. 진입장벽을 구성하는 요소는 규모의 경제, 제품의 차별화, 유통망에의 접근, 자본소요량, 교체비용, 정부의 정책, 기존기업의 보복 등 다양한 요소가 있다.

벤처기업은 시장진입 시 진입장벽이 낮을수록 유리하지만 일단 시장에 진입한 뒤는 진입장벽을 높이기 위한 전략을 구사한다. 이는 마치 공격자의 입장에서는 창이 날카로울수록 유리하지만 방어자의 입장에서는 튼튼한 방패가 필요한 것과 같은 이치다. 시장진입 전과 시장진입 후의 상반된 입장을 창업의 역설paradox of entrepreneurship이라고 한다.

국내 회계 솔루션업계의 독보적인 리더인 더존 디지털웨어의 유수형 대표는 사업의 성공비결이 최초 시장에 진입할 때 판매에만 급급한 것이 아니라 학교에 무상으로 솔루션을 보급하는 등 그 저변을 확대함으로써 진입장벽을 한껏 높여 놓은 데 있다고 말한다. 학교에서 교육을 받을 때부터 기업에서 실무를 처리할 때까지 더존의 제품이 손에 익다보니 자연스럽게 타업체가 쉽게 진입할 수 없는 장벽이 세워진 셈이다.

1. 규모의 경제

규모의 경제economy of scale는 어떤 산업에서 원가경쟁력을 가지기 위해서는 일정 이상의 생산규모를 가져야 한다는 원리다. 이는 고정비 분산효과로 인해 나타난다. 사업을 하려면 생산규모에 관계없이 일정 수준의 고정비 또는 간접비가 필요하다. 생산규모가 많을수록 단위 생산품 당 고정비는 분산되고, 결과적으로 평균원가가 줄어든다.

예를 들어 A라는 회사가 연간 100만 개의 제품을 판매하면서 광고비를 10억을 사용했다면 제품당 광고비는 1000원이다. 그러나 B라는 회사가 연간 50만 개를 판매한다고 해서 광고비를 절반으로 줄이면 경쟁에서 불리하다. 8억을 사용했다고 한다면 제품당 광고비는 1,600원이 되기 때문에 원가

경쟁력에서 불리하다. 절대액수는 B라는 회사가 작을 수 있어도 단위당 원가에서 차지하는 비중은 커지기 때문이다.

이러한 원리는 광고비뿐만 아니라 연구개발비, 일반관리비 등의 면에서도 마찬가지다. 따라서 특정 산업에서 경쟁을 하게 되면 일정이상의 생산규모, 즉 최소경제생산규모minimum scale economy가 필요하다. 이는 연산 몇 만 대, 몇 만 톤, 몇 명 등으로 나타난다. 인터넷 포탈의 경우 회원수가 일정규모 이상이 되어야 경쟁대열에 낄 수 있는 것도 마찬가지 이유다.

다음커뮤니케이션의 경우 메일링 서비스를 기반으로 한 포털 서비스 분야에서 시장의 선발주자로 진입하여 사업초기에는 다른 경쟁업체와 마찬가지로 회원 수를 늘리는 데 초점을 두었다. 초기에는 인터넷 배너광고 수익 외에는 뚜렷한 광고 수익이 없었으나 메일과 인터넷 카페 서비스로 고착된 수많은 회원을 기반으로 인터넷 쇼핑몰 사업을 성공적으로 진행하고 있다. 이러한 회원수를 통한 규모의 경제 효과는 인터넷 쇼핑몰에 후발 진입한 기업에게는 넘기 힘든 진입장벽으로 작용하고 있다.

한 가지 유의할 점은 산업의 유아기나 성장초기에 시장에 진입한 벤처기업의 경우 대기업과 달리 규모의 경제에 의한 진입장벽을 구축하기는 힘들다는 사실이다. 시장규모가 작기 때문에 규모의 경제가 원가경쟁력에서 차지하는 비중이 낮기 때문이다. 기술이나 품질경쟁력, 브랜드 인지도를 통한 제품의 차별화나 고객충성도 향상에 의한 교체비용을 높이거나 특허에 의한 방어정책 등이 유효하다. 그러나 시장이 성장단계에서 성숙단계로 발전하는 경우 규모의 경제는 중요한 진입장벽의 변수가 된다. 따라서 시장선도 기업이 될 수록 생산규모에 의한 이점을 누릴 수 있다.

2. 제품 차별화

제품 차별화는 제품브랜드에 대한 소비자의 인지도와 충성도에 의해 형성된다. 차별화 요인은 기술, 품질, 성능 등의 물리적인 요소뿐만 아니라 미적 감각, 사회적 지위에 대한 만족 등 심리적인 요소 등이 차지하는 비중이 높다. 소비자들도 비슷한 품질의 제품일 경우 자신이 잘 알고 있는 기업의 제품을 선호한다. 이는 브랜드 제품이 가지는 친숙성과 신뢰성 때문이다.

기업은 홍보, 광고, 애프터서비스 등을 통한 인지적 차별화를 만들어낸다. 브랜드가 구매 의사결정에서 중요한 비중을 차지하는 패션 산업의 경우 차별화가 중요한 요소다. 따라서 이러한 산업에 진입하는 경우 브랜드 아이덴티티를 만들어내기 위해 막대한 초기 투자가 필요하다. 또한 브랜드 인지도는 단기간에 형성되는 것이 아니라 시간의 흐름에 따라 축적되기 때문에 초기 시장진입 기업에게는 불리한 요소로 작용한다. 신규기업들이 차별화된 시장에서 자사의 브랜드를 정착시키기 위해서는 광고 및 홍보에 대해 지속적 투자를 해야 하므로, 자본력이 없는 기업은 진입이 어렵기 때문에 시장진입장벽으로 작용한다.

3. 유통채널

기존기업들이 유통채널을 선점한 경우 후발기업이 뚫고 들어오기가 어렵다. 대기업이 주도하는 가전산업의 경우 신생기업이 아무리 우수한 가전제품을 개발했다고 하더라도 이를 유통시킬 수 있는 수단이 없다. 전국 주요 도시의 유리한 입지나 백화점마다 기존기업이 차지하고 있기 때문이다.

도매상이나 소매상들도 기존기업의 잘 알려진 제품을 취급하지 신생기업의 제품을 취급하려하지 않는다. 한정된 창고나 판매대를 최대한 활용하기를 원하기 때문이다. 심지어는 기존의 제품이라도 시장에서의 반응이 저조하면 거래를 중단하기도 한다. 따라서 신생기업은 효과적인 유통채널을 활용하기 어렵기 때문에 제품의 우수성에도 불구하고 시장진입에 실패하는 경우가 많다.

그러나 최근 유통구조에 대대적인 변화가 일어남에 따라 유통채널에 의한 진입장벽은 대폭 완화되고 있다고 볼 수 있다. 전자상거래나 홈쇼핑 채널이 활성화되어 창업기업의 유통망 접근이 상대적으로 유리해졌다. 또한 SNS 등 다양한 디지털 매체를 활용한 디지털 마케팅이 활성화되고 있어서 이를 활용한 창업기업의 성공사례가 증가하고 있다상세한 내용은 12장 참조.

4. 자본소요량

신규기업이 산업에 진입하는 데 필요한 투자액이 굉장히 많은 경우에는 소수의 기업을 제외하고는 이런 산업에 진입하기가 힘들다. 자동차 산업이나 석유화학 산업의 경우 최소한의 규모경제를 확보하는 데 막대한 투자가 든다. 이러한 산업은 전형적인 자본집약적 산업이기 때문에 대규모 투자를 할 수 있는 기업이 전 세계적으로 많지 않다. 벤처기업의 경우는 대부분 산업진화의 초기단계에서 시장에 진입하기 때문에 이러한 대규모 투자를 요하는 경우는 없다. 이 단계에서의 벤처는 자본집약적이라기보다는 기술집약적, 지식집약적이다. 그러나 시장에 진입한 후 성장단계 및 산업의 특성에 따라 자본소요량에 막대한 차이가 있다.

특히 유통망의 구축, 브랜드네임을 구축하기 위한 광고비, 초기 제품개발에 들어가는 연구개발비 등도 초기 자본소요량의 규모에 영향을 미친다. 엔젤이나 벤처캐피탈 등 벤처자본이 풍부한 경우 사업타당성에 의해 자본소요량에 의한 진입장벽을 극복할 수 있다. 그러나 벤처자본은 시장의 상황에 따라 수요가 급속하게 변하는 경우가 자주 발생한다. 따라서 시장의 자금유동성이 악화되는 경우 자본제약으로 인한 시장진입이 어려워지기 때문에 지속적인 자금소요에 대응하기 위해서는 다양한 자금조달 원천의 확보가 필요하다.

우리나라의 경우 최근 이러한 현상이 더욱 심하게 나타나고 있다. 벤처자본시장이 활황일 경우 쉽게 자금조달이 되다가, 불황이 되는 경우 자금조달이 막히게 된다. 자본소요량은 산업의 특성이 중요한 요인이지만, 산업의 성장단계에 따라서도 달라진다. 개별기업의 입장에서는 자본시장의 상황이나 자본조달력에 따라 진입장벽의 상대적 크기가 결정된다.

5. 절대적인 비용우위

기존기업들은 신규진입기업들에 비해 때로는 절대적인 비용우위에 있기도 하다. 이러한 비용우위를 선발자의 이익first mover's advantage이라고 한다. 선발자는 산업에 일찍 참여함으로써 신규진입기업들에 비해 원료를 싸게 구입하는 방법을 알고 있고, 경험효과의 이득experience effects을 더 많이 볼 수 있다. 반도체 산업의 경우 경험효과가 현저하게 나타난다. 누적생산량이 두 배가 됨에 따라 비용이 30%씩 감소한다. 이와 같이 경험이 누적될수록 비용이 감소하는 효과를 경험효과라고 한다.

절대적인 비용우위는 특허권 등 지적소유권에 의해 나타나기도 한다. 특허를 소유한 기업이 특허사용료로 일정 비율이나 금액을 받는 경우, 특허가 없는 기업은 상대적으로 원가경쟁력 면에서 불리하다. 절대적인 비용우위가 존재하는 경우 후발기업은 선발기업에 비해 불리한 입장에 처하기 때문에 진입장벽을 경험하게 된다.

반도체 검사장비 생산업체인 미래산업의 경우 기술개발에 최우선적 투

그림 5-2

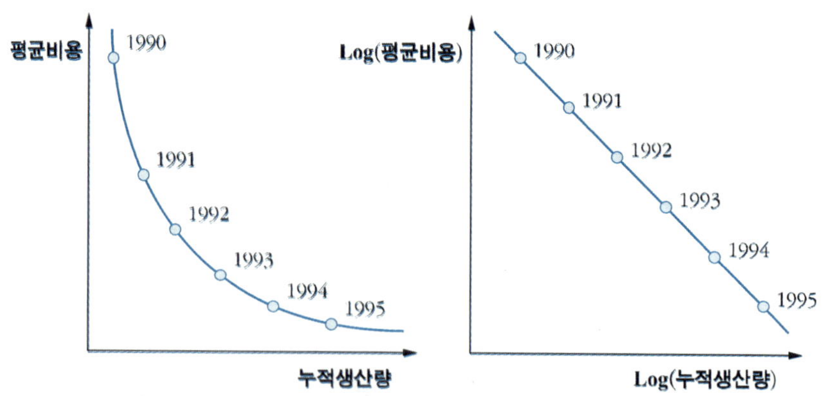

경험곡선

자와 노력을 기울인 결과 완전 국산기술로 독자적인 기계/기구 설계능력을 보유하게 되었고 전자소프트웨어의 자립을 이루었고 전자하드웨어 설계 · 제작 기술, Visual, Air-Bearing, 정밀 온도제어, 각종 특수센서 제작 및 활용 기술 등 복합기술을 보유하게 되었다. 그리고 특허 및 실용신안, 의장등록 등 27건의 공업소유권을 보유하고 있으며 30여 건을 출원했다. 이 결과 테스트 핸들러의 경우 경쟁사보다 10~20% 정도 낮은 가격을 유지했으며 칩마스터 가격 역시 10% 정도 우위를 실현할 수 있었다.

6. 기존사업자의 보복

일반적으로 벤처기업의 시장진입은 초기 규모가 작기 때문에 기존사업자는 적극적인 대응을 하지 않는다. 그러나 기존대기업이 보복적 행동을 취하면 신규진입자에게는 커다란 위협이 된다. 기존대기업이 보복을 하는 경우는 다음과 같은 세 가지 조건에서이다. **첫째,** 과거 보복을 한 명성과 사례가 있는 경우 이를 유지하기 위해서 보복적 조치를 취하게 된다. 그렇지 않으면 다른 경쟁자들의 시장진입이 계속될 우려가 있기 때문이다. **둘째,** 신규진입자가 기존대기업의 핵심 사업을 공격할 경우 위협을 느끼면서 보복을 하게 된다. **셋째,** 산업의 성장률이 낮은 경우, 신규진입자가 시장의 일부만을 가져갈 가능성이 있어도 기존기업의 입장에서는 공격적이 되기 쉽다.

기존기업들이 신규진입자에게 가할 수 있는 보복은 여러 가지가 있지만, 진입을 막기 위한 가격인하, 광고 및 마케팅 활동의 증대, 신규진입자에 대한 법적 제소 등의 방법으로 신규진입자들을 괴롭힐 수 있다. 가격인하를 통해 신규업체가 시장진입을 통해 얻을 수 있는 이익보다 비용을 더 높게 만든다. 그러나 신규진입업체를 위협하는 가격인하는 불공정 거래행위로서 법적 소송의 대상이 될 수 있다. 가격에 대한 수요탄력성이 높고 원가우위가 중요한 경쟁수단인 경우 가격인하는 효과적인 진입저지의 수단이 될 수 있다. 그러나 가격에 대한 수요탄력성이 낮거나, 원가우위가 상대적으로 덜 중요한 경우 가격인하는 효과적인 보복수단이 되지 못한다.

기존기업의 광고나 마케팅 활동의 증가도 신규기업에게는 상당한 위협요소가 된다. 상대적으로 브랜드 네임이나 명성이 취약하기 때문에 기존기업에 비해 불리한 입장인데, 이에 대항하기 위해 광고나 마케팅 활동에 드는 비용을 조달하기가 어렵다. 특허, 저작권이나 상표권 침해 등의 법률적 소송을 당할 수 있다. 외국기업의 경우 반덤핑이나 불공정 경쟁 소송을 당할 수 있다.

Ⅲ. 교 섭 력 Bargaining Power

거래기업 간 교섭력의 격차가 발생하는 주된 이유는 구매자와 공급자의 상대적 크기, 제품, 가격, 비용구조에 대한 정보의 격차, 전환비용switching cost, 수직적 통합에 대한 위협 등이다. 거래당사자 간에 교섭력의 격차에 따라 가격결정이나 납품대금 결제조건 등에서 유리하거나 불리한 입장에 처하게 된다. 중소기업이 대기업과 거래에서 불이익을 받는 이유가 교섭력의 격차에 있다. 그러나 기술력과 제품 차별성이 있는 벤처기업은 상대적으로 교섭력 격차에 의한 불이익이 적은 편이다. 그러나 벤처기업도 창업초기에는 브랜드 인지도, 기업명성 면에서 불리하기 때문에 이를 극복하는 것이 창업초기 기업의 전략과제다.

창업초기 벤처기업은 기업의 명성이나 브랜드네임도 없기 때문에 교섭력의 격차로 인한 불이익을 당하기 쉽다. 자기 기업만의 특허나 라이센스, 기술적 차별성에 의한 교섭력의 균형을 유지하는 것이 중요하다. 또한 경쟁기업이 많이 나타나고 기술이나 아이디어를 모방당할 경우 차별성이 줄어들고 교섭력이 약화된다. 그래서 창업기업은 상대적인 교섭력 균형의 유지를 위하여 기술혁신, 마케팅 혁신, 거래선의 다변화를 위한 투자가 필요하다.

DVR 분야의 글로벌 강소기업인 아이디스는 창업초기 제품개발에 성공하자 보안장비 설치업체, 유통회사, 보안 관련 대기업 등 여기저기서 판권협상을 요청해 왔다. 강력한 유통망을 가진 대기업들은 독점권을 요구했다. 제품개발을 제외한 마케팅, 생산 등을 모두 대기업에게 맡겨버리는 방식은 대기업에 종속되기 때문에 장기적인 기업성장에 걸림돌이 될 것으로 판단했다. 아이디스는 2년이라는 긴 협상기간을 거쳐 마케팅의 일정 부분만을 제휴하는 형태로 대기업과 협정을 맺는다. 초기 이러한 결정이 아이디스가 교섭력을 유지하면서 독자적인 성장을 할 수 있었던 중요한 계기가 되었다.

1. 구매자나 공급자의 시장집중도

구매자와 공급자 간에 어느 쪽이 상대적으로 시장집중도market concentration가 높은가에 따라 교섭력의 우열이 결정된다. 공급자가 1명이고 구매자가 다수인 경우는 공급독점monopoly의 상황이다. 이 경우 공급자는 절대적인 힘의 우위를 가지게 된다. 전력, 가스 등 에너지 산업의 경우가 공급독점의 예다. 반면 구매자가 1명이고 공급자가 다수인 경우는 구매독점monopsony의 상황이다. 이 경우는 구매자가 교섭력의 우위를 갖게 된다. 대표적인 경우가 정부구매로서 공급자는 조달청 구매가격에 따라야 한다. 전력관련 장비를 한국전력에 납품하는 경우도 이와 유사하다.

벤처기업의 시장진입 초기 경쟁자가 많지 않을 때는 상대적으로 시장집중도면에서 유리할 수 있다. 그러나 신규업체의 시장진입이 많아지게 되면 상대적인 집중도가 약화되면서 교섭력이 저하된다. 대기업 납품에 의존하는 B2B 중소기업의 경우 지속적인 단가인하 압력으로 인하여 생존의 어려움을 겪는 경우가 많다.

2. 대체재의 존재여부

산업의 수익률은 대체재의 존재여부에 따라 크게 달라진다. 대체재가 많을수록 자신의 제품이나 서비스에 높은 가격을 받을 가능성이 줄어들게 된다. 소비자들이 특정 브랜드에 대해 높은 충성도를 가지고 있을 경우 쉽게 대체재로 쉽게 옮겨 가지 않는다.

대체재의 대체성substitutibility이 중요한 변수다. 대체성은 기술적 대체성과 경제적 대체성으로 나눌 수 있다. 기술적 대체성은 기술이나 기능적인 측면에서 기존제품을 대체할 수 있는가이다. 경제적 대체성은 가격면에서 기존제품에 비해 얼마나 유리한가의 여부다. 벤처기업이 생산하는 신제품은 초기에 대체성이 높지 않을 수 있다. 기술적인 면은 우수하나 가격이 비쌀 수 있다. 그래서 기술적 우위에도 불구하고 구매자가 늘어나지 않을 수 있다. 반면 가격면에서는 우수하나 기술적인 면이 상대적으로 취약하여 시장확대에 한계가 있을 수 있다.

벤처기업이 혁신적 신제품을 출시했을 때, 대부분의 경우 기존제품의 대체재로서 시장에 진입하게 된다. 시장이 급속히 늘어나지 않는 이유는 대체성이 미흡하기 때문이다. 신규진입 기업의 입장에서는 대체성의 향상이 시급한 전략적 과제다. 혁신활동을 통하여 기술적 대체성과 경제적 대체성을 신속하게 높일 수 있는가가 시장진입의 성공여부를 결정하게 된다. 대체성은 가격 대비 성능비율price-performance ratio 또는 가격 대비 기능성price-functionality에 의해 결정된다. 가격에 비해 성능이 우수할수록 대체성은 높아진다. 벤처기업은 이 비율을 높이기 위한 지속적인 노력을 기울이고, 그 성과가 고객에게 인지되었을 때 시장이 커지게 된다.

기존기업들이 신규진출기업의 시장진입에 대해 적극적인 방어를 하지 않은 경우의 대부분이 초기 대체성이 약하다고 간주하여 위협을 크게 느끼지 못하기 때문이다. 그러나 어느 시점을 지나면서 기술혁신을 통한 기술적 대체성의 향상이나 시장이 확대됨에 따라 가격의 하락의 상호작용이 이루어지면서 대체성이 급속히 높아지게 된다. 그 결과 신제품이 기존시장을 급속히 잠식하게 된다.

PC의 경우 산업초기 기존의 대형이나 중형 컴퓨터 업계에서는 전혀 위협을 느끼지 않았다. 가격도 그다지 싸지 않았으며, 기능적인 면에서는 엄청난 격차가 있었다. 그러나 시장이 확대되고, 기술적 성능이 향상되자 수요가 급속하게 증대되면서 기존시장의 수요를 잠식하기 시작했다. 그 결과 중대형 컴퓨터에서 절대적인 우위를 자랑하던 IBM이나 DEC가 모두 경영위기를 맞게 되었다.

3. 구매에서 차지하는 비중

공급자의 매출에서 특정 구매자가 차지하는 비중이 큰 경우 구매자의 교섭력이 커진다. 창업기업의 매출이 특정기업에 대한 의존도가 지나치게 높을 경우 교섭력의 격차로 인하여 불이익을 받을 수 있을 뿐만 아니라, 거래중단 시 사업실패의 위험이 높다. 우리나라 IMF위기 때에 이러한 현상은 여러 벤처기업에서 나타났다. 휴맥스의 경우도 주거래 회사인 해태전자가 이 시기에 법정관리에 들어가기 시작하면서 재고가 쌓여 위기를 맞은 적이 있었다. 지금은 규모가 커져 거래처를 다변화해서 특정 거래처에 대한 의존을 낮추었고 재고량을 최소화하는 방식을 택함으로써 그때의 위기를 되풀이 하지 않으려 하고 있다.

구매자의 구매액에서 차지하는 비중이 클수록 구매자는 신중한 구매를 한다. 정보를 더 많이 수집하고, 구매협상을 위한 시간과 노력을 많이 투입한다. 구매자들이 공급자의 제품, 가격, 비용구조에 대해 보다 자세한 정보를 가질수록 구매자의 교섭력은 강화된다.

4. 전환비용

구매자가 완제품의 품질에 미치는 영향, 생산공정의 변경, 심리적인 불안감 등의 이유로 기존의 공급자를 쉽게 바꾸지 못할 경우 전환비용switching cost이 발생하고, 이 경우 구매자의 교섭력은 약화된다. 원료나 부품을 바꿀 경우 생산방식을 변경해야 하는 경우가 발생한다. 현장에 일하는 작업자들도 기존에 익숙한 방식과 제품을 계속 사용하고자 하는 욕구를 가지고 있다.

벤처기업이 그간 수입에 의존해 오던 제품을 국산화해서 시장에 진입할 경우, 대부분 가격경쟁력을 갖고 있다. 기술적인 면에서도 수입제품에 뒤지지 않는다고 해도 쉽게 시장을 확대시키지 못하는 경우, 구매자가 느끼는 전환비용 때문이다. 예를 들어, 중요한 부품을 해외업체로부터 조달하다가 국내업체로 바꿀 경우, 제품의 성능에 미치는 영향이나 소비자가 느끼는 차별성 등으로 인하여 가격이 비쌈에도 불구하고 기존의 일본제품을 사용하는 경우가 많다.

5. 전후방통합의 위협

공급자가 직접 유통망을 구축할 경우, 또는 구매자가 직접 부품이나 소재를 생산한다고 위협을 가할 경우 상대방의 교섭력은 약화된다. 이를 수직적 통합의 위협threat of vertical integration이라고 한다. 원료에서 중간재를 거쳐 완제품, 유통, 판매에 이르는 과정을 산업의 수직사슬vertical chain 또는 부가가치사슬value-added chain이라고 한다. 수직사슬의 앞 방향으로 통합하는 경우를 전방통합이라고 하고, 역방향으로 통합하는 경우를 후방통합이라고 한다. 예를 들어, 생산자가 자신이 원하는 조건에 응하지 않으면 유통망을 직접 구축하겠다고 위협할 경우, 이를 전방통합의 위협forward integration threat이라고 한다. 생산자가 부품 납품업체에 대해 원하는 조건에 납품하지 않을 경우 자가 생산한다고 위협할 경우, 이를 후방통합의 위협backward integration threat이라고 한다. 유통업자가 독자적인 생산시설을 구축하려고 할 경우도 후방통합의 위협에 해당한다. 벤처기업이 대기업을 상대로 납품하는 경우 이와 같은 위협을 당할 가능성이 존재한다.

Ⅳ. 산업의 진화

1. 산업진화의 단계

산업환경은 시간의 흐름에 따라 변한다. 이들 산업의 진화에 따라 산업구조가 변하고 경쟁강도도 변한다. 초기에는 기술이나 성능의 불확실성이 높고 가격에 비해서 고객이 느끼는 가치가 낮기 때문에 수요층이 제약된다. 창업초기에는 제품혁신을 통하여 고객이 원하는 가치를 제공하는 것이 경쟁의 중요한 요소다. 이를 산업진화단계에서 태동기라고 한다.

기술이 표준화되고 제품성능이 안정화되면 고객들의 수요기반이 확대된다. 고객들이 인지하는 가격대비 성능이나 품질의 가치가 높은 경우 시장은 급격히 성장하게 된다. 이에 따라 잠재적인 경쟁자들이 시장에 진입하기 시작한다. 시장이 급성장하기 때문에 신규업체가 진입하여도 경쟁강도는 상대적으로 높지 않다. 기업은 대량생산에 의해 가격을 낮추고 품질을 향상시키는 것이 핵심성공요인이 된다. 따라서 기업은 공정혁신을 통하여 이를 추구한다. 성장후기에 접어들면 성장속도가 둔화되고 지나치게 많은 경쟁자로 인하여 경쟁이 격화된다. 성장기에서 성숙기로 접어들기 시작할 즈음에 극심한 경쟁으로 인하여 상대적 경쟁력이 약한 기업이 탈락하는 현상shake-out이 나타난다. 이러한 과정을 거치면서 산업은 성숙단계에 접어든다.

성숙단계에서는 고객의 욕구에 따라 시장이 세분화되고 기업은 산업 내에서 자신의 경쟁지위를 확보하게 된다. 기업은 차별화우위나 원가우위를 가지고 경쟁에 임하고 성숙단계가 지나면 점차 사양화되기 시작한다. 사양화단계에서 기업은 퇴출전략을 세우게 된다. 이와 같이 상대적으로 경쟁강도가 낮다가 급속히 경쟁강도가 높아지기도 하고 또한 그 반대의 경우가 되기도 한다. 이는 산업의 진화에 따른 산업구조의 변화 때문이다. 따라서 진입대상 산업의 선택과 진입시기의 결정은 벤처기업의 창업성공과 생존을 위해 매우 중요한 사항이다.

2. 산업진화의 원인

가. 인구추세와 인구구성의 변화

인구가 증가하게 되면 산업은 성장하고, 반대의 경우는 쇠퇴한다. 그러나 인구추세보다 더 중요한 요인은 인구구성의 변화다. 인구의 성비나 연령대별 구성의 변화, 증감추세는 산업의 변화에 직접적인 영향을 미친다. 출생률이 증가해서 유아의 비중이 높아지면 유아 관련 산업이 성장하게 된다. 베이비 붐baby boom에 의한 산업의 진화가 이에 해당한다.

반면 노년층의 인구가 증가하면 노인을 대상으로 한 산업이 출현하거나 성장하게 된다. 실버산업이 대표적인 예다. 현재 선진국은 고령화의 추세에 따라 노년층의 인구가 증가하고 있다. 이들을 대상으로 한 다양한 신규 사업이 나타나고 있으며, 이는 새로운 산업으로 발전하고 있다.

나. 가치관과 생활양식의 변화

사회구성원의 가치관이나 욕구 추세의 변화에 따라 산업은 성장하기도 하고 쇠퇴하기도 한다. 가치관은 소득수준의 증가, 고등교육의 확산 등에 의해 변화되며, 욕구추세도 변화한다. 저소득 상태에서는 생활필수품 산업이 성장하나, 소득수준의 증가에 따라 상위욕구를 충족시킬 수 있는 산업이 증가한다. 교육수준이 높아질수록 상위욕구에 대한 수요가 증가한다.

최근 전 세계적으로 문화산업에 대한 시장이 급증하고 있다. 게임, 애니메이션, 영화, 공연예술 등이다. 이미 게임이나 애니메이션은 성장산업으로 자리 잡았고 수많은 벤처기업들이 설립되었다. 과거의 전통적 개념에서는 첨단기술이나 신기술 산업이 아니라고 분류되던 영역에 벤처캐피탈의 투자가 증가하고 있다. 향후 가장 유망한 분야 중의 하나를 문화컨텐츠 산업으로 보고 있으며, 문화산업에 진출하는 벤처기업을 문화벤처라고 부른다. 일본에서는 문화와 하이텍의 결합에 의한 신산업을 '크레비즈', 즉 크리에이티브 비즈니스의 약자로 부르기도 한다.

다. 구매자 영역의 변화

벤처제품의 시장진입 초기에는 신제품이기는 하지만 가격에 비해 성능이 떨어지거나 소비자들이 익숙하지 않기 때문에 소수의 구매자들만 관심을 가지고 사용하는 경향이 있다. 이들을 혁신구매자innovators라고 한다. 이들은 혁신제품에 대한 선호도가 높은 기술애호가 등이다. 이들은 초기 제품 수용의 중요한 고객이나 시장의 규모가 작다.

그 다음 영역의 구매자는 선각수용자early adopters로서 신제품의 이점에 대한 인식도가 높은 구매자 층이다. 이들을 거쳐 대중구매자majority의 영역으로 확산된다. 대중구매자는 제품의 가격대비성능, 즉 제품의 효용성utility에 대해 민감한 구매자들이다. 그 다음 영역으로 신제품에 대해 보수적이고 가격에 민감한 집단인 지각수용자laggards들이 있다. 산업이 유아기를 거쳐 성장에 접어드는 시기가 선각수용자에서 대중구매자로 구매자 영역이 확산되는 시기다.

라. 독점적 지식의 확산

산업 초기에는 제품에 대한 기술이나 노하우가 소수의 사람이나 기업에 독점되어 있다. 이들은 특허 등을 통해 자신들의 지식과 권리를 보호한다. 그러나 시간의 흐름에 따라 독점적 지식이 확산되어 간다. 일반적인 형태가 기존기업에 있던 직원이 회사를 나와서 창업을 하는 파생창업spin-off이다. 이러한 유형의 창업은 기존기업에서 획득한 지식을 바탕으로 창업을 하는 경우가 대부분이다. 그러나 이 경우는 기존기업의 특허나 기술노하우를 침해하게 될 우려가 있기 때문에 때론 분쟁의 소지가 된다.

또한 특허권이 만료되면 독점적 기술이나 노하우가 일반화된다. 이 경우 지식의 확산이 빠르게 이루어진다. 특허권을 가진 업체가 자신의 권리를 일정액수의 수수료를 받고 파는 경우도 지식의 확산이 이루어진다. 독점적 지식은 새로운 기술혁신을 유발시키면서 산업전체의 진화를 가져오게 된다.

마. 기술혁신

기술혁신에 의해 가격이 인하되고 성능은 향상됨에 따라 고객층이 확대된다. 제품혁신에 의해 보다 편리하고 기능이 다양한 제품이 생산된다. 또한 설계의 변화에 따라 투입부품수가 줄어들어서 고장율도 낮아지고 생산원가가 절감된다. 공정기술에도 발전이 이루어짐에 따라 품질향상과 원가인하의 효과가 나타나면서 제품이나 서비스의 효용성이 높아지게 되고, 투입요소의 변화에 따라 가격이나 성능의 변화를 가져오게 된다. 그리고 값이 비싼 원자재나 부품을 값이 싸면서 성능이나 품질에 영향이 없는 대체재를 사용하게 되면 제품가격이 낮아지게 된다. 경험의 축적도 가격인하와 성능향상의 요인으로 작용한다. 숙련도의 증가는 품질향상의 주요인이다. 이러한 요인들에 의해 구매자가 인지하는 효용이 증가하게 되면, 그 결과로서 시장이 확대되고 산업이 진화하게 된다.

3. 산업진화의 불규칙성

산업진화는 경쟁환경의 변화를 이해하고 전략을 수립하는 데 가장 중요한 변수다. 그러나 산업진화 이론이 갖는 한계로서 산업진화의 예측의 어려움이 있다. 산업진화는 기본적으로 유아기, 성장기, 성숙기, 쇠퇴기를 거치는 S-커브를 그리지만 다양한 예외가 존재한다. 이로 인하여 경쟁전략 수립의 유용성이 저하된다.

첫째로는 장기침체형을 들 수 있다. 이는 유아기 단계를 벗어나지 못하는 유형이다. 캐즘chasm에 걸려서 구매영역의 확대가 이루어지지 않는 경우가 이에 해당한다. **둘째**로는 반짝 인기제품이다. 시장이 급속하게 성장하다 시들고 마는 경우가 이에 해당한다. 이때 새로운 산업의 형성에 대한 기대감을 가지고 투자를 하는 경우 큰 손실이 발생하게 된다. 워드프로세서의 경우 기존의 전동타자기를 대체하려 출시하였으나 가정용 PC의 출현으로 그 자취를 감추고 말았다. **셋째**로는 초기 급성장형이다. 짧은 유아기를 거쳐 급속하게 시장이 커진 뒤 성숙단계로 진입하는 경우다. 산업의 급격한 성장은 필연적으로 다수의 경쟁업체와 신규업체의 진입을 초래한다. **넷째**로는 회춘형이다. 시장의 성숙기 또는 쇠퇴기에서 다시 새로운 성장이 시작되는

그림 5-3

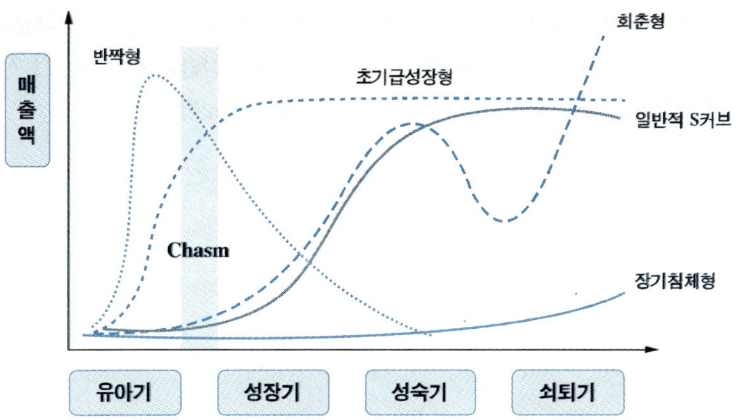

산업진화의 불규칙성

사업이다. 이는 보완재나 새로운 용도의 발견 또는 새로운 시장영역이 형성되는 경우다.

좋은 예가 스타벅스다. 스타벅스가 개점할 당시 미국에서는 커피산업이 부진을 면치 못하고 있었다. 1961년 하루 평균 3.1잔으로 최대량을 기록한 이래 미국의 커피 소비는 1980년대 후반까지 감소했다. 1960년대에 미국 커피회사들은 가격경쟁을 하기 시작했다. 커피산업은 섬유산업과 마찬가지로 낮은 마진율을 가지고 있었으며, 원재료인 커피 원두의 수입으로 인한 위험도 역시 높았다. 성장산업이 아닌 정체된 산업에 가까웠다. 변화란 단지 가격의 변화만이 있을 뿐이었다. 스타벅스는 전문커피로의 차별화를 통해 커피산업을 다시 성장산업으로 바꾸었다. 모터사이클 산업이나 자전거 산업 등도 이러한 예에 해당한다.

토의주제

1. 포터의 분석방법에 의해 신생 산업을 분석하고 시사점을 도출해 보자.
2. 창업초기 벤처기업은 기업의 명성이나 브랜드네임도 없기 때문에 교섭력의 격차로 인한 불이익을 당하기 쉽다. 이러한 약점을 극복할 수 있는 방안에는 어떠한 것이 있는지 토론해 보자.
3. 스타벅스는 커피산업에서 새로운 시장을 창출하면서 성숙기의 산업에서 새로운 창업이 가능하다는 예를 남겼다. 커피산업과 비슷한 상태의 산업을 선정하여 그 산업에서 새로운 시장을 창출할 수 있는 사업 아이디어를 생각해 보자.

읽을거리

벤처기업협회, 「소벤처생태계 강화를 위한 강소기업 성공사례」, 2009.

이남훈, 「찬스: 패러다임이 바뀌는 곳에 기회가 있다」, 위즈덤하우스, 2010.

이장우, 「Small Giants, 대한민국 강소기업」, 미래인, 2010.

한정화, 「전략이론의 관점에서 본 벤처기업의 창업과 경영성과」, 한국전략경영학회 추계특별세미나 발표 논문집, 1998.

ADL, 매일경제TV, 「세계를 사로잡은 그들은 시작부터 달랐다」, 매일경제신문사, 2014.

Howard Schultz & Dori Jones Yang, 「스타벅스: 커피 한잔에 담긴 성공신화」, 김영사, 1999.

Michael E. Porter, 「Competitive Advantage」, Free Press, 1985.

Michael E. Porter, 「Competitive Strategy」, Free Press, 1980.

벤처기업의 경영전략

chapter

6

제 6 장 **벤처기업의 경영전략**

학습목표

1. 지속가능한 경쟁우위의 개념을 이해한다.
2. 시장진입전략의 다양한 측면과 활용방안에 대해 학습한다.
3. 차별화 · 원가우위, 집중화 등 경쟁전략에 대해 학습한다.
4. 연속화전략 및 전략적 제휴의 강약점에 대한 이해도를 높이도록 한다.

Ⅰ. 지속가능한 경쟁우위[1]

전략이란 기업이 보유한 자원을 바탕으로 산업환경에 대응하는 의사결정의 패턴이다. 벤처창업자는 자신이 보유한 자원을 바탕으로 제품이나 서비스를 개발하여 시장에 진입한다. 따라서 창업단계에서 핵심적 의사결정은 시장에서 경쟁우위를 가질 수 있는 시제품의 개발이며, 이를 바탕으로 자신의 경쟁지위를 확보하는 것이다. 이를 전략적 위치설정strategic positioning이라고 하며, 이 단계에서 가장 중요한 것은 시장진입전략으로서 경쟁우위의 확보와 진입의 타이밍이다.

경쟁우위는 창업벤처가 신생기업의 어려움liability of newness[2]을 극복하고 생존할 수 있는가를 결정하는 핵심요소다. 따라서 창업자는 무엇이 우리의 경쟁우위가 될 수 있는가를 신중하게 검토해야 한다. 벤처캐피탈리스트나 엔젤같은 투자자의 입장에서도 경쟁우위의 유무가 투자의사결정의 기준이 된다. 실리콘 벨리의 벤처캐피탈리스트들은 '불공정한 경쟁우위'unfair advantage라는 표현을 쓴다.[3] 이는 경쟁기업의 입장에서 볼 때 불공정하다고 여길 만큼의 뚜렷한 경쟁우위 요소가 있는가이다. 따라서 창업자는 "다른 기업에 비교해 당신 기업은 무엇을 더 잘합니까?"라는 투자자의 질문에 답할 수 있어야 한다.

또 한 가지 중요한 요소는 경쟁우위의 지속성이다. 처음에 경쟁우위를 가지고 시장에 진입했다고 하더라도 경쟁기업이 제품을 모방해서 유사 제품

1 경쟁우위를 지속함으로써 시장을 선도하는 원천으로서 지속적 경쟁우위는 기업이 희귀하고, 중요하고, 모방하기 어렵고, 대체하기 어려운 자원을 보유할 때 얻을 수 있다(Jay B. Barney, 「Gaining and Sustaining Competitive Advantage」, Prentice Hall, 2002).

2 Liability of Newness는 신생기업의 어려움 또는 무명의 설움이라고 번역될 수 있는 개념으로서 창업초기에 벤처의 인지도가 낮음으로 인해 자금조달, 마케팅, 인력확보 등에서 기존기업에 비해 상대적으로 불이익을 받는 상황을 의미한다.

3 John Nesheim, 「벤처창사 A to Z(High Tech Start Up)」, 유승삼, 박봉권, 김영태 옮김, 한경PC라인, 1999.

을 만들어 내거나 또는 보다 많은 여유자금을 가지고 있는 거대기업이 밀어붙이기 식의 무차별 공격을 가할 경우에도 경쟁우위가 쉽게 소멸될 수 있다. 따라서 창업자는 벤처의 지속가능한 경쟁우위sustainable competitive advantage가 있는가에 대해 점검해 보아야 한다. 맥밀란MacMillan의 연구에 의하면 벤처캐피탈리스트들은 투자의사결정시 시장진입 후 적어도 3년간 우위를 유지할 수 있는가를 체크한다.[4]

벤처창업자는 시장진입의 초기에는 상대적인 경쟁우위가 있더라도 시간의 흐름에 따라 모방되어 우위가 사라지게 될 위험에 대한 대비책을 마련해야 한다. 지속적 경쟁우위를 유지하기 위해서는 경쟁기업과 차별화되는 핵심역량core capability을 보유하고 있어야 한다. 제품이나 서비스가 시장에서 경쟁우위를 실현할 수 있는 것은 보다 근본적인 자원과 역량을 갖추었을 때 가능하다.

제품이나 서비스에 대한 특허 같은 지적소유권이 있는 경우 모방으로부터 방어할 수 있는 가능성이 높다고 볼 수 있다. 그러나 특허가 절대적인 방어수단이 되는 것은 아니다. 경쟁업체가 다른 방법으로 신제품을 개발하여 특허에 의한 방어를 회피할 수 있기 때문이다. 따라서 시장경쟁에서 모방은 불가피한 현상이라고 보고, 어떻게 지속적 경쟁우위를 확보할 수 있는가가 중요하다.

벤처창업자가 일반적으로 저지르기 쉬운 오류 중의 하나가 시장을 정태적으로 판단하는 것이다. 창업초기에 세계적인 기술로 시장의 주목을 끌던 벤처기업이 몇 년이 지나면 흐지부지 시장에서 사라지는 경우가 종종 있는데, 그 이유 가운데 하나가 시장변화에 발맞춰 기술진보를 따라가지 못하기 때문이다. 시장의 요구는 시시각각 변하고 후발업체들의 추격이 심하기 때문에 지속적으로 새로운 기술로 무장한 제품을 선보이지 못하면 기업은 정체되고, 결국 경쟁의 소용돌이 속에서 사라지게 된다. 또한 자신이 시장에

4 Ian C. MacMillan et al, 「Criteria Used by Venture Capitalist to Evaluate New Venture Proposals」, Journal of Business Venturing, 1 (1), 1985, pp. 119–128.

진입할 당시 구축한 경쟁우위가 상당기간 지속될 것이라는 가정하에 경영계획을 세우는 경우, 계획과는 전혀 다른 경쟁상황이 전개될 수 있다. 또한 자신이 개발한 제품에 대한 지나친 확신으로 인하여 모방이나 다른 차원의 경쟁위험을 간과하는 경향도 있다. 두 가지가 다 벤처창업의 초기 생존에 치명적인 위험이 될 수 있다는 사실을 명심해야 한다.

2000년대 초반 우리나라 벤처기업의 상황이 어려워진 원인 중의 하나가 내수시장의 침체와 경쟁의 격화 때문이다. 1999년과 2000년 당시 IT와 벤처붐 당시 낙관적 전망을 가지고 자금조달이 용이한 상황에서 유사한 분야의 창업이 급증했다. 그러나 제한된 내수시장을 대상으로 다수의 벤처기업이 창업되다보니 경쟁이 격화되고 매출은 예상보다 부진하게 되었다. 더욱이 전반적 내수시장이 침체되다 보니 전반적인 영업상 어려움이 가중되었다. 그 상황에서 다수의 기업들이 해외시장을 목표로 진출하였으나, 미국, 일본, 중국 등 해외시장도 역시 침체되었고 시장진입장벽과 현지경쟁에 부딪혀 실패로 끝난 사례가 대부분이다.

이러한 사실은 경쟁전략을 수립하는 기업가에게 시사점을 제공하고 있다. 시장진입 당시에 평가한 환경조건이 시장진입 후에 변화된다는 것이다. 유리하게 변화되는 경우도 있지만, 신규 진입업체의 증가에 따라 불리하게 증가되는 경우가 대부분이다. 따라서 지속가능한 경쟁우위를 어떻게 확보하는지가 전략수립의 핵심요소이다.

Ⅱ. 시장진입전략

벤처기업의 경쟁은 새로운 제품이나 서비스를 가지고 시장에 진입함으로써 시작된다. 초기 시장진입 시에 진입장벽을 어떻게 극복할 것인지에 대한 전략을 수립해야 한다. 진입장벽을 우회하거나 낮추기 위해 새로운 제품 및 서비스 개발, 새로운 기술 등을 활용한다. 경쟁우위의 유형은 비용우위, 차별화우위로 구분되며, 경쟁의 범위를 좁히는 집중화전략으로 나눌 수 있다. 그리고 정부 정책의 변화, 시장불균형의 발생, 사회적 관계 등과 같은 전략을 적절하게 이용하면 시장진입이나 수익창출에 유리한 위치를 차지할 수 있다.

벤처기업은 시장성이 있는 제품을 적절한 시기에 상품으로 출시할 수 있어야 한다. 기존기업이나 다른 경쟁자들이 시장에서 자신의 위치를 선정하기 전에 시장에 진출하여 선발자의 우위를 얻는 것이 중요하다. 또한 연속적인 제품을 출시하여 지속적으로 시장을 선도할 필요가 있다.

1. 공격자의 우위와 방어자의 딜레마

시장에 진입하는 벤처기업은 공격자의 우위attacker's advantage를 활용해야 한다. 신생 벤처기업이 제공하는 새로운 제품이나 서비스는 대체재로서 기존기업의 영역을 침범하게 되는 경우가 대부분이다. 반도체가 발명됨으로써 진공관 시대가 사양화되었고, IC에 의해 트랜지스터 시대가 마감되었다. PC가 발명됨으로써 메인프레임이 주도하던 컴퓨터시장이 변화하였다. 무선 통신기기도 페이저와 PCS폰에서 셀룰러 폰으로 주도적인 제품이 기존제품을 대체하면서 바뀌고 있다.

이를 크리스텐슨Christensen은 지속성 기술sustaining technology과 와해성 기술disruptive technology의 개념으로 설명했다.[5] 일반적으로 와해성 기술은 초기에 기술수준이 낮고, 기존제품의 대체재로서 적은 부분을 차지하고 있다. 그러나 시간이 지나면서 고객의 니즈를 만족시킬 만한 수준의 기술로 향상되고, 가격도 저렴해지기 때문에 기존기업의 기술을 위협하거나 시장을 선도

5 Joseph L. Bower & Clayton M. Christensen, 「Disruptive Technologies: Catching the Wave」, Harvard Business Review(January–February), 1995.

하게 되는 기술을 말한다.

주류기업들은 지속성 기술의 성능향상을 목표로 하는 반면에 와해성 기술은 기존의 고객들이 전통적으로 중요시하는 것과는 판이하게 다른 성능특성을 도입하는 경향이 있다. 소니가 처음으로 트랜지스터 라디오를 선보였을 때나, 최근 하드디스크 드라이브가 5.25인치에서 3.5인치로 전환될 때, 유사한 현상을 보였다. 오랜 역사를 가진 브리태니커 백과사전이 마이크로소프트의 엔카타Encarta라는 CD롬 백과사전에 밀려 시장지배력을 잃게 된 것도 와해성 기술의 사례로 볼 수 있다.

공격자는 기술혁신을 활용하여 새로운 컨셉의 제품을 가지고 시장에 진입하게 된다. 그러나 현재의 리더기업은 기존의 기술을 바탕으로 한 경쟁우위를 가지고 있기 때문에 새로운 기술로 전환하기가 쉽지 않다. 기존기술에 의한 자원과 역량을 구축하는 데 막대한 투자가 있었고, 이것이 일종의 매몰비용sunk cost으로 작용하기 때문이다. 또한 현재의 경쟁전략, 인력구조, 경영시스템이 기존의 기술체계에 바탕을 두고 있기 때문에 조직의 관성organizational inertia이 작용하게 된다.

특히 기존의 기술에 의해 탁월한 성과를 거둔 경우에 이러한 현상은 심하다. 이러한 요인에 의해 변화에 적극적으로 대응하지 못하는 경우 과거의 핵심성공요인key success factor이 핵심실패요인key failure factor화 하는 현상이라고 한다. 또한 조직의 핵심역량core capability이 핵심장애요인core rigidity화 하는 현상이라고 하기도 한다.[6]

80년대 후반 IBM이 이러한 딜레마에 봉착했다. 메인프레임의 절대적 강자로 군림하다가 PC산업의 급성장 가운데 시장을 잃어버리게 되었다. 그러나 PC의 잠재력을 과소평가하여 소극적으로 대응하다가 위기에 몰리게 되었다. 철강산업에서도 이러한 현상이 나타나게 되었다. 기존의 철강업체들이 Nucor의 등장에 의해 상대적인 경쟁우위가 급속히 약화되면서 어려움에 봉착하게 되었다. 이를 공격자의 우위와 상대적인 개념으로 방어자의 딜레

6 D. L. Barton, 「Well Springs of Knowledge」, HBSP, 1995.

마defender's dilemma라고 한다. 따라서 시장진입을 하는 벤처기업들은 한편으로는 공격자의 우위를 살리는 전략을 구사해야 하며, 반면에 선발자로서 진입한 경우 방어자의 딜레마에 빠지지 않도록 하는 것이 중요하다.

2. 틈새시장진입 전략

벤처기업은 대기업에 비해 매우 제한된 자원과 역량을 가지고 있다. 따라서 선택과 집중을 통한 시장진입이 절대적으로 필요하다. 초기 제품의 성공이 향후 안정적 기업운영에 중요한 요소이기 때문이다. 상대적으로 진입비용을 낮추고, 고객니즈를 충족시키면서 진입에 성공하기 위해서는 틈새시장niche market을 공략하는 것이 효과적이다.

틈새시장은 시장이 작거나 중요성이 낮아서 기존의 경쟁자가 효과적으로 서비스를 제공하기 힘든 시장이다. 예를 들면, 모바일게임 산업의 경우 전체 시장규모가 1,000억 원대 규모의 시장이기 때문에 이동통신 서비스 사업자가 이 시장에 진입하기에는 진입비용에 비해 수익을 내기가 힘들다. 또한 이동통신 서비스 사업자에게 모바일게임 산업은 다양한 컨텐츠 산업의 한 종류에 불과하기에 시장의 중요성이 크지 않다. 그러나 벤처기업의 입장에서는 단일제품으로 1,000억 원대 시장에서 경쟁을 한다는 것은 대단히 매력적인 시장이 된다. 그러므로 기존의 기업들이 간과하고 있는 틈새시장에 우선 진입하여 자신의 위치를 확고히 굳히는 것은 매우 효과적인 전략이 될 것이다.

모바일게임이라는 틈새시장에 선발자로 진입하여 성공한 기업이 박지영 대표의 컴투스이다. "당시 막 성장하기 시작한 무선인터넷 시장의 가능성을 보고 이를 게임으로 연결하자는 아이디어를 냈습니다. 사람들은 눈에 보이지 않는 정보에 돈을 쓰는 것을 꺼렸지만, 증권 정보 등 당장 돈에 연결되는 정보와 게임과 같은 오락콘텐츠에는 기꺼이 돈을 쓴다는 것을 알고 있었기에 눈이 번쩍 뜨였던 셈입니다."

틈새시장에 진입한다고 하여 계속 적은 규모의 시장에서 경쟁하게 되는 것은 아니다. 처음에는 대기업이 행하기에는 매력도가 낮은 산업이었다고 하더라도 환경의 변화에 의해 시장 규모가 확대되는 경우가 있다. 마이크로소프트Microsoft의 경우 IBM이 PC산업의 중요성이 크지 않을 것이라고 판단하여 운영체제operating system를 외주하기로 결정하면서 틈새시장에 진입하게 되었다. 그러나 IBM 호환기종의 등장으로 PC의 가격이 하락하면서 PC 산업은 폭발적으로 성장하였고, 마이크로소프트는 시장에서 독점적 우위를 확보하게 되었다. 뒤늦게 IBM이 PC용 운영체제 시장의 중요성을 인지하고 OS2를 개발하는 등 시장탈환을 위한 노력을 펼쳤으나, 이미 신뢰성과 인지도를 갖춘 마이크로소프트를 따라 잡을 수 없었다. 마이크로소프트는 PC 산업을 선도하는 기업으로 인정받으면서, 세계 최대의 소프트웨어 기업이 되었다.

휴맥스는 유럽의 가정용 셋탑박스 시장으로 진입하여 성공을 거두었다. 휴맥스가 처음부터 이 시장을 목표로 한 것은 아니었다. 방송용 시장을 목표로 했으나 진입장벽이 높아서 들어갈 수가 없었다. 그 당시 시장의 규모가 작아서 기존대기업이 주목하지 않던 시장을 공략한 것이다. 후에 이 시장이 성장했지만 휴맥스는 선발자의 이점을 누리게 된 것이다.

고영테크놀러지는 솔더페이스트 검사장비 시장에서 세계 1위의 시장점유율을 기록하고 있다. 광학, 기계, 제어 소프트웨어 등 다양한 기술의 배합 능력을 3D 검사장비 시장을 개척하는 데 적용함으로써 기회를 얻었다. 잉크테크의 정광춘 사장도 리필잉크 시장이라는 남들이 미처 눈여겨보지 못하는 시장에 진출하여 전자잉크 분야의 개척자가 되었으며 현재 600여 종의 다양한 제품을 생산하는 회사로 발전했다.

아이디스의 김영달 사장은 치밀한 시장분석을 기초로 세계 보안시장의 틈새를 발견했고 여기에 기술역량을 집중했다. 그는 보안시장이 디지털화할 것이라고 예측했고, 이에 적합한 영상압축, 다차원 신호처리, 네트워크, 멀티미디어 등 다양한 분야를 융합 · 통합하여 새로운 기술을 탄생시켰다.

3. 선발자우위 활용

벤처는 선발자의 이점first mover's advantage을 활용하는 것이 중요하다. 선발자의 이점은 기술우위, 자원획득, 전환비용의 유발 등의 면이 있다. 선발자는 누구보다도 앞서가는 기술적 우위를 유지시킬 수 있다. 새로운 시장의 개척자는 먼저 제품을 소비자에게 알리는 일부터 시작하지 않으면 안 된다. 벤처기업으로서는 제한된 자원을 집중적이고 효과적으로 동원하여 소비자들이 자사 제품의 효과성을 빨리 인식할 수 있도록 하여야 한다. 경쟁자가 추격해오면 차세대 기술을 시장에 내놓음으로써 이러한 딜레마를 극복해 나가야 한다. 핵심적인 자원획득에서 우위를 차지할 수 있다. 이는 공급자와 독점적 장기계약을 맺음으로서 가능하다. 다음으로 고객들에게 전환비용switching cost의 부담을 갖게 함으로써 상대적 교섭력의 우위를 유지하고 신규진입자에 대해서는 진입장벽을 형성시킬 수 있다.

유망 벤처기업의 경영자들은 상대적으로 불리한 여건을 극복하는 지혜를 발휘하였다. 남보다 먼저 잠재시장에 진출하여 선점의 이익을 살렸다. 선점전략은 초기의 진입장벽 돌파의 비용을 절감시키고 일정기간 초과이윤을 실현 가능케 하여 기반축적의 기회가 되었다. 선점의 가장 큰 이점은 개척자 또는 선도자로서의 명성을 구축할 수 있다는 점이다. 선점의 이점을 누리려는 경영자는 시장의 변화를 잘 파악하고 있어야 한다. 경우에 따라서는 앞을 내다보고 시장이 열릴 것을 예상하여 미리 진출할 필요가 있다.

DVR 시장의 선도기업인 아이디스는 선발자의 이점을 살려 후발주자들을 따돌리는 데 성공했다. 초기에 프리미엄 마켓으로 시장진입을 하여 중국과 대만의 저가제품과 차별적 포지셔닝을 했다. 아이디스는 저가제품의 공세를 막아내기 위해 확고한 품질우위를 유지했고, 원가절감을 통해 가격 면에서도 이점을 실리도록 했다. 고객의 요구를 반영한 저가제품을 출시해서 후발자의 가격공세에 대해 적절하게 대응했다. 아이디스는 DVR 단품판매만으로는 선발자의 이점을 유지하는데 한계가 있다는 사실을 인식하여 통합

보안 솔루션 회사로 변신했다.

모바일게임으로 유명한 컴투스도 선발자의 우위를 적극 활용했다. 창업 당시 누구도 휴대폰으로 게임을 서비스 한다는 생각을 하지 못했던 상황이었기 때문에 게임서비스 업계에서는 회의적인 반응이었다. 그러나 박지영 대표는 먼저 시작하면 누구보다 잘 할 수 있을 것이라는 생각에 밤낮없이 개발에 몰두하였다. 각고의 노력 끝에 개발한 게임을 갖고 직접 이동통신사에 찾아가서 1999년 8월 마침내 국내 최초로 휴대용 모바일게임 서비스를 시작했다.

컴투스는 휴대폰의 특성을 살려 모바일로도 충분히 재미있고 즐거움을 줄 수 있는 게임을 개발한 것이다. 이러한 노력은 궁극적으로 다른 게임 회사의 게임과 비교해 소비자들에게 좋은 평가를 받는 결과를 낳았다. 그 첫 번째 게임이 '붕어빵 타이쿤'이다. 이 게임은 경영시뮬레이션에 아케이드적 요소를 결합한 형식으로 휴대폰의 모든 버튼을 활용해 게임을 즐길 수 있게 만든 휴대폰 전용 창작게임이었다. 특히 '붕어빵 타이쿤2'는 당시 거의 모든 모바일 게이머들이 즐긴 것으로 회자될 만큼 전례가 없는 인기를 누렸다. 당시 최초로 100만 다운로드를 넘긴 기록이 이를 방증한다.

4. 자산간결화 Asset Parsimony 전략

자산간결화 전략은 벤처기업이 초기 투자자본의 제약으로 인하여 사무실이나 공장에 투자되는 비용을 최소화하는 전략이다. 비용을 줄이고, 벤처기업의 몸집을 가볍게 하기 위해서 가급적 고정비 투자를 최소화하고 아웃소싱을 많이 활용한다. 미국의 경우 많은 벤처기업들이 차고에서 시작하는데 그 원인이 바로 이러한 이유에서이다.

우리나라의 벤처기업들도 90년대 후반까지 창업초기에 최소한의 투자자본으로 사업을 추진하는 경영방식이 보편적이었다. 그러나 벤처투자붐이 일어난 1999년부터 초기에 대규모 투자를 하는 경향이 나타났다. 이는 상대적으로 초기 대규모 자금조달이 쉬워졌기 때문이다. 그러나 이러한 경영방식은 코스닥시장의 침체와 함께 자금조달이 어려워지자 실패의 원인이 되고 말았다. 사업의 가능성이 검증되고 현금흐름이 원활하게 이루어질 때까지는 최소한의 비용으로 사업을 일으키고자 하는 자세가 필요하다. 시스코의 경우 세계적인 기업으로 성장했음에도 불구하고 사장과 중역들이 출장 시 이코노미 클래스를 이용하도록 하고 있다. 작은 규모의 사장실 등 자산간결화 전략의 모델을 보여주고 있다.

Ⅲ. 경쟁전략

포터Porter는 그의 저서 경쟁전략에서 기업의 본원적 전략의 유형을 원가우위cost leadership, 차별화우위differentiation, 집중화focus 전략으로 구분하였다.[7] 경쟁의 범위를 산업전반으로 하여, 낮은 비용을 중심으로 원가우위를, 제품 등 다양한 차별화 요소를 통한 차별화우위로 구분하였고, 경쟁의 범위를 단일영역으로 하는 집중화로 구분하였다. 즉, 기업이 경쟁에서 이기기 위해서는 경쟁기업보다 싸게 제품을 판매하거나 경쟁기업과는 다른 제품을 생산하여야 한다. 또한 전체 시장의 고객을 상대로 하는 것보다 특정 고객 집단에 집중하여 차별적 서비스를 제공하는 전략도 필요하다.

원가우위 전략은 낮은 원가를 바탕으로 경쟁사와 비슷한 수준의 제품이지만 경쟁사보다 낮은 가격의 제품을 판매하여 시장의 주도권을 역전시키는 경우이다. 차별화 전략은 경쟁사가 이전에 인지하지 못하였거나, 인지하였더라도 만족시키지 못한 고객 요구를 수용하여 고객에게 독특한 느낌을 제공

7 Michael E. Porter, 「Competitive Strategy」, Free Press, 1980.

함으로써 경쟁우위를 실현하는 방법이다. 집중화 전략은 산업 전체가 아닌 특정 세분시장에서 대상 고객이 원하는 특정한 요구만을 만족시키는 전략을 말한다.

세 가지 경쟁전략의 방법은 지금도 가장 많이 활용되는 기본적 전략 특성이다. 세 가지의 경쟁전략 중 어떤 전략을 사용할 것인가는 자사가 현재 보유하고 있는 자원과 역량, 산업구조에 따라 좌우된다. 현재 자신의 역량과 산업환경을 잘 분석하여 경쟁의 법칙rules of the game[8]을 변화시킬 수 있는 경쟁전략을 수립하여야 할 것이다. 벤처기업도 기존경쟁자에 대해서 비용우위 또는 차별화우위를 목표시장에 맞추어 집중적인 전략이 필요하다.

1. 차별화우위

차별화우위는 고객이 느끼는 효용의 차별성을 강화시키는 경쟁전략의 수단이다. 산업의 진화초기에는 원가우위와 차별화우위가 명확하게 구분되지 않는 경우가 많다. 초기제품을 구입하는 혁신구매자의 경우 가격에 상대적으로 덜 민감하기 때문이다. 그러나 시장이 어느 정도 발전하여 다양한 욕구의 소비자 계층이 존재하는 경우 원가우위나 차별화우위를 핵심 경쟁수단으로 확보하여야 한다.

또한 차별화 전략은 진입장벽을 우회하여 진입에 따르는 비용과 위험부담을 줄일 수 있을 뿐만 아니라 기존업체의 보복적 행위를 효과적으로 대처할 수 있는 수단이다. 차별화는 크게 기술혁신 차별화와 마케팅 차별화로 구분할 수 있다. 기술혁신 차별화에는 제품, 공정기술혁신, 특허, 노하우 등을 이용하는 방법을 말하며, 마케팅 차별화는 유통방법, 판촉방법, 서비스 방법

8 특정 산업에서 경쟁을 할 때, 공통적으로 가지는 경쟁의 법칙을 말한다. 예를 들면, 자동차 시장에서 포드가 주도권을 잡고 있었던 1920년대 이전에는 저원가우위를 추구하는 경쟁법칙이 작용하였다. 그러나 GM이 다양한 모델과 디자인을 추구하면서 포드가 가지고 있던 경쟁의 법칙을 변화시키면서 시장 주도권을 탈환하였다.

의 혁신에 의해서 하는 방법을 말한다.

가. 기술혁신 차별화

기술혁신 차별화는 소비자들이 필요로 하는 새로운 제품의 제공, 기존제품에 새로운 기능 첨가 및 제품 디자인의 변화를 통해 달성하는 경우가 많다. 기술기반 신생벤처들은 대부분 자신들이 개발한 혁신기술을 활용한 경쟁우위를 실현하고자 한다. 그러나 기술혁신만으로 고객의 가치를 높일 수 없기 때문에 다양한 차별화 요소를 융복합화하여 지속가능한 경쟁우위를 실현하는 경향이 있다.

마그네틱 헤드 기술의 개발을 통한 경쟁우위를 획득한 케이디이컴도 기술혁신 차별화의 예라고 볼 수 있다. 마그네틱 헤드는 1980년대 중반까지 국산 기술로 생산하지 못한 제품이다. 수입품을 능가할 만한 마그네틱 헤드의 개발에 매달린 결과 1년 만에 성공을 거두었다. 이를 바탕으로 카드리더기를 생산하기로 결정했다. 그러나 카드칩은 일본업체가 장악하고 있었다. 수많은 시행착오를 거친 끝에 카드리더기를 개발해서 생산에 성공할 수 있었다. 이러한 기술력이 오늘날 케이디이컴으로 발전할 수 있는 자원과 역량이 기반이 되었다.

쏠리테크는 뛰어난 기술력과 품질관리능력을 바탕으로 국내에서는 유일하게 SKT, KTF, KT, TU미디어 등에 납품하고 있다. 이 회사가 성장하게 된 가장 큰 원동력은 우수한 기술인력과 선도적인 R&D 투자이다. 통신사업자, 장비업체, 대학교 등 다양한 분야에서 경력을 쌓은 전문가들을 보유하고 있고, 석·박사 출신이 40% 이상을 차지해 업계 최고 수준을 자랑한다. 양질의 인력을 기반으로 국내 최초로 이동통신용 디지털 중계기와 위성 DMB digital multimedia broadcasting용 중계장비를 상용화시켰고, 세계 최초로 휴대인터넷WiBro 광중계기를 상용화했다.

테슬라 모터스도 제품 차별화를 통해 후발기업으로서 시장진입에 성공한 사례다. 전자결제 벤처기업 페이팔Paypal 창업자였던 엘론 머스크Elon Musk

가 창업한 테슬라는 100% 전기차이며 초고속 모바일 인터넷이 연결된 미래 자동차 모델을 처음 시장에 출시했다. 한 번 충전으로 400km 이상을 달릴 수 있는 배터리팩을 장착하고 있으며, 자가진단 서비스를 제공하고 있다. 테슬라는 프리미엄 럭셔리카로 포지셔닝을 하기 위해 온라인 주문제작 방식을 채택했다. 부유한 환경애호가라는 특정계층을 겨냥하여 차별화 이미지를 만들어 내는 데 성공했다. 초기 스포츠카 스타일의 7만 달러대의 차를 출시했고, 이어 3만 달러대의 대중형 차도 출시하여 고객기반을 넓혀가고 있다. 테슬라 모터스는 기술혁신 차별화를 마케팅 차별화와 효과적으로 결합시킨 성공사례이다.

나. 마케팅 차별화

마케팅 차별화는 유통방법, 판촉방법, 서비스 방법 등의 혁신을 통해 이루어진다. 이는 고객에게 다가가는 방법의 변화를 통해 고객이 기존에 느끼지 못한 만족감을 제공함으로써 시장에서 성공을 거두는 경우를 말한다.

유통방법의 혁신을 통해 성공한 대표적인 사례는 델컴퓨터이다. 델은 주문판매를 통해 중간 유통마진을 줄이고 고객이 원하는 사양의 제품을 적기에 공급함으로써 PC업계의 최강자가 되었다. 또 다른 예는 아마존이 될 것이다. 아마존은 유통방법의 혁신을 통해 성공한 대표적인 경우이다. 제프 베조스는 미국의 서점들이 다단계의 복잡한 유통구조를 가지고 있음을 보고, 온라인 서점인 아마존을 설립하였다. 아마존은 생산자로부터 책을 직접 공급받아, 온라인상에서 주문한 소비자들에게 바로 배달하여 주어 중간 도매상을 거치지 않는 유통방식을 택하였다. 그 결과 소비자들은 저가에 책을 구입할 수 있게 되었다. 도서판매라는 한정된 아이템에서 출발한 현재 아마존은 온라인 유통의 세계 최강자로 발전했다.

IMF 금융위기 속에서 웅진코웨이는 정수기 렌탈사업을 시작했다. 그 당시 정수기는 고가의 상품이어서 경기가 침체되자 매출이 부진해졌다. 웅진은 월 2만 6,000원만 내면 고객이 애프터서비스, 필터교체 및 정수기 청소에 일체 신경 쓰지 않아도 된다는 점을 집중적으로 부각시켜서 매출을 늘렸다. 고객들이 정수기가 조금이라도 마음에 들지 않으면 반품할 수 있도록 했다. '코디'라고 불리는 여직원들에게 전문교육을 시켜 정기방문을 통해 고객들의 서비스 만족도를 높였다. 또한 해피콜 서비스를 통하여 렌탈에 가입한 고객들에게 일일이 전화해서 제품에 불만은 없는지, 코디의 서비스는 어느 정도인지 알아보고 코디의 서비스 질을 높이도록 했다. 그 당시로는 파격적이라고 할 수 있는 렌탈방식과 전문화된 애프터서비스를 통해 위기를 극복하고 지속적으로 성장할 수 있었다.

레인컴은 주문자 생산방식으로 MP3 CD 플레이어를 납품해 왔던 미국 업체와의 관계를 끊고 자신의 브랜드로 승부하기 위해 이노디자인과 전략적 제휴를 했다. 그 결과 사각형 일변도였던 기존의 MP3 플레이어가 아닌 삼각기둥의 제품인 '프리즘'이 탄생했다. 미국의 바이어가 이 제품을 보자마자 출시 후 6개월간 독점판매권을 달라고 요구할 정도로 히트상품이 되었다. 그 결과 레인컴은 플래시메모리 타입 MP3 플레이어 시장점유율 1위에 오르며 자체 브랜드로 세계시장에서 자리매김하게 되었다. 당시 비슷한 수준의 기술력을 가진 MP3 플레이어 업체들이 있었지만 과감하게 디자인에 승부수를 던진 레인컴이 시장 선도업체가 된 사실이 혁신제품의 경쟁에서 마케팅의 중요성을 일깨워주는 사례다.

마케팅 차별화에서 고객밀착 못지않게 중요한 것이 A/S 차별화다. 특히, 신기술이나 첨단기술제품이 처음부터 완벽하게 생산되기는 힘들다. 시제품 이후 얼마나 신속하게 고객의 욕구에 대응하는가에 사업의 성패가 달려 있다. 많은 기업들이 A/S는 기업의 비용을 증가시키는 것으로 인식하고, 한번 판매한 제품에 대해서 잦은 A/S를 제공하기를 꺼려하는 경우를 볼 수 있다. 그러나 소비자를 감동시킬 수 있는 A/S 차별화는 고객들에게 자사의 브랜드 충성도를 강화시키고, 반복구매 및 구전효과를 통해 기업의 매출을 증가시키는 요소가 된다.

철저한 애프터서비스로 고객의 신뢰를 획득한 사례로는 엔드밀 공구로 세계적인 경쟁력을 갖춘 와이지원을 들 수 있다. 송호근 사장은 마케팅이란 성실을 통한 고객감동에 있다고 한다.[9] 1991년 대만에 수출했을 때, 품질에 약간의 결함이 있는 제품이 발견되었다. 그는 5,000개의 제품을 먼저 만들어주고, 현지의 재고 창고를 찾아가 제품을 선별해 주었다. 이에 감동한 바이어가 불과 몇십만 달러이던 주문량을 그 다음해에 100만 달러로 늘렸다. 그때부터 와이지원은 팔리지 않는 제품에 대해서는 환불을 원칙으로 삼게 되었다.

지금까지 기술혁신 차별화와 마케팅 차별화를 중심으로 한 차별화 전략을 살펴보았다. 기술혁신 차별화는 제품의 제작단계에서부터 소비자들의 요구를 면밀히 분석하고, 경쟁사들이 만족시키지 못하고 있는 부분을 부각하여 자사의 제품에서 이를 충족시키는 전략이다. 따라서 기술혁신 차별화를 선택할 경우에는 많은 연구개발과 노력이 필요로 하며, 동시에 이를 효과적으로 소비자들에게 인식시킬 수 있는 방법을 사용하여야 한다. 만약, 소비자 요구를 제대로 파악하지 않은 채 자신의 뛰어난 기술력만을 믿고 시장에 출시하는 경우에는 실패할 수도 있다.

이에 반해 마케팅 차별화는 기본적으로 경쟁사보다 우수한 제품이 요구되기는 하지만, 고객에게 다가가는 방식을 차별화하는 데 보다 중점을 두는 경우이다. 따라서 새로운 유행이나 인터넷 기술을 활용하는 아이디어가 중요시된다. 마케팅 차별화의 경우 기술혁신 차별화보다 비용은 적게 들지 모르지만, 고객 소구점을 명확히 집어내고 이를 만족시킬 수 있는 효과적인 전송방법을 개발하여야 한다. 그리고 상대적으로 작은 비용으로 성과를 낼 수 있기에 경쟁자들의 모방에 취약하므로, 기술혁신을 통한 제품우위가 뒷받침되지 않는다면 차별화우위의 요인이 지속되기 힘든 점이 있다.

9 매일경제신문사, 「경영은 도전이다」, 2001, p. 109.

2. 원가우위

경쟁우위 중의 하나는 원가경쟁력을 유지하는 것으로, 이를 전반적 원가우위overall cost advantage라고 한다. 원가우위 전략을 실행하기 위해서는 생산공정의 자동화, 제품설계의 개선, 생산 및 유통 방법의 혁신, 재고관리방법의 혁신 등이 필요하다. 기술혁신을 통한 비용절감형 신제품을 개발하여 원자재 사용과 생산공정의 이점을 높이는 방법들이 활용된다. 국내 벤처기업들의 경우 수입대체형 제품으로 성공한 경우가 많다. 이미 외국산 제품에 의해 국내시장이 형성되어 있는 경우, 가격경쟁력이 있는 제품을 공급하여 시장을 침투하는 전략이다. 이 경우 원가우위가 매우 중요한 경쟁의 수단이 된다.

경험효과experience effect를 활용한 원가우위 확보방법이 있다. 경험효과란 누적생산량이 늘어남에 따라 생산원가가 낮아지는 현상이다. 이는 생산경험의 축적에 따라 숙련도의 향상, 생산방식의 개선 등이 원가에 반영되기 때문이다. 또한 규모의 경제economy of scale에 의한 원가우위를 실현할 수 있다. 신생산업emerging industry의 경우 산업진화의 초기단계이기 때문에 시장규모의 한계로 인하여 규모의 경제효과를 실현하기 힘들다. 그러나 변곡점을 지나서 시장이 커지게 되면 규모의 경제에 의한 원가우위의 확보가 중요한 요소가 된다.

원가우위를 확보하기 위해서는 공정혁신process innovation이 지속적으로 이루어져야 한다. 벤처기업은 창업초기 제품의 성능향상에 기술개발의 초점이 맞추어져 있기 때문에 효율성의 요소를 소홀히 하기 쉽다. 그러나 초기부터 생산관리체계를 잡아놓지 않으면 나중에는 관리역량의 한계로 인하여 효율성이 떨어지게 된다. 특히 시장이 급성장하여 생산규모가 급속하게 늘어나는 경우 관리상의 어려움을 겪게 된다.

원가우위 전략을 통하여 기존기업의 경쟁우위를 무너뜨리고 있는 대표적인 사례로는 중국의 스마트폰 제조업체인 샤오미가 있다. 2010년 레이쥔과

린빈이라는 공동창업자가 설립한 이 회사는 선도업체의 제품을 베끼는 소위 짝퉁에서 시작했다. 유행에 민감한 젊은 층들이 최신 제품을 갖고 싶은 욕구는 높지만 경제적인 여유가 없다는 점을 겨냥해 저렴하면서도 트렌디한 제품을 개발했다. 이를 위해 판촉비와 광고비를 줄이고 모든 유통은 온라인 판매로만 제한했다.

국내에서 기존시장에 원가우위 전략으로 시장진입에 성공한 사례로는 보청기 업체인 딜라이트를 들 수 있다. 창업자인 김정현 사장은 비싼 가격으로 인하여 쉽게 보청기를 구입할 수 없는 사람들을 위해 30만 원대의 보청기를 생산하여 공급하고자 사업을 시작했다. 한국인의 귀 특성에 맞게 보청기 사이즈를 표준화하여 가격을 낮추었고, 가격을 낮추니 판매량이 늘어나게 되어 대량생산에 의한 원가우위가 가능해졌다. 딜라이트는 원가절감에만 그치지 않고 2011년 3차원 프린팅 기술을 도입하여 귀에 꼭 맞는 맞춤형 보청기를 생산하고 있다.

3. 집 중 화

집중화 전략은 벤처기업이 특정 고객집단, 특정 지역, 특정 제품에 집중하여 경쟁우위를 확보하고자 하는 것이다. 이 전략은 좁은 범위의 고객과 시장을 상대로 하여 타 기업과 효과적으로 경쟁할 수 있다는 전제에서 유효한 것이다. 집중화 전략은 경쟁자들이 쉽게 접근하기 어려운 틈새시장을 찾아서 확고하게 경쟁우위를 실현할 수 있다면 높은 수익성 실현도 가능하다.

쿠쿠홈시스는 대기업들이 등한시 하던 전기 압력밥솥 시장의 강자로 등장하였다. 막강한 전자제품 대기업들이 즐비한 한국시장에서 쿠쿠홈시스는 오직 전기 압력밥솥에만 집중하여 큰 성공을 거두었다. 전기 압력밥솥 시장의 가능성을 인지한 삼성전자나 LG전자가 뒤늦게 시장에 참여하였지만, 쿠쿠의 기술력과 인지도는 따라오지 못하고 최근에 시장에서 철수를 하였다.

컴투스는 SMSshort message service 산업의 가능성을 인지하고, SMS 산업에서 무엇을 할 수 있을 것인가를 고민하였다. 원래 게임 매니아였던 박지영 사장은 모바일게임 산업에 진출할 것을 결심하였다. 모바일컨텐츠 산업에 대한 인지도가 낮은 상황이었기 때문에, 많은 경쟁기업들은 인터넷 기반의 온라인게임으로의 다각화를 시도하였다. 하지만 컴투스는 모바일게임에만 집중하여 모든 플랫폼에서 자사의 게임을 구동시킬 수 있는 기술력을 확보함과 동시에 50종이 넘는 게임컨텐츠를 보유한 국내 최대의 모바일게임 업체로 성장하게 되었다. 컴투스의 집중화 전략은 2002년 모바일게임 업계 최초로 모바일게임 매출만으로 순이익을 달성하였다.

Ⅳ. 연속화전략 Sequencing Strategy

초기제품으로 시장을 선점하였더라도 연속제품이 시장에 출시되지 않으면 자연히 경쟁자의 도전으로 인해 시장에서 쇠퇴하게 된다. 따라서 초기제품이 성공을 거두면 지속적인 연구개발을 통해 후속제품을 시장에 연속으로 출시하여, 소비자들에게 강한 인상을 남겨주어야 한다. 후속제품을 출시하는 유형으로는 초기제품과는 전혀 다른 새로운 제품을 출시하는 경우와 초기제품의 업그레이드 제품을 출시하는 경우가 있다.

새로운 후속제품으로 성공한 경우, 휴맥스는 강력한 기술력으로 Two Common Interfaces 제품을 업계 최초로 출시하는 등 빠른 신제품 출시로 확실한 브랜드 이미지를 구축하고 있다. 단순기능의 무료수신기free to air 모델에서 종류별로 다양한 수신제한장치conditional access system 장착모델까지 수평적 제품 라인업 확대로 시장을 선점하고 기술 선두기업으로 확고한 자리를 굳히고 있다. 이후 디지털 녹화기능과 인터넷 접속기능을 추가한 하드디스크

드라이브 내장 셋탑박스와 웹박스 개발에 성공하였다.

업그레이드 제품의 발매로 시장 지위를 확고히 한 경우로는 엔씨소프트와 CCR이 있다. 엔씨소프트의 경우 '리니지'를 출시하여 온라인게임의 선두주자로 확실한 지위를 굳혔다. 엔씨소프트는 이에 만족하지 않고, 리니지의 업그레이드에 막대한 투자를 하여 보다 장대한 스케일과 캐릭터 및 아이템이 강화된 '리니지 2'를 출시하였다. '리니지 2'는 게임 애호가들을 중심으로 호평을 받으며 엔씨소프트의 지위를 올려주었다. CCR은 '포트리스'를 개발하여 성공적으로 초기 시장에 진입하였다. 이후 CCR은 '포트리스 2 블루', '트윈헥사 온라인', '서치아이 온라인', '디지몬 온라인', '배드볼 온라인', '크레이지 아케이드'를 출시하여 점차 시장지위를 강화시켰다.

다음커뮤니케이션은 원래 검색 서비스를 전문으로 하던 인터넷 포털 기업이었다. 이재웅 사장은 회원들에게 로그인 서비스를 실시하면 회원기반을 더욱 넓힐 수 있을 것이라고 생각했고, 이것이 국내 포털 중 최초로 메일 서비스를 결정하게 되었다. 메일 서비스가 성공하자 다른 포털 업체들도 이를 모방하기 시작했고 차별화된 새로운 서비스가 필요하게 되었다. 이후 제공한 새로운 서비스는 '다음 카페'였지만, 다음 카페가 성공을 하자 커뮤니티 기반 서비스를 전문으로 하는 업체들이 생겨났고 수익성은 여전히 개선되지 않았다. 수익 모델을 고민하던 이재웅 사장은 다시 '다음 쇼핑'을 출시하였고, 상당 기간 동안 고전을 하였지만 안정적인 매출을 올리게 되었다.

아이레보의 하재홍 사장은 MP3 플레이어와 디지털 인감도장 사업을 실패하고, 투자받은 자금도 거의 소진하였다. 세계특허를 자랑하는 기술력에도 실패한 상황에서 시작한 것이 디지털 도어락 사업이었다. 엔지니어였던 하재홍 사장은 암호기술을 개발하여 세계특허를 획득하였고, 이를 디지털 도어락에 장착하여 판매한 것이 '게이트맨 1.0'이었다. 여기에 만족하지 않고 이제는 홈네트워크 시큐리티까지 사업 영역을 확장하고 있다. 유비쿼터스 디지털 컨버전스 시대를 맞이하여 'e게이트맨'의 경우 원격 컨트롤이 가능해 전화로 문을 열거나 가스 불을 끌 수 있고, 침입자를 알려주는 보안 서비스도 제공하고 있다.

잉크제조의 단일 업종에서 응용제품 637종 생산, 특허 100여 건을 보유한 기업인 잉크테크는 정광춘 대표의 연구개발에 의한 연속화전략의 결과이다. 초창기 높은 이익률과 안정된 수요처 확보로 안주할 수 있었음에도 불구하고 이윤을 과감히 재투자하여 다양한 제품을 개발하는 데 성공했다. 잉크테크는 현재 HP, 엡손, 캐논, 삼성전자, 렉스마크 등 국내 대다수 잉크젯 프린터에 적합한 450여 종류의 대체 잉크류를 생산 중이다.

CASE

홍진 HJC의 제품 업그레이드 전략

오토바이 헬멧의 세계적인 브랜드를 구축한 홍진 HJC는 끊임없는 제품 업그레이드를 통해 오늘날에 이르렀다. 미국 시장진출 초기 갖은 난관을 뚫고 DOT(미국연방교통성)의 시험규격과 Snell 규격을 통과하였으나 미국에서의 판매실적은 저조했다. 헬멧의 그래픽 디자인 때문이었다. 스티커를 부착한 홍진 HJC의 제품과 비교가 되지 않을 정도로 외국 제품의 디자인은 화려하고 정교했다. 생산책임자였던 홍윤기 부장은 물로 흡착시키는 전사기법 개발에 성공하게 된다.

일본제품의 인기를 극복하기 위해 플라스틱 헬멧을 개발하게 되었다. 품질과 안전성이라는 두 마리 토끼를 잡아야 하는데, 당시 국내에서 헬멧 재료로 쓰이는 ABS와 PC소재의 장점만을 결합하여 지금까지와는 전혀 다른 헬멧 제작에 적합한 플라스틱 소재를 개발하는 데 성공한다. 그 결과 세계 최초의 DOT, Snell 재단의 안전 규격을 동시에 취득한 플라스틱 헬멧을 시장에 출시하여 폭발적인 반응을 얻게 되었다.

이어서 홍진 HJC는 세계시장을 석권하기 위해 신개념의 헬멧인 사이맥스를 개발하게 된다. 턱 보호대가 없는 오픈 페이스 헬멧과 풀 페이스의 장점을 결합하여 턱 보호대가 움직이도록 설계한 것이다. 이 전에도 이런 원리의 헬멧이 있었지만 작동원리가 불편해 대중화에 실패했었고 바이어들의 반응도 부정적이었다. 사용자가 턱 위로 젖혔을 경우, 그대로 고정되어야 하는 턱 보호대가 작은 충격에도 쉽게 아래로 흘러내리는 것이 가장 큰 문제였다. 결국 발상의 전환을 통해 부품 자체에 탄성을 가함으로써 자꾸만 흘러내리는 것을 방지할 수 있게 되었다. 이외에도 오토바이 운행 중 일행과 대화를 나눌 수 있는 채터박스가 달린 헬멧 등 수많은 특허제품을 출시함으로써 전 세계 소비자들의 마음을 사로잡을 수 있게 되었다.

토의주제

1. 벤처기업의 시장진입 후 성장하기 위해서는 지속가능한 경쟁우위가 필요하다. 지속가능한 경쟁우위를 확보할 수 있는 방안에 대해 알아보자.
2. 경쟁전략에는 비용우위 전략, 차별화 전략, 집중화 전략의 세 가지가 있다. 각각 어느 경우에 사용하는 것이 보다 효과적인지 토의해 보자.
3. 선점 전략은 기술 및 시장 리더십을 확보할 수 있는 장점을 가지고 있는 반면, 소비자들에게 자사제품의 필요성을 지속적으로 부각시켜야만 하는 문제점을 가지고 있다. 디지털 시대에 보다 효과적이고 효율적인 선점 전략은 어떻게 만들어질 수 있을지 토의해 보자.
4. 시장진입전략에서 틈새시장진입은 시장을 명확히 정의하고, 해당 시장의 욕구를 제대로 반영한 제품이 있어야만 성공할 수 있다. 만약 현재 당신이 이 둘 중 어느 하나가 불명확한 상황이라면 어떻게 행동할 것인지 토의해 보자.

읽을거리

이남훈, 「찬스: 패러다임이 바뀌는 곳에 기회가 있다」, 위즈덤하우스, 2010.

이장우, 「Small Giants, 대한민국 강소기업」, 미래인, 2010.

한정화 · 김혜정, 「아이티우먼」, 다해출판사, 2002.

장세진, 「글로벌 시대의 경영전략(2판)」, 박영사, 1999.

ADL, 매일경제TV, 「세계를 사로잡은 그들은 시작부터 달랐다」, 매일경제신문사, 2014.

Joseph L. Bower & Clayton M. Christensen, 「Disruptive Technology: Catching the Wave」, Harvard Business Review(Jan.-Feb.), 1995.

Jay B. Barney, 「Gaining and Sustaining Competitive Advantage」, Prentice Hall, 2002.

Michael E. Porter, 「Competitive Advantage」, Free Press, 1985.

Michael E. Porter, 「Competitive Strategy」, Free Press, 1980.

PART II

벤처창업

사업기회의 발견

chapter

7

제7장 **사업기회의 발견**

Ⅰ. 기회의 창

Ⅱ. 기회의 원천

1. 기술적 발견
2. 가치관과 생활양식의 변화
3. 정부규제의 변화

Ⅲ. 기회와의 만남

1. 직장 경험
2. 창조적 발명
3. 취미활동
4. 일상의 발견
5. 의도적 탐색
6. 우연한 만남
7. 사회적 관계

Ⅳ. 의도적 탐색과 우연성의 만남

학습목표

1. 기회의 창이라는 개념을 통해 창업기회 발견의 중요성을 알아본다.
2. 다양한 창업기회의 원천이 어디에서 오는지에 대해 알아본다.
3. 기회와의 만남이 어떻게 이루어지는지에 대한 이해도를 높인다.

Ⅰ. 기회의 창

창업을 하고자 할 때, 가장 먼저 해야 하는 일이 사업 아이디어를 찾아서 이를 검증하고 가다듬는 일이다. 이 과정에서 명심해야 할 사항이 "아이디어가 기회는 아니다Idea is not an opportunity"라는 사실이다. 창업 실패의 주원인 중의 하나가 검증되지 않은 아이디어를 성급하게 사업화하고자 하는 데 있다. 아무리 좋아 보이는 아이디어라고 해도 철저하게 검증되지 않으면 무모한 도전에 그치게 될 수 있다. 알리바바의 창업자 마윈은 많은 사람이 좋은 아이디어라고 찬성하는 경우 사업으로는 가치가 없는 경우가 많다고 말한다. 오히려 처음 듣기에 말도 안 되는 아이디어라고 평가 받는 중에 혁신적인 사업기회를 발견할 수 있다는 점을 강조한다.

창업을 하기 위해서는 기회와의 만남이 이루어져야 한다. 기회는 다양한 원천으로부터 나오지만, 창업은 창업자와 기회의 개별적인 만남에 의해 이루어진다. 기회와의 만남은 오랫동안 탐색을 한 뒤에 이루어지기도 하지만, 많은 경우 우연한 계기에 이루어지기도 한다. 또한 의도적 탐색과 우연의 요소가 결합되어서 창업으로 연결되는 사례도 다수 있다.

기회가 창업으로 연결되기 위해서는 기회의 창window of opportunity을 적절하게 활용해야 한다. 기회의 창이란 기술혁신, 산업의 변화, 시장과 고객의 변화, 정부정책의 변화 속에서 사업의 기회와 성공가능성이 높은 일정한 시기가 있다는 가정에서 나온 말이다. 창업자 개인의 입장에서 볼 때는 자신의 인생, 어느 한 순간에 결단을 하고 창업을 하게 되지만, 성공하기 위해서는 산업의 변화 가운데 적절한 시장진입의 타이밍을 잡아야 함을 뜻한다.

따라서 사업을 하고자 하는 사람들은 좋은 사업기회를 발견하기 위한 노력뿐만 아니라, 시장진입의 타이밍을 잘 포착해야 한다. 이를 위해서 다양한 정보를 수집하고 분석해야 한다. 그러나 많은 경우 이러한 노력을 소홀히 한 상태에서 창업을 하게 되고, 그 과정에서 수많은 시행착오와 고난을 겪게 된다. 기회의 창이 닫히는 시기에 진입을 하게 되면, 진입비용이 높아져서 투자에 비해 수익이 발생하지 않고, 결과적으로 실패하기 쉽다.

벤처창업의 성공사례를 보면, 대부분 시장진입의 타이밍이 적절했었다는 것을 알 수 있다. 면밀한 분석을 하기도 했지만, 많은 경우 결과적으로 운이 좋았던 경우도 많다. 성공한 기업가들이 흔히 '운이 좋았다'라는 표현을 한다. 이는 겸손의 표현이기도 하지만, 다른 관점에서 본다면 창업당시에는 명확하게 파악되지 않았지만 시간이 지나고 보니 시장진입의 시기나 여건이 매우 좋았다는 사후적인 평가에서 나온 말일 수도 있다. 즉, 기회의 창을 적절하게 이용하여 시장진입에 성공했음을 의미한다.

기회의 창을 활용한 대표적인 창업사례로는 아마존을 들 수 있다. 아마존은 인터넷이라는 기술환경과 생활양식의 변화의 접점에서 창업이 이루어졌다. 제프 베조스Jeff Bezos는 뉴욕의 헤지펀드 매니저로 일하고 있었다. 인터넷을 검색하던 어느 날 우연하게도 그는 월드와이드웹의 인구가 매달 급증하고 있다는 통계를 접하게 되었다. 다른 사람들도 이 사실에 흥미를 느끼고 있었지만, 그것을 통해 무엇을 하겠다는 사람은 없었다. 그러나 베조스는 달랐다. 온라인 판매의 가능성을 보게 된 베조스는 두 달 만에 잘 나가는 직장을 그만두고, 1994년 6월 당시 벤처업체에 대한 투자가 활발하게 이루어지고 있던 서부를 향해 무작정 떠났다. 목적지도 결정하지 않은 상태에서 떠난 것이었지만, 베조스는 인터넷을 통해 판매할 수 있는 품목을 20가지 정하고, 그 중 다섯 가지에 대해 철저한 조사에 들어갔다. 그가 선택했던 것은 서적, CD, 비디오, 컴퓨터하드웨어, 소프트웨어였다. 당시 베조스가 처음으로 선택한 품목은 서적이었으며, 아마존은 현재 세계 최대의 온라인 쇼핑몰이 되었다.

현장 고객과의 만남을 통해 아이디어를 기회로 바꾼 사례로 고영테크놀러지를 들 수 있다. 창업자 고광일 사장은 "연구소에서 아이디어만으로 제품을 개발하고 사업화에 성공하는 데에 장벽이 있다는 것을 알았습니다. 그래서 회사 설립 후 첫 사업 아이템을 선정하고 사업화하는 데 있어 가장 중시했던 원칙은 '고객과 현장의 이야기에서부터 시작한다'라는 것이었습니다. SMT시장에서 고객의 숨겨진 니즈를 찾고 이를 충족시킬 수 있는 제품을 만들어 내기 위해 10명의 창업멤버들은 매일 고객사로 출근하여 의견을 듣고, 저녁에 사무실에 모여 의견을 교환하는 방식을 몇 달간 지속하는 것으로 창업 초기시절을 보냈죠. 그 결과 당시 2D 인쇄검사기 시장을 획기적으로 바꾸어버린 3D 인쇄검사기라는 혁신적인 제품을 세상에 내놓을 수 있었습니다."[1]

헬로 네이처의 박병열 대표는 자신의 아이디어 사업화 경험을 다음과 같이 말한다. "제품을 완성하고 시장에 내놨는데 소비자들의 반응이 별로라고 한다면, 보완해서 완성품을 만들기까지 시간이 꽤 많이 걸리는 편이거든요. 따라서 완성품을 만들기보다 아주 최소한의 볼륨으로 핵심적인 가치만 갖고 제품을 만들어 시장의 피드백을 받아서 수정, 보완하는 방법이 젊은 창업가들에게는 가장 중요하다고 생각합니다." 이는 혁신적인 창업방법론으로 최근 각광을 받고 린스타트업의 접근 방법과 같은 맥락이다.

스탠다드펌의 김상택 대표는 창업 아이디어는 폭넓은 지식의 축적에서 나온다고 말한다. "관심분야와 인접분야에 대한 광범위한 지식을 쌓기 시작하면 어느 순간에 여러 가지 것들이 한 번에 쫙 연결되면서 진짜 창업아이디어가 걸리게 됩니다. 자신이 하고 있는 일에 대해서 전문성을 키워나가면서 인접분야까지 함께 공부해 나가다 보면 아이템을 길어 올릴 수 있습니다." 대부분의 사업아이디어는 여러 분야의 지식들이 융복합되어서 만들어지는 경우가 많다는 점을 체험적으로 알게 되면서 나온 견해로 보인다.

어떤 경우는 아이디어를 사업화하는 데 상당 기간 동안 인내하면서 기다려야 하는 경우도 있다. 때로는 법률과 제도를 바꾸어야 하는 경우도 있다. 간편 카드결제 솔루션으로 성공한 스퀘어의 짐 매캘비 대표의 경우도 이러한 경우에 해당한다. 유리세공 작품을 팔아 생계를 유지하던 매캘비는 신

1 Yes리더, 이남훈, 「작은 사장을 큰 기업인으로 성장시키는 99가지 씨앗」, 북퀘스트, 2013

용카드를 결제할 단말기가 없어서 거액의 손님을 놓지는 일이 발생했다. 그는 여기서 창업의 실마리를 잡았다. 단말기 없이도 신용카드를 계산할 수 있는 모바일 포스시스템이다. 휴대전화 이어폰 잭에 꽂는 소형단말기와 앱 하나로 신용카드 결제할 수 있는 솔루션을 제공하자 비싼 단말기를 살 수 없었던 소상공인들의 수요가 급증했다. 그러나 이러한 단계에 이르기 전에 스퀘어는 금융기관과 협력하고 정부 인허가를 얻기까지 끈질기게 기다려야 했었다.

Ⅱ. 기회의 원천

창업을 하고자 하는 사람은 사업기회의 원천이 어디에서 오는가에 대해 민감해야 한다. 기회는 기술적 발견, 가치관과 생활방식의 변화, 정부규제의 변화 등에서 주로 나타난다. 또한 천재지변이나 새로운 자원의 발견 등도 사업 기회의 원천이 되기도 한다. 벤처창업 기회의 가장 중요한 원천은 첨단기술이나 신기술 분야의 기술혁신 활동의 결과다. 그러나 기술혁신만으로 새로운 시장이 창출되는 것은 아니다. 새로운 기술을 기반으로 한 실용적인 제품과 서비스가 제공되어야 하고, 이를 활용하고자 하는 고객집단이 형성되어야 한다.

새로운 기술을 원천으로 하는 창업을 기술주도형 창업technology-driven venturing이라고 본다면, 가치관과 생활양식의 변화에 의해 새롭게 형성되는 창업을 시장주도형 벤처창업market-driven venturing이라고 볼 수 있다. 기회의 원천으로서 기술혁신이 차지하는 비중은 매우 높다. 그러나 사업의 성공과 실패는 시장에 의해 결정된다. 따라서 창업자는 기술과 시장의 상호작용 관계를 주시하면서 사업계획을 수립하고 실행에 옮겨야 한다.

표 7-1 기회의 원천

기술적 발견	• 기술혁신의 성과에 의한 사업기회의 원천 • 반도체, 마이크로프로세서, 인터넷의 개발은 많은 기회 창출 • AI, IoT, VR/AR, 자율주행, 바이오 분야의 기술혁신
가치관과 생활양식의 변화	• 소득증가, 교육수준 향상, 정보와 지식 증가, 인구구성 변화 등 • 삶의 질을 중시하는 사회적 욕구 증가는 레저, 문화, 생활정보, 주택정보화, 홈 네트워크, 의료복지, 건강관리 등 새로운 사업기회 창출
정부규제의 변화	• 규제의 강화와 완화 속에 사업기회 창출 • 환경분야의 지속적인 정부 규제로 폐기물처리, 배기가스처리, 리사이클링, 환경컨설팅, 신에너지 등의 관련 사업 창출 • 불법 소프트웨어의 규제 속에 정품 소프트웨어의 수요증가
천재지변	• 전쟁이나 자연재난의 발생 • 세계 2차 대전 후 조선업의 발달과 미국의 화산을 이용한 관광사업
자원의 발견	• 미국 알래스카의 유전발견으로 인한 관련 사업 발달 • 금 가격의 상승으로 폐광촌의 산업 부활

이러한 과정에서 정부의 역할이 매우 중요하다. 정부는 국가경쟁력 강화, 경제발전 및 고용창출 등을 위하여 새로운 기술이나 지식을 사업화하는 데 관심을 가지고 정책을 추진한다. 따라서 정부의 정책에 따라 기술혁신의 속도나 시장의 성장규모 등이 영향을 받는다. 정부가 규제를 강화하거나 또는 완화함에 따라서 새로운 시장이 생성되기도 하고 사라지기도 한다. 따라서 기회의 원천을 보다 심도 있게 이해하기 위해 기술적 발견, 가치관과 생활양식의 변화 및 정부정책을 항목별로 보다 상세하게 알아보기로 한다.

1. 기술적 발견

과학기술의 발전은 사회 경제의 패러다임을 변화시키면서 이전에 전혀 존재하지 않았던 새로운 사업기회를 만들어 낸다. 20세기는 수많은 기술혁신과 발명이 일어났고, 이를 산업화하는 과정에서 수많은 창업이 이루어졌다. 특히 20세기 후반의 기술혁명은 IT를 중심으로 거대한 산업군을 형성했으며 21세기 타산업과 융복합화를 이루면서 오늘날로 이어지고 다양한 새로운 산업군을 만들어내고 있다.

벤처의 역사는 반도체와 컴퓨터의 발명에서 시작된다. 페어차일드 반도체는 인텔을 비롯한 수많은 반도체회사의 모체가 되었다. 미국 최초의 벤처캐피탈로 불리는 ARDC가 투자한 DECDigital Equipment Corporation는 미니컴퓨터의 발명과 함께 시작되었다. 그 후 마이크로프로세서의 발명은 퍼스널 컴퓨터 산업의 발전을 가져왔으며, 20세기 후반 거대한 소프트웨어 산업을 형성하는 계기가 되었다. 기술혁신은 통신분야에서도 획기적인 발전과 함께 무수한 벤처창업을 촉진시켰다. 인터넷의 보급과 확산은 수많은 연관산업을 만들어 냈고, 기업의 경영프로세스 혁신, 사업모델의 변화를 가져왔다. 무선통신기술은 모바일 산업군을 만들어 냈으며, 유통, 게임 분야에 엄청난 파급효과를 미치고 있다.

파크시스템스를 창업한 박상일 대표도 기술적 발견을 통해 사업기회를 찾은 경우에 해당한다. 얼마 전까지만 해도 물질의 기본 구성단위인 원자나 분자는 인간이 탐구할 수 있는 영역이 아니었다. 그저 어떤 물질로 구성되었을 것이라는 추측과 간접적인 실험만 가능했던 신의 영역이었다. 그러나 신의 영역으로 여겨졌던 나노세계를 넘나드는 실험이 30여 년 전 미국에서 진행되었다. "1982년 제가 스탠퍼드 대학에서 막 유학생활을 시작할 무렵이었습니다. 원자현미경AFM의 전신인 STM을 이용하여 원자 하나하나를 관측하는 것이 가능하다는 것이 처음으로 발표되었습니다. 인류역사상 아직 관측해보지 못한 극미세 세계를 탐험할 수 있다는 것에 매혹되어 이 연구를 시작한 퀘이트 교수 그룹에 가담했습니다." 그는 박사학위를 받은 후에도 계속 스탠퍼드 대학에서 원자현미경 기술을 발전시키면서 다른 연구팀에 기술 컨설팅을 하다가 아예 원자현미경을 만들어 파는 사업을 구상하게 되었다.

새로운 기술을 기반으로 한 사례로 메디톡스를 들 수 있다. 창업자인 정현호 사장은 KAIST 생명과학과를 졸업한 보툴리눔 독소 국제전문가 중의 하나이다. 보톨리눔 독소를 이용한 치료용 바이오 의약품, 비정상적 근육수축, 신경자극이 원인인 모든 질환에 이용가능한 물질이다. 국내 최초, 국내 유일의 상업화된 보톨리눔 독소제재 완제품을 개발하여 수입에 의존해 오던 제품의 국산화에 성공했다.

아이나비라는 브랜드를 가진 내비게이터로 잘 알려진 팅크웨어 창업자 김진범 대표는 위치정보를 기반으로 한 새로운 서비스가 각광받을 것이라는 믿음을 가지고 1997년 회사를 창업했다. 당시 IMF로 대기업도 내비게이션 사업을 포기하던 시기였으나, 김대표는 PDA와 GPS 칩이 내장된 휴대전화기가 보급될수록 기회가 커질 것이라는 믿음을 굽히지 않았다. 마침내 컴팩과 카시오가 컬러디스플레이 등을 장착한 PDA를 시장에 내놓기 시작했고, 팅크웨어는 적시에 인터넷망을 이용한 모바일 정보서비스와 위치기반 솔루션을 제공하는 신기술을 개발하는데 성공했다.

2. 가치관과 생활양식의 변화

가치관과 생활양식values and life style은 소득의 증가, 교육수준의 향상, 정보와 지식의 증가, 인구구성의 변화 등에 영향을 받으면서 끊임없이 새로운 사업을 만들어 낸다. 소득증가로 삶의 질을 중시하는 사회적 욕구가 증가하면서 레저, 문화, 생활정보, 주택정보화, 홈 네트워크, 의료복지, 건강관리 등이 유망한 사업 분야로 부상하고 있다. 삶의 질을 중시하는 사회적 욕구는 크게 육체건강과 관련된 의료, 건강관리 분야와 정신적 만족에 초점을 맞춘 레저, 문화, 정보 분야로 나눌 수 있다. 특히 우리나라도 급속하게 고령화가 진행되고 있기 때문에 노인들을 대상으로 한 의료복지, 건강관리 분야 사업의 성장성도 매우 높을 것으로 전망된다.

사회적 가치관과 생활양식의 변화를 사업의 기회로 활용하여 성공한 사례로 풀무원을 들 수 있다. 풀무원이 처음 출발했던 1981년에는 국민소득이나 평균임금수준이 그리 높지 않았다. 그러나 80년대 중반 이후 경제성장과 함께 생활수준이 높아지면서 여가와 건강에 관한 관심이 높아졌다. 이에 따라 식품의 위생성이나 안전성에 대한 관심이 높아지면서 '자연건강식품'에 대한 잠재적 수요가 커지게 되었다. 풀무원은 이러한 소비자들의 욕구에 부응하여 신뢰할 수 있는 식품 브랜드로 성장하게 되었다. 풀무원의 경영이념은 "자연과 인간이 어우러진 바른 식문화를 이룩하여 사람마다 건강한 삶을 제공하는 종합식품회사를 이룩한다"이다.

인구구성의 변화는 산업의 성장과 쇠퇴에 직접적인 영향을 미치는 요소다. 출산율이 높은 베이비 붐의 시대에는 유아용품 및 육아와 관련된 산업이 성장하면서 사업의 기회가 창출된다. 반면에 베이비버스트출산감소의 시대가 되면 양적인 성장은 줄어들지만 고급화가 이루어진다. 여성의 취업이나 창업이 계속 증가하는 추세에 있기 때문에 가사노동을 줄이고 생활의 편리를 향상시키는 주방기기나 홈오토메이션에 대한 수요가 증가하게 될 것이다. 현재 창업에 가장 큰 영향을 미치는 사회 트렌드는 1인 가구의 급증에 따른 솔로 이코노미의 증가다. 2017년 말 현재 600만 가구에 이르자 핵심 소비계층으로 자리 잡았고 이들을 상대로 한 창업기회가 증가하고 있다.

CASE

1인 가구의 증가와 솔로 이코노미

솔로 이코노미란 주택, 식품, 소형 가전 등 관련 산업에서 혼자 사는 싱글족을 겨냥해 제품을 개발하고 출시하는 경제를 말한다. 솔로 이코노미는 1인 가구의 급증과 관련이 깊다. 2000년 15.5퍼센트였던 1인 가구 비율은 2012년 25.3퍼센트로 급증한 데 이어 2025년에는 31.3퍼센트로 높아질 것으로 전망되고 있다. 그 결과 싱글족은 관련 업계에 지각변동을 불러일으키고 있다. 싱글족을 위한 심부름 서비스, 세탁·청소 대행 서비스, 안전·보안 서비스 등도 등장했다. 테이블 사이에 칸막이를 친 음식점도 있으며, 아예 1인 주점도 있다. 1인용 소형 가전, 1인용 가구도 있다. 대형마트는 소용량, 소포장 상품을 출시했다. 부동산 시장에서 미니 주택이 인기를 끌고 있다. 침실만 혼자 쓰고 거실이나 주방, 휴식 공간 등은 여러 가구가 함께 쓰는 셰어하우스(Share House)나 코하우징(Co-Housing)도 등장했다.

솔로 이코노미의 가장 큰 특징은 왕성한 구매력이다. 대한상공회의소가 최근 전국의 20대 후반부터 40대 전반의 전국 500가구(1인 가구와 3~4인 가구 각 250명)를 대상으로 조사한 결과 월 가처분소득이 전체 수입에서 차지하는 비율은 1인 가구가 32.9%로 나타났다. 3~4인 가구의 17.2%에 비해 두 배 가까이나 높은 수치다. 금액으로 봐도 1인 가구의 월 가처분소득은 80만 5,000원으로 3~4인 가구의 73만 5,000원보다 많다. 산업연구원이 국민의 소비지출 규모를 추정한 결과에 따르면 1인 가구 소비지출 규모는 2010년 60조 원에서 2020년 120조 원으로 늘어날 것으로 보인다. 솔로 이코노미는 국내 소비패턴의 변화도 가져왔다. 온라인, 모바일 구매 비중의 증가 역시 1인 가구의 증가가 영향을 미치고 있다. 1인 가구는 한꺼번에 장을 보기보다 필요할 때마다 구입하는 소량 구매를 선호한다. 이에 따라 소셜커머스, 대형마트 온라인 몰을 중심으로 당일배송, 익일배송 서비스가 확산되고 있으며 세탁, 청소, 이사 등 1인 가구를 위한 생활 O2O서비스도 온라인을 통해 활발히 거래되고 있다. 더불어 공유경제의 확산까지 사회 전반에 걸쳐 변화의 모습을 보이고 있다.

고무보트 제조업체인 우성아이비의 이희재 사장도 우리나라 레저 문화의 변화를 파악하여 창업기회를 발견한 사례다. 그는 국제그룹 해외지사에 근무하면서 세계 산업환경과 흐름에 대한 학습기회를 가졌다. 장기적인 3대 미래산업은 실버, 키즈 레저라는 비전을 발견하고, 이 가운데 레저산업의 꽃은 수상레저라고 판단하였다. 수상레저를 즐길 수 있는 아이템으로 고무보트를 개발했다. 고무보트는 수공업에 속해 창업자본이 적게 들며 한국인의 손재주를 활용할 수 있는 품목이라고 보았다. 그는 해외시장을 개척하면서 OEM 방식을 거부하고 처음부터 Zebec이라는 브랜드 개발을 고집해서 성공했다.

캠핑용품 업체인 솔베이도 레저문화의 변화에서 사업의 기회를 발견했다. 지방자치로 각 지방의 특성을 살린 축제가 많아지고, 생활의 질이 높아짐에 따라 레저산업이 급부상하게 되었다. 또한 환경이 복잡해지고 사회가 발전할수록 자연으로 돌아가고 싶은 욕구는 더욱 증가하게 마련이다. 그러나 야영을 가서 텐트를 치는 일은 결코 쉬운 일이 아니다. 힘들게 텐트를 치고 나서도 견고하지 못해 쓰러지는 일도 다반수다. 솔베이는 이 점에 착안하여 누구나 쉽게 텐트를 칠 수 있도록 원터치 자동텐트를 개발하였고, 세계 레저시장에서 호평을 받으며 성장하게 되었다.

골프존도 레저문화의 변화를 사업기회로 포착한 경우이다. 이 회사는 골프 시뮬레이터 기술 하나로 국내 스크린골프 시장을 80% 가까이 점유하고 있다. 2000년 김영찬 사장은 골퍼들이 연습장과 필드에서 전혀 다른 기량을 보이는 점에 착안해 골프연습장 전용 시뮬레이터 개발에 착수했다. 기술개발 끝에 2002년 1월 첫 시뮬레이션 골프 시스템을 만들어 냈다. 창업초기 매출은 10억 원에 불과했으나 시장은 점차 그에게 유리한 방향으로 흘러갔다. 스크린골프가 급속도로 확대되자 당초 골프연습장용 시뮬레이터로 개발한 골프존 제품이 스크린골프 영업장에도 팔리기 시작한 것이다. 실적은 수직으로 뛰어올라 2005년 50억 원이었던 매출이 2009년에는 1,400억 원을 기록했다.

시장과 소비자가 환경을 중시하는 쪽으로 생각이 바뀌고 있다는 것도 새로운 사업 기회의 원천이 되고 있다. 웰빙이 세계적인 트렌드로 자리 잡으면서 친환경 제품을 선호하는 경향이 높아지고 있다. 그린소비자들은 재활용, 무공해 같은 친환경적 요인을 강조하는 제품만을 구매하는 특징이 강하다. 한 예로 새집 증후군이 주요 문제로 부각되면서 전반적인 건축자재 시장이 불황인 가운데서도 친환경 건축자재 시장만은 호황을 누리고 있다. 실내 공기에 대한 관심이 높아지면서 공기청정기 시장이 급성장했다. 친환경 유기농산물에 대한 소비도 매년 20% 이상 고성장을 누리고 있다. 기업들은 원료의 조달, 생산, 판매, 사용, 폐기 등 제품의 모든 과정을 통해 친환경을 강조하는 제품을 설계할 뿐만 아니라 유해한 원료는 처음부터 차단해 제품 신뢰성을 높여 매출과 이익을 높일 수 있다.

3. 정부규제의 변화

정부는 새로운 규제를 만들기도 하고 기존의 규제를 풀기도 한다. 이러한 과정에서 새로운 사업기회가 창출된다. 한국이 1980년대 초 통금완화와 교복 자율화 등의 규제 완화로 인해 수많은 새로운 기업들이 탄생했다. 통금완화로 인해 24시간 편의점 등 수많은 유형의 심야 비즈니스가 탄생했다. 교복자율화에 의해 청소년을 대상으로 한 중저가 의류회사가 창업되었다. 가장 대표적인 사례가 이랜드이다.

미국의 경우 통신 및 항공산업에 대한 규제완화로 인하여 셀루러 원과 피플 익스프레스 등을 포함한 수만 개의 신규사업체가 1980년대에 출현하게 되었다. 우리나라도 통신산업에 대한 규제완화로 인하여 세계 어느 나라보다도 신속하게 초고속통신망의 발전과 함께 이동통신 산업의 발전을 가져오게 되었으며, 관련 비즈니스가 무수히 창출되었다.

정부가 지속적으로 규제를 강화하고 있는 대표적인 분야가 환경산업이다. 환경관련 규제를 강화하면 환경문제와 관련해서 폐기물 처리, 배기가스 처리, 리사이클링, 환경친화적 신소재, 환경컨설팅, 신에너지, 에너지 절감 사업 등이 유망한 분야로 부각된다. 그러나 환경산업에 대한 규제강화는 타 산업에의 비용을 유발시키기 때문에 정부는 방향과 속도를 조절하면서 접근하고 있다.

우리나라의 경우 1998년 이후 정부가 불법소프트웨어에 대한 단속을 강화하게 되자 정품소프트웨어의 수요가 증가하게 되었다. 이는 기존 소프트웨어회사의 수요를 창출하는 기능을 하기도 하지만 새로운 소프트웨어 개발을 유인하기도 한다. 모든 선진국가는 IT를 전략산업으로 육성하고자 하기 때문에 정부에 의한 수요창출이 이루어지고 있다. 우리나라도 국내외적인 시장침체의 어려움을 해결하고자 정책적인 수요창출의 수단으로 전자정부 프로젝트를 추진해 왔다. 이러한 정부의 정책방향에 따라 새로운 사업기회가 창출된다.

정부가 음식물쓰레기에 대한 규제를 강화하자 이러한 환경 변화를 창업의 기회로 활용하는 기업들이 증가하고 있다. 바이오 하이테크의 창업자 고천일 사장은 지난 1999년부터 음식물쓰레기와 유기성폐기물을 미생물 발효를 이용해 분해하는 기술과 장치를 개발했다. 이 회사의 핵심 제품은 음식물쓰레기를 소각 또는 매립하는 방식이 아닌 미생물을 활용해 깨끗한 물로 변환함으로 영구적으로 처리하는 방식을 사용한다.

Ⅲ. 기회와의 만남

창업은 인생의 어느 순간에 결단을 함으로써 기회를 포착하는 과정이다. 기회를 찾는 방법은 크게 두 가지로 나타난다. '내가 현재 가진 자원이나 역량을 바탕으로 무엇을 할 것인가'라는 방식으로 찾는 것이다. 이를 전략적 사고의 관점에서 본다면 '안에서 밖으로'Inside-out의 접근이라고 할 수 있다.

전자저울 카스CAS의 김동진 사장은 한국과학기술원으로부터 수주된 산업용 로봇을 제작하게 되었다. 무게를 감지하는 핵심적 부품인 로드셀은 6~700만 원이나 하는 고가품이었기 때문에 김동진 사장은 로드셀을 직접 만들어 냈다. 프로젝트에는 성공했지만 수익보다 비용이 더 들어 사업에는 실패하고 말았다. 제품의 개발과정에서 축적된 기술을 이용할 수 있는 분야가 있을 것으로 확신하고 3개월간 조사를 한 결과 로드셀을 이용한 전자저울 사업을 시작하게 되었다. 자신이 확고한 전문분야를 가지고 있는 경우 이러한 방식을 선호하는 경향이 있다. 이 경우 남들이 갖지 못한 전문성을 바탕으로 차별적 우위를 실현할 수 있는 이점이 있지만, 반면 선택의 범위가 좁아지는 단점이 있다.

이와는 반대로 변화의 흐름을 눈 여겨 보면서 기회로 찾는 방식은 '밖에서 안으로'Outside-in의 접근법이다. 이 경우는 세상에 수많은 사업기회가 존재하는데 무슨 사업을 어떻게 선택하는가가 매우 중요하다. 자기의 전문분야가 없는 경우 트렌드를 파악하면서 사업 아이템을 선정하는 경우가 주로 이에 해당한다. 미래산업의 창업자 정문술 사장은 처음 사업에 실패한 뒤 신중하게 새로운 아이템을 모색하기 시작했다. 83년 당시 반도체붐이 일어나면서 반도체 관련 사업을 해야 되겠다고 결심하고 사업아이템을 찾은 결과 반도체 검사장비인 리드 프레임 매가진이라는 품목을 찾게 되었다.

또한 기회와의 만남은 내가 '의도적으로 탐색'하기도 하지만, '우연히 마주치게 되는 경우'도 많다. 베스퍼Karl Vesper에 의하면 실제로 많은 창업이 의도적인 탐색보다는 우연한 만남의 경우가 많다고 한다. 우연한 만남의 경우는 일상적인 삶에서 사업의 아이디어를 발견하거나, 누군가로부터 사업을 권유받게 되는 경우이다.

창업의 기회와 만나게 되는 유형은 매우 다양하지만, 실제로 창업으로 연결되는 것은 어느 순간의 결단이다. 오랜 시간을 두고 신중하게 검토한 뒤의 결단일 수도 있고, 또 단기간에 결심한 경우도 있다. 그러나 성공적인 창업으로 나타난 경우는 창업자 자신이 이미 축적된 역량의 활용이라는 요소와 변화의 과정에서 새로운 시장의 형성이라는 환경요소가 적시에 결합되었을 때다. 창업시점에 아무리 신중하게 검토를 한다고 해도 사전에 창업에 관련된 모든 정보와 지식을 정확하게 평가하고 시작한 경우는 드물다. 그러나 사후적으로 분석해 보면 업종선택과 시장진입의 적시성이 매우 높았었다는 점을 알 수 있다.

1. 직장 경험

전 직장은 사업아이디어를 얻는 데 매우 중요한 기능을 한다. 미국의 창업에 관한 전문잡지인 Inc.가 500대 고속성장기업을 대상으로 1989년 기업가들에게 사업아이디어를 어디에서 처음으로 얻게 되었는지를 조사하였다. 43%가 자신들의 직업으로부터 얻었다고 응답하였다. 아놀드 쿠퍼Arnold Cooper의 연구에 따르면 실리콘밸리에 있는 회사의 85% 이상이 그 창업자들의 전 고용주가 제조한 것과 '유사한 제품'을 생산하고 있으며 그 제품은 '유사한 기술'을 이용하거나 '유사한 시장'에 판매되고 있음을 발견했다.

직장경험은 기술능력과 경영능력뿐만 아니라 사업에 관한 지식을 부여해 준다. 자신의 업무를 통하여 습득한 기술을 바탕으로 사업을 시작하는 경우 시장이나 기술에 대한 친숙성으로 인하여 실패의 위험이 적다. 사업에 필요한 인맥, 판로 등에 대한 정보는 사업 초기에 귀중한 자산이다. 그러나 전 직장에서 획득한 기술이나 지식이 그 기업의 영업기밀이나 지적재산권을 침해할 우려가 있기 때문에 이에 대한 대비가 필요하다. 따라서 이러한 유형의 창업을 할 경우 창업 전에 전문적인 법률자문을 받는 것이 필요하다.

전 직장은 대기업, 중소기업, 연구소, 대학 등이며 최근 벤처기업에 근무하다가 나와서 벤처기업을 창업하는 사례가 급증하고 있다. 이러한 유형의 창업을 파생창업Spin-off이라고 한다. 우리나라에서도 많은 경우 전 직장이 중요한 창업기회를 발견하는 계기가 되고 있다.

자화전자의 김상면 사장은 자화전자를 창업하기 전까지 한양대학교 금속공학과를 졸업하고 한국공업시험연구소와 한국과학기술원에서 연구원으로 재직하면서 소재공학 부문연구를 수행하였으며 연구소를 그만둔 후 풍산금속에 근무하면서 현장의 생산기술을 습득하였다. 세라믹 소재 및 전자부품에 대한 전문지식을 사업으로 연결하고 선진국이 기술을 독점하고 있어 전량을 수입에 의존하고 있는 전자부품을 국산화하여 수입을 대체할 수 있는 품목들을 자신의 힘으로 자체개발하여 양산해보고 싶은 비전을 가지고 1981년에 자화전자를 창업하였다.

직장생활에서 겪은 어려움이 창업의 기회가 된 사례도 있다. 보안 전문업체 조은시스템의 김승남 회장은 전직 군인에서 은행 안전관리실장으로 사회생활을 했다. 김 회장이 은행에서 안전관리 실장으로 있을 때 중요한 문서를 도난당하는 사고가 발생했는데 이때의 어려움을 사업의 기회로 삼았다. "'최선을 다하고 열심히 하는데 왜 이렇게 힘들게 직장생활을 하나?'자책을 했죠. 그런데 문득 이처럼 중요한 시설에 보안장비를 설치하면 인력에 의지하지 않고 안전하게 지킬 수 있지 않을까 생각했죠. 그리고 그동안 일을 하면서 보안과 컴퓨터에 대한 지식을 쌓았기 때문에 사업에 대한 구상을 할 수 있었습니다."

전 직장이 대학이나 연구소인 경우 연구활동 경험을 바탕으로 창업하는 경우도 있다. 한국과학기술원KAIST에 근무하던 이민화 박사 등 7명이 심혈을 기울여 개발한 초음파 진단기를 기업체에 상품화하기를 제안하였지만 번번이 거부당했다. 연구개발한 첨단기술은 많은 자금과 시간을 투여해도 상품화로 연결되지 못하고 중도에 포기하거나 애물단지가 되는 경우가 많았기 때문이다. 이때 개발책임자였던 이민화 박사는 "내가 낳은 자식은 내가 책임져야 한다"는 마음가짐으로 초음파 진단기 프로젝트를 사업화하기로 결심하였다. 이렇게 하여 1985년 7월 2일 한국과학기술원 출신의 연구원 7명이 자본금 5천만 원으로 ㈜메디슨을 설립하였다.

이러한 사례들을 볼 때, 전 직장이 배태조직Incubating Organization으로 중요한 기능을 하고 있음을 알 수 있다. 배태조직에서 새로운 기술 분야를 연구하거나 생산하는 과정에 참여함을 통하여 사업의 기회를 발견하는 것은 벤처창업의 전형적인 유형이다.

2. 창조적 발명

창조적인 발명에 의해 새로운 사업의 기회를 만드는 경우가 많다. 에드윈 랜드가 발명한 폴라로이드 카메라는 1948년 보스턴 중심가에 위치한 조단 마쉬라는 상점을 통해 선을 보이던 순간부터 대단한 성공을 거뒀다. 하버드 대학을 중퇴하고 1937년 폴라로이드사를 창립한 그는 어렸을 때 밤에 자동차가 눈부심 현상으로 인해 반대편에서 달려오는 자동차를 보지 못해 충돌 사고가 일어날 뻔한 일을 목격하면서 편광현상을 집중적으로 연구할 것을 결심했다. 이후 편광현상에 대한 많은 연구들이 이루어졌고 상품으로 개발하기도 하였지만 새로운 상품을 개발하지 않으면 생존이 불가능한 상황에 도달했다. 가족과 함께 뉴멕시코주 산타페에서 휴가를 즐길 때 3살 된 딸 제니퍼를 위해 망아지 사진을 찍었는데 딸이 "나 지금 보고 싶단 말이야! 지금 보게 해줘"라며 떼를 쓰는 것이었다. 에드윈은 산책을 하면서 딸이 제기한 문제에 대해 곰곰이 생각했고 그는 1시간 만에 즉석 사진을 위한 카메라, 필름, 그리고 화학물질에 대한 개념을 그려냈다. 사진을 촬영한 후 암실을 이용한 현상과정을 거치지 않고 바로 사진을 출력한다는 아이디어였다.

항공 특송 분야에서 세계 1위를 굳건히 지키고 있는 페덱스FedEx는 물건을 파는 기업이 아닌 만큼 고객 서비스에 한 치의 오차도 없도록 하자는 것이 페덱스를 초우량 기업으로 끌어올린 기본 정신이다. 이러한 서비스가 가능한 것은 페덱스가 구축한 거미줄 같은 물류 연결망 때문이다. 페덱스는 '허브 앤드 스포크 시스템Hub and Spoke'이라 불리는 '바퀴살 구조'의 물류연결망을 가지고 있다. 이 방식은 페덱스를 창업한 프레드 스미스가 예일대에서 경제학을 공부하던 당시 학기말 리포트에서 시작되었다. 그는 이 리포트에서 미국 내 인구분포를 감안해 인구밀집지역에 수하물 집결지인 허브를 만들고 모든 화물을 여기에 집결시킨 다음 바퀴살 모양으로 미국 전역에 특급으로 배송하자는 구상을 한 것이다. 이러한 생각은 지금 생각하면 간단한 아이디어 같지만 항공 화물 운송이 대중화되지 않은 당시만 해도 획기적인 발상으로 받아들여졌다. 이러한 아이디어를 구체화한 것이 바로 페덱스의 출발이었다. 페덱스는 멤피스 공항을 포함해 유럽과 아시아 지역에 각각 1개씩, 모두 3개의 허브공항을 갖고 있다. 이 3개의 허브공항을 중심으로 전세계 215개국으로 화물 운송망이 거미줄처럼 뻗어있다.

3. 취미활동

취미활동은 벤처사업기회를 발견하는 중요한 계기가 된다. 새로운 분야는 초기에 시장이 형성되어 있지 않기 때문에 사업적 관심보다는 지적 호기심이 강한 사람들에 의해 취미로 접근하게 된다. 취미생활 가운데 전문적 지식을 습득하게 되고 사업의 가능성을 발견해서 창업하는 경우다.

애플컴퓨터의 창업도 공동창업자인 워즈니악Steve Wozniak이 취미로 만든 조립PC가 사업의 계기가 되었다. 친구인 잡스Steve Jobs가 사업기회를 인지하여 판매하기 시작한 것이 오늘날 거대한 PC산업을 일으킨 출발점이 되었다. 마이크로소프트의 빌 게이츠도 고등학교의 취미활동이 창업으로 연장되었다. 야후의 제리양이나 데이빗 파일로의 경우도 유사한 사례다. 우리나라에도 이러한 사례가 늘어나고 있다. 한글과 컴퓨터의 창업자인 이찬진, 안철수 연구소의 창업자인 안철수 등이 대표적인 예에 속한다.

델컴퓨터를 창업한 마이클 델의 경우는 어렸을 때부터 컴퓨터에 대한 관심과 취미가 있었다. 열다섯 살 때 애플사의 컴퓨터를 구입, 즉시 분해하여 조립하면서 컴퓨터의 구조를 이해하고 이를 사업기회의 아이디어로 포착하였다. 부모의 반대에도 불구하고 컴퓨터에 대한 강한 애착으로 의과대학을 포기하고 결국 컴퓨터 조립회사를 설립하였다. 당시 애플과 IBM은 PC를 전국적인 판매망을 구축하여 공급하고 있었지만 소비자의 불만이 많았다. IBM PC는 소매점에서 보통 3천 달러에 팔리지만 부품은 6백~7백 달러에 불과하다는 매력적인 틈새시장이 있음을 알고 컴퓨터를 조립, 판매할 경우 강력한 경쟁력을 가질 수 있다는 사실을 발견하였다.

한글과컴퓨터의 창업자인 이찬진의 경우, 하드디스크도 없는 8비트짜리 컴퓨터를 하나 얻어 가지게 된 후 밤잠을 설쳐가며 컴퓨터 잡지와 책자를 구해 밤새 읽었다. 대학 입학한 후 서울대 컴퓨터 연구회란 동아리에서 컴퓨터에 빠져있는 선후배를 만나면서 창업동지를 만나게 되었다. 서울대 컴퓨터 공학과를 졸업하고 한국 과학기술원에서 전산학 박사과정을 수료한 김정주 창업자는 게임에 매료되어 학업도 중도에 포기하고 창업전선에 뛰어들었다. 1994년 게임에 관심을 가지면서 온라인 게임을 통해 더 많은 어린이와 젊은이들이 즐길 수 있고 게임에 대해서도 사회적 분위기가 긍정적으로 바뀔 것으로 생각하며 웹젠이라는 회사를 창업했다.

4. 일상의 발견

일상의 삶에서 부딪히는 불편함을 해결하고자 하는 과정에서 발견한 아이디어가 창업으로 연결된 경우도 많다. 한경희 생활과학의 스팀청소기는 생활의 편리함 추구라는 아이디어에서 시작된 회사다. 한경희 사장은 맞벌이 주부생활 3년 차에 집안청소를 하다가 문득 쪼그리고 앉아 손걸레질하는 대신 편하게 서서 대걸레질 하듯 청소할 수 있는 기구를 생각하게 됐다. 찬물보다는 세척력이 좋은 뜨거운 물로 청소를 하는 것을 생각하다가 스팀세차의 뛰어난 세착력에 착안해 스팀청소기를 개발하였다. 스팀청소기는 홈쇼핑의 최대 히트상품이 되어 청소기 시장이 진공청소기와 스팀청소기로 양분하는 결과를 낳았다.

부분가발 제조업체 씨크릿우먼의 김영휴 대표는 기존제품에 아이디어를 불어넣어 고부가 가치 제품으로 탈바꿈시켜 틈새시장을 성공적으로 개척한 여성사업가이다. '헤어보톡스'는 집게 핀에 머리카락을 촘촘히 연결한 것으로 머리숱이 적은 부위에 고정시키면 모발이 풍성해 보이도록 해 주는 제품이다. 김 대표는 출산후유증으로 탈모가 생겨 머리가 빠진 부분만 가릴 수 있는 가발을 찾아 나섰는데 그런 제품은 어디에도 없었다. 김 대표는 자신을 위한 가발을 만들기로 마음먹고 미용재료상에서 재료를 직접 구입해 헤어핀처럼 머리에 간편하게 꽂을 수 있는 가발을 만들었다. 온라인 쇼핑몰을 통해 제품 판매를 시도했지만 반응이 신통치 않았고 가발 얘기만 나오면 전화를 받다가도 끊기 일쑤였다. 그래서 바이어 접촉도 호기심 자극 전략으로 수정하여 바이어를 만나면 가져간 제품도 평범하게 보여주지 않았다. "가발을 쓴

늘씬한 미녀를 데리고 가 담당자 앞에서 부분가발을 하나씩 떼어 내면서 설명했습니다. 그제야 놀라면서 관심을 갖고 보기 시작하더라고요." 지금은 롯데, 현대, 신세계 등 수도권 유명 백화점 등 22곳에 입점해 있다. 김 대표는 소위 사양산업으로 치부된 가발을 패션액세서리로 끌어올려 착용만으로도 키가 2~3cm는 커 보이는 '키 높이 헤어' 등 톡톡 튀는 아이디어와 실용성을 높인 제품이 100여 개에 이르며, 의장, 특허등록 등 지식재산권만도 40여 개에 달한다.

롤팩도 생활의 불편함에서 나온 아이디어를 사업화한 경우이다. 이 회사는 세계최초 7겹 진공포장 기술을 이용한 가정용 진공포장기 '푸드가드'를 개발했다. 푸드가드는 지난해 9월 홈쇼핑에서 첫 선을 보였고, 방송되자마자 선풍적인 인기를 불러 일으켰다. 브랜드 이름대로 '음식food을 지켜주는 수호천사guard'에 대한 수요가 엄청났기 때문이다. 1회 방송 시 1,000~1,500대 정도가 팔릴 정도였다. "냉장고에 있는 음식이 상해서 못 먹고 버릴 경우 속상하지요? 저는 속상하다 못해 안타까웠어요. 그래서 '먹다 남은 음식을 어떻게 보관하면 좋을까' 궁리하다 '진공포장기'를 생각하게 됐죠." 김금자 사장이 스스로 아이디어를 내고 개발한 진공포장기 푸드가드는 음식물을 포장 비닐봉지에 넣고 진공 상태로 만들어 주는 제품이다. "가정주부가 아니었다면 절대 만들 수 없었을 겁니다." 김 사장이 설명하는 인기 이유는 이렇다. "최근 주부들은 할인점 등에서 음식을 한꺼번에 많이 사는 편이에요. 그런데 랩이나 지퍼백으로 음식물을 보관하다 보면 어느새 냉장고가 꽉 차게 됩니다. 하지만 푸드가드로 진공포장하면 냉장고 공간을 넓게 사용할 수 있어요. 음식물을 전용 비닐에 넣은 다음 공기를 빼기 때문에 포장 크기를 조절할 수 있거든요." 한마디로 '보관기간도 늘고 맛도 오래 유지될 뿐 아니라 냉장고 공간을 효율적으로 사용할 수 있다는 점이 주부들의 환영을 받게 된 첫 번째 이유'라는 것이다.

'디스크 닥터'라는 제품으로 잘 알려진 창의메디칼은 창업자 장익춘 사장이 아내의 허리 통증을 치료하고자 하는 과정에서 발명한 제품을 사업화한 것이다. 젊은 시절 허리를 다친 아내는 병세가 악화돼 혼자 움직이기도 힘들 정도가 되었다. 그는 아내의 물리치료 과정을 관찰하면서 허리 디스크에 대해 공부하기 시작했다. 그는 편리하게 견인치료를 할 수 있는 방법을 찾다가 허리에 차는 벨트형 치료기를 개발했다. 아내의 허리치료에서 효과를 거두자 본격적으로 사업화하게 되었다. 창업 1년 만에 400억 원의 매출을 올리는 회사로 성장했다.

5. 의도적 탐색

의도적 탐색deliberate search의 대표적인 사례는 소프트뱅크의 손정의 사장의 사례를 들 수 있다. 그는 미국에서 대학을 다니면서 게임소프트 판매 및 소규모 소프트웨어 개발회사 '유니온 월드'를 창업하였다. 그 후 학교졸업과 동시에 운영하던 회사를 200만 달러에 동업자에게 넘기고 일본으로 귀국하여 제2의 사업을 위한 창업준비를 했다. 자신의 일생과 열정을 쏟을 수 있는 사업 분야를 모색하기 시작하였다. 많은 서적과 자료를 분석하여 자신이 하고 싶은 분야를 정리하여 최종적으로 40개의 사업 분야를 선정하였다. 특히, 기회발견보다도 기회창출에 초점을 맞추어 철저한 분석을 하였다. 10년 동안의 예상 손익계산서, 자금운영표, 조직도를 만들어 냈다. 약 1년 6개월 동안 긴 시간을 가지고 사업구상을 한 이유는 자신의 인생을 우연한 기회로 결정하고 싶지 않은 확고한 신념, 자신 스스로가 납득할 수 있는 사업을 계획하기 위해서였다. 이와 같이 하여 그가 내린 최종적인 결론은 '소프트웨어 유통사업'이었다. 그의 행동은 우연한 기회 또는 외적인 창업기회로 사업을 시작하기보다는 내면적인 사업동기가 강하였고 그 사업동기를 실현하기 위하여 철저한 분석과 계획을 토대로 창업기회를 만들었다.

전 직장이나 전문성과 관계없이 의도적 탐색을 통하여 창업아이템을 찾은 사례로는 미래산업의 정문술 사장을 들 수 있다. 정사장은 첫 번째 금형사업에 실패한 후 2년 동안 치밀하게 사업을 구상하였다. 그 당시 우리나라에 반도체 산업의 붐이 일어날 때였다. 따라서 미래 유망산업인 반도체 장비를 개발하기로 결정하였다. 다양한 조사와 접촉을 통하여 첫 번째 아이템을 리드프레임 매거진으로 선정했다. 정문술 사장의 경우 공무원 생활을 하다가 퇴직 후 창업을 했기 때문에 기술적 역량이 없었다. 그리고 부하직원의 권유에 의해 우연히 시작한 첫 번째 사업을 실패했기 때문에 신중한 탐색을 통하여 사업아이템을 선정하게 된 것이었다.

6. 우연한 만남

창업의 기회가 계획되지 않은 상태에서 우연으로 만난 경우가 의도적 탐색에 못지않게 많다. 글로벌 커피체인점인 스타벅스의 하워드 슐츠도 우연한 기회에 창업 아이템을 발견한 사례이다. 그는 1981년 스웨덴 주방기기 업체인 해마플라스트에서 일하고 있을 당시 시애틀에 있는 조그만 소매업체가 한 종류의 드립식 커피 추출기를 대량 주문하는 현상을 발견했다. 호기심을 느낀 그는 직접 회사를 찾아가서 커피를 마셔보고서는 그 맛에 심취하여 사업에 대한 구상을 하였다. 출장길에서 들린 이탈리아 밀라노의 에스프레소 바의 분위기를 결합한 커피 체인점을 구상하게 되었다.

모형헬기를 이용한 항공촬영 전문기업인 원신스카이텍의 한재섭 사장은 군대 생활에서 떠오른 아이디어를 사업화 시킨 경우이다. 경기도 모 부대에서 사단장 전속 사진병을 했던 그는 헬기를 타고 항공촬영을 하면서 '굳이 실제 헬기를 타고 할 필요가 있을까'라는 생각을 했고 그 고민이 사업아이디어로 이어졌다. 시작은 쉬웠지만 엄청난 시련을 겪어야 했다. 단순히 모형헬기에 카메라를 장착시키면 되겠거니 했던 항공촬영은 2억 원어치나 되는 모형헬기를 추락시키고 나서야 제자리를 잡았다.

무소음 컴퓨터 쿨링시스템 전문기업인 잘만테크는 현재 회사의 CTO를 맡고 있는 이상철 연구소장에 의해 1999년에 설립되었다. 기계공학을 전공한 이소장은 대학시절 기숙사 또는 집에서 컴퓨터를 사용했을 때 소음이 너무 심해서 컴퓨터를 편하게 사용할 수 없었다고 한다. 특히, 학교 기숙사에선 컴퓨터 소음 때문에 밤에 친구들에게 많은 피해를 주게 되었고, 그 결과 작업을 제대로 진행할 수도 없었다고 한다. 대학시절 이런 고민을 사업의 출발점으로 생각한 이상철 소장은 본격적으로 컴퓨터의 무소음 기술에 대해 연구를 시작했다. 무소음 컴퓨터의 구현을 목표로 기술개발에 주력한 끝에 그 해 10여 건의 특허출원 및 등록을 통하여 1999년 9월 국산 신기술KT 인정을 받는 데 성공했고, 2000년 세계 최초의 무소음 CPU 쿨러인 FHSFlower Heat Sink 개발을 통해 당사의 무소음 컴퓨터 기술을 인정받기 시작했다.

7. 사회적 관계

사회적 관계가 창업의 주요 계기가 되는 경우가 있다. 오석송 대표가 경영하는 메타바이오메드는 세계 최고의 생분해성 봉합원사 제조기술을 보유한 기업으로 현재 80여 개국에 제품을 수출하고 있고 매출의 95%를 해외시장에서 거두고 있다. 오 대표는 오늘의 성공을 거두는 데 무엇보다 대인관계가 큰 자산이 되었다고 말하며 해외에서도 인맥은 통한다고 하였다. 그가 이 업종에 뛰어든 것은 20년 전 치과재료 생산업체인 미국계 기업 한국슈어프러덕트에서 근무한 게 시작이었다. 오 대표가 이 미국계 기업과 인연을 맺은 것도 인맥 덕분이다. 외국인과 직접 대화하기가 쉽지 않았던 그 시절 오 대표는 영어회화를 익힐 겸 서울 이태원 바에 자주 드나들었는데 여기서 알게 된 외국인이 슈어프러덕트 한국법인의 대표였다. 또한 기술력도 확인되지 않은 무명의 회사가 만든 제품을 선뜻 사주었던 것도 오 대표가 슈어프러덕트에서 근무하면서 친분을 쌓았던 일본의 도덴트사의 미우라 사장이 무한한 신뢰를 보내주었기에 가능한 일이었다. 지금도 오 대표는 국제전시회에 나가면 해외 거래선과의 관계를 다지는 데 주력한다.

임학규 대표는 우리나라 사람들은 쓰지도 않는 레이더 디텍터라는 제품으로 백금 T&A를 설립하였다. 레이더 디텍터는 미국이나 일본에서 경찰이 속도위반 차량을 단속하기 위해 사용하는 스피드건을 미리 탐지해 운전자에게 알려주는 제품이다. 대학을 졸업하자마자 종합상사 SK글로벌현 SK네트웍스에 입사하여 영업관리 업무를 맡게 됐고 1년 반 뒤 본격적으로 국외영업에 투입됐다. 회사에서 큰 성과를 올려 능력을 인정받았지만 직장인으로서 한계를 느낀 임 대표는 결국 직접 시장을 뚫어보기로 마음먹었다. 전 직장과 같은 아이템을 다루다 보니 충돌이 있을 만도 했지만 그 반대로 임 대표는 오히려 종합상사 시절의 인맥을 활용했다. "설립 1년 만에 미국시장 2위 업체 코브라와 제휴하게 됐습니다. 사업 기반이 미미했던 저는 코브라를 SK글로벌과 연결해 주었어요. 그랬더니 SK글로벌은 제가 회사를 다니던 시절 뚫었던 바이어를 저에게 넘겨주었습니다. 그야말로 상생을 하게 된 거죠."

Ⅳ. 의도적 탐색과 우연성의 만남

창업기회를 발견한 사례 중에 의도적 탐색과 우연이 결합된 경우가 많다. 사업을 하고자 하는 열망을 가지고 노력하다 보면 어떤 상황이나 사건을 계기로 사업 아이디어가 생기는 경우가 있다. 어떤 사람과의 우연한 만남이 사업으로 연결되기도 한다. 이는 창업자가 기회를 찾고자 하는 탐색적인 마인드셋이 있기 때문에 다른 사람들은 무심코 넘길 수 있는 상황에서도 사업 아이디어를 발견하게 되는 현상이다.

로커스의 김형순 사장은 MIT 경영대학원에서 MBA 과정을 수료한 뒤 컬럼비아 대학원의 박사과정에 입학해 마케팅을 공부하고 있었다. 그러던 중 원래 사업을 하고자 하는 마음이 있던 그는 1989년 뉴욕 5번가에 있던 친척 사무실을 빌려 대학 친구와 함께 창업을 준비했다. 사업을 막 시작했을 때,

마땅한 아이템도 없는 상태에서 그는 사업 아이디어를 모으고 정리하기 시작했다. 그는 도서관에 가서 비즈니스위크, 포춘을 비롯한 비즈니스 잡지와 관련 자료들을 날마다 모아 아이디어를 연구했다. 2백여 개의 아이디어 리스트를 확보한 뒤 이를 A · B · C급으로 분류하고 C급은 버리고 새로운 아이디어를 대체하는 과정을 반복했다. 또한 이와 함께 비즈니스에 성공한 사람이나 기업을 방문하여 아이디어를 구하는 작업을 계속했다. 지금 로커스의 주력제품인 메시징 서비스Messaging Service도 이때 발굴한 것으로 그 무렵의 아이디어 리스트에서 1위를 차지한 것이라고 한다.

로커스가 CTI와 관련된 통신기술로 자리 잡게 된 계기는 우연하게 찾아왔다. 김형순 사장의 옆 사무실에 있던 이스라엘 젊은이들이 VMS음성사서함서비스 소프트웨어 개발 · 판매 사업을 하고 있었다, VMS는 사람을 대체할 수 있는 기술이라는 것만으로도 미국 내 시장이 폭발적으로 늘고 있었다. 그것을 보고 국내에서의 가능성을 확인한 김형순 사장은 정말 제대로 된 사업을 할 수 있겠다는 자신감이 생겼고 그 길로 귀국했다.

보안장비 전문업체인 아이디스의 김영달 사장은 미국 PSI에서의 경험을 통해 한국에서의 벤처붐을 예상하고 벤처창업을 결심하게 되었다. 귀국 후 김사장은 '시장이 필요로 하는 제품을 내놓자, 그리고 벤처가 할 수 있는 사업을 하자'라는 두 가지 원칙을 세우고 '개량기술로 기존시장을 파고드느냐' 아니면 '원천기술로 승부하느냐'의 선택 문제를 고려하면서 벤처 비즈니스에 적합한 중장기적인 사업을 찾고자 했다. 김사장은 원천기술 보다는 위험부담이 적으면서 기술우위를 바탕으로 기존시장을 대체해가는 아이템이 유리하다고 판단했다. 비즈니스 방향을 정한 후 세부적인 제품 선정에 들어갔다. 그러던 중 김사장은 우연히 들른 KAIST 내의 경비실에서 한쪽 구석에 수북하게 쌓인 비디오 녹화 테이프를 발견했다. 경비담당자에게 이유를 묻자 보안 경비를 위한 폐쇄회로카메라CCTV용이라고 했다. 그러나 테이프는 하나로 최대 24시간 밖에 녹화를 못했다. 귀가 솔깃했다. 아날로그 방식의 감시 시스템은 조만간 디지털로 전환될 게 뻔했다. 그리고 해외 선진 보안제품의 기술수준을 알아봐야겠다고 생각하고 1997년 뉴욕에서 열린 세계보안장비 전시회ISC EXPO에서 직접 세계시장의 수준을 확인하고 충분히 승산이 있다는 확신이 섰다. 그리고 귀국 후 곧 바로 창업절차를 밟았다.

의도적 탐색과 우연성이 결합되는 경우는 옆길효과side-street effect 때문이다. 이는 사업을 하다가 새로운 사업기회를 찾게 되는 경우로서, 사업을 진행하는 과정에서 연관된 사업기회를 인지하게 되어 사업을 창업하거나 확장해 간다. 이는 목표물을 향해 길을 걷는 도중에 전에 보이지 않던 새로운 길이 보이는 것과 같은 현상이다. 많은 창업자들이 창업 후에 보다 매력적인 사업기회를 발견하게 되는 경우가 많다.

토의주제

1. 벤처기업가를 선정해서 기업가의 창업과정을 조사하고, 기회 발견의 프로세스를 조사해 보자.
2. 기업가가 기회발견을 할 수 있는 원천이 무엇인지 토의해 보자.
3. 기업가가 기회에 대해서 의도적 탐색을 할 때 가장 중시해야 할 것이 무엇인지 토의해 보자.
4. '사업아이디어가 기회는 아니다(Idea is not an opportunity)'라는 말의 의미에 대해 토의해 보자.

읽을거리

데이비드 번넬 · 리처드 뤼커, 「이베이의 거대한 실험」, 영언, 2001.

레베카 손더스, 「아마존의 비밀」, 리드북, 1999.

매일경제, 「나의 사업이야기」, 2000.

매일경제, 「경영은 도전이다」, 2001.

한국소프트웨어진흥원 외, 「소프트웨어 창업 성공기」, 진한도서, 1999.

조병주, Karl H. Vesper, 「기회발견과 창업메카닉스」, 청아출판사, 1999.

Karl H. Vesper, 「New Venture Strategies」, Prentice-hall, 1990.

사업타당성 분석과 위험평가

chapter

8

제 8 장 **사업타당성 분석과 위험평가**

Ⅰ. 사업타당성 분석의 의의

1. 사업타당성 분석의 필요성
2. 유의사항

Ⅱ. 사업성 평가요소

1. 시장성 평가
2. 기술적 타당성 평가
3. 재무적 타당성 평가

Ⅲ. 위험의 평가와 관리

1. 위험의 정의
2. 기술위험
3. 시장위험
4. 관리위험
5. 재무위험

학습목표

1. 사업타당성 분석의 정의와 필요성에 대해 학습한다.
2. 사업타당성 분석의 절차와 각 절차별 점검 사항에 대해 학습한다.
3. 벤처기업이 가지게 되는 위험의 정의와 종류에 대해 학습한다.
4. 위험의 평가방법과 대응방안의 수립에 대해 학습한다.
5. 사업타당성 분석과 위험평가를 통해 사업 아이디어를 체계화할 수 있는 방법을 학습한다.

Ⅰ. 사업타당성 분석의 의의

1. 사업타당성 분석의 필요성

사업은 일생을 건 모험이기 때문에 사전에 신중한 준비가 필요하다. 이를 위한 가장 중요한 과정이 사업타당성business feasibility 검토이다. 기업가의 사업에 대한 아이디어를 가다듬어서 기회로 만드는 과정이다. 좋은 아이디어가 있어도 이를 사업화하는 데 실패하는 원인 중의 하나가 아이디어를 점검하고 문제점을 검토해서 올바른 방향을 설정하는 과정을 간과하기 때문이다. 따라서 사업타당성 분석은 기업경영의 핵심요소를 체계적으로 점검하여 실패요인을 사전에 제거하거나 성공가능성이 적은 사업진출을 미리 포기함으로써 사업실패로 인하여 발생할 수 있는 손실을 예방하는 등 사업성공에 필수적인 과정이다.

사업타당성 분석의 필요성은 다음과 같다.

첫째, 사업가로 하여금 자신의 주관적 아이디어를 객관적이고 체계적인 사업계획서로 작성하게 함으로써 계획하고 있는 사업의 객관성을 높이고, 사업 시작 전 위험요소를 확인함으로써 성공 가능성을 높일 수 있다. 많은 창업의 실패 요인 중 하나는 자신의 아이디어에 대한 사업가의 과신이다. 체계적이고 객관적인 사업타당성 분석은 사업가가 자신의 아이디어를 점검해보고, 약점을 보완하고, 위협요소를 사전에 대비하거나 제거할 수 있는 계기를 마련해 준다.

둘째, 창업자들이 사업타당성 검토를 통하여 구상하고 있는 기업의 제반 문제점과 제약요소들을 사전에 파악하여 창업기간을 단축할 수 있는 등 효율적인 창업업무를 수행할 수 있다. 사업타당성 분석에서는 앞으로 사업의 전개 방향과 강약점 분석을 실시하게 된다. 이 과정에서 창업자는 자신의 아이디어를 사업화하는 데 필요한 자원들을 명확히 구분하고, 이의 획득과 축적에 집중하여 시간 및 자원 낭비를 줄일 수 있다.

셋째, 창업자가 계획제품의 기술적 타당성, 시장성, 수익성 등 세부항목을 분석해 봄으로써 해당 업종에 대해 미처 깨닫지 못한 세부사항을 사전에 인지하여 성공적인 창업을 이룰 수 있다. 새로운 사업 아이디어가 생기면 일반적으로 자신의 사업은 매우 매력적인 것으로 보인다. 그러나 기술적 타당성, 시장성 등 세부항목에 대한 객관적이고, 면밀한 분석의 과정을 거치지 않는다면, 자신이 예상하지 못한 문제들로 인해 위험에 빠질 수 있다. 사업타당성 분석은 자신이 구상한 사업 아이디어를 보다 정교하게 만들 수 있고, 미처 생각하지 못한 새로운 기회를 발견할 수 있다. 따라서 면밀한 사업타당성 분석을 통해 자신이 미처 깨닫지 못한 요소들에 대한 이해를 높일 필요가 있다.

넷째, 기업의 구성요소를 정확하게 파악함으로써 벤처기업가의 경영능력 향상에 도움을 줄 뿐만 아니라, 계획사업의 균형 있는 지식 습득과 보완해야 할 사항을 미리 확인하여 조치를 취할 수 있게 한다. 사업타당성 분석 시에는 창업자 자신에 대한 평가뿐만 아니라 사업에 대한 전반적인 분석이 수반된다. 사업 전반에 대한 분석과정에서 창업자는 자신의 기업규모와 조직 구성방안, 미래 사업방향 등에 대해 구체적인 비전을 가지고 사업을 시작하게 된다. 결국 사업타당성 분석을 통해 창업자는 자신이 개인적으로 보완해야 할 사항들과 함께 자신의 사업 운영방식을 설정하고 운영을 위한 필수지식과 노하우를 습득하게 된다. 따라서 사업타당성 분석을 통해 창업자는 창업 이전에 경영능력을 향상시킬 수 있는 기회를 가지게 되는 것이다.

2. 유의사항

사업타당성 분석이 중요한 과정이기는 하지만 실제 많은 경우 성공한 사업가들도 공식적인 사업타당성 분석을 하지 않고 직관적인 의사결정 과정을 통해 사업을 일으킨 경우도 많다. 또한 사업타당성 분석을 했지만 결정적인 결함을 간과함으로써 실패를 가져오는 경우도 있다. 그래서 극단적인 경우 사업타당성 분석 무용론을 주장하기도 한다. 사업타당성 분석이 모든 문제를 사전에 발견하고 예방할 수 있다는 생각도 한 쪽으로 치우친 생각이고, 반면 사업타당성 분석이 가지는 한계점 때문에 필요성을 무시하는 것도 타당하지 않다. 어떻게 적절하게 활용하는가가 중요하다. 사업타당성 분석이 도움을 주지 못하는 경우는 다음과 같다.

첫째, 열망의 함정과 선택적 합리화 현상이다. 사업성공의 열망이나 자신의 사업 아이디어에 대한 과신에 사로잡힌 나머지 사업성공에 유리한 자료나 정보만을 선택적으로 받아들여 분석의 객관성을 상실하는 경우다. 사람은 무의식적으로 자신이 관심을 가지고 선호하는 정보의 의미는 크게 해석하고, 반대의 경우는 과소하게 취급하는 경향이 있다. 이를 심리학 용어로 확증편향confirmation bias이라고 한다. 사업을 하려면 남다른 열망이 필요하지만 선택적 합리화를 경계해야 한다. CEO가 개인적 선호나 열망에 사로잡혀 있는 경우 사업타당성 분석이라는 과정을 거쳐도 형식적인 것이 되고, 결국 이미 정해진 방향을 합리화 해주는 분석과정을 거치게 되기 때문이다.

둘째, 근본적 가정fundamental assumptions에 대한 철저한 검토과정을 간과하는 경우이다. 사업의 타당성을 분석하려면 사업의 성패를 결정하는 핵심 요인에 대한 정보와 자료의 분석이 필요하다. 그러나 신규사업과 같은 전략적 의사결정의 경우 의사결정 시점에서 충분한 정보나 자료가 제공되지 않는 경우가 많다. 그래서 핵심변수에 대해 주어진 정보를 바탕으로 추정 내지 가정을 하게 된다. 이 과정에서 핵심 가정 또는 전략적 가정에 대해 심도 있는 분석을 하지 못하는 경우가 많다. 이런 현상의 원인은 의사결정에 참여한 사람들이 근본적인 가정에 대해 공개적으로 토의하는 것을 꺼리는 성향이 있기 때문이다. 사람들은 대화과정에서 서로 간에 근본적인 생각이 다르다는 것은 표출시키고 싶어 하지 않는 경향이 있다. 특히 회사의 최고의사결정자나 실세의 의견에 따라 대세가 결정되면 따르려는 경향이 강하며, 이에 반론을 제기하는 것을 꺼려하는 경향이 있다. 이러한 심리적 성향으로 인하여 사업의 운명을 좌우할 전략적 가정에 대한 검토를 소홀히 함으로써 실패를 초래하는 경향이 있다.

셋째, 정보와 자료의 제약 때문이다. 사업타당성 분석은 어느 수준의 자료를 얼마나 입수하느냐에 따라 사업타당성 분석의 품질이 결정된다. 그러나 대부분의 신규사업은 정보의 입수가 쉽지 않다. 특히 새로운 기술이나 첨단 기술에 기초한 벤처형 사업의 경우 정보의 제약이 크다. 대기업의 경우는 자본과 인력을 갖추고 있기 때문에 상대적으로 유리하지만, 창업기업의 경우 이 문제가 심각하다. 제한된 정보와 자료에 입각하여 의사결정을 내리기 때문에 시행착오가 불가피한 경우가 많다. 물론 충분한 시간을 가지고 정보나 자료를 분석하면 이러한 오류를 피할 수 있다고 주장할 수도 있지만, 이 경우 시장진입의 타이밍을 놓칠 우려가 있다. 창업은 부분적 무지가 불가피한 의사결정decision-making with partial ignorance 또는 높은 불확실성하에의 의사결정decision-making under high uncertainty이 되는 이유가 여기에 있다.

Ⅱ. 사업성 평가요소

1. 시장성 평가

시장성이란 기업이 제공하고자 하는 제품이나 서비스의 시장반응을 측정, 평가하는 개념이다. 실제로 제품이나 서비스가 시장에 진입했을 경우 고객들이 어떤 반응을 보일 것인가, 즉 얼마나 많은 수의 고객이 그 제품이나 서비스를 구매할 것인가는 사업의 성패와 직결된다. 따라서 시장성은 벤처기업의 창업타당성 분석과정에서 가장 중요한 분야다. 아무리 좋은 제품을 만든다고 하더라도 해당 제품이 시장에서 수용되지 않는다면 기업의 생존이나 성과실현이 불가능하기 때문이다.

벤처창업의 실패사례를 보면 좋은 제품을 만들고도 판매가 제대로 되지 않고, 그 결과 손익분기점에 도달하는 기간이 너무 길어져 사업이 본 궤도에 올라가지도 못하고 도산해 버리는 경우도 있다. 벤처창업자는 시장성 분석을 통하여 사업 성패를 사전에 판단할 수 있는 중요한 정보를 얻고자 하는 것이다. 생산할 제품이나 서비스가 시장에서 언제, 어느 정도 팔릴 수 있는가를 분석하기 위해서는 다양한 환경 변수들에 대한 가정을 두고, 각 상황에 따른 판매예측을 실시해야 한다.

시장성 평가에서는 자신이 하고자 하는 산업의 시장 동향이 어떠한지, 경쟁자들은 어떻게 분포되어 있으며, 그들의 사업전략은 무엇인지, 시장 수요는 어떻게 변하고 있으며, 소비자 욕구는 어떻게 변화되고 있는지, 매출 계획은 어떠한지를 분석하여야 한다. 이에 더하여 경쟁자들과 차별화하기 위한 자신의 경쟁우위요인은 무엇인지 계획을 세워야 하며, 만약 창업자가 시장 후발주자라면 선발주자의 이점을 상쇄할 수 있는 요인이 무엇인지도 명확히 해야 한다.

시장성 분석의 주요 목표는 시장크기와 성장가능성이다. 이미 시장이 형성되어 있는 경우는 창업기업이 자기 제품의 가격과 품질 경쟁력을 가지고 기존 시장에서 얼마만큼의 시장을 차지할 수 있는가, 즉 시장 점유율 확보가 주된 관심사가 된다. 시장 전체를 100%로 보았을 때 새롭게 제공하고자 하는 제품이나 서비스가 그 중 얼마나 차지하게 될 것인가를 분석하게 된다. 시장점유율은 바로 매출 규모가 되며, 가격과 원가 수준에 의해 수익성과 직결된다. 그러나 창업기업의 경우 새로운 제품이나 서비스에 대한 고객의 반응을 사전에 예측하기 어렵기 때문에 시장점유율을 예측하기 어려운 한계가 있다. 특히 혁신적인 기술이나 서비스의 경우 새로운 고객을 창조해야 한다는 점에서 불확실성과 위험이 매우 높다. 시장조사를 위한 설문조사, FGIfocus group interview, 델파이 분석 등과 같은 방법이 도움이 되지만 새로운 시장을 창출하는 사업의 경우 유효성이 약하다.

대다수 창업기업의 경우 일단 틈새시장의 고객들에게 제품을 선보이고 테스트를 하면서 고객을 만들어 가는 고객 창조creation of customers의 과정을 거치게 된다. PC를 발명한 스티브 워즈니액이 “도대체 누가 이것을 사겠는가?”라고 했을 때, 스티브 잡스가 “일단 팔아보자”라고 하면서 애플이라는 기업이 시작됐다. 육상선수들의 발이 부르트는 고통을 해결하기 위한 러닝슈

즈를 만든 빌 바우어만과 필 나이트도 차 트렁크에 샘플을 싣고 다니면서 고객들의 반응을 감지하면서 시장을 확대했고 마침내 나이키라는 스포츠용품 시장의 최강 기업을 만들었다. 프리미엄 커피 체인점의 가능성을 가지고 시작한 스타벅스도 창업초기에 접촉한 투자자들의 대부분은 잠재적 시장에 대해 비관적인 견해를 표명하면서 투자를 거절했다. 따라서 이러한 사례를 볼 때, 시장성 분석은 동태적인 시장의 변화나 고객의 반응을 사전에 파악하는데 한계가 있음을 알고 접근해야 한다. 또한 예상했던 것만큼의 고객반응이 나타나지 않을 때, 제품이나 서비스의 모델을 바꾸는 유연성이 필요하다. 이를 도와주는 방법론이 바로 린스타트업이다.

표 8-1 시장성 평가항목

평가요소	평가방법
가격 및 품질 경쟁력	• 경쟁제품 및 수입품과의 비교 • 자사제품의 비교우위요인 도출
시장현황 및 수요전망	• 일반적인 시장 현황 • 시장 규모 및 전망 • 판매영역별, 고객별 잠재수요 분석 • 국내 제품 및 대체, 유사품에 대한 수급 실적 • 시장의 특성 및 구조 분석 • 소비자 특성 및 변화 추세 분석
매출계획	• 시장 개척 및 판매계획의 실현가능성 분석 • 시장점유율 분석 • 판매량 증감요인 분석 및 영역별 판매 전망
제품 분석	• 제품의 강약점 분석 • 제품의 라이프 사이클 및 보급률 분석 • 제품원가 및 마케팅 비용 분석 • 마진율 및 제품 가격 분석
경쟁자 분석	• 재무상태 비교 • 생산 능력 및 실적 비교 • 주요 경쟁요소 비교 • 전략집단 분석

출처 허창문 (1999)을 중심으로 재정리.

2. 기술적 타당성 평가

기술적 타당성 평가에서는 자신이 보유하고 있거나, 개발계획 중인 기술의 특징은 무엇인지, 연구개발진의 기술개발 능력은 어떠한지, 연구개발 투자계획과 창업자의 기술에 대한 이해정도와 개발, 참여 가능성에 대해 분석하고자 하는 것이다. 본 단계에서는 창업자가 보유하고 있거나, 추후 개발을 예정하고 있는 기술이 경쟁자에 비해 어떠한 차별성을 가지고 있는지에 초점을 맞추어야 한다. 만약 창업자가 가지고 있는 기술이 차별성이 있다면, 이를 적극적으로 강화할 수 있는 기술개발 능력 및 인력의 조달이 가능한가를 살펴보아야 한다. 기술적 타당성 평가단계에서는 창업자뿐만 아니라 기술개발 인력에 대한 통제력과 장악력이 중요하다. 핵심 기술인력이 이탈하는 경우 사업에 막대한 영향을 미치게 된다. 더욱이 이탈한 핵심 기술인력이 경쟁기업으로 가거나 동일업종의 창업을 하는 경우 심각한 위험이 발생한다. 따라서 핵심 기술인력을 유지하기 위한 주식공여나 스톡옵션 등을 부여하는 장단기 보상책을 마련해야 한다.

기술적 타당성 평가는 먼저 기술의 핵심적 내용을 포괄하고 그 기술 위험요소를 분석하는 과정을 포함하며 기술의 유용성을 평가하는 것이다. 기술적 타당성 평가는 자료나 지식이 부족한 상태에서 실시해야 하는 경우가 많아 정확성이 떨어지는 경우가 많다. 창업자가 기술전문가이거나 엔지니어인 경우라도 기술적 타당성에 대한 면밀한 분석이 요구된다. 벤처기업의 핵심이 기술력인 만큼 회사의 운명이 좌우될 수 있는 기술력에 대해 창업자가 자신이 개발자라는 이유로 분석을 등한시한다면 올바른 기술개발이 어려울 수 있다.

기술적 타당성 평가에서는 계획제품의 생산과 관련된 생산 시의 문제점, 생산계획 및 제조원가를 추정하여 상업화의 가능성을 검토하여 보아야 한다. 한편, 기술수준이 선진국과 비교하여 손색이 없더라도 상품화하여 시장을 개척하는 데는 선진국보다 어려움이 많은데, 이는 기술적 타당성과 시장성이 반드시 일치하지 않기 때문이다. 기술적 타당성이란 시장경쟁력을 유지하는 데 중요한 요소일 뿐 기술 그 자체가 중요한 포인트는 아니다.

기술적 타당성 평가요소를 보면 먼저 제품개발 가능성 및 기술능력이 있다. 여기서는 기술인력 현황, 핵심기술의 내역, 기술 도입 및 협력 가능성, 연구개발 과정 및 개발일정을 먼저 확인해 보아야 한다. 기술인력의 학력분포, 연구개발 업적 등에 대해서도 면밀하게 평가해야 한다. 핵심기술의 내역에서는 핵심기술의 정의, 개발진척 정도, 향후 전망에 대해 초점을 맞추어야 한다. 기술 도입 및 협력 가능성에서는 외부로부터 기술이전 계획, 혹은 핵심기술 개발에 있어 타 기업과의 공동개발, 협력개발 가능성에 대해 살펴보아야 한다.

다음으로 제품의 특성 및 경쟁력을 정의해야 한다. 제품의 특성 및 경쟁력 분석에서는 유사제품과 비교한 계획제품의 기술적 우수성, 가격 경쟁력, 대체기술의 출현가능성, 기존의 특허현황, 해외기술의 도입 가능성, 기술변화 사이클을 분석해야 한다. 이는 앞서 본 시장성 분석에서도 나온 것이다. 그러나 시장성 분석과 비교하여 보다 자세한 분석이 기술적 타당성 평가에서 요구된다.

마지막으로 생산 능력 및 계획에 대한 분석이 요구된다. 공장시설 확보의 정도 및 계획, 적정한 기계설비 구입 및 배치, 원·부자재 조달의 안정성, 원·부자재 가격의 안정성, 생산인력 조달상의 문제점, 생산 계획 및 원가 추정이 본 단계에서는 필요하다. 공장시설 확보의 정도 및 계획에서는 기존 입지조건과 요구되는 입지조건과의 비교를 통해 보다 합리적인 결과를 도출해야 한다. 그 외의 요인들에 대해서도 면밀한 현상 파악과 미래 조망을 통해 기술적 타당성 평가를 보다 정확히 해야 한다.

표 8-2 기술적 타당성 평가항목

평가요소	평가항목
기술적 특성	• 기술상의 차별성 • 경쟁제품 및 수입품과의 기술 차이, 성능 비교 • 외부 연구기관의 자문 • 신기술 관련 인증, 심사 등의 시험자료 활용 • 동업계와 산업별 단체 또는 기술에 대한 분석
기술개발 능력	• 기술인력의 과거 개발 실적 • 회사의 개발기술 보유내용
R&D 투자	• R&D 투자비율 • 총인원대비 기술인력의 비율
대표자의 기술 장악력	• 대표자의 기술개발 능력 • 핵심 기술인력의 이탈 가능성 • 신규 인력 확보 가능성

출처 허창문 (1999)을 중심으로 재정리.

3. 재무적 타당성 평가

재무적 타당성 평가를 위해서는 우선 기존의 재무구조, 수익성, 자금수지 상황분석과 사업계획을 토대로 향후 소요되는 시설자금과 운전자금 규모 등을 파악하고, 이러한 소요자금을 조달하는 방법으로서 영업활동을 통하여 들어오는 현금과 내부유보자금과 증자 등을 통한 자금조성의 가능성을 검토한다. 그 다음에 각 기간별로 예상되는 자금 과부족에 대하여 그 규모와 신규 차입가능성 및 상환능력을 평가한다. 추정 재무제표는 미래의 사업에 영향을 주는 여러 가지 불확실성을 단순화하여 작성되기 때문에 민감도 분석이나 위험분석을 실시하여 효율적인 투자결정을 유도하여야 한다.

재무적 타당성 분석을 위해서는 우선 창업에 필요한 총소요자금의 추정이 필요하다. 소요자금은 설비투자와 운전자금으로 구성된다. 사업을 시작하게 되면 인적자원과 연구개발 등에 대한 투자가 필요하다. 총소요비용과 기대매출액을 산정하여 손익분기점에 도달하는 시기를 추정해야 한다. 이를 바탕으로 추정 손익계산서, 추정 대차대조표, 현금흐름표를 작성해야 한다. 재무적 타당성 분석이 명확하지 못하다면, 금융기관으로부터의 융자나 벤처캐피탈이나 엔젤로부터의 투자를 받기가 어려워지고, 이는 사업성공의 장애요인이 된다.

재무적 타당성 평가는 사업에 필요한 자본의 추정과 수익성 추정, 이를 기초로 한 경제성 평가가 중심이 된다. 일반적으로 창업기업의 자금수요는 당초의 예상보다 늘어나기 마련이다. 기술창업인의 경우 자금조달과 관리를 안이하게 생각하거나, 사업의 빠른 성장에 고무되어 과다한 설비투자와 방만한 경영을 시도하다가 자금부족이 발생하여 실패하는 사례가 많다. 재무적 타당성 평가는 시장성과 기술적 타당성 평가에서 얻은 자료를 토대로 재무정보를 구축하는 데 그 목적이 있다고 할 것이다.

민감도 분석sensitivity analysis은 계획의 전제가 된 가정치를 변경하여 영향도를 파악하는 것이다. 각 비용과 수익성 요인이 변화할 때 그것이 현재가치 현금흐름과 투자수익률에 양적 영향을 얼마나 미치는지를 시뮬레이션을 통해 분석하는 기법이다.[1] 민감도 분석은 회귀분석을 이용한 분석과 전문적인 시뮬레이션 프로그램을 이용한 분석이 있다.

손익분기점 분석은 모든 비용을 고정비와 변동비로 나누어 비용과 가격, 판매수량에 따라 매출과 이익이 어떻게 변하는가를 분석하는 방법이다. 창업기업의 경우 고정비와 변동비는 추정 손익계산서 등에 의해 각각 구분하여 계산하는 것이 원칙이지만 다음과 같은 약식을 활용하기도 한다.

- 고정비 = 판매비와 일반관리비 + 영업외 비용 + 제조경비 + 노무비 50% + 재고 조정 중 고정비
- 변동비 = 재료비 + 노무비 50% + 재고 조정 중 변동비
- 손익분기점 매출액 = 고정비/{1 − (변동비/실제 매출액)}

1 정승화, 「벤처창업론」, 박영사, 1999.

재무적 타당성 평가 시 주요 점검 내용은 표 8-3과 같으며, 재무적 타당성 평가의 흐름은 그림 8-1과 같다.

표 8-3 재무적 타당성 평가항목

항 목	평가항목		
필요자금 분석	• 시설자금	• 운전자금	• 향후 현금 흐름
경제성 분석	• 자본 조달 비용	• 수익성 추정	• 손익분기점 도달시기
유동성 분석	• 민감도 분석	• 부채비율	• 유동비율

그림 8-1

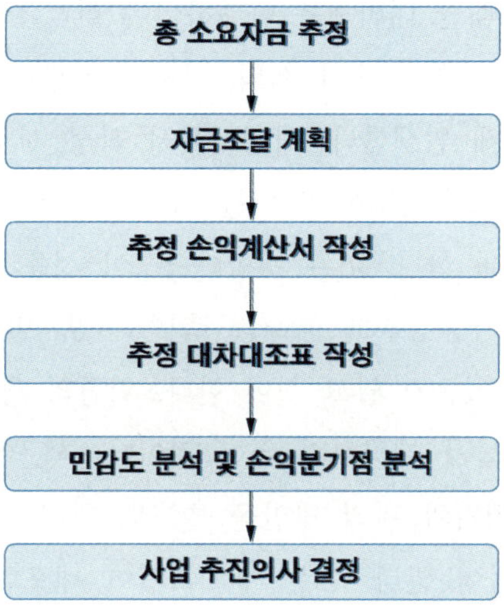

재무적 타당성 평가의 흐름

Ⅲ. 위험의 평가와 관리

1. 위험의 정의

창업이 실패하는 원인은 다양한 종류의 위험에 노출되기 때문이다. 특히 창업초기 단계에서는 위험에 대처할 만한 역량이 충분하지 못하기 때문에 실패할 가능성이 높다. 따라서 창업자가 사업을 지속적으로 성장시키기 위해서는 내부 역량의 개발과 함께 창업 후 성장단계에 따른 사업위험을 적시에 파악하고, 이에 대한 대비책을 마련하여야 한다.

사업의 위험은 시장의 급속한 쇠퇴, 기술의 진부화, 자본 조달의 어려움 등 다양한 원인에 의해 발생한다. 사업계획서 작성 시 투자자는 창업기업이 당면하게 될 위험이 어느 정도이며, 이를 어떻게 극복할 것인가에 대한 기업가의 방안을 알고 싶어 한다. 이는 사업타당성이 성공 시 어느 정도나 이익을 실현할 것인가의 가능성upside potential 측면도 있지만, 실패 시 어느 정도나 위험downside risk이 있는지 알고 싶어 한다. 위험의 평가는 바로 이러한 투자자의 질문에 대한 답을 제공하기 위한 것이다. 최근에 와서는 사업계획서의 작성 시 위험의 평가와 관리 방안을 별도의 항목으로 상세히 기술할 것을 요구하는 투자자들이 많다. 이는 벤처사업이 내포한 불확실성과 위험이 높기 때문에, 자신의 투자가 어느 정도의 리스크를 가지고 있으며 이에 대처할 수 있는 수단이 마련되어 있는가에 대한 보다 구체적인 정보를 얻고 싶어 하기 때문이다.

일반적으로 벤처창업 과정에서 직면하게 되는 위험은 크게 기술위험, 시장위험, 관리위험, 재무위험으로 구분된다. 각 항목의 내용을 정리하면 다음과 같다.

2. 기술위험

기술위험의 대표적인 형태는 기술개발에 실패하는 것이다. 잠재적 가능성을 믿고 수년간 막대한 예산을 투자했는데, 기대했던 기술이 개발되지 않는 경우 기업은 심각한 위험에 직면하게 된다. 미래산업의 정문술 사장은 반도체 자동검사장비를 개발하다가 이러한 위험에 직면했었다. 수년간 전 재산을 투자한 기계가 최종 성능 테스트를 해 보니 육안으로 검사하는 것보다 느려서, 결국은 실용성이 없는 기계를 개발한 결과가 되고 말았다. 정 사장은 도산직전에서 축적된 기술을 활용해서 테스트 핸들러 개발에 성공함으로써 위기를 극복할 수 있었지만, 이 단계에서 실패를 경험하고 사업을 포기하게 되는 벤처기업의 사례가 많다.

다른 예로 혈액을 채취하지 않고 피부 접촉만으로 혈액속의 당을 측정할 수 있는 의료기기를 발명한 벤처기업도 이와 유사한 위험을 겪었다. 실용단계에서 정확성이 떨어져서 결국 사업에 실패하고 말았다. 교수나 연구원들이 중심이 된 실험실 창업에 대해 비판적인 견해가 많이 나온 원인 중의 하나가, 실험단계의 기술을 가지고 지나치게 낙관적인 전망을 하여 막대한 투자를 유치했지만, 기술개발에 실패함으로써 투자자의 불신을 초래했기 때문이다.

기술개발의 위험으로 시제품 개발에 과다한 시간과 비용이 걸림으로 인해 적시에 시장에 진입하지 못하는 경우가 있다. 벤처기업의 성패는 경쟁기업 간에 누가 더 적기에 제품을 출시하는가에 달려 있는 경우가 많다. 또 다른 경우는 소규모 생산이나 실험단계에서는 문제가 밝혀지지 않았으나 대량 생산 시 설계의 결함이 들어나는 경우가 있다. 그리고 현재의 기술로 품질이나 가격경쟁에 효과적으로 대처하지 못함으로써 오는 위험도 있다. 상용화에는 어느 정도 성공했으나 기술 진부화 등의 위험에 처하는 경우도 있다. 기술위험은 첨단기술이나 신기술에 의존한 창업 시 가장 많이 발생하며, 이를 극복하기 위한 방안을 살펴보면 다음과 같다.

시제품 개발에 과다한 시간과 비용이 걸리는 문제를 해결하기 위해서는 시제품에 대한 기본 개념을 보다 단순화시킬 필요가 있다. 이를 통해 기본적인 시제품 개발을 완료하고, 그런 연후에 보다 완벽한 시제품을 개발하도록 하는 경우다. 첨단기술이나 신기술 제품은 지식집약적 제품이기 때문에 상업화 초기에 완벽한 제품을 개발하기가 힘들다. 고객이나 시장테스트를 통하여 문제점을 발견하고 이를 신속하게 개선하여 보다 완전한 제품을 만들어 가는 경우가 많다. 따라서 경쟁의 초점은 누가 더 신속하게 기술성능을 향상시켜서 고객의 기대에 대응할 수 있는가이다.

시제품 생산 공정의 전반을 다시 한 번 살펴보면서 불필요한 부분을 없애거나, 병목 공정을 단순화시킬 수 있는 방법을 마련하여야 한다. 제품설계 결함으로 인한 위험은 제품불량으로 이어져 소비자에게 직접적인 위험이 전가되기에 매우 철저하게 검사되어야 한다. 만약 이러한 위험에 노출되었다고 한다면 제품설계의 변화를 통해 위험을 없애거나, 차기제품으로 빠른 전환을 통해 소비자 불만을 최소화시킬 수 있어야 한다. 상용화 이전 기술 진부화에 대처하기 위해서는 새로운 기술개발 동향에 민감하게 반응하면서, 자사 제품에 이를 반영하여야 한다. 이 문제를 해결하기 위한 수단으로 개발된 방법론이 린스타트업lean start-up이다.

3. 시장위험

시장위험은 시장의 급격한 변화, 혹은 시장의 구조적 문제로 인해 발생할 수 있는 위험이다. 시장의 구조적 문제로 발생할 수 있는 종류는 높은 시장 진입장벽, 저조한 시장반응, 높은 교체비용이 있고, 시장의 급격한 변화로 인한 문제는 소비자 욕구의 변화, 대체재의 등장을 들 수 있다.

가. 시장의 구조적 문제로 인한 위험

시장 진입장벽으로는 원부자재의 공급원 발굴, 원가 격차, 제품 차별화,

경쟁업체의 확고한 기술 및 서비스로 인한 좁은 틈새시장 등이 있다. 시장진입장벽을 극복하기 위한 방법으로 생산 단계의 융합 혹은 축소, 생산 설비의 기계화를 통해 원가우위 요인을 발굴할 수 있도록 해야 한다. 원부자재 공급원의 발굴 어려움을 해소하기 위해서는 국내에서 원부자재 공급이 힘들다면 수입을 통해 해결하든지, 공급업체와의 협상을 통해 조달할 수 있는 방법을 개발하여야 한다.

제품차별화를 위해서는 제품의 개념을 다시 정립하거나 제품에 새로운 기능을 추가하여 보다 사용이 편리한 제품을 만드는 방법이 필요하다. 경쟁업체의 확고한 기술 및 서비스로 인한 좁은 틈새시장을 극복하기 위해서는 경쟁업체보다 진화된 기술 및 서비스의 제공과 같은 방법이 필요하다. 저조한 시장반응을 극복하기 위한 방법은 마케팅 및 광고의 확대를 통한 소비자 인지도 강화 혹은 소비자 욕구의 증대를 통해 자사제품에 대한 수요를 창출하는 방법이 있다. 높은 교체비용으로 인한 문제는 이전 제품과의 호환성을 높이거나, 고객에게 정보와 무료샘플을 제공하거나, 제품설명회를 여는 등의 방법으로 해결할 수 있다.

나. 시장의 급격한 변화로 인한 위험

소비자 욕구의 변화로 인한 위험을 극복하기 위해서는 욕구변화를 지속적으로 모니터링하면서 이에 대응해 나가야 한다. 그러나 급격하게 새로운 욕구가 창출되면 새로운 욕구를 자사의 기본제품에 추가함으로써 해결할 수 있다. 이때 끊임없는 연구개발과 소비자욕구 파악을 통해 같은 위험이 반복되지 않도록 하여야 한다.

경쟁업체의 추월로 인한 시장위험은 매우 큰 위협으로 다가오게 된다. 따라서 경쟁업체의 기술개발 정도, 미래전략에 대한 철저한 분석을 통해 대응해 나가야 한다. 대체재의 등장으로 인한 위험은 대체재가 수용할 수 없는 자사제품의 기능성을 강조하여 대체재로 인한 시장잠식을 최소화하거나, 소비자의 전환비용을 극대화함으로써 대체재의 대체성substitutibility을 약화시키는 방법을 사용해야 한다.

다. 경쟁으로 인한 위험

경쟁위험은 시장에서 기업 간 경쟁으로 인해 발생하는 위험들로서 기업을 운영하는 매순간마다 다가오는 일상적 위험이면서, 그 파급효과가 가장 큰 위험이라고 할 수 있다. 경쟁위험은 신규진출기업의 위협, 기존기업의 보복, 과당경쟁, 지속적 경쟁우위의 부재로 인한 위험이 존재한다. 신규진출기업의 위협에 대응하기 위해서는 신규진출기업이 시장에 진입하기 전에 진입장벽을 높이는 방안이 필요하다. 이를 위해서는 시장커버리지를 확대하거나, 신규진출기업보다 높은 기술력을 확보하거나, 신규진출기업에 대한 공급원을 없애거나, 유통망을 선점하는 것과 같은 방법이 존재한다.

기존기업의 보복은 자사가 새로운 시장에 참여할 때 기존기업들이 행하는 보복과 자사의 이전 사업과 관련된 기업들의 보복으로 나눠질 수 있다. 신규시장의 기존기업들이 행하는 보복행위는 신규진출기업의 위협에 대처하는 방안들로 나타날 것이다. 이를 극복하기 위해서는 빠른 시장진입과 철저한 시장의 세분화를 통해 초기 시장점유율을 높여야 한다. 기업들의 보복행위는 사업에 대한 공급 혹은 하청의 철폐, 교체비용 전가와 같은 형태로 존재할 수 있다. 이를 막기 위해서는 신규시장으로의 동반진출, 관련 기존기업과의 계약관계에 대한 성실한 이행 등으로 해결해야 한다.

지속적 경쟁우위 부재로 인한 위험은 결국 기업의 핵심 경쟁역량이 없거나, 희석된 경우에 발생하게 된다. 이를 극복하기 위해서는 지속적인 연구개발과 함께 경쟁우위요인의 확보가 필요하다. 이외에도 필요에 따라서 새로운 경쟁우위요인을 개발하고, 이를 중심으로 산업의 경쟁법칙을 바꾸는 전략이 요구된다.

많은 벤처기업가들이 호소하는 문제가 과다경쟁으로 인한 위험이다. 따라서 창업자는 과다경쟁이 벌어질 경우 어떻게 시장의 진입장벽을 높일 것인가 혹은 경쟁자들을 따돌릴 수 있는 자신만의 경쟁우위를 무엇으로 가져갈 것인가를 준비해야만 한다.

4. 관리위험

벤처기업의 성장에 따라 복잡성이 증가하고, 재고, 판매, 외상매출금의 관리 부실, 창업팀과 신규영입인력 간의 갈등 등 관리상의 문제가 발생한다. 벤처기업은 초기에 제품의 생산 및 개발을 위해 창의성을 촉진하고, 우수인력을 유치하면서 조직이 성장하게 된다. 이 과정에서 벤처기업 내에 정해진 규칙과 구조가 없음으로 해서 여러 가지 문제가 나타나게 된다.

특히 우리나라의 벤처창업은 대학 선후배, 친구, 이전 직장 동료 등의 비공식적이고 인간적인 관계로 시작된 경우가 많다. 이러한 경우 초기에는 응집력을 통해 경쟁력을 확보하는 데 긍정적으로 작용한다. 그러나 조직의 규모가 커지게 되면서 인간관계가 갈등요소로 작용하게 되는 경우가 나타나게 되고, 결국 조직을 구조화하고 관리체계를 정립함으로써 극복하게 된다.

재고관리상의 위험은 재고부족으로 인한 기회비용과 과다한 재고로 인한 관리비용의 증가 때문에 발생한다. 재고부족은 판매예측을 과소하게 한 결과로 발생하게 된다. 반면 과다한 재고는 재고비용의 증가, 유휴 생산설비의 발생과 같은 많은 문제점을 일으킨다.

판매관리는 벤처기업들이 겪는 대표적인 어려움 중의 하나이다. 유통망의 대리점 혹은 지역총판이 마진율 증대와 같은 요구를 할 수 있다. 이에 대비하여 언제나 대체 가능한 대리점이나 지역총판을 마련해 두던지, 직접 판매의 방식을 활용할 수 있어야 한다. 신용매출의 경우 자금의 회수관리가 중요하다. 사업 초기 신용이 미약한 대리점이나 유통업자와 거래를 하다가 자금회수의 어려움을 겪는 경우가 많다.

성장에 따른 관리체계를 수립하기 위해서는 관리역량이 있는 전문가를 외부로부터 스카우트하던지, 내부인력을 키워야 한다. 급성장하는 벤처의 경우 외부인력을 영입하는 경우가 많다. 그러나 관리를 강화하다 보면 관료화의 위험에 빠지게 될 수 있다. 규정에 의존하다 보면 의사결정이 느려지고 의사소통에 장애가 발생하게 된다. 또한 조직의 창의성이 저하되고 경쟁력이 약화되는 위험에 처하게 된다. 따라서 관리의 체계를 구축하면서도 관료화의 위험에 빠지지 않도록 하는 경영자의 균형감각이 필요하다.

일반적으로 성공적인 벤처기업의 경우 신규영입인력은 창업팀보다 우수한 인력을 영입하게 되는 경우가 많다. 그래서 창업팀에 비해 과다한 보상을 받게 되는 경우 창업초기부터 고생한 창업팀의 불만이 높아지게 된다. 반면에 창업팀이 응집력을 가지고 기득권을 주장하는 경우 반대의 불만이 나오게 된다. 신규영입인력과 창업팀이 상이한 경력과 문화를 가지고 있는 경우 갈등은 증폭된다. 이 경우 최고경영자의 조정역할이 중요하다. 창업팀과 신규 영입인력간의 갈등을 해결하기 위해서는 보상의 형평성을 확보하고 원활한 의사소통을 통해 상호 이해하고자 하는 노력이 요구된다.

5. 재무위험

기술위험, 시장위험, 경쟁위험 및 관리위험은 재무위험과 밀접하게 연관되어 있으며, 기업실패는 궁극적으로 재무위험으로 인하여 발생하게 된다. 창업초기에 재무위험이 나타나게 되는 일반적인 원인은 투자 대비 수익의 불균형으로 인한 현금흐름의 악화다. 이는 사업계획 시 자금소요예측에 오류가 있었거나, 예기치 못한 위험의 발생으로 자금소요가 과도하게 발생하는 경우에 나타난다.

일반적으로 벤처기업은 창업초기 자금동원의 어려움을 겪게 된다. 사업성이 확실하지 않고 신용도 구축되어 있지 않기 때문에 저조한 자금 동원 under-capitalization으로 인한 악순환을 겪게 되는 경우가 발생하게 된다. 자금력의 부족으로 초기 과감한 기술개발 투자나 마케팅 활동을 하지 못해 경쟁우위를 확보하지 못하게 되면, 시장지위가 약화되고 매출부진이 발생해서 경쟁에서 밀리게 된다. 또한 과도하게 부채를 쓰게 되면 금융비용의 부담이 높아지고, 경기악화 시 도산의 위험이 증대된다.

부채가 많으면 신용평가의 불이익으로 인하여 추가적인 자금조달에도 부정적인 영향을 미치게 된다. 부채비율이 높으면 이자부담으로 당기순이익을 잠식시킬 수 있기 때문에 성장성이 높은 벤처기업임에도 불구하고 수익성이 악화될 수 있다. 최근에는 이자율이 낮아서 이러한 부담은 다소 완화되었지만, 부채로 인한 재무위험을 감소시키기 위해서는 다양한 자금원의 확보가 필요하다.

재무위험은 자본이 저조하게 조달된 경우 발생하기도 하지만, 반대로 자금이 과도하게 조달된 경우over-capitalization에 발생하기도 한다. 이 경우 방만한 경영과 과도한 투자로 인한 위험이 발생할 수 있다. 초기에 자본이 과도하게 몰림으로 해서 창업자는 애초의 사업목표에 더하여 여러 가지 새로운 사업을 벌이게 된다. 또한 지나치게 공격적인 경영전략을 수립하기도 한다. 기업의 자원과 역량이 제대로 구축되지 않은 상황에서 여러 가지 사업을 추진하다 보면, 점차 통제력을 잃고 방만한 경영을 하게 된다. 어느 순간 경제환경이 바뀌게 되어 자금조달이 어렵게 되면 과도한 투자부담으로 인하여 위험에 처하게 된다.

우리나라의 벤처기업들이 수년 전 코스닥 과열과 벤처붐으로 인하여 자금조달이 용이한 상황에서 이러한 잘못을 범한 경우가 많았다. 상대적으로 풍족한 자금력을 가지고 동시에 여러 프로젝트를 시작했다가 실패한 경우가 많았다. 벤처기업이 벤처캐피탈을 인수해서 운영한 사례도 있었다. 그러나 코스닥의 침체 및 주가하락으로 인하여 추가적인 자금조달의 길이 막히자 재무적 곤경에 빠지게 되고, 결국은 도산하게 된 기업도 나타나게 되었다. 벤처창업과정에서 과소한 자금조달도 문제이지만 과다한 자금조달도 심각한 위험요소를 내포하고 있음을 인식해야 한다.

재무위험에 대처하기 위해서는 조직 내에 자금의 조달과 관리를 담당하는 전문인력을 보유해야 한다. 벤처의 성장단계에서 적기에 재무담당 중역CFO을 영입해야 한다. 그러나 보다 중요한 것은 창업자 자신이 재무적 위험에 대한 사전적 지식을 갖고 대비해야 한다는 점이다.

사업매력도 스크리닝

1. 시장성과 수익성

항목	높은 사업매력도	낮은 사업매력도
필요사항/욕구/문제점/어려움	쉽게 파악됨	쉽게 파악되지 않음
소비자 관계	쉽게 도달 구매설득 가능	도달 어려움 타 상품 충성도 높음
원금회수	1년 미만 소요	3년 이상 소요
가치창출/부가가치	기대수익 40% 이상	기대수익 20% 미만
시장규모	500억 원 이상 규모	500억 원 미만 규모
시장성장률	연평균 20% 이상	연평균 20% 미만
순이익	40% 이상, 지속성 있음	20% 미만, 추락가능
전체적인 잠재력:		
1. 시장성	높다_________보통_________낮다	
2. 수익성	높다_________보통_________낮다	

2. 경쟁자들의 현황과 발전 추세에 비춰 본 경쟁우위

항목	높은 사업매력도	낮은 사업매력도
고정비 부담 정도	낮다	높다
통제가능 정도	크다	작다
– 가격/원가		
– 공급과 분배 유통채널		
경쟁자의 진입에 대한 장벽	만들 수 있음	약하거나 없음
– 독점적 위치	○	×
– 경쟁 소요시간의 우위 (제품, 기술, 사람, 자원, 위치)	느린 경쟁	빠른 경쟁
서비스 거점의 범위	광역(전국적)	지역 밀착
구매자와의 계약적 우위	배타적	개방적
파트너 관계의 범위	넓음	좁음
전체적인 잠재성:		
1. 원가 측면	높다_________보통_________낮다	
2. 유통채널 측면	높다_________보통_________낮다	
3. 진입장벽 측면	높다_________보통_________낮다	
4. 타이밍 측면	높다_________보통_________낮다	

3. 가치창출과 현금화

항목	높은 잠재성	낮은 잠재성
세후 수익	10~15%, 혹은 그 이상, 지속 가능	5% 미만, 불안정
손익분기점까지 소요기간	2년 미만	3년 이상
원활한 현금흐름까지 소요시간	2년 미만	3년 이상
투자수익률 잠재성	40~70%, 혹은 그 이상, 지속가능	20% 미만, 불안정
전략적 가치	높은 전략적 가치	낮은 전략적 가치
자본화 요구 정도	낮음-보통: 축적가능	아주 높음: 축적 어려움
출구전략	기업공개(IPO), M&A	명확하지 않음: 투자금 회수 어려움

전체적인 가치창출 잠재성:

1. **타이밍** 높다________보통________낮다
2. **수익/원활한 현금흐름** 높다________보통________낮다
3. **출구전략/유동성** 높다________보통________낮다

4. 전체적 잠재성 돌아보기

항목	양호	어려움	~조건 만족 시 양호
1. 수익성과 시장성			
2. 경쟁우위			
3. 가치창출, 현금화			
4. 기회, 자원, 경영팀의 조화			
5. 위험과 보상의 균형			
6. 타이밍			

7. **기타 요점들**(알아야 할 것, 실패할 가능성이 큰 것)

a. ____________________

b. ____________________

c. ____________________

d. ____________________

e. ____________________

토의주제

1. 사업타당성 분석을 제대로 하지 않았을 경우 겪게 될 위험요인에 대해 토의해 보자.
2. 창업기업가들 중 일부는 면밀한 사업타당성 분석 없이 사업에 성공하였다고도 한다. 이들은 단지 운이 좋아서 성공하였는지, 아니면 체계적 분석이 없었더라도 자신의 사업에 대한 개괄적인 타당성을 조사하였다고 볼 수 있는지 토의해 보자.
3. 창업기업의 위험 평가는 실패 시 최대 위험의 정도를 평가하기 위해 사용된다고 하였다. 위험 평가를 다른 목적으로 활용할 수 있는지 토의해 보자.
4. 사업타당성 분석과 위험평가는 주관성의 개입으로 인한 오류가 발생할 수 있다. 이를 방지하기 위해서 어떤 노력이 필요한지 토의해 보자.
5. 사업타당성 분석과 위험 평가를 실시하게 되면 성공 시 최대 수익의 가능성과 실패 시 최대 손실의 가능성을 평가해 볼 수 있다. 그렇다면 사업타당성 분석과 위험평가를 토대로 어떠한 경영전략을 세울 수 있을지 토의해 보자.

읽을거리

빌올렛, 「MIT 스타트업 바이블」, 비즈니스북스, 2013.

아니스 우자만, 유석호, 「스타트업 성공학」, 민음인, 2013.

허창문, 「벤처기업 창업과 자금조달의 모든 것」, 청림, 1999.

Amar Bhide et al., 「하버드 창업가이드(Entrepreneurship)」, 지용희 · 오세종 옮김, 21세기 북스, 2001.

John L. Neshein, 「벤처창사 A to Z(High Tech Start up)」, 유승삼 · 박봉권 · 김영태 옮김, 한경PC라인, 1999.

Ronald E. Merrill, Henry D. Sedgewick, 「The New Venture Handbook」, Amacom, 1993.

사업계획서

chapter

9

제 9 장 **사업계획서**

Ⅰ. 사업계획서의 의의

Ⅱ. 사업계획서의 유용성

1. 외부자원의 획득
2. 내부학습과 성과향상

Ⅲ. 사업계획서 작성요령

1. 이해가능성
2. 간결성과 명료성
3. 객관성과 주관성
4. 일관성과 정확성
5. 독특한 개성

Ⅳ. 투자자를 사로잡는 사업계획의 요소

1. 인적자원의 강점을 설명하라
2. 수익기회를 명확하게 밝혀라
3. 외부환경에 대한 통찰력을 보여라
4. 위기관리 대책과 투자자 보상책을 밝혀라

Ⅴ. 사업계획서 내용

학습목표

1. 사업계획서의 의의, 필요성 그리고 유용성을 학습한다.
2. 투자자를 사로잡을 수 있도록 하기 위해서 사업계획서에 무엇을 담아야 할지를 학습한다.
3. 사업계획서에 담겨야 할 내용과 작성 요령을 학습함으로써 실제로 직접 사업계획서를 작성할 수 있도록 한다.

Ⅰ. 사업계획서의 의의

사업계획서business plan 또는 business proposal는 새로운 사업을 시작함에 있어 필요한 모든 요소들을 기술해 놓기 위해 준비하는 서류로서 사업목적 달성을 위한 지속적인 활동에 필요한 방법과 절차, 활동 범위 등을 글로 표현한 것이다. 사업계획서를 작성하려는 주요목적은 이해관계자와의 원활한 의사소통 및 외부로부터 자금을 지원받는 데 쓰고자 하는 것이다.

사업계획서는 사업의 성공을 위해서 필요한 사항들을 체계적으로 검토하게 하며, 계획된 사업의 강점과 약점을 재인식할 수 있는 기회를 제공한다. 또한 창업과정에서 단계적으로 달성해야 할 이정표milestone를 제시하며, 순차적 행동의 가이드라인을 제공한다. 따라서 사업계획서는 종종 게임 계획서game plan 또는 지도road map에 비유되며, 현재 나의 위치는 어디인가, 목적지는 어디인가, 그리고 어떻게 도달할 것인가와 같은 질문에 답을 요구하게 된다. 사업계획서의 의의를 요약 · 정리해 보면 다음과 같다.

- 목표시장에서 기업의 생존가능성을 높이는 데 도움을 준다.
- 창업자 자신이 계획하고 있는 여러 활동들을 조직화하는 데 지침이 된다.
- 필요한 재무자원을 조달하는 데 중요한 수단이 된다.

사업계획서를 여행계획과 비교해 보면 그 의미를 보다 쉽게 이해할 수 있다. 당신이 전에 가보지 못한 새로운 지역까지 여행을 간다고 가정해보라. 여러 가지 길이 있을 수 있으며, 각각은 시간과 비용이 다 다를 것이다. 기업가와 마찬가지로 여행자도 몇 가지 중요한 의사결정을 해야 하며, 계획을 짜기 전에 정보를 수집하여야 한다.

여행계획은 날씨조건, 교통수단, 도로상태, 숙박가능 장소, 예기치 못한 사건 등 외적 요소를 고려해야 한다. 이런 요소들은 근본적으로 여행자가 통제하기 어려운 요소이기는 하지만, 계획수립 시 반드시 포함시켜야 한다. 이것은 마치 기업가가 새로운 규제, 경쟁, 사회적 변화, 소비자 욕구의 변화, 또는 신기술 같은 외적 요소를 고려하는 것과 마찬가지이다.

한편 여행자는 어느 정도의 자금을 사용할 것인지, 시간은 어느 정도 들일 것인지, 그리고 자동차, 기차, 비행기 등을 어떻게 이용할 것인지에 대한 나름대로의 생각을 가지고 있어야 한다. 마찬가지로 기업가도 새로운 사업의 생산, 마케팅, 그리고 인사, 재무에 대한 계획을 세워야 한다.

여행자는 어떤 경로를 택할 것인가, 어디서 어느 정도 머무를 것인가, 교통편과 숙박에 어느 정도의 비용과 시간을 사용할 것인가 등을 결정함에 있어 이와 같은 요소들을 고려해야만 한다. 그런 후에 여행자는 그 계획을 이루는데 어느 정도의 시간과 비용이 소요될 것인지를 결정할 수 있다.

사업계획을 여행에 비유하여 사전 정보수집과 여러 가지 요소를 고려해야 함을 강조했지만, 근본적인 차이점이 있음을 인지해야 한다. 여행계획은 비슷한 경로를 다녀본 수많은 사람들에 의해 정보가 충분히 주어져 있는 경우가 많다. 또한 과거 다른 지역에의 여행을 통해 경험이 축적되어 있기도 하다. 여행계획에 다소 차질이 생기더라도 목적을 이루는 데는 크게 영향을 미치지 않을 수 있다.

그러나 벤처창업을 위한 사업계획은 이보다 훨씬 복잡한 요인들을 고려해야 한다. 다수의 이해관계자를 동반한 여행이기 때문에, 사업계획을 통해 이들의 적극적 동참을 유도해야 한다. 여행계획이 나 자신을 위한 것이라고 한다면, 사업계획은 나 자신뿐만 아니라 다른 사람을 설득할 수 있어야 한다. 따라서 일정한 형식과 체제를 갖추고 쉽게 의사소통이 이루어지도록 해야 한다.

벤처사업계획과 여행계획의 가장 큰 차이점은 여러 가지 위험요소가 도사리고 있다는 점이다. 일상적인 여행이 아닌 모험이고 탐험여행이다. 경우에 따라서는 문명세계가 아닌 전인미답의 오지로 가게 될 수도 있다. 이는 이사벨라 여왕을 설득해서 자금과 인력, 선박을 지원받아 새로운 대륙을 발견하러 떠나는 콜럼버스의 원정대에 비유할 수 있다. 목적달성 과정에서 위험을 극복하고 생존을 위한 다양한 수단들을 고려해야 한다. 따라서 벤처 사업계획서에는 사업기회에 대한 설명뿐만 아니라 위험, 잠재적인 보상, 그리고 어떻게 그 기회를 실현할 수 있는가를 명시하여야 한다.

여행계획의 수립이 여행의 성공을 보장해 주지는 않는 것처럼, 사업계획이 사업의 성공을 보장하지는 못한다. 그러나 최종 목적지와 거기로 향하는 지도, 여러 가지 정보를 사전에 고려하고 떠나는 여행이 훨씬 안전하고 즐거울 확률이 높다. 마찬가지로 사전에 가급적 다양한 정보와 치밀한 계획을 가지고 시작하는 사업이 상대적으로 성공할 확률이 높을 것이다. 사업계획서는 이를 문서화하여 의사소통하는 수단으로서 중요한 의미를 가지고 있다. 따라서 사업이라는 험난한 여행을 떠나기 전에 스스로에게 올바른 질문을 던지고 투자자들을 설득해야 한다.

사업계획이 다루어야 할 9개의 질문

- 새로운 사업의 고객은 누구인가?
- 고객은 제품이나 서비스의 구입결정을 어떻게 내리는가?
- 제품이나 서비스가 소비자의 구매욕구를 어느 정도 자극하는가?
- 제품이나 서비스의 가격을 어떻게 결정할 것인가?
- 목표고객에게 어떻게 접근할 것인가?
- 고객을 확보하기 위한 비용(시간과 자원)은 얼마인가?
- 제품이나 서비스의 생산과 유통비용은 얼마인가?
- 고객 지원비용은 얼마인가?
- 고객 유지는 용이한가?

Ⅱ. 사업계획서의 유용성

1. 외부자원의 획득

투자자들은 투자의사결정과정에서 사업계획서를 중시한다. 사업계획서는 투자자들이 제안된 사업이 갖는 위험과 가능성을 확인하기 위한 검토를 시작하는 출발점이 되기 때문이다. 비록 계획서에 제시된 일부 정보들은 가정에 기초한다 할지라도 계획을 완성하기 위해서는 창업자가 현금흐름과 투자금액을 어떻게 예상하고 있는가를 평가할 수 있는 기초자료가 된다.

은행, 벤처캐피탈리스트, 창업자금 지원기관들로부터 자금지원을 얻기 위해서는 투자심사를 위한 판단 근거를 제공할 수 있는 자료가 포함되어 있어야 한다. 이들에게 제품 아이디어, 업계동향, 수요추세, 경쟁상태, 소요자금, 경영진의 경영능력 등에 관한 정보를 제공해 줌으로써 투자의사 결정에 활용할 수 있도록 한다.

신설 벤처기업의 높은 실패율 때문에 벤처투자자들은 다각적인 면에서 투자의 타당성을 점검해 보기를 원한다. 미국의 경우 벤처캐피탈리스트에게 제시된 200개의 사업계획서 중에서 고작 25개 정도가 읽을 가치가 있다고 보고 있고, 10개 정도가 정밀분석의 대상이 되고, 이중 1~2개 정도가 투자의 대상이 될 뿐이라고 한다. 투자한 사업 중에서 25퍼센트는 완전히 실패하고, 50퍼센트는 간신히 살아남는 정도이고, 단지 5퍼센트만이 크게 성장한다는 것이다. 따라서 창업자가 벤처캐피탈리스트에게 사업계획서를 제출하여 투자를 받을 확률이 1/200 정도이고, 투자한 기업이 크게 성공할 확률은 1/20, 우수한 창업회사에 투자하여 크게 성공할 가능성은 1/4,000 밖에 안 되고 있다.

벤처캐피탈리스트를 상대할 때에는 그들이 바라는 투자유인 요인을 부각시켜야 한다. 이들이 주로 관심을 두는 부분은 최대한도로 벌 수 있는 이익가능성upside potential, 투자금액의 규모, 최대한의 바닥위험downside risks, 회수금의 투자액 배수multiples of investment 등이다.[1]

벤처캐피탈리스트들을 설득할 만한 정도의 창업 사업계획서를 만들려면 상당한 노력이 들어간다. 철저히 생각해서 준비해야 하고, 조직적이고 체계적으로 자료를 제시하고 설명해야 하며, 많은 사실자료facts들로써 뒷받침하고 있어야 한다. 또한 계획서 작성에 불가피한 많은 가정이나 전제들을 분명하게 설명해야 한다.

벤처캐피탈리스트나 투자가로부터 자금조달을 하기 위해서는 다음과 같은 조언에 귀를 기울여야 한다.

- 뛰어난 사업계획서를 작성하는 데 시간을 들여라
- 경쟁에 직면해서도 유지 가능한 경쟁우위에 대한 계획을 구축하라.
- 벤처캐피탈리스트로부터 어려운 질문을 받더라도 답변할 수 있도록 만반의 준비를 하라.
- 여러분에게 조언을 해줄 수 있는 최고의 전문가들을 고용하라.

2. 내부학습과 성과향상

외부자원을 유치하려고 하지 않더라도 계획서를 미리 작성해 보는 것은 아주 중요하다. 사업계획서를 두고 창업팀과 이해관계자들이 함께 회의를 하면서, 또는 토의나 조사 시에 발생하는 견해 차이와 이를 조정하는 과정은 당사자들 간에 중요한 학습의 기회가 된다. 사업계획서를 작성하는 과정에서 창업기업이 직면한 주요 문제들을 체계적으로 이해할 수 있는 기회를 얻게 된다. 문제가 발생할 수 있는 소지와 문제발생시 이를 해결할 수 있는

1 조병주·Karl H. Vesper, 「기회발견과 창업메카닉스」, 청아출판사, 1999.

전략을 수립할 수 있는 아이디어를 얻을 수 있다. 경영진의 가치관과 기업 목적의 검토 및 조정, 정보수집과 분석결과의 공유, 조직 내에서의 의사결정 방법의 개발 등과 같은 것들이 계획과정에서 검토되고 수립됨으로 창업조직을 효과적으로 만드는 데 기여하게 되므로 창업기업의 성과를 증진시킬 수 있다.

사업계획서 작성과정은 창업자에게 자기평가의 기회를 제공해 준다. 보통 창업자는 새로운 사업이 성공할 것이라고 확신하고 있다. 그러나 계획을 수립하는 과정에서 여러 가지 질문들, 즉 아이디어는 타당성이 있는가, 제품화가 가능한가, 고객은 누구인가, 고객의 욕구를 만족시키는가, 경쟁자의 모방에 대한 방어장치는 있는가, 사업을 운영할 능력은 있는가에 대한 생각을 정리할 수 있게 한다. 이러한 과정을 통해 잠재적 장애물을 극복할 수 있는 계획을 수립할 수 있다.

사업계획서는 창업기업의 비전과 목표를 담고 있으므로 관리자와 종업원을 이러한 목표를 향해 나아갈 수 있도록 도와주는 안내자의 역할을 한다. 창업을 한 후에는 조직구성원들이 원래의 목적과 나아가야 할 방향을 잊기 쉽다. 그러한 경우에 사업계획서를 참조하면 기업의 목표를 재확인할 수 있고, 그와 관련된 문제를 해결할 수 있는 안내자의 역할을 한다.

Ⅲ. 사업계획서 작성요령

1. 이해가능성

사업계획서는 해당 분야의 비전문가도 이해할 수 있도록 쉽게 작성되어야 한다. 실제로 벤처기업가가 자신의 사업계획을 설명하고 설득해야 할 대상이 되는 사람들의 대부분은 그 분야의 비전문가들이다. 사업계획서를 벤처캐피탈리스트가 이해하기 쉽게 만들어야 하는 이유는 너무나 자명하다. 그들은 본인들이 이해하지 못하는 사업계획에는 투자하지 않기 때문이다. 좀 더 현실적으로 설명하면, 벤처캐피탈리스트는 투자심사과정에서 설득의 대상이 되기도 하고 설득의 주체가 되기도 하는 양면을 가지고 있기 때문이다. 즉, 심사 초기에는 벤처기업가가 벤처캐피탈리스트또는 투자기관의 영업 담당자를 설득하게 되고, 나중에는 벤처캐피탈리스트들이 자신의 상급자나 별도의 심사부서, 또는 투자심의위원회의 위원들을 설득해야 하기 때문이다.

그런데 많은 벤처기업가들은 자신의 사업내용을 몰라주고 이해하지 못한다고 그들의 무식함을 탓한다. 그러나 사업계획서를 보는 상대방은 벤처기업가들의 사업을 이해해야 할 책임도 없고 의무감도 없다. 상대방을 이해시키는 것은 벤처기업가 자신의 몫이기 때문이다. 상대방을 탓하기 이전에 상대방의 지식정도나 전문분야에 따라 좀 더 그들이 이해하기 쉬운 사업계획서를 만들도록 노력해야 할 것이다.

이해하기 쉬운 사업계획서를 만들기 위해서는 사업에 대한 충분한 내용을 담고 있어야 한다. 핵심내용이 누락된 사업계획서는 읽는 사람으로 하여금 필요 없는 의문을 갖게 만들거나 엉뚱한 판단을 하게 만든다. 사업의 강점과 기회 요소뿐만 아니라 약점과 위협요소까지 포함하고 있어야 한다. 내용이 많다고 해서 충분한 것은 아니다. 간결성과 명료성을 넘어선 지나치게 많은 내용은 오히려 이해를 어렵게 만든다.

이해하기 쉬운 사업계획서를 만들기 위해서는 상대방의 입장을 고려하고, 그들의 언어를 사용할 수 있어야 한다. 벤처기업가 본인들은 너무 일상적으로 사용해오던 용어들이 벤처캐피탈리스트들을 당혹하게 만들거나 이해를 어렵게 만드는 경우가 허다하다. 따라서 기술적인 전문용어나 특정 업종의 속어들은 가급적 사용하지 말고 쉽게 풀어 설명해야 한다. 필요하다면 기술에 대한 전문용어 등을 설명하는 자료를 첨부하는 것도 좋은 방법이다.

2. 간결성과 명료성

초기 창업자들은 사업에 대한 지나친 열정과 의욕으로 사업계획서에 너무 많은 내용을 담고자 하는 실수를 범한다. 반대로 자기 기술에 대한 넘치는 자신감으로 너무나 빈약한 내용의 사업계획서를 제시하기도 한다. 자신의 기술은 너무나 뛰어나고 사업성이 좋기 때문에 구차한 설명이 필요 없다는 식이다. 간결하고 명료하면서도 분명한 메시지를 전달할 수 있어야 한다.

대부분 보고서는 분량이 적을수록 좋은 보고서이며, 이런 보고서는 실제로 만들기도 어려운 법이다. 어떤 주제에 대한 간결한 표현이란 쇠를 두드리는 과정과 같아서 충분히 두드리는 과정, 즉 벤처기업가 본인이 완전히 소화해서 갈고 닦는 과정이 필요하기 때문에 더욱 어려운 것이다

그러면 과연 어느 정도의 분량이 적정한 것인가? 벤처캐피탈리스트의 참을성은 보통 20분을 넘기기 힘들다. 1분에 한쪽을 읽는다고 볼 때, 20쪽을 넘기지 않는 것이 좋다. 전문적인 기술 내용까지 소화하기에는 1분도 충분한 시간은 아니다. 최근에는 사업계획서를 e-mail로 주고받는 것이 일반적이다. 사업계획서의 쪽수에 관계없이 제품사진 등을 삽입하다보면 파일의 용량이 커지기 쉽다. 용량이 지나치게 큰 사업계획서 파일은 컴퓨터 환경상 제대로 전달되지 않는 경우가 많다. 파일의 용량은 3MB이하로 하는 것이 좋다. 3MB 이상일 때는 2개의 파일로 나누어 작성하는 것이 좋다. 사업계획서 파일이 제때 전송되지 않아 심사우선순위에서 밀리게 되면 투자유치과정은 몇 달씩 지연될 수도 있다.

3. 객관성과 주관성

사업계획서는 사업주체들이 가지고 있는 사업에 대한 신념과 확신을 적절히 표현해서 상대방에게 전달하는 것이다. 신념과 확신은 매우 주관적일 수 있으며, 편견에 빠지기 쉽다. 편견은 오류를 유발할 수 있으며 사업계획

의 오류는 리스크를 의미한다. 주관적 오류에 의한 리스크는 암과 같아서 증세가 나타날 때는 이미 치료하기 힘든 상황이다. 벤처캐피탈리스트는 기술 동향, 시장규모, 경쟁사 또는 경쟁제품 현황 등에 대해 객관적이고 검증된 자료와 사실을 요구한다. 그러나 창업 초기단계에서 한정된 자원으로 객관적인 데이터를 충분히 확보하는 것은 쉬운 일이 아니다. 특히 신기술이나 신제품 또는 새로운 시장형성을 기반으로 하는 벤처기업일수록 어려움은 더하다.

주관적인 추정이나 판단이 반드시 필요한 부분도 있다. 현상에 대한 주관적이고 독창적인 해석이 벤처기업의 경쟁력일 수 있다. 다른 사람들이 생각하지 못한 아이디어, 경쟁사가 간과한 틈새시장, 나아가서 소비자 스스로도 구체화하지 못하고 있는 시장수요 등이 벤처기업의 설립 기반이며, 이러한 것들은 객관적 사실이나 자료만으로는 설명되지 않는다. 따라서 사업계획서의 많은 부분은 추정이나 주관적 판단에 의존할 수밖에 없다. 그러나 앞에서 설명한 것처럼 주관적 판단과 추정이 객관적 사실에 의해 뒷받침되지 않으면 사업계획서는 설득력을 상실하게 된다. 벤처캐피탈리스트는 당신이 주관적 오류에 빠져있다고 판단하게 된다.

주관적 오류에 빠져있다고 오해받기 쉬운 사업계획서의 공통점 중 하나는 객관적 사실과 주관적 판단을 구분하고 있지 않다는 것이다. 나름대로 조사한 객관적 데이터에 근거하여 자신의 주관적 판단을 설명하되 객관적 사실과 주관적 판단을 분명히 구분해야 한다. 어느 부분이 사실이고 어느 부분이 추정인가를 알 수 있도록 해야 한다. 사실과 추정이 뒤섞여 있으면 사업계획서의 신뢰성이 떨어지고 합리적인 주장은 편견으로 가득 찬 억지소리로 밖에 들리지 않을 것이다. 사실과 추정을 구분하기 위해서는 반드시 자료의 출처를 명기하고, 추정의 근거를 밝혀야 한다.

4. 일관성과 정확성

일관성과 정확성이 없는 사업계획서는 벤처캐피탈리스트를 혼란스럽게 한다. 앞뒤 내용이 연결되지 않고 주장과 관점이 일치하지 않는 사업계획서, 제시되는 숫자가 정확하지 않은 사업계획서는 벤처캐피탈리스트를 화나게 만든다.

사업계획서의 일관성은 내용과 표현의 일관성으로 설명할 수 있다. 시장에는 어떠한 기회와 위협 요소가 있으며, 자사의 강점과 약점이 무엇이며 결론적으로 성공할 수 있는 요소가 무엇인가를 체계적으로 일관되게 설명해야 한다. 재미있는 단편소설과 같이 이야기의 일정한 흐름과 주제를 가지고 기승전결의 구조를 갖는 것도 하나의 방법이다.

표현의 일관성이란 표현방식의 통일을 의미한다. 사업계획서의 편집방식, 숫자 또는 화폐단위 등은 통일해서 표현해야 한다. 형식적인 문제인 듯하나 사업계획서를 읽는 사람으로 하여금 의외로 신경 쓰이게 하는 요소이다. 숫자의 정확성은 다시 한 번 강조하고 싶다. 숫자의 사소한 착오는 사업계획서 전체의 신뢰성을 떨어뜨리고, 대표이사의 관리능력과 주도면밀함을 의심받게 만든다.

5. 독특한 개성

다양성은 기업의 개성이며, 독특한 개성은 벤처기업의 핵심 경쟁 요소인 '비교우위 차별성'을 의미한다. 기업의 독특한 개성을 효과적으로 부각시키고 분명한 메시지를 전달하기 위해서는 사업계획서를 기업의 특성에 맞도록 개성 있게 작성해야 한다. 사업계획서의 작성원칙 구성요소, 구성방법 등이 모든 기업에 일률적으로 적용되어 지는 것은 아니다. 기업 특성에 따라 더 중요하거나 덜 중요한 요소가 있으며, 구성요소의 차이에 따라 내용의 전개방법도 달라져야 한다. 예를 들어, 인터넷 사업과 반도체 장비 제조사업은 여러 가지 면에서 그 특징을 달리한다. 인터넷 사업의 대표이사에게는 창의력과 기민한 행동력이 중요한 자질로 요구되는 반면에, 반도체 장비 제조사업의 대표이사에게는 관련 업계에서의 네트워크나 기술경력이 중요시된다. 또한 인터넷 사업의 경우 시장진입과 매출확대를 위한 비즈니스 모델business model이 1차 검토대상인 반면에, 반도체 장비 제조사업에서는 전략quality, cost, delivery이 경쟁력의 원천이라 할 수 있다.

이러한 특성의 차이는 이업종뿐만 아니라 동종업종에서도 나타난다. 기업이 보유한 경영자원이 다르면 동일 아이템, 동일 시장 내에서도 기업의 전략은 달라져야 한다. 같은 시장을 대상으로 서로 다른 전략으로 시장에 진입하는 것이 벤처기업의 차별적 경쟁력이다. 차별성이 있는 전략만이 벤처기업을 성공으로 이끌 수 있다. 일반적인 사업계획의 틀로는 그 기업만의 전략적 차별성을 표현하는 데 한계가 있다. 개성 있는 사업은 개성 있는 사업계획서로 표현해야 한다.

결론적으로 잘 만들어진 사업계획서란 객관적인 데이터에 근거하여 일관성 있는 논조로 작성되어야 한다. 또한, 간결하고 이해하기 쉬워야 하며 독특한 색깔을 가지고 있어야만 분명한 메시지를 전달할 수 있다.

사업계획서 작성 시 '할 것'과 '하지 말 것'

▶ 할 것

- 사업계획서 작성에 창업팀 모두를 참여시켜라.
- 계획서를 논리적이고 이해하기 쉬우며, 읽기 쉽게 작성하라.
- 계획서를 준비하는 과정에도 상당한 시간과 자금을 투입함으로써 벤처사업에 전력투구함을 보여라.
- 치명적인 위험과 가정은 무엇이며 이들을 어떻게 왜 견디어 낼 수 있는지 명확히 제시하라.
- 사업에서의 현재 및 잠재하고 있는 문제점을 밝히고 논의하라.
- 자금 확보의 대안을 밝혀 두어라.

- 소유하게 될 지분과 같은 거래제안과 투자자의 투자규모를 밝혀라.
- 잠재적 투자자의 주의와 관심을 끌도록 창의력을 발휘하라.
- 계획서의 작성을 연기하는 한이 있더라도 양의 현금흐름을 창출하는 주문이나 고객과 관련된 사항은 수용하라.
- 목표로 하는 투자자 집단(벤처투자자, 엔젤, 은행 또는 리스 회사 등)에 대해 확실히 파악하라. 그들이 원하는 점을 정확히 알아내고 선호를 판단하여 그에 따라 계획서를 만들라.
- 현실적인 시장과 판매기획이 자금 스프레드시트의 기초가 되는 가정을 만들게 하라.

▶ 하지 말 것

- 창업팀에 익명의 신비한 인물을 두지 말라(예: 현재 다른 회사의 재정담당 부사장인데 나중에 합류할 모씨라는 식).
- 사업팀의 희망에 근거한 예상판매액 따위의 모호하고 증거가 뒷받침되지 않는 기술을 하지 말라.
- 전문가만이 이해할 수 있는 전문용어를 사용해서 기술적인 결과물이나 제조과정을 설명하지 말라. 이는 계획서의 용도를 현저히 제한하기 때문이다. 예를 들면, 벤처투자자는 자신이 이해할 수 없거나 사업팀이 이해하지 못한다고 여기는 것에 투자하지 않는다. 자신들처럼 똑똑한 사람들조차도 이해할 수 없기 때문이다.
- 화려한 템플릿이나 정교한 슬라이드를 이용하여 사업설명회를 하는 것 같이 겉치장에 돈을 낭비하지 말고 실제 모습을 보여라.
- 지분매각이 성사되어 현금이 확보되었을 때는 계획서 작성에 시간을 낭비하지 말라.
- 거래은행에 돈이 들어오지 않은 상태에서 악수나 구두약속 따위로 거래가 성립되었다고 생각하지 말라. 거래는 자금이 통장에 들어온 것이 확인될 때 성사된 것이다.

Ⅳ. 투자자를 사로잡는 사업계획의 요소

창업에 기본적으로 중요한 네 가지 상호의존적인 요소들을 체계적으로 평가해야 한다.[2]

- **사람**: 창업자 그리고 창업을 위해 중요한 서비스나 자원을 제공하는 외부인, 예를 들면 변호사, 회계사, 원자재 공급자와 같은 사람들
- **기회**: 사업의 윤곽, 기업이 판매하려는 제품이나 서비스의 유형, 시장, 사업의 성장 가능성과 성장속도, 경제적 효과, 그밖에 성공의 길목에서 마주치는 사람 또는 상황
- **외부환경**: 규제, 이자율, 출생률과 사망률 같은 인구학적 동향, 인플레이션 등 필연적으로 변할 수밖에 없지만 창업자가 통제할 수 없는 요인들
- **위험과 보상**: 실패와 성공의 모든 가능성에 대한 분석과 그에 대한 대처방안

1. 인적자원의 강점을 설명하라

노련한 투자자들은 사업계획서를 받을 때 구성원의 이력서를 먼저 본다. 이를 통하여 창업멤버들이 알고 있는 지식과 사람, 그리고 창업자 자신의 인지도를 평가한다. 이는 창업에 사람이 가장 중요하기 때문만이 아니라, 적절한 사람이 없으면 다른 영역은 고려할 필요도 없기 때문이다. 창업멤버들이 알고 있는 지식과 사람들을 통해 그들이 업계의 구성원과 움직임에 얼마나 정통한가를 판단할 수 있다. 투자자들은 당연히 자신의 분야에 경험이 많은 경영자를 높이 평가한다. 그러므로 사업계획서에는 새로운 제품이나

2 Amar Bhide et al., 「하버드 창업가이드(Entrepreneurship)」, 지용희, 오세종 옮김, 21세기 북스, 2001.

서비스의 유형, 생산과정, 경쟁사와 고객까지 포함하여 시장에 대해 창업멤버들이 알고 있는 지식을 솔직히 기술해야 한다.

일반적으로 투자자들은 잘 알려진 팀을 선호하는 경향이 있는데, 신규기업은 기존기업과 달리 미래를 예측하기가 어렵기 때문이다. 하지만 공급자, 고객, 직원들에게 널리 알려진 경영진이 새로운 회사를 운영하는 경우는 다르다. 즉 새로운 기업이지만 경영자가 낯설지 않을 때 창업에 따르는 의외성은 줄어든다.

애플, 인텔, 텔레다인과 같은 회사의 설립에 참여하여 벤처캐피탈 업계의 신화적인 존재가 된 아서 록Author Rock은 "나는 사람에 투자하지, 아이디어에 투자하는 것이 아니다. 당신이 뛰어난 사람을 영입하면, 비록 그들에게 제품에 대한 지식이 없을지라도 곧 배우게 될 것이다. 그러므로 처음부터 제품에 대한 이해의 정도에 큰 점수를 주는 것은 옳지 않다"라고도 말한다.

2. 수익기회를 명확하게 밝혀라

성공적인 사업계획은 기회에 대해서 먼저 두 가지 질문에 초점을 맞춘다. 그것은 '기업의 제품 또는 서비스에 대한 전체 시장규모가 큰가, 혹은 빠르게 성장하고 있는가 또는 두 가지 다인가?'와 '진출하고자 하는 시장이 구조적으로 매력이 있는가, 아니면 그렇게 될 가망이 있는가?'라는 질문이다. 사실 창업자와 투자자들은 주로 규모가 크거나 빠르게 성장하는 시장을 선호한다. 그 이유는 확고한 입지를 가진 경쟁사들이 있는 성숙되거나 정체된 시장을 놓고 경쟁을 하는 것보다 성장하고 있는 시장의 점유율을 확보하는 것이 수월하기 때문이다.

구조적인 매력이 뚜렷이 부각되지 않는다면, 투자자들이 관심을 가질 수 있도록 수익을 얻을 방법을 사업계획에 충분히 명시해야 한다. 따라서 창업계획은 경쟁에 관한 다음 질문에 반드시 답해야 한다.

- 새로운 사업의 경쟁자는 누구인가?
- 경쟁자들은 어떠한 자원을 가지고 있는가? 그들의 강점과 약점은 무엇인가?
- 새로운 기업의 진출에 대해 그들은 어떤 반응을 보이는가?
- 경쟁자들의 반응에 어떻게 대응할 수 있는가?
- 나와 같은 기회를 발견하고 이용할 수 있는 사람은 누구인가?
- 경쟁사를 합병 등의 방법으로 흡수할 방법은 있는가?

3. 외부환경에 대한 통찰력을 보여라

일반적으로 기회는 환경 속에 잠재되어 있다. 환경에는 우선 경제 활동, 인플레이션, 환율, 이자율이라는 거시경제 환경이 있다. 그리고 기회를 활용하기 위한 자원의 배치에 영향을 주는 법과 규제들이 있는데, 그것은 세금 정책을 비롯하여 개인기업이나 공개기업의 자금조달 관련법규까지 다양하다.

환경의 변화는 매력이 없는 사업을 매력적인 것으로 바꾸기도 하고 매력있는 사업을 별 볼일 없게 만들기도 한다. 따라서 모든 사업계획에는 환경과 관련된 몇 가지 근거들을 제시해야 한다. 이를 테면 먼저 창업자들은 사업의 외부환경의 변화가 자신의 사업에 도움을 줄 것인지 방해할 것인지에 대한 통찰력을 보여야 한다. 두 번째로 더욱 중요한 것은 사업계획서에 나타난 외부환경 또한 필연적으로 변한다는 사실을 인식하고 그러한 변화들이 사업에 미치는 영향을 예측해야 한다는 것이다. 동시에 불리한 환경에 대한 대책을 상세히 설명해야 한다. 마지막으로 만약 창업자가 외부환경을 유리하게 바꿀 수 있다면 사업계획서에 그 방법도 설명해야 한다.

4. 위기관리 대책과 투자자 보상책을 밝혀라

벤처창업은 기술위험, 시장위험, 관리위험 및 재무적 위험을 수반하는 과정이다. 위험을 어떻게 관리하는가에 따라 사업의 성패가 결정된다. 창업의 위험이 높은 것은 여러 가지 불확실성이 높은 요소들이 경영에 영향을 미치기 때문이다. 사람, 기회, 환경 등을 움직이는 표적moving target으로 다뤄야 한다. 창업활동의 역동적인 측면에 관심을 기울여야 한다. 미래를 정확하게 예측하기는 힘들지만 잠재적인 투자자들에게 위험 및 보상의 유형과 정도를 설명할 수 있어야 한다.

위험과 보상에서 가장 중요한 영역은 투자회수와 관련된 것이다. 예컨대 벤처캐피탈리스트들은 언제쯤이면 기업이 주식을 공개할 수 있는지, 즉 상장 가능성을 묻는다. 사업이 최소한의 성공이라도 거둔다는 가정 아래, 최종적으로 투자자들에게 어떤 보상이 돌아가는지를 밝혀야 한다. 특히 전문투자자들은 광범위한 대안을 가진 기업을 선호하며, 기업이 그 대안을 유지하고 지속적으로 발전시키기를 원한다.

Ⅴ. 사업계획서 내용

표 9-1 사업계획서의 형식

Ⅰ. 표 지	
1) 회사명 및 주소	2) 창업자들의 이름과 주소
3) 사업의 본질	4) 필요 자금조달 방법
5) 본 보고서의 비밀보장 요구관련 문안	

Ⅱ. 요 약

3~4페이지 분량의 사업계획서 요약

Ⅲ. 산업분석

1) 미래의 추세
2) 경쟁자 분석
3) 시장 세분화

Ⅳ. 사업설명서

1) 제 품
2) 서비스
3) 사업규모
4) 사무실 장비와 인적자원
5) 창업자의 인적사항

Ⅴ. 생산계획

1) 제조 공정(하청업체와의 관계)
2) 공장 부지
3) 기계와 설비
4) 원자재 공급자의 이름

Ⅵ. 마케팅계획

1) 가격정책
2) 유통정책
3) 촉 진
4) 통 제

Ⅶ. 조직계획

1) 소유형태
2) 동업자나 주요 주주의 신상명세서
3) 경영자의 권한
4) 관리팀의 인적사항
5) 조직구성원의 역할과 책임

Ⅷ. 위험의 평가

1) 사업의 약점 평가
2) 신기술의 등장 가능성
3) 대처방안의 제시

Ⅸ. 재무계획

1) 이전의 수입상태
2) 현금흐름
3) 과거의 재무제표
4) 손익계산 분석
5) 자금의 원천

Ⅹ. 부 록

각종 문서, 시장조사 자료, 계약관계 등에 관한 서류

토의주제

1. 사업계획서가 종종 게임계획서(game plan) 또는 지도(road map)에 비유되는 이유를 생각해 보자.
2. 자신이 투자자라면 사업계획서에서 가장 중요하게 평가하여야 할 점이 무엇이겠는지 생각해 보자.
3. 사업아이템을 선정하여 직접 사업계획서를 작성해 보고 이를 서로 평가해 보자.

읽을거리

조병주, Karl H. Vesper, 「기회발견과 창업메카닉스」, 청아출판사, 1999.

Amar Bhide et al., 「하버드 창업가이드(Entrepreneurship)」, 지용희 · 오세종 옮김, 21세기북스, 2001.

자금의 조달과 관리

chapter

10

제10장 **자금의 조달과 관리**

Ⅰ. 자금의 조달

1. 자금조달의 중요성
2. 벤처기업 자금조달의 원천

Ⅱ. 자금의 운용과 관리

1. 자금지원과 운용
2. 자금의 관리

학습목표

1. 일반적 자금조달 형태와 조달 시 고려요인을 학습한다.
2. 벤처기업의 창업초기 자금조달의 원천으로 고려될 수 있는 것은 무엇이며, 이 때 고려되어야 할 문제는 무엇인지 알아본다.
3. 조달된 자금을 벤처기업이 어떻게 쓰고 관리하여야 하는지 벤처기업의 성장단계로 구분하여 알아본다.
4. 올바른 재무전략을 수립하기 위해 숙지하여야 할 사항과 이의 실례를 살펴본다.

Ⅰ. 자금의 조달

1. 자금조달의 중요성

벤처창업 및 경영과정에서 자금조달은 기업의 성공과 실패를 결정하는 가장 중요한 요소 중의 하나다. 적절한 시기에 적절한 원천으로부터의 자금조달은 기술이나 아이디어 못지않게 사업성과에 영향을 미친다. 창업과정에서 자금이 얼마나 필요할 것인지, 언제 필요할 것인지, 그리고 이러한 의사결정이 경영활동에 어떠한 영향을 미칠지를 알 수 있다면 창업은 보다 성공적으로 이루질 수 있을 것이다.

창업자들의 주요 관심 중 하나는 필요한 자금을 어디서, 어떻게 마련하는가의 문제이다. 자금을 어디서, 어떠한 조건으로 조달하였는가는 창업자의 소유지분에도 영향을 미친다. 초기에 지분투자 방식 중심으로 자금을 조달하는 경우, 창업자의 지분비율은 빠르게 줄어든다. 증자과정에서 어떠한 배율로 자금을 조달하는가에 따라 창업자에게 돌아올 수 있는 미래의 수익에 커다란 차이가 있게 된다. 불리한 조건으로 초기 자금조달을 하는 경우 자신의 노력과 기여에 비해 보상이 줄어들게 된다.

반면에 차입에 의한 자금조달을 하는 경우 금융비용의 부담이 커지게 된다. 부채비율이 증가하면 도산의 위험이 높아지게 되며, 기업실패의 경우 창업자의 개인적 채무가 되거나 신용불량 상태에 빠지게 된다. 또한 창업초기에는 기업의 신용이 약하기 때문에 차입에 의한 자금조달 자체가 어렵고, 개인적인 담보에 의한 자금조달은 벤처사업과 같이 위험이 높은 경우 적절치 않은 경우가 많다는 점을 신중하게 고려해야 한다.

자금조달은 창업초기뿐만 아니라 성장단계에서도 매우 중요하다. 성장단계에서 급속히 소요자본이 증가하게 되는 경우 IR벤처투자 유치를 위한 기업홍보활동을 통해 외부 자금을 대규모로 조달해야 할 필요성이 생기게 된다. 적절한 시기에 적절한 방법을 통해 유리한 조건으로 자금을 조달할 수 있다면 벤처의 성공가능성은 높아지게 된다. 이를 위해서 벤처기업은 창업자 자신이 자금조달에 대해 전문적인 식견을 가지고 있거나, 아니면 유능한 CFO자금담당 중역를 고용해야 한다.

또한 창업자금 조달 시 어떤 내용의 자금을 누구로부터 조달하는가가 벤처의 성공을 위해서 중요하다. 창업주주의 구성이나 자금조달의 원천을 보면 창업기업의 장래를 예측하는 것도 어느 정도 가능하다. 가령 명성이 있는 벤처캐피탈의 투자나 정부의 지원을 얻어낸 벤처기업이라면 추가 투자유치에 있어서도 유리한 평가를 얻을 수도 있다. 미국의 경우 업계의 전문성이 높은 엔젤 등으로부터의 자금조달은 초기 무명기업의 부담liability of newness을 완화시키는 데 큰 도움이 된다.

일반적인 창업의 경우 초기에는 대개 창업자 자신의 자금을 밑천으로 시작한다. 그 후 사업이 진전됨에 따라, 자본이 더 필요해지면 외부로부터의 조달을 증가시키게 된다. 그러나 벤처창업의 경우에는 창업시점에서 적절한 외부자원의 동원을 염두에 두고 시작해야 한다. 위험이 높은 사업에 개인부담이 높은 자금동원은 여러 가지 면에서 적절치 않으며, 또한 자금조달의 적시성timing이 기업경쟁력의 확보와 유지에 결정적인 요소이기 때문이다. 기업의 성장단계에 따라 위험과 보상을 고려한 다양한 방법의 자금조달이 필요하다. 이러한 점에서 벤처의 자금조달은 단계화된 자금조달staged financing이라고 불리운다.

2. 벤처기업 자금조달의 원천

가. 벤처기업의 일반적 자금조달 원천

자금조달의 원천을 결정하기 위해서는 창업자의 여건이나 상황 그리고 필요성을 먼저 파악하여 그에 적합한 원천으로부터 조달하는 것이 바람직하다. 자금의 원천을 결정하는 요인으로는 **표 10-1**과 같은 사항을 예로 들 수

표 10-1 자금원천의 결정요인

결정요인	내 용
창업자의 형편	경험, 능력과 자질, 개인재산
산업성숙도	성숙산업이고 경쟁이 치열할 경우 더 많은 자금이 필요
필요자금의 크기	많은 자금이 창업에 필요하면 다양한 자금 출처가 필요
자금사용처	사용처의 장단기 여부에 따라 자금원이 달라짐
차입과 자기자본과의 이익차이	회계나 세법에 따라 이익이 달라짐
시간과 주변 상황	시간이 촉박하거나 상황이 긴박해지면 불이익을 가져오는 자금원을 택할 가능성이 있음
자금조달방법 숙지도	창업자가 얼마나 자금조달방법에 대하여 잘 알고 있는지 여부가 자금원을 선택하는데 중요한 영향을 미침
자금조달비용	자금은 누구에게서 어떻게 조달하느냐에 따라 금융비용이 달라지기 때문에 이에 따라서 조달원천을 달리 할 수 있음

출처 Karl H. Vesper, 「New Venture Mechanics」, 1993.

있다.

사업이 진행되면서 다양한 자금의 원천이 존재하나 이러한 원천에 접근하여 자금을 조달하는 것이 쉬운 일은 아니다. 창업자가 사업을 진행시키면서 접근할 수 있는 원천을 제시하면 다음과 같다.

A. 창업자 자신의 현금

창업준비금을 일반적으로 종자돈seed money이라고 부르는데 종자돈의 출처로는 창업자 자신의 현금이 가장 대표적이라고 할 수 있다. 애플컴퓨터를 창업한 스티브 잡스는 그의 낡은 폴크스바겐을 팔아서 종자돈에 보태 써야 했고, 그의 동업자 스티브 워즈니악은 자신의 소형계산기를 팔아 보태기도 했다. 일단 자신의 돈으로 사업을 시작하게 되면 다른 원천으로부터 자금을 끌어 쓰는 경우에 비해 몇 가지 이점을 가진다. 가장 큰 이점은 자신의 돈이기에 지출에 있어 보다 신중을 기하게 된다. 또 다른 이점은 사업이 진행되면서 만나는 다른 투자자들에게 신뢰를 줄 수 있다. 가령 자신의 현금투자는 한 푼도 없이 다른 투자자들에게 도움을 구한다면 "망하면 내 돈만 날아가는데 …"라는 생각을 들게 할 수 있기 때문이다.

B. 종업원

창업자 자신이 고용한 종업원도 종자돈의 원천이 될 수 있는데 이 경우 회사의 주식을 주는 것이 일반적이다. 종업원의 투자를 이끌어 낸다면 자금의 조달효과뿐만 아니라 종업원의 회사에 대한 몰입도 증대시킬 수 있다. 또 기업을 성장시켜 가치를 높이는 것이 종업원 자신의 부를 증대시킨다는 동기도 부여될 수 있다.

C. 친척과 친구

실제적으로 창업자 자신의 현금이 부족할 때 가장 먼저 둘러보게 되는 원천이 친척이나 친구이지만, 또한 접근할 때 고민스러운 원천이기도 하다. 우리는 주위에서 친척이나 친구에게 돈을 빌린 창업자가 사업이 어려워져 그들의 투자금액을 날려버렸을 때, 금전적 어려움뿐 아니라 인간적인 곤경에 처한 경우를 어렵지 않게 볼 수 있다. 하지만 접근하기 가장 손쉬운 자금원천임에는 분명하며 이들을 어떻게 설득하느냐가 문제일 것이다.

D. 엔 젤

엔젤angel이란 주로 창업회사만을 골라 투자하여 돈을 벌고자 하는 전문성을 가진 개인투자자를 의미한다. 이들의 특징은 매우 유망한 사업만을 골라서 투자하려하고 공식적으로 알려지는 것을 좋아하지 않는다. 또한 언제라도 좋은 기회만 오면 다른 투자자들과 연대하려 하고 창업자가 찾아오길 기다리는 것보다 그들이 스스로 창업자를 찾아나서는 경향이 있다.

엔젤과의 만남이 창업자의 자본조달에 있어 행운이 되는 반면, 위험을 가져올 수 있다는 점을 간과하여서는 안 된다. 잘못된 사람을 투자자로 불러들이면 나중에 골칫거리가 될 수 있기 때문이다. 비공식적이기 때문에 막상 필요할 땐 믿을 수 없게 돌변하기도 하고 약속을 지키지 않고, 제때에 투자를 하지 않는 경우도 있다. 또한 투자를 이유로 지나치게 경영에 간섭하려는 경우도 있다. 또한 투자를 미끼로 접근하여 회사의 경영기밀이나 기술을 훔치려는 사기성 투자자black angel도 있기 때문에 투자를 받는다고 무턱대고 좋아할 것이 아니라 투자자에 대하여 신중히 알아보는 것이 바람직할 것이다.

E. 벤처캐피탈

벤처캐피탈은 일반적으로 기술력과 장래성은 있으나 자본이 부족한 벤처기업에 창업초기부터 자본과 경영자원을 지원하여 육성한 후 투자자본을 회수하는 금융기관을 말한다. 이러한 벤처캐피탈과 일반금융기관은 지원형태나 회수방법 등에 있어 표 10-2와 같이 몇 가지 차이점을 보이고 있다.

벤처캐피탈을 이용하면 경영자문이나 벤처팀의 구성 등 자금 이외의 경영지원을 받을 수 있고 벤처캐피탈의 투자를 유치한 벤처기업은 사회적인 신뢰나 평가의 측면에서도 높은 점수를 받을 수 있다는 장점이 있다. 그러나 벤처캐피탈의 지원을 받은 창업자는 벤처캐피탈의 감독을 어느 정도 감수하여야 한다. 그들은 보통 이사회의 일원으로 참여하여 의결권을 행사하거나 회사의 경영보고를 정기적으로 받기를 요구하며 사업이 부진할 시에는 경영자를 교체해 버리는 경우도 있다.

F. 은행 등의 사금융

간접금융의 대표적인 형태인 은행을 통한 자금조달은 벤처기업에게 그렇게 쉬운 원천은 아니다. 일반적으로 은행은 대출 규정상 담보를 원칙으로

표 10-2 벤처캐피탈과 일반금융기관과의 비교

구 분	지원형태	담보	투자금 회수방법	성과보수	위험
벤처캐피탈	투자	없음	• 상장이나 등록 후 지분 매각 • 인수합병을 통한 회수	• 투자한 기업의 경영 성과에 따라 달라짐	많음
일반 금융기관	융자	있음	• 일정 기간 후 원금회수	• 경영성과와는 관계없이 약정된 일정금리를 받음	적음

그림 10-1

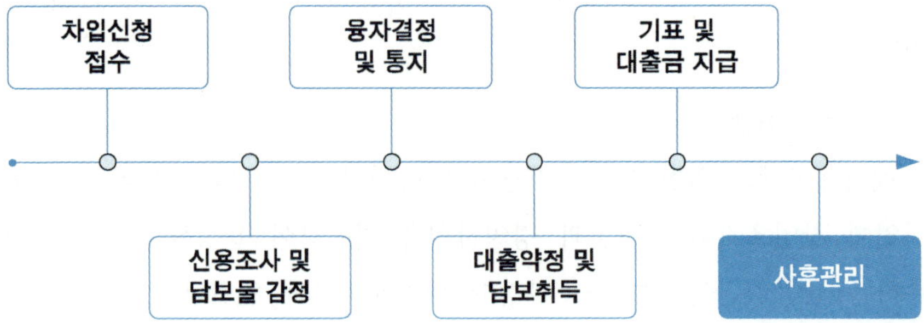

은행을 통한 차입절차

하기 때문에 벤처기업에게 진정으로 필요한 신용대출은 우리나라의 현실에서는 상당히 어렵게 보이지만 기술력 있는 벤처기업의 기술을 담보로 신용보증을 하여 주는 기술보증기금이 운용되고 있다. 은행을 통한 차입절차는 일반적으로 그림 10-1과 같다.

이와 같이 은행을 이용할 때 고려사항은 우선 거래은행이나 금융기관 상품의 혜택을 알아보고 창업자의 신용대출여부나 담보제공능력을 고려하여야 한다. 담보제공 능력이 부족할 때는 보증인여부와 신용보증기금 등 보증기관 활용여부를 알아보는 것이 필요하다. 이러한 점을 고려하여 여러 대출상품 중 금액, 시기, 대출조건을 고려하여 유리한 금융상품을 선택하는 것이 바람직하다.

G. 정부지원금

우리나라는 벤처기업 육성을 위하여 미래창조과학부나 중소벤처기업부와 이들의 산하단체, 그리고 지방자치단체를 통하여 창업자금을 지원하고 있다. 이러한 자금은 비교적 저리이고 기간이 장기이므로 업종별로 해당 요건을 잘 갖추어 활용하면 창업자금의 중요한 원천이 될 수 있다.

표 10-3 창업자금의 조달원천

구분		내용
본인투자자금		• 가장 기본적인 원천 • 기업주가 조달 가능한 자금이 어느 정도인가에 따라 결정
외부 영업자본	동업자금	• 자금동원 용이 • 경영상 시너지 효과
	엔 젤	• 창업 후 자금이 곤란한 시기에 투자 • 벤처캐피탈보다 High-risk High-return • 자본뿐 아니라 경험이나 판매 등에서도 역할 수행
정부재정자금		• 주로 기간이 장기이며 융자금리가 낮음
벤처캐피탈		• 벤처기업의 창업과 성장에 있어 가장 중요한 창업자금조달원천
공공기관에 의한직접투자		• 중소기업진흥공단, 한국산업단지공단 등 • 기업은행, 산업은행 등 국책은행
금융기관 일반차입금		• 대출업무 외에도 투자업무의 취급을 확대

나. 신용보증제도를 통한 자금조달

신용보증제도란 담보능력이 취약한 기업의 채무를 신용보증기관이 보증하여 자금조달을 지원하는 제도이다. 즉, 신용보증기관으로부터 신용보증서를 발급 받아 금융기관 등에서 자금을 지원받을 수 있는 제도이다. 현재 우리나라에서는 주요 지원대상에 따라 신용보증기금, 기술보증기금, 수출보험공사 등이 신용보증제도를 운용하고 있는데 일반 중소기업은 신용보증기금이, 기술력 위주의 중소기업은 기술보증기금이, 그리고 수출 위주의 중소기업은 수출보험공사에서 보증서를 발급하고 있다.

벤처기업이 신용보증을 신청하는 방법으로는 기술보증기금에 직접 신청하거나 대출받을 금융기관이 결정된 경우 이를 경유하여 보증을 신청하는 방법, 그리고 금융기관이 기술보증기금으로 추천하는 방법이 있는데 직접보증을 신청하는 경우가 일반적이다.

기술보증기금에서 신용보증을 신청하는 경우에는 신용보증신청서기보양식, 재무제표 및 부속명세표, 금융거래확인서기보양식, 부동산등기부등본, 대표

그림 10-2

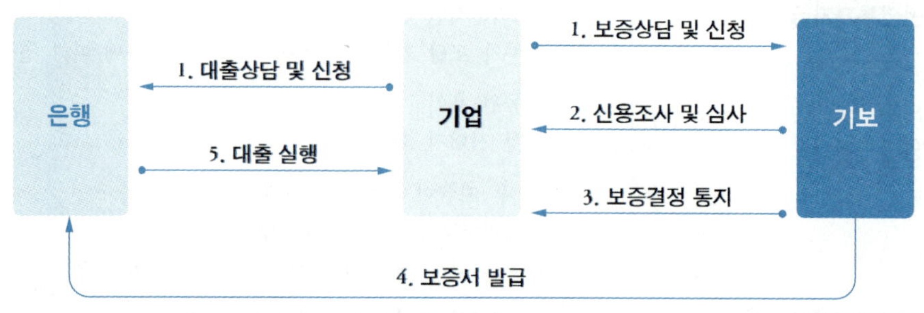

신용보증서 발급절차

출처 기술보증기금

자 주민등록등본, 법인등기부등본, 기업실태표 등을 제출하여야 한다.

신용보증제도는 물적 담보 없는 중소기업이나 벤처기업을 국민의 세금으로 정부가 보증하는 제도이므로 국세의 부담을 줄이고 신용질서 확립을 위하여 신용보증을 신청할 때 최소한의 연대보증인을 세우도록 해 왔다. 그러나 이러한 제도는 실패 시 기업가와 연대보증인에 대해 과도한 부담을 지게 한다는 점에서 우수 기술창업자의 시장진입 기회를 약화시키고 실패 시 재기 기회를 갖는 데 걸림돌로 작용해 왔다. 정부는 이러한 문제점을 인식하여 정부는 창업자 연대보증을 신보, 기보, 중소기업진흥공단의 정책자금을 대상으로 폐지하고 있다.

다. IR investor relations 을 통한 자본조달

IRinvestor relations에 관해서는 학문적, 실무적으로 많은 정의가 있으나 미국의 IR협회인 NIRINational Investor Relations Institute는 IR을 “기업의 커뮤니케이션 기능과 재무적 기능을 결합하여 현재 및 잠재적인 투자가들에게 기업

표 10-4 IR 커뮤니케이션의 방법

방 법	내 용
기업설명회	기업의 결산실적, 재무상태, 중요 경영활동 등을 시장 참여자를 초청하여 보고하는 대규모 기업 프리젠테이션
소그룹 미팅	펀드매니저, 애널리스트, 세일즈맨, 언론기자 등을 대상으로 비공식적인 분위기에서 진행하는 기업 프리젠테이션
컨퍼런스 콜	다수의 사람들이 동시에 기업과 전화를 통해 접속하여 최근 실적, 이슈 등에 대한 기업의 설명을 듣고 질의 응답을 하는 프리젠테이션
인쇄물에 의한 IR	법적 공시와 자발적 공시로 나눌 수 있으며 법적 공시는 우리나라의 경우 상법이나 증권거래법이 규정하고 있는 공시이며, 자발적 공시는 주주, 투자자, 애널리스트 등을 위한 배포자료 등이 있음
사이버 IR	자사의 홈페이지나 이메일, 증권관련 사이트 등 인터넷을 통한 IR로 현재 가장 중요하고 영향이 큰 커뮤니케이션 방법임

의 성과와 전망에 대한 정확한 정보를 제공하는 전략적인 마케팅 활동"이라고 정의하고 있다. 흔히 IR을 PRpublic relations의 한 종류라 여기는 경우가 많은데 물론 광의의 개념에서 본다면 IR이 PR에 속한다고 볼 수 있지만 가장 큰 차이는 대상target audience이 누구냐에 있다. PR은 일반 소비자나 언론매체를 대상으로 하지만 IR의 경우 현재 및 잠재적인 투자자를 대상으로 하고 있다는 점에서 IR은 재무적인 목적이 더 강하다고 할 수 있다.

우리나라에서는 아직까지도 많은 기업들이 IR활동을 대규모 기업설명회로 한정하여 생각하고 있다. 기업설명회란 기업의 결산실적, 재무상태, 중요 경영활동 등을 시장참여자를 초청하여 보고하는 대규모 기업 프리젠테이션이다. 그러나 기업설명회는 IR의 커뮤니케이션 방법 중의 하나이고 그 방법은 기술의 발달로 다양해지고 있으며 또한 급속히 변화하고 있다.

Ⅱ. 자금의 운용과 관리

1. 자금지원과 운용

기업이 성장함에 따라 자금조달방법이나 원천이 다양하게 된다. 창업 준비단계에서는 창업자 자신의 저축이나 친분관계의 사람들로부터 빌린 자금으로 시작하는 경우가 많다. 그러나 점차 기업이 성장하면서 그 필요자금의 규모도 커지게 됨에 따라 외부의 자금원천을 찾게 되며 그 조달시기 역시 중요한 문제가 된다. 벤처기업의 성장단계에 따라 벤처캐피탈에 의한 자금조달의 시기와 종류는 다음과 같다.

A. 종자돈 seed money

창업준비금으로 비교적 규모가 작다. 이 돈은 주로 창업자가 가지고 있는 아이디어를 증명하기 위해 제품모형을 제작하거나 초기 시장조사 등을 수행하는 데 쓰이는 자금이다.

B. 창업자금 start-up capital

벤처의 제품을 생산하기 위해 설비를 갖추거나 서비스의 초기 판매를 준비하는 데 소요되는 자금이다. 기업마다 차이는 있겠으나 보통 수 개월에서 1년 남짓 사용하기 위해 조달된다.

C. 1단계 자금 first-stage financing

창업자금과 같은 뜻으로 쓰이기도 하며 창업단계를 넘어서 전체적인 운영과 시장개척을 위해 조달되는 자금이다. 따라서 창업자금보다는 큰 규모의 자금 조달을 의미하며 창업자 자신이 조달할 수도 있으나 일반적으로 외부로부터 조달을 꾀한다.

D. 2단계 자금 second-stage financing

생산과 판매의 규모를 확장하기 위해, 즉 기업의 역량과 규모의 확장을

표 10-5 벤처기업 성장단계별 자금지원

단 계	종 류	내 용
초기단계 자금지원	창업준비자금지원 (seed financing)	제품개발, 시장조사, 사업계획자금
	연구개발자금지원 (R&D financing)	신기술과 시제품의 연구개발자금
	창업자금지원 (starting financing)	창업 중이거나 창업 후 1년 이내의 기업으로 제품을 시판하지 않는 기업의 지원자금
	시작단계자금지원 (first-stage financing)	초기 단계의 제조 및 판매활동에 필요한 자금
성장단계 자금지원	2단계자금지원 (second-stage financing)	제품 생산을 시작하여 재고가 증가하는 기업의 운전자금
	3단계자금지원 (mezzanine financing)	매출 증가기업의 시장확대와 마케팅을 위한 자금
	연결자금지원 (bridge financing)	기업공개 6개월 내지 1년 전 기업확장자금 구성, 공개 시 증자자금으로 상환되는 자금
기업매수/ 인수자금지원	기업매수자금지원	다른 기업의 전체 또는 일부의 매수 시 필요한 자금
	기업인수자금지원	미공개 기업 혹은 기존기업의 일부를 인수하여 사업활성화를 추진하는 경우

도모하고자 조달되는 자금을 의미한다. 여기서 중요한 것은 기업이 손익분기점break-even point을 넘어 수익을 내고 있는가 여부이다. 수익이 나지 않고 있는 상황에서의 무리한 확장은 자칫 위험을 초래할 수도 있기 때문이다.

E. 메자닌 자금 mezzanine financing

기업이 손익분기점을 지나 충분히 이익을 창출하고 있을 때 본격적으로 사업의 확장을 이루고자 조달하는 자금을 의미한다. 투자와 융자의 중간 형태를 갖는 전환사채 등의 방법이 활용된다.

F. 연결 자금 bridge financing

기업공개를 위하여 필요한 자금을 의미한다. 즉 주식을 상장 혹은 등록시키기 위해 재무구조를 정비하거나 소유지분 정리 등에 소요되는 자금이다.

그림 10-3

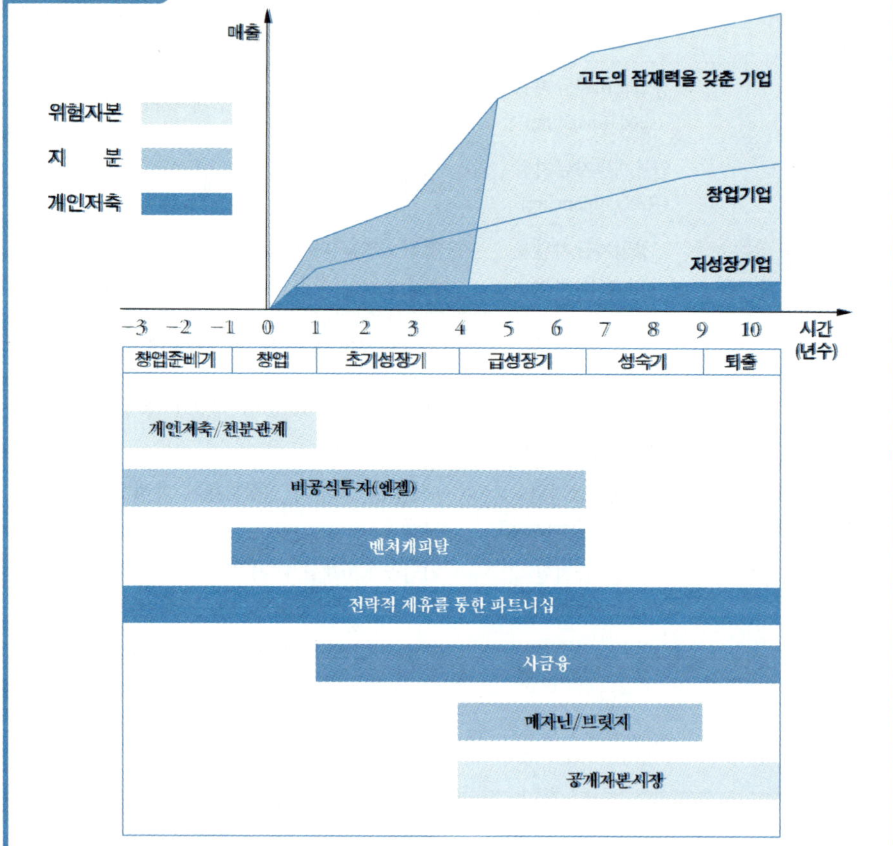

재무수명주기

출처 Jeffry A. Timmons, 「New Venture Creation: Entrepreneurship for the 21st century」, McGraw Hill, 1999.

기업공개 6개월 내지 1년 전 기업확장자금을 구성하며, 공개 시 증자자금으로 상환된다.

성장 단계별로 필요한 자금조달의 원천과 시기를 파악하기 위해서 그림 10-3과 같은 재무수명주기 financial life cycle가 사용된다. 그림에서 보듯이 시간의 경과에 따라 사용가능한 자금의 원천을 예시하고 있다. 고도의 잠재력을 가진 기업의 경우 다양한 자금원천을 가지고 있으며 기업공개에 이르게 될 가능성이 큰 기업인 반면 저성장 기업은 자신의 개인자금으로만 유지하는 전통적인 형태라고 할 수 있다.

2. 자금의 관리

가. 자금관리 시 고려사항

조달된 자금을 어떻게 쓰고 관리해야 하는가의 문제 역시 자금조달만큼 중요하다. 이러한 문제는 벤처기업의 장단기 재무전략 수립에 직결된다. 자

표 10-6 자금관리의 고려사항

고려사항	내 용
가치창출 (value creation) • 주주, 고객, 종업원	• 누구를 위하여 가치를 창출하고 양의 현금흐름(positive cash-flow)을 이루며 현금회수 대안을 만드는가?
가치배분 (slicing the value pie) • 위험과 수익배분 • 현금-위험-시간	• 다른 벤처기업의 인수를 위한 거래를 어떻게 할 것인가? • 외부위험자본을 조달하는 데 관련된 핵심적인 사항과 법적 절차는 무엇인가? • 창업자들은 외부의 자금주에게 사업계획을 어떻게 효과적으로 설명할 수 있는가? • 미리 예측하고 대비하여야 할 위험에는 어떠한 것이 있는가? • 시기(timing)는 각각의 영역에서 얼마나 결정적이고 중요한가?
위험처리 (covering risk) • 부채: 통제 • 자본: 단계적 모집	• 기업을 창업하고 인수하고 확장하는데 있어 어느 정도의 자금이 필요하며 필요한 자금은 언제, 어디서 효과적으로 조달할 수 있는가? • 어떤 종류의 자금조달 원천이 사용 가능한가? 자금조달을 적절히 하기 위해서는 어떻게 하여야 하는가? • 꼭 필요한 재무 네트워크로서 관계를 굳건히 해야 하는 사람은 누구인가? • 성공한 창업가들은 기회를 포착해서 활용하기 위한 다양한 재무자원을 어떻게 관리하였는가? 그들은 어떠한 재무적 함정에서 어려움을 겪었으며 어떻게 빠져나올 수 있었는가?

출처 Jeffry A. Timmons, 「New Venture Creation: Entrepreneurship for the 21st century」, McGraw Hill, 1999.

금관리에 있어 중요한 사항은 조달된 자금으로 어떻게 기업의 가치를 창출할 수 있을 것인가, 창출된 가치를 어떻게 배분하며 또한 어떻게 다시 활용할 것인가, 그리고 관리에 따른 위험을 어떻게 관리해야 할 것인가의 문제를 고려해야 한다. 이러한 사항의 구체적인 내용은 표 10-6과 같다.

나. 현금흐름의 예측

현금이 언제, 얼마만큼이나 필요하게 될 것인가의 문제는 여러 요인들이 복합적으로 작용하게 된다. **첫째,** 기업의 전략에 따라 달라진다. 창업자가 사업에 대해 어떠한 전략을 사용하느냐에 따라 자금의 양이나 필요시기는 달라지는 것이다. **둘째,** 기업이 속한 업종이나 산업에 따라 달라진다. 기업이 속한 산업의 창업 자금이나 현금 회전기간을 고려해야 하기 때문이다. 물론 전통적인 산업이라면 어느 정도의 예측이 가능하겠지만 벤처기업의 경우 새로운 시장에서의 게임이기 때문에 이러한 예측이 더욱 힘들다. **셋째,** 현재 기업 자금조달의 구성을 고려해야 한다. 자금구성에서 부채의 비중이 많다면 이자지급이나 상환 등을 고려해야 한다. **마지막**으로 기업이 생산하는 제품이나 서비스가 거래 고객에게 얼마나 영향을 주는가가 현금흐름에 영향을 미친다. 영향을 미치는 힘이 크다면 외상거래보다 현금거래를 가능하게 할 수 있으므로 그만큼 현금 회전을 빠르게 할 수 있다.

실제로 현금흐름을 계산하는 것은 그리 어렵지 않다. 간단한 회계적 지식만 알고 있으면 누구나 현금흐름표를 작성할 수 있다. 그러나 벤처기업에 있어 현금흐름표가 미래의 현금흐름을 모두 예측해주기는 어렵다. 벤처기업을 둘러싼 환경이 그만큼 변화가 심하고 그 속도가 빠르기 때문이며 이러한 점 때문에 미래의 현금흐름을 예측한다는 것은 더욱 힘들다. 앞에서 언급한 고려사항 외에 기업이 처한 특수한 상황을 고려하여 현금흐름에 영향을 주는 요인을 파악하는 것이 현금흐름의 예측과 재무전략의 수립에 도움을 줄 것이다.

다. 재무전략의 수립

재무전략을 수립하기 위해서는 다음과 같은 요인들이 고려되어야 한다.

- 현재까지의 경영 실적과 성과
- 산업과 기술
- 벤처기업의 예상성장률
- 투자자의 요구수익률과 내부수익률
- 상대적인 교섭력
- 성장, 통제, 유동성, 회수 등에 관한 창업자의 목표
- 투자자가 인식하고 있는 위험
- 벤처기업의 잠재력과 예상되는 퇴출시기
- 벤처기업의 연령과 발전단계
- 필요 자본금액과 벤처기업의 자체 산정액
- 투자자의 요구조건 및 계약

재무전략의 수립을 위한 논리와 작업의 흐름을 예시하면 그림 10-4와 같다. 현금조달과 소진의 시기 등을 예측하고 이에 대한 대안을 마련하는

그림 10-4

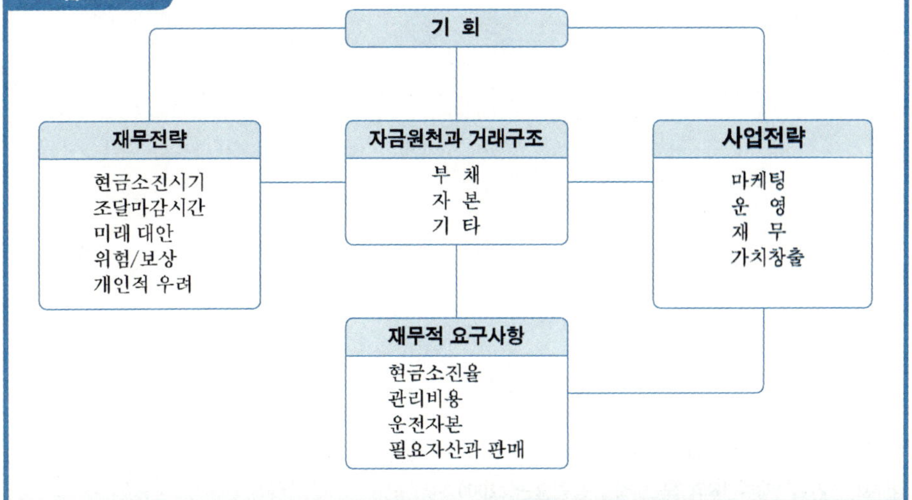

재무전략 수립의 예

출처 Jeffry A. Timmons, 「New Venture Creation: Entrepreneurship for the 21st century」, McGraw Hill, 1999.

등 기업 재무 전반에 관한 사항뿐 아니라 사업기회를 추구하는 과정에서 수립된 마케팅이나 생산운영 등에 관한 전략에 따라 자금을 조달하기 위한 여러 요구사항을 고려하여 재무전략은 수립되어진다.

토의주제

1. 자신이 사업을 시작한다면 어떤 자금원천을 언제 조달하여 사용하는 것이 효과적일지를 자신의 사업아이템의 내용에 맞추어 토의해 보자.
2. IR 커뮤니케이션 방법 중 기업설명회는 우리 벤처기업들도 투자자로부터 자금을 조달하기 위해 널리 사용하고 있다. 한 벤처기업을 선정하여 홈페이지를 방문하고 IR 자료를 살펴본 후 만약 자신이 투자자라면 어떻게 평가할 지를 토의해 보자.
3. 벤처자금관리에서 현금흐름 예측의 중요성을 살펴보고, 이를 효과적으로 할 수 있는 방법을 토의해 보자.

읽을거리

기술보증기금 홈페이지(kibo.co.kr)

김대호, 「기업마케팅 IR의 모든 것」, 청림출판, 2000.

허창문, 「벤처기업 창업과 자금조달의 모든 것」, 청림출판, 2000.

Jeffry A. Timmons, 「New Venture Creation: Entrepreneurship for the 21st century」, McGraw Hill, 1999.

Karl H. Vesper, 「New Venture Mechanics」, Prentice-Hall Inc., 1993.

chapter

11

벤처캐피탈과 엔젤

제11장 벤처캐피탈과 엔젤

학습목표

1. 벤처캐피탈의 발전과정과 현황을 살펴보고 그들의 역할과 기능을 학습한다.
2. 엔젤의 발전과정과 현황을 살펴보고 그들의 역할과 기능을 학습한다.
3. 벤처기업의 중요한 자금원천인 벤처캐피탈과 엔젤의 전반적인 이해를 통해 벤처기업은 그들에게 어떻게 접근하며 어떻게 이용해야 할지를 배워본다.

Ⅰ. 벤처캐피탈

1. 벤처캐피탈의 생성과 발전

벤처캐피탈은 주로 신기술의 기업화를 지향하는 창업단계나 초기 성장단계의 기업, 즉 벤처기업에 높은 위험high risk의 부담을 각오하고 높은 자본이득high capital gain을 얻고자 투자와 컨설팅을 하는 투자회사라고 할 수 있다. 벤처캐피탈은 미국에서 생성되어 발전되어 온 투자자본이다. 벤처캐피탈의 기원은 1920년대와 1930년대에 부유층 가족 및 개인 투자자가 신규사업에 창업자금을 제공하면서부터 시작되었다. 오늘날과 같은 벤처캐피탈의 개념을 가지고 설립된 것은 1946년 보스톤에서 탄생한 American Research & Development Corp.ARDC을 최초라 일컬어지고 있다.

실제로 벤처캐피탈은 보스턴의 연방준비은행Federal Reserve Bank의 회장이었던 플랜더Ralph E. Flander의 아이디어다. 그 당시 신생기업들의 설립이 활성화되지 못하고, 신탁기금을 운영하는 기업, 보험회사 그리고 기타 기관들이 신생기업에 대한 자본투자가 불가능한 상황에서 플랜더는 1945년 11월 16일 시카고에서 열린 전국주식딜러연합회National Association of Security Dealers에서 독특한 제안을 하였다. 그는 투자법Investment Act에 묶여있는 신탁기금의 규제를 자유화하여 신생기업의 주식에 신탁 및 공공기금 자산의 5%까지 투자할 수 있도록 할 것을 주장하였다.

플랜더의 이러한 주장은 하버드 비즈니스 스쿨의 교수로 오랜 동안 신생유망 기업을 연구하고 강의를 해 온 도리옷Georges Doriot 교수에 의해 지지되었다. 그들은 2차 대전 중에 MIT에서 개발된 기술의 상업화 가능성을 굳게 믿고 있었다. 그들은 금융기관의 기금을 운용하여 정부의 도움 없이 기술을 기업으로 이전시키는 민간의 독립된 기관을 만들 수 있다고 생각하였으며 그 결과로서 ARDC가 1946년 6월 6일 메사추세츠 법에 의해 조직되었다.

ARDC의 투자 중 가장 성공적인 것은 1957년 미국 벤처캐피탈 산업의 미래를 변화시킨 DECDigital Equipment Corporation에 대한 투자다. 메사추세츠 미니컴퓨터 제조회사인 DEC의 비약적인 성공은 벤처캐피탈의 새로운 시대를 여는 계기가 되었다. ARDC는 70,000달러를 투자하여 그 회사의 77%의 소유권을 가졌으나 1971년에 5,000%의 가치가 상승하여 1970년대와 1980년대 벤처캐피탈 투자의 모범적인 사례가 되었고 그후 벤처기업에 대한 투자를 촉진시키는 역할을 하였다. ARDC는 주식을 대상으로 장기적인 투자를 하여 단기적으로 불안정한 현금흐름에 대비를 하였다는 점에서 전통적인 벤처캐피탈이라 할 수 있다.

미국의 벤처캐피탈이 현재의 형태를 이루게 된 것은 1950년대 중반이었다. 당시 하바드나 스탠포드 등 일부 연구중심형 대학에서는 대학이나 정부의 자금지원에 의해서 신기술이 잇따라 개발되고 있었다. 신기술이 기업화되어 생산단계에 까지 이르면 은행 등으로부터 자금을 조달하여 사업을 전개할 수 있는데 신기술이 기업화되어 생산단계에 이르기까지 갭을 해소하지 않으면 유망한 신기술도 기업화되지 못한다. 그리하여 이러한 갭을 해소하기 위하여 많은 벤처캐피탈이 설립되기 시작하였던 것이다.

미국의 벤처캐피탈은 1960년대에 들어와서 급격히 증가하여 황금시대를 맞게 되었다. 그 배경으로는 2차 세계대전 후 일관된 저금리시대에 많은 자산가들이 자금운영의 새로운 기회를 찾고 있는 가운데 선구적인 벤처캐피탈이 투자한 벤처기업이 괄목할만한 성과를 거두게 되고 또한 그시기에 벤처기업이 현저하게 증가하여 벤처자금에 대한 수요가 증가함에 따라 많은 벤처캐피탈들이 설립되었던 것이다. 그 후 벤처캐피탈은 미국인 특유의 개척정신, 정부의 몇 차례에 걸친 우호적 투자여건조성 등에 의해 발전을 경험하였다.

1960년대 우주 및 군사개발 프로젝트와 관련하여 많은 벤처기업이 탄생하고 1970년대 후반부터는 컴퓨터, 의료, 유전자공학 등의 첨단사업에서 벤처기업이 군생하여 벤처캐피탈의 자금을 필요로 한 데 있다. 1980년대 PC와 응용S/W 산업, 1990년대 인터넷으로 대표되는 정보통신 산업의 비약적 발전은 벤처투자의 열기를 불러일으키면서 미국의 벤처모델의 전 세계적인 확산을 가져왔다. 투자규모면에서 보면 1990년대 급속히 증가하기 시작해서 2000년에 6,343개 기업, 8,042건의 투자건수, 투자액 1,050억 달러에 이르렀으나 2000년대 초반에 IT 산업에 대한 과잉투자의 후유증과 경기침체, 2000년대 후반에 글로벌 금융위기를 맞으며 급속히 투자가 위축되기도 했다. 2010년 이후 꾸준히 증가하여 2021년 현재 14,411개 기업, 15,855건의 투자건수, 투자액은 3,328억 달러에 이르렀다.

표 11-1 미국 벤처캐피탈의 투자현황

연 도	투자기업 수(개)	투자횟수(회)	투자액($Billion)
2000	6,343	8,042	105.0
2001	4,508	4,595	40.9
2002	3,131	3,217	22.2
2003	2,971	3,036	19.7
2004	2,467	2,669	21.7
2005	2,782	3,035	23.8
2006	3,166	3,402	29.8
2007	4,065	4,400	38.1
2008	4,473	4,861	37.3
2009	4,249	4,581	27.8
2010	5,122	5,560	31.9
2011	6,380	6,901	45.3
2012	7,473	8,026	41.6
2013	8,808	9,512	49.5
2014	9,936	10,709	73.9
2015	10,643	11,341	85.8
2016	9,730	10,215	82.5
2017	10,563	11,101	88.4
2018	10,948	11,622	144.2
2019	11,675	11,360	144.7
2020	11,473	11,651	167.0
2021	14,411	15,855	332.8

출처 NVCA Annual Yearbook

2. 한국의 벤처캐피탈

우리나라에서 벤처캐피탈이 처음 도입된 것은 한국과학기술연구원KIST의 연구결과를 기업화하기 위한 전담기구로서 1974년 한국과학기술진흥금융KTAC: 현 ㈜기보캐피탈이 설립되면서이다. 그 후 개발금융기관인 한국개발금융주식회사전 장기신용은행가 한국기술진흥금융의 업무에 참여하여 연구개발형 신기업의 전환사채에 투자하는 부분적인 벤처캐피탈 업무를 수행하게 되었다. 이후 정부와 산업계가 기술개발의 필요성을 더욱 절감하게 됨에 따라 기업의 기술개발을 지원하기 위해 한국기술개발주식회사KTDC: 현 KTB Network㈜가 1981년 4월 특별법에 의해 설립되었다.

1982년 12월에는 국내의 투자금융회사와 해외의 국제금융공사IFC, 아시아 개발은행ADB 등이 공동으로 출자하여 벤처캐피탈 전문회사인 한국개발투자주식회사KDIFC: ㈜TG벤처에서 최근에 ㈜큐캐피탈파트너스로 변경를 설립하였다. 1984년 1월에는 한국산업은행이 한국기술금융주식회사KTFC: 현 산은캐피탈㈜를 설립하였다. 이후 4개의 벤처캐피탈회사는 1986년 12월에 제정된 '신기술사업금융지원에 관한 법률'에 의거, 신기술금융회사 인가를 받았으며, 1986년 4월 제정된 '중소기업 창업지원법'에 따라 설립된 중소기업창업투자회사와 벤처캐피탈의 양대 축을 이루게 되었다.

국내 벤처캐피탈 산업은 정부의 정책지원, 금융환경, 국내외 투자환경 등의 변화에 적응해 가는 과정으로 볼 수 있는데, 아래에서 국내 벤처캐피탈 산업을 확장기1986-1991, 침체기1992-1995, 성장기1996-2000. 6, 조정기2000. 7-2004년 상반기, 회복기2004년 하반기-현재로 나누어 볼 수 있다.

첫째, 1986년부터 1991년은 벤처캐피탈의 확장기이다. 국내에서 본격적인 의미의 벤처캐피탈 산업은 1986년 벤처캐피탈과 관련된 두 법의 제정을 통해 벤처캐피탈 회사들이 업무를 개시한 때부터라고 할 수 있다. 이 기간에 주식시장의 성장과 동시에 주가지수가 급등하였고 선발 벤처기업들이 상장을 시작하게 됨에 따라 벤처캐피탈의 투자가 수익성 있는 투자로 인식되기 시작하였다. 또한 이 시기에는 창업투자회사가 1986년 12개 설립된 이래 지속적으로 증가하여 1991년 말에는 49개에 이르게 되면서 활발한 창업지원 활동을 펼치게 된다.

둘째, 1991년부터 1995년은 벤처캐피탈의 침체기로 볼 수 있다. 대기업의 경기확장 지속, 고금리, 주식시장의 침체 등으로 인해 신기술기업 또는 벤처에 대한 투자가 감소한 시기였다. 이로 인해 중소기업창업투자회사의 설립도 크게 둔화되어 단 2개사만이 신규로 설립된 반면, 6개사가 등록 취소되는 힘든 기간을 보냈다. 이 시기 벤처캐피탈들이 직면한 문제는 신생벤처기업에 일정비율을 투자해야 하는 업력에 대한 규제 및 투자주식의 회수시장이 부재하다는 점이었다. 장외거래시장이 있었지만 유명무실한 상태였다. 벤처캐피탈 회사들은 정부에 3부시장의 설립을 건의하였으나 받아들여지지 않았다.

셋째, 1996년부터 2000년 6월까지는 벤처캐피탈의 성장기이다, 1996년에 들어서 코스닥KOSDAQ 시장이 설립되고 1997년 '벤처기업육성에 관한 특별조치법'이 제정되면서 강력한 벤처지원정책이 수립되어 벤처캐피탈 산업은 외형적으로 큰 폭의 성장을 이루게 된다. 벤처붐이 최고조에 달했던 1999년과 2000년 사이에 91개의 창업투자 회사가 신규 설립되었다. 자금조달 측면에서는 기존의 차입금이나 자본금에 의존하던 자금공급기반이 투자조합을 중심으로 본격적으로 확대되었으며, 투자측면에서도 정보통신산업을 중심으로 벤처기업의 폭발적인 증가에 따라 회수환경이 크게 개선됨에 따라 벤처캐피탈 산업의 성장을 견인하게 되었다.

넷째, 2000년 7월부터는 벤처캐피탈의 조정기로 보인다. 1999년 이후 벤처붐과 벤처캐피탈의 성장기간 동안 투자대상기업에 비해 벤처캐피탈의 투자가 초과공급양상을 보이고 벤처기업에 대한 프리미엄이 급상승하여 2000년 후반기부터는 코스닥시장의 침체와 더불어 벤처캐피탈 산업도 조정을 겪게 되었다. 창업투자회사의 숫자도 2000년 12월 말에 147개에서 2011년 말 105개로 감소했다가 2021년 197개로 증가하였다. 정부는 투자조합에 출자함으로써 신규투자를 촉진하고자 하였으나 민간의 참여기피로 조합결성도 여의치 않은 상황이었다. 성장기 동안의 공격적 투자 등으로 인해 창업투자회사의 단기수익성이 크게 악화되어 창업투자회사 간에 M&A가 진행되고, 벤처캐피탈의 선진시스템 도입이 필요하다는 등 질적인 성숙이 요구되는 시기였다.

표 11-2 벤처기업 창업투자회사 현황 (단위: 개, 억 원)

구 분	2010	2011	2012	2013	2014	2015
창업투자 회사 수	103	105	105	101	103	115
자본금	13,838	13,985	14,455	13,947	14,185	14,864
투자조합 수	393	417	412	431	481	529
결성 총액	76,140	94,518	94,160	104,793	122,168	141,627

구 분	2016	2017	2018	2019	2020	2021
창업투자 회사 수	119	120	133	149	165	197
자본금	15,042	15,228	16,301	17,830	18,691	20,151
투자조합 수	605	718	805	920	1,078	1,431
결성 총액	167,978	202,548	240,516	273,081	331,965	414,600

출처 한국벤처캐피탈협회

3. 벤처캐피탈의 역할과 기능

벤처캐피탈은 장래성이 있는 기업의 싹을 발견하여 사회적으로 유용한 기업으로 키우는 데 있다. 벤처캐피탈은 규모는 작지만 급속한 성장이 기대되는 기업의 초기단계에서 소요되는 자금을 공급하는 것이다. 오늘날은 보다 넓은 범위에 걸쳐 이루어지게 되었다. 벤처캐피탈은 착안단계와 창업단계를 포함하는 초기의 발전단계에 놓여 있는 기업 외에 성장전망이 밝으나 일반은행의 융자를 받기에 이르지 못한 기업의 성장자금에 이르기까지도 공급하게 되었으며, 경영이 부진한 다른 기업이나 채산을 맞추지 못하고 있는 대기업의 사업부 등을 매수할 자금까지 공급하는 벤처캐피탈도 등장하고 있다. 또한 초기의 벤처캐피탈은 발명기업가에 대하여 투기성이 강한 자금을 공급하는데 그쳤는데 비하여 현대의 벤처캐피탈은 투자기업이 제반단계에서 직면하는 여러 문제에 대하여 경영자문을 함으로써 기업의 성장과 발전을 실질적으로 돕는다.

벤처캐피탈이 대상으로 하고 있는 벤처기업은 성공적인 경우에 창업되어 성숙되기까지 일정한 발전단계를 거치게 되는데 이를 기업의 라이프사이클이라는 관점에서 보면 착안단계, 성장단계, 확장단계, 성숙단계로 구분된다. 이러한 라이프사이클의 각 단계에서는 해결해야할 경영과제가 다르므로 자금의 용도나 조달방법도 달라진다. 벤처기업의 발전단계에 따른 벤처캐피탈의 역할을 살펴보면 다음과 같다.

가. 착안단계

기업은 개인의 마음속에서 개발된 신기술이나 신제품의 기업화가 착안되는 단계로부터 시작된다. 여기에서는 새롭고 검증되지 않은 아이디어나 제품을 모형으로 제작하고 그 시장범위를 정하는 작업이 이루어진다. 이 단계는 순전한 검토기간으로서 누구도 어떠한 진전이 있을 것인지 알지 못한다. 따라서 여기서 소요되는 자금은 개인의 자기자금과 가족이나 친지 등으로부터 차입에 의하여 조달하지 않으면 안 된다. 벤처캐피탈은 이 단계에서부터 투자하지는 않지만 벤처기업의 육성에 경험이 많은 일부의 민간 벤처캐피탈은 이 단계에서도 투자한다.

나. 창업단계

신기술이나 신제품의 기업화로 사업을 시작하는 단계이다. 제품시장의 범위가 정해지면 경영진이 구성되고 생산에 착수하게 된다. 이 단계에서는 사업의 개시 또는 정착을 위한 창업자금이나 기업화자금이 소요되지만 높은 위험이 따르므로 벤처캐피탈도 이 단계에서 투자하기를 꺼리는 것이 보통이다. 따라서 기업가의 자기자금이나 개인적인 담보에 의한 대출 등으로 조달할 수밖에 없는데 이에는 한계가 있으므로 창업이 순조롭게 이루어지지 않은 경우가 많다. 그러나 경험이 많은 민간 벤처캐피탈은 사업계획이 훌륭할 경우에는 투자를 감행하여 경영에 참가하면서 중요한 의사결정에 참여하기도 하고, 경영계획의 수립이나 마케팅 등에 자문하는 것 외에 인재의 확보에도 협조한다.

다. 성장단계

창업된 다음 신기술이나 신제품이 시장에서 받아들여진다는 것이 확인되어 기업으로서 급속히 성장하는 단계이다. 따라서 기술개발, 설비투자 및 마케팅 등을 위한 성장자금이 필요하게 된다. 경영의 틀이 완전하게 잡히지 않아 제품의 개량, 마케팅과 판로의 변경, 판매가의 수정 등을 하며 자본축적이 충분히 이루어지지 않아 재무구조도 나쁘고 담보력이 미약하여 은행대출에는 크게 기대하기 어렵다. 그러나 기업이 손익분기점에 놓이게 되어 그 미래가 확실해지기 시작하면 벤처캐피탈은 위험을 각오하고 적극적으로 투자하고자 한다. 기업으로서도 이 단계에서 벤처캐피탈의 투자를 받아들이는 것이 효과적이다.

라. 확장단계

기업은 시장, 수익 및 재무 면에서 사회적으로 널리 인정받는 존재가 된다. 그리하여 기업은 규모를 확대하거나 신제품을 추가하여 새로운 시장에 진출하고자 한다. 이 단계에서는 자본도 어느 정도 축적되고 담보력도 있으므로 각종 금융기관으로부터 자금을 비교적 용이하게 조달할 수 있게 된다. 기업의 전망이 밝다면 벤처캐피탈은 더 적극적으로 투자하고자 하는데, 기업으로서는 자금의 양, 자금조달 비용, 경영권의 확보, 세무 문제, 주식공개의 준비 등 여러 가지 사정을 고려하여 각종 금융기관을 종합적으로 이용하게 된다. 또한 이 단계에서 벤처캐피탈은 다른 회사를 매수하기 위한 기업매수자금이나 쇠퇴기업 등을 순자산가 이하로 매수하는 데 소요되는 레버리지드 바이아웃LBO: leveraged buyout 자금을 공급하기도 한다.

마. 성숙단계

실질적으로나 형식적으로 주식공개를 할 수 있는 단계에 이르고 있다. 이제까지는 벤처기업으로서 성장성에 중점이 놓여 있었으나 이 단계부터는 기업의 종합적인 경영능력을 바탕으로 기반을 형성해 가는 역할이 부여되는 것이다. 자금조달 면에서 보면 주식공개에 의하여 자본을 동원할 수 있게 되므로 벤처캐피탈은 이 단계에서 이윤기업에 대하여 조속한 주식공개를 권유하게 되며 추가로 투자할 필요가 없다. 벤처캐피탈은 투자기업이 주식공개를 하면 원칙적으로 보유주식을 매각하여 비로소 자본이득을 얻게 되는 것이다.

4. 벤처캐피탈 투자유치 가이드

가. 개　　요

벤처캐피탈로부터의 투자유치, 즉 중소·벤처기업이 기업경영에 필요한 자금을 조달하기 위해서는 어떠한 준비를 하여야 하는가? 어떻게 하면 성공적으로 투자유치를 이룰 수 있는가? 이는 먼저 벤처캐피탈은 어떠한 관점에서 투자대상기업을 심사하는가, 벤처캐피탈의 최종적인 투자목적은 무엇인가에 대한 답변을 준비하는 것에서부터 시작된다고 할 수 있다.

일반적으로 중소·벤처기업들이 필요한 주요한 자원은 사람과 자금 그리고 기술이다. 이 중에서 한국과 같이 금융회사들이 담보위주의 금융행태 상황하에서는 지분투자 위주의 벤처캐피탈로부터 투자를 유치하여 위험을 나누어 부담하고, 향후 기업성장에 따른 수익을 나누어 가질 수 있도록 하는 것이 중요하다. 벤처캐피탈로부터 투자유치를 위해서는 우선 사전준비를 철저히 하여야 한다.

그림 11-1

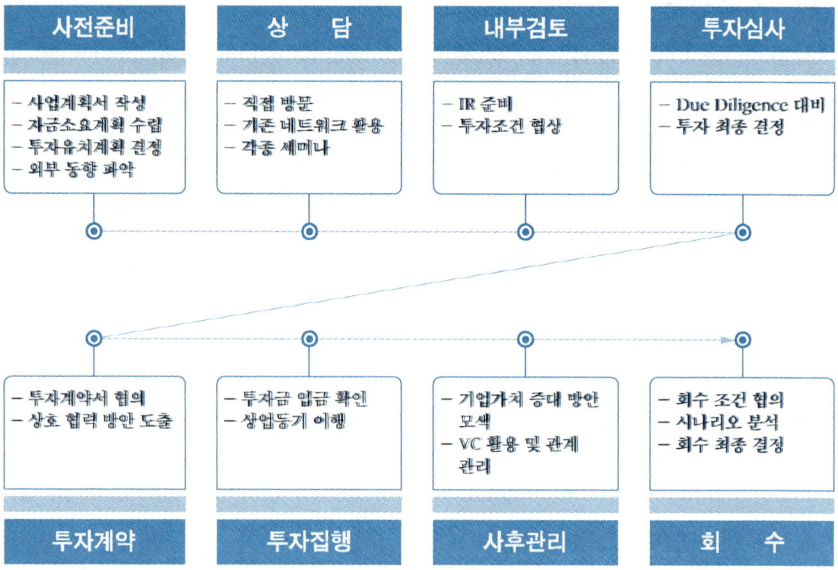

투자유치 흐름도

나. 사전 준비 단계

A. 명확한 투자유치 목표 정립

먼저 투자를 유치자금의 용도 개발자금, 시설확장자금 등, 규모, 지분구조, 기한 등을 명확히 설정하여야 하고, 이를 투자유치 담당자 및 관련 직원들에게 공유하여 향후 벤처캐피탈의 실사에 대응할 수 있는 역량을 확보하여야 한다.

B. 사업계획서 작성 기준

기존에 내부적으로 작성한 사업계획서를 보완토록 하며, 우선적으로 현금흐름의 관점에서 자금소요계획의 수립이 필요하다. 즉, 신규로 소요될 자금의 규모를 추산하고, 여기에 현재 가용가능한 자금을 견주어 조달이 요구되는 자금의 규모를 산정한다. 산정된 자금규모를 투자 시점별로 세분화하여, 각 단계별 자금조달 유형별 재무구조에 영향을 미치는 정도 및 특성이나 규모에 맞는 자금유치형태보통주식, 우선주식, 전환사채, 신주인수권부 사채, 프로젝트 투자 등를 결정하여야 한다.

C. 사업계획서 작성

각 개별기업의 주력 생산제품, 주력 시장의 특성 및 경쟁관계, 시장성숙도, 기술차별화, 참여인력의 경쟁력 등에 따른 핵심 경쟁요소를 선정하여 기술하고, 벤처캐피탈 입장에서의 투자포인트의 분석경쟁력 있는 사업부문 또는 제품이나 기술에 대한 쟁점분석 등이 이루어져야 한다. 기술이나 사업성에 대한 적절한 표현과 보다 더 객관적이고 실증적인 거증 근거를 확보하여 기술토록 하며, 효과적인 논리 전개를 위한 핵심포인트를 선정하여 이를 강조하여야 한다.

D. 투자유치 시기와 규모, 투자자 및 각 단계별 전략과 철저한 준비

성공적인 투자유치를 위해서는 향후 예상되는 문제점에 대한 분석과 대응방안의 수립이 필요하며, 최소한 자금이 필요한 시점보다 6개월 이전부터 준비하여야 하고, 각 심사 단계별 대응방안 수립시나리오 작성 등이 필요하다.

E. 최적의 VC 탐색 및 관계유지

주력제품의 특성, 기반기술, 경쟁상황, 시장의 특성 등에 따라 벤처캐피탈 또는 벤처캐피탈별 선호도가 상이하므로 가능한 사전에 이에 대한 검토가 이루어져야 투자유치의 성공가능성을 높일 수 있다. 벤처캐피탈은 해당 벤처캐피탈의 경영정책투자정책, 펀드 잔존기간, 펀드의 주목적 투자 등, 과거의 경험이나 특정 산업에 대한 선호도, 유사기술기반 업체의 기 투자여부, 사업의 신선도 등에 따라 다양한 기호로 나타나게 된다. 자금조달시장에서도 각 개별기업의 초기 자본조달과 관련한 신선도가 중요하게 작용할 수 있다. 동일한 투자조건이라면 단순한 투자행위로 인한 자금지원뿐만 아니라, 비즈니스 자체에도 도움을 줄 수 있는 벤처캐피탈의 선정도 중요하다. 영위하고자 하는 사업분야에 관심과 경험이 풍부한 벤처캐피탈과의 지속적인 관계유지도 필요하다.

F. 벤처캐피탈의 투자트렌드 파악

벤처캐피탈은 전체적인 산업동향의 변화에 민감하게 대응하는 경향을 갖고 있다. 이는 투자 후 투자금을 회수하는 데 직접적인 영향을 미치기 때문이다. 업종적인 측면에서 볼 때, ICT분야, 엔터테인먼트분야, 녹색성장분야, 소재 · 부품분야, 바이오 · 헬스케어분야가 시장상황이라든지, 정부정책의 변화에 따라서 트렌드가 변화하고 있다는 것이다. 이를 간과할 경우 투자유치에 상당한 어려움을 겪게 되는 것이다. 또한 벤처캐피탈이 선호하는 투자대상기업의 성장단계초기, 중기, 성장/확장단계, Pre IPO단계 등도 고려하여야 하고, 또한 벤처캐피탈의 투자금의 회수가 이루어지는 회수시장의 변동성활황기, 침체기, 회복기 등도 면밀하게 파악하고 대응하여야 성공적인 투자유치를 이룰 수 있기 때문이다.

다. 벤처캐피탈의 투자심사 절차에 대한 이해

A. 투자심사 절차

일반적으로 벤처캐피탈의 투자심사는 우선 발굴언론, 세미나 등을 통한 직접 발굴, 투자대상기업과의 상담, 기존의 투자기업 또는 유관기관으로부터의 추천 등이 이루어지면, 우선 1차적으로 내부 검토예비검토, 현황보고 등가 이루어지고, 이후 본격적인 투자심사Due Diligence 및 투자의사결정이 이루어지고 나면 투자계약서 협의 및 계약 체결, 그리고 투자금 입금이 이루어지는 것이다.

B. 발 굴

벤처캐피탈의 입장에서는 제일 중요한 단계이다. 옥석이 될 수 있는 또는 옥석을 찾아내는 과정이다. 벤처캐피탈의 기존 투자기업을 포함한 네트워크, 언론, 유관기관 추천, 각종 세미나 등을 통하여 성장가능성이 높은 투자대상기업을 발굴하게 된다. 투자대상기업 입장에서는 무작정 벤처캐피탈을 접촉하는 것이 아니라 평판이 좋은 벤처캐피탈의 기존 네트워크를 통하여 연결되면, 직접 상담하는 것보다 향후 투자심사 진행에 도움이 될 수 있다. 그리고 한 번 투자심사 진행이 어려웠다고 하더라도 지속적인 관계 관리를 통하여 창업에서부터 회사의 성장과정을 보여줌으로써 신뢰관계를 쌓아가는 것도 중요하다.

C. 심 사 Due Diligence

벤처캐피탈과 상담 후 1차 내부적인 절차현황보고 또는 예비검토가 진행되면 IR이 진행되는데, IR 시는 다음과 같은 측면에서 유의하여야 한다. VC가 왜 투자하여야 하는지, 즉 투자를 진행할 수 있는 매력적인 포인트가 무엇인가에 대한 명확한 기술이 필요하다. 그리고 벤처캐피탈은 단지 자금을 공급하여 높은 수익률을 추구하는 것이 아니라, 투자기업이 직면하게 되는 다양한 상황에 대하여 서로 고민하고, 해결해 나가고자 하는 동반자 관계를 고려하고 있다는 점을 명심하여야 한다.

첫째, 벤처캐피탈은 천재가 아니라는 사실을 염두에 두어야 한다. 즉, 모든 분야에 대하여 다 잘 알고 있지 못하다. **둘째,** 가능하면 대표이사가 직접 발표하도록 하여야 한다. 기술, 마케팅 등 특정 분야에 대해서는 추가적으로 담당자에게 발표하게 하는 것이 좋다. **셋째,** 지나친 기술중심 발표보다는 어떻게 판매하여 현금을 창출할 것인가에 대한 설명이 더 중요하다. **넷**

째, 투자된 자금을 언제, 어떻게, 얼마나 돌려 줄 것인가에 대한 계획을 보여주어야 한다. 벤처캐피탈은 금융회사, 기업, 연기금 등으로부터 자금을 출자 받아 운용한 후 다시 분배 해주어야 하는 것이기 때문이다. 즉, 벤처캐피탈은 투자시점부터 회수에 대한 고민을 시작하고 있는 것이다.

IR이후 본격적으로 진행되는 투자심사를 진행하는 과정에서 다음과 같은 사항에 대하여 분석이 이루어지고 있음을 인지하여 적극적으로 대응하여야 한다. **첫째,** 해당 기업이 보유하고 있는 역량 및 향후 기업경영과정에서 발생할 수 있는 리스크와 이에 대한 대응방안 등을 심사하고, **둘째,** 해당 기업의 성장단계에 따라 주요 심사 가중치가 다르지만, CEO를 비롯한 경영팀에 대한 심사는 중요하게 다루고 있다. 즉, CEO 및 핵심인력에 대한 평가비전, 투명성, 역량 등가 이루어진다. **셋째,** 제품에 대한 분석보유기술 및 차별성 등과 당해 제품이 속해 있는 시장 분석고객반응, 성장성, 경쟁상황, 진입장벽, 수익성 등이 이루어지고, **넷째,** 투자 후 리스크관리 및 상호 협력방안에 대하여 분석하고, **마지막**으로 회수방법IPO, M&A, 상환 등에 대한 분석이 이루어진다.

내부적으로 어느 정도 투자심사가 진행되면 최종적인 투자조건에 대한 협상이 이루어진다. 투자심사과정에서 기회와 리스크에 대한 평가를 통하여 기업가치를 산정하게 되며, 여러 가지 가치평가방법이 적용되고 있지만, 기본적으로 매출액과 수익에 대한 추정을 기반으로 평가가 이루어진다. 최종적인 기업가치는 상호협의를 통하여 결정되며, 투자형태, 투자규모, 투자단가 등의 조건이 확정된다. 마지막 관문이 투자계약서 협의 및 작성이다. 이 과정에서 상호 간의 상당한 진통이 발생하기도 하며, 상호 간의 신뢰가 시험받는 중요한 고비가 된다. 투자배수 등에 지나치게 민감하게 반응하기 보다는 장기적인 측면에서 상호 협력할 수 있는 다양한 방안을 찾도록 하는 것이 중요하다.

D. 사후관리 Monitoring+Supporting

투자 후 상호협력하여 기업가치를 증대시킬 수 있는 여러 가지 방안을 모색하는 것이 중요하다. 단지 경영권 간섭으로 접근하기보다는 열린 자세로 기업 정보를 공유하고, 기업성장을 위하여 벤처캐피탈이 갖고 있는 역량을 활용하는 측면의 접근이 좋다. 즉, 투자기업 입장에서는 인력 및 기술소싱, 마케팅, 신규사업 측면에서 VC의 활용이 필요하고, VC입장에서는 신규 투자대상기업 발굴, 기 투자기업들과의 협력방안 모색 등 상호 협력할 수 있는 측면을 중심으로 진행하는 것이 좋겠다.

E. 회수 Exit 방안 제시

벤처캐피탈은 기본적으로 자본이득Capital Gain을 목적으로 투자행위를 영위하는 바, 투자와 동시에 보유지분에 대한 성공적인 회수방안을 고려하게 된다. 따라서 투자유치단계에서부터 투자금을 어떻게 회수할 수 있도록 할 것인가에 대한 방안을 제시하여야 한다. 예를 들어, IPO, M&A 등에 대한 의지와 실행방안을 제시하여야 한다. 따라서 향후 벤처캐피탈의 회수시점에서 상호 승리Win-Win할 수 있는 전략에 대한 이해가 필요하며, 이에 따른 각각 단계별 대응방안에 대한 철저한 준비가 필요하다.

벤처캐피탈사가 선호하는 기업 특성

- 경영팀, VC와의 파트너십이 강한 기업
- 명확한 사업계획서: 개발일정, 매출추정근거, 장기자금흐름, 위험요인(risk factor) 및 대응방안
- 제품의 차별성이 명확한 기업(상당기간 독점이익 창출이 가능할 정도의 기업)
- 강한 IP(한국뿐만 아니라 미국, 일본, 중국을 비롯한 해외 특허 등록)로 무장한 기업
- 명확한 마케팅 전략을 수립한 기업
- 국내시장보다는 해외시장에 주력하는 기업
- 회수방법을 제시한 기업

투자유치 진행 시 피해야 할 사항

- 엉성한 사업계획서
- 명확하지 않은 목표시장: 제품/서비스의 구매대상시장에 대한 이해와 조사 필요
- 허황된 팀 구성: 유명인 또는 향후 영입멤버에 대한 강조
- 질문에 대한 부적절한 답변: 예상 가능한 투자자의 질문에 대한 철저한 준비
- 경쟁자에 대한 무시: 경쟁자를 인정하고 비교우위에 대한 설명에 주력
- 속임수: 객관적인 데이터나 사실을 속인 경우 투자유치과정이 종료
- 보수적인 수치의 제시: 보수적이라 하지 말고 현실적인 수치임을 제시
- 시장점유율을 통한 매출 추정: 구체성이 없는 매출추정은 피해야 함
- 특허에 대한 지나친 강조: 이를 상용화하기 위한 기술보유 설명필요

5. 최근 한국 벤처캐피탈 동향

가. 자금조달 측면

A. 펀드 결성 규모 증대

2017년도 벤처펀드 규모는 9조 7천억 원 규모로 1986년 창업지원법이 제정되어 본격적인 벤처펀드가 결성된 이래 사상최대치를 기록하였다. 이러한 증가는 박근혜정부의 국정기조인 창조경제정책의 핵심으로 벤처산업이 부상되어 기존의 주요 출자기관인 중소기업청 이외에 산업통상자원부, 미래창조과학부, 문화체육관광부, 농림수산부, 해양수산부, 특허청 등 각 부처의 펀드 출자금 증대와 더불어, 금융위원회 주도의 성장사다리펀드의 본격적인 결성도 기여한 것으로 보인다. 이러한 추세는 문재인 정부에서도 이어졌으며 윤석열 정부에서도 지속될 것으로 전망되고 있다. 그러나 현재 전세계적인 경기침체로 인하여 벤처펀드의 결성이 둔화되고 있어서 당분간은 성장추세가 감소할 것으로 보인다.

표 11-3 연도별 신규조합 결성액 (단위: 억 원)

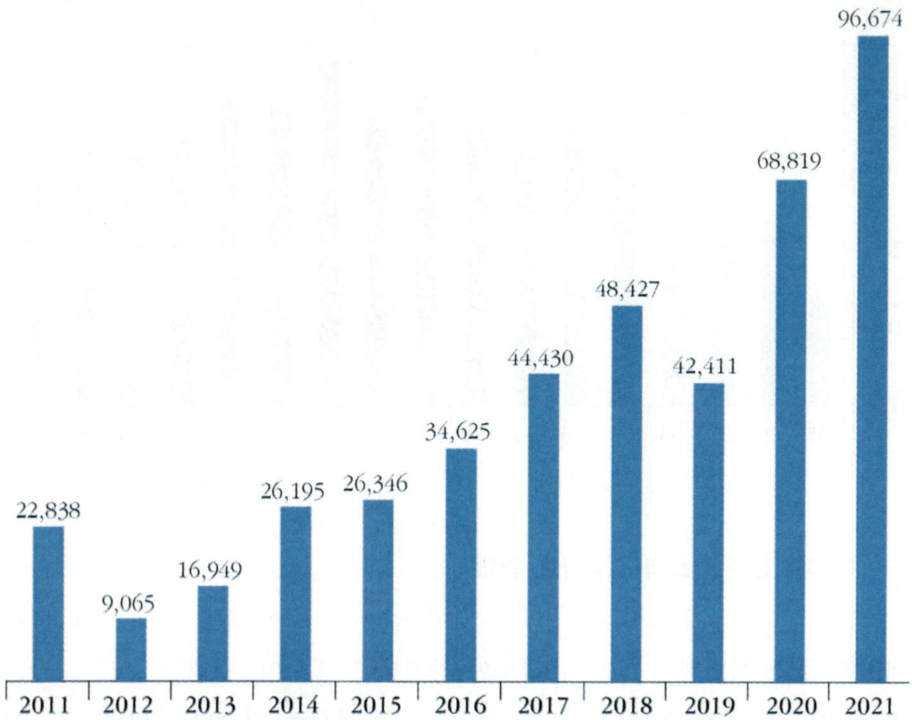

출처 한국벤처캐피탈협회 벤처투자정보센터

B. 정부주도의 펀드결성

1986년 창업지원법이 제정되어 시행된 지 30여 년이 되어가고 있다. 초기에는 시장형성 차원에서 정부주도의 생태계구축이 진행되는 것이 어쩌면 당연하였으나 최근 10여 년간의 발전과정을 보면 아직도 정부주도의 양적성장이 이루어지고 있다는 것이다. 이러한 계속적인 정부주도의 펀드출자액의 증가는 민간부문의 정체를 가져오게 되는 바, 이제는 민간부문의 출자를 이끌어 낼 수 있는 정책적인 방안 마련이 필요하다. 긍정적인 점은 추세로 보면 2013년 40%대에서 정책금융 출자비중이 계속 감소되어 2021년 30% 수준으로 낮아지고 있어서 정책자금에 대한 의존도가 낮아지고 있음을 알 수 있다.

표 11-4 한국의 연도별 정책금융 출자비중

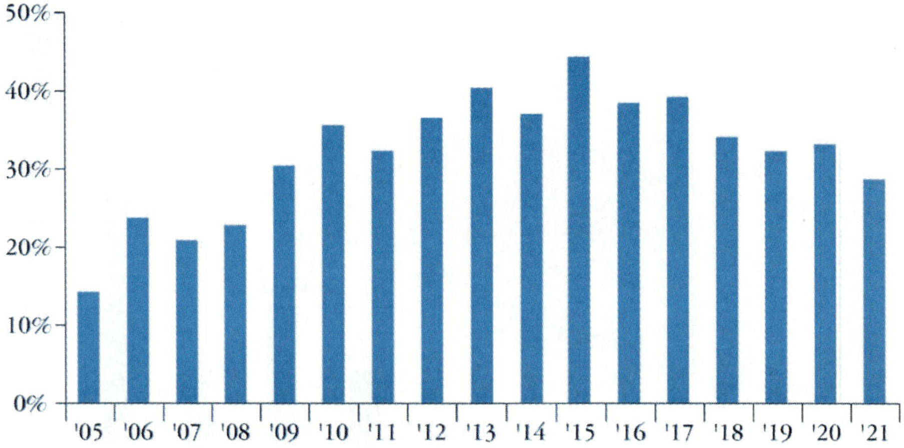

출처 KVCA, 자본시장연구원

C. 해외진출 펀드의 결성규모 증대

그동안 국내 펀드결성위주에서 벗어나 해외 진출 또는 해외 주요 벤처 캐피탈 등과 협력하는 펀드의 결성이 증가하고 있으며, 이러한 추세는 글로벌 창업의 증가추세에 대응하여 더욱 증가할 것으로 전망되고 있다. 중소기업청, 성장사다리펀드 등에서는 국내 시장의 한계를 인식하고 글로벌 시장에 진출, 또는 직접 글로벌 시장에서 창업하는 벤처기업가에게 투자하는 펀드 결성을 증대시키고 있어 고무적이라 할 수 있다.

D. 성공 벤처기업가의 펀드 결성 증대

중소기업청에서는 국내의 주요 성공벤처기업이 출자하여 펀드를 결성하여 운용함으로써 유망한 후배 잠재 벤처기업가를 길러내는 역할을 수행하고 있다. 네이버, 스마일게이트 등 국내의 주요 성공한 벤처기업은 당해 기업이 영위하는 사업과 관련이 있거나 신규로 아이디어를 기반으로 창업하는 기업에 투자뿐만 아니라 멘토링을 제공하여 창업기업이 성공단계에 진입할 수 있도록 적극적인 지원을 하고 있다.

나. 투자행태 측면

A. 투자규모 증대, 특히 초기투자 활성화

2017년도 신규 투자는 1,266개 기업에 2조 3,803억 원 규모에서 2021년도 2,438개 기업에 7조 6,803억 원의 투자가 이루어져서, 업체수 기준으로는 2배, 금액 면에서는 3배 이상의 괄목할만한 성과를 이루었다.

표 11-5 신규투자실적 (단위: 억 원, 개사)

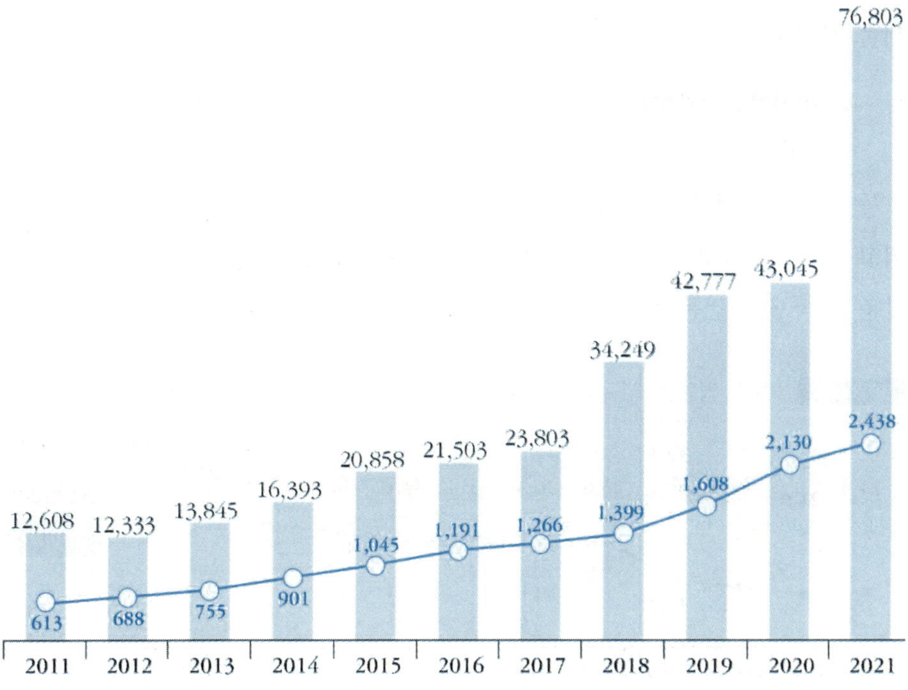

출처 한국벤처캐피탈협회 벤처투자정보센터

특히 초기투자의 경우, 중소기업청의 TIPS[1] 프로그램 등 초기투자 활성

1 Tech-incubator Program for Start-up의 약자로서 기술창업기업이 엔젤이나 VC 등 민간 투자자로부터 1억을 투자받으면 정부가 3년 동안 9억 원을 지원하는 2014년에 시작된 창업지원 정책이다. 이는 초기 3년간 핵심 기술역량을 강화하면서 죽음의 계곡(death valley)에 빠지지 않고 글로벌 시장으로 진출하도록 지원하는 프로그램이다.

화를 위한 정책의 가시적인 성과 및 초기 분야 특화 펀드의 결성에 대한 한국모태펀드 및 성장사다리펀드의 출자 증대가 주요한 역할을 한 것으로 보인다.

B. 투자업종 다양화 및 트렌드 변화

2021년 업종별 신규투자 규모를 보면 ICT가 36.2%, 영상컨텐츠가 5.4%, 바이오가 21.8%를 차지하고 있으며, 최근 5년간의 업종별 투자비중을 보면 ICT분야는 증가 추세에 있으며 영상컨텐츠와 바이오는 약간의 감소추세를 보이고 있다.

C. 투자분야 전문화

영상컨텐츠 분야를 전문으로 하는 벤처캐피탈이 증가하고 있으며, 또한 그동안의 투자성과를 기반으로 하는 바이오 특화 전문벤처캐피탈이 활성화되고 있다. 그리고 투자기업의 지식재산 창출, 활용 및 보호분야에 전문성을 갖춘 지식재산 전문 벤처캐피탈도 등장하고 있다.

표 11-6 주요 업종별 신규투자 비중 (단위: %)

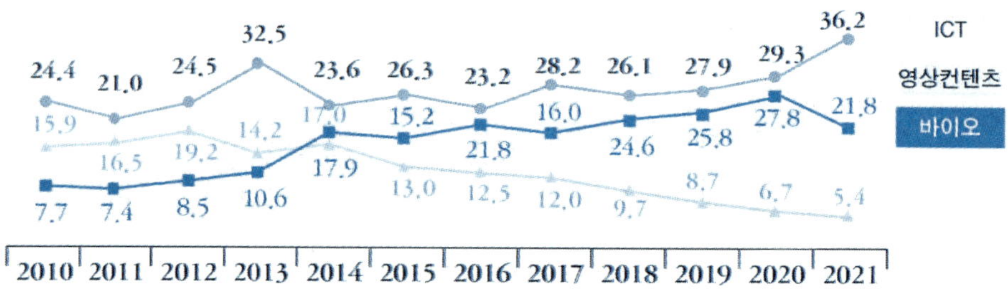

출처 한국벤처캐피탈협회 벤처투자정보센터

다. 회수측면

A. 회수시장 활성화 정책

한국의 경우 코스닥시장 활성화, 코넥스시장 개설, 세컨더리 펀드 결성 증대 등 회수시장 활성화를 위한 정책을 시행하고 있다. 다양한 정책시행에도 불구하고 코스닥시장에서의 회수가 주요 회수수단으로 활용되고 있으나 코스닥관련 업무가 한국거래소로 흡수됨에 따라 투자자 보호라는 명제로 인하여 코스닥 상장기업 수가 급격히 감소하였다가 2014년 하반기부터 점차 증가추세로 전환되어 왔다. 2021년 100개 기업이 IPO 되었고 이중 벤처캐피탈로 투자받은 기업은 62개로서 벤처캐피탈 투자기업의 비중도 증가추세에 있다.

1996년 7월 1일 문을 연 코스닥시장의 경우 지수가 1,000으로 시작하여 2000년 3월 10일 28,344로 최고치를 나타낸 후, 계속 하락하여 2003년 3월 17일에는 지수가 346으로 최저치를 기록하였다가 2004년 하반기부터 점차 상승하여 2018년 7월 5일에는 종가지수가 786을 기록하였다. 그러나 한국의 코스닥시장의 시장구조상 기관투자가보다는 개인투자가 위주로 운용되고 있어 외부의 조그마한 충격에도 크게 요동치는 취약한 상황이다. 2023년 현재는 글로벌 경제위기 상황에 의하여 700 전후 수준에 머물러 있다.

표 11-7 회수 유형 (단위: %)

구 분	IPO	M&A	프로젝트	장외매각/상환	기 타
2021	32.1	-	8.7	58.6	0.6
2020	38.9	-	10.1	49.2	1.4
2019	25.2	0.5	16.5	52.1	4.4
2018	22.1	3.1	17.1	57.2	5.3
2017	24.9	3.5	14.5	52.1	4.2
2016	27.3	3.1	18.6	46.2	4.6
2015	27.2	1.4	15.7	52.2	3.3
2014	18.0	2.1	21.0	56.1	2.8
2013	15.7	0.3	23.5	49.8	10.7
2012	17.8	1.0	22.4	56.0	2.8
2011	18.1	1.5	18.5	61.3	0.6

• 2014년 회수금액(원금기준): 7,821억 원
2020년 6월 이후에는 M&A와 장외매각을 통합해서 집계하고 있음

출처 한국벤처캐피탈협회 벤처투자정보센터

표 11-8 코스닥 상장현황 (단위: 개사, %)

구 분	2010	2011	2012	2013	2014	2015
기업 IPO수(A)	50	55	20	34	40	57
VC투자기업 IPO수(B)	32	37	14	26	26	46
비중(B/A)	64.0	67.3	70.0	76.5	65.0	80.7

구 분	2016	2017	2018	2019	2020	2021
기업 IPO수(A)	70	78	90	97	86	100
VC투자기업 IPO수(B)	36	40	47	53	55	62
비중(B/A)	51.4	51.2	52.2	54.6	63.9	66.7

• 재상장, 외국계, SPAC제외

출처 한국벤처캐피탈협회 벤처투자정보센터

B. M&A 부진

특히, 한국의 경우 우리와 비슷한 경제환경에 있는 이스라엘과는 달리 M&A를 통한 투자금의 회수가 미진한 상황이다. 즉, 이스라엘은 창업 초기부터 유관기관의 역할이 자금조달도 중요하지만 당해 창업기업의 IP에 대한 중요성을 강조하여 최우선적으로 IP를 확보하게 하고 있다는 것이다. 이는 국내시장의 한계를 극복하기 위한 미국시장 진출을 위해 필수적 요건이며, 글로벌 기업들로부터 M&A를 할 수 있는 가장 기본적인 자산을 획득하도록 하는 것이다. 이는 제대로 된 창업기업을 만들어서 글로벌 시장진출을 지원하고 있다는 것이기에 한국의 자금 위주 창업지원정책에 시사하는 바가 크다고 하겠다.

또한 국내 대기업을 비롯한 주요 기업들의 M&A에 대한 인식이 부족하기 때문이다. 벤처기업 M&A의 주목적은 기술과 인력의 확보에 있다. 그러나 국내 대기업들은 편법 또는 불법으로 기술 확보가 가능하다는 인식을 가지고 있어서 M&A 활성화의 저해요인이 되고 있다. 소위 인력 빼오기, 기술 탈취, 특허 침해 등의 방법이 자행되고 있으나, 피해를 입은 중소기업이나 벤처기업은 효과적인 피해구제나 보상을 기대하기 어려운 현실이다. 대기업은 M&A 대상기업의 기술가치를 인정하여 대가를 지불하고 인수하는 것보다 일단 인력/기술 등을 불법 또는 편법적으로 확보하여 사업을 영위하고, 추후 소송 시 대응하더라도 늦지 않다고 판단하고 있기 때문이다. 이를 해결하기 위해서는 불법적 기술탈취에 대한 법적 제재를 강화하고, 중소기업도 대기업을 대상으로 소송에 의해 해결하기보다 중재조정제도를 적극적으로 활용할 필요가 있다.

라. 투자기업 관리/지원 측면

과거에는 투자한 기업들의 실적이 부진하여 투자기업에 대한 특별기업 관리차원에서 투자기업에 대한 사후관리가 이루어졌으나, 최근 들어서는 창업 초기 기업에 대한 투자 증대로 인한 모니터링 및 지원의 중요성이 더욱 강조되고 있는 실정이다. 투자기업의 대부분에 대하여 벤처캐피탈리스트가 직접 사외이사로 참여하여 경영 일반, 마케팅, 기술개발, 지적재산권 창출·활용·보호 등 다방면에 걸쳐서 투자기업이 안고 있는 어려움을 극복하기 위하여 노력하고 있다. 투자기업이 영위하고 있는 사업 분야의 다양화와 글로벌화에 대응하기 위해서는 벤처캐피탈리스트의 역량 강화가 필요하다. 즉, 최근 투자기업의 글로벌화의 증가에 따라 글로벌 시장진출을 위한 최우선 과제로서 특허권의 확보 및 보호를 위한 전문서비스를 제공하는 벤처캐피탈도 등장하고 있다.

Ⅱ. 엔 젤

1. 엔젤의 의의

엔젤이란 벤처기업의 창업 또는 성장초기 단계에 천사처럼 나타나 자금지원과 함께 경영지도를 해주는 개인투자자를 말한다. 창업초기에 사업가는 담보나 신용이 없기 때문에 자금조달의 어려움이 높다. 이때 엔젤의 존재는 사업가의 입장에서는 대단히 고마운 존재다. 또한 엔젤은 자신의 경험을 활용하여 기업의 성장할 수 있도록 자문역할을 해주는 경우 기업성공에 결정적으로 중요한 기능을 하는 경우가 많다. 애플, 마이크로소프트, 야후 등 미국의 성공한 벤처기업의 뒤에는 엔젤의 역할이 있었다.

엔젤은 대개 벤처기업 유경험자나 벤처관련 전문가들로서 융자가 아닌 지분참여에 의한 투자를 선호한다. 따라서 기업성장에 따라 배당을 받거나 M&A 또는 기업공개 시 주식양도 차익을 통해 투자수익을 추구한다. 벤처창업자의 입장에서는 투자를 받기 때문에 기업실패 시 채무자로서의 곤란에 빠질 우려가 없다. 그러나 기업가치가 급성장할 경우 초기투자에 비해 과도한 지분을 주게 되는 불이익이 있다. 따라서 벤처기업가와 투자자간의 상호신뢰 및 이해관계를 잘 조정하는 것이 엔젤투자 성공요인 중 하나다.

엔젤은 보통 리드lead 엔젤과 서포트support 엔젤로 구분된다. 리드 엔젤은 벤처기업 지원에 주도적인 역할을 하는 엔젤로 대부분 창업경험이 있는 50세 전후의 성공한 은퇴경영자가 많다. 이들은 풍부한 자금, 기업경영경험, 기술평가능력 등을 보유하고 비상근 이사로 경영에 참여하는 비율이 높다미국의 경우 80% 정도. 서포트 엔젤은 전문지식을 가지고 창업자를 지원하는 변호사, 회계사, 컨설턴트 등의 전문직 종사자들이 많다. 간접적인 지원을 하나 직접 자기자금을 투자하기도 한다.

미국의 경우 활발한 투자를 하는 엔젤은 보통 연수입이 20만 달러이며 주택 제외 재산이 100만 달러 정도다. 자산의 10% 정도를 고위험 · 고수익 자산에 투자하고, 보통 4~5건을 분산투자하며, 1건당 2~5만 달러를 투자한다. 투자업체의 선정 시 개인적인 친분관계나 비공식 네트워크를 활용하며 자택에서 100마일 내의 지리적 근접성을 중시한다. 이는 필요시 기업체를 직접 방문하기 용이하기 때문이다. 성장가능성이 높은 첨단산업에 투자를 선호하며 투자주식의 보유기간은 평균 5년, 투자액의 4~5배의 수익을 기대한다. 비교적 장기간 주식을 보유하고 있기 때문에 '인내심이 강한 자본'patient capital이라고 불리기도 한다. 이러한 자본의 존재가 미국벤처기업 발전의 중요한 인프라를 이루고 있다.

2. 엔젤과 벤처캐피탈의 차이

엔젤과 벤처캐피탈은 벤처기업에 대해 자금공급과 경영지원을 한다는 공통점을 가지고 있지만 투자단계, 투자절차, 투자선정과정, 투자규모 등 여러 면에서 차이점이 있다. **첫째,** 벤처캐피탈은 광범위한 비공개 기업을 대상으로 하며 주로 창업이후 주식공개에 이르는 후기 성장단계를 중심으로 한 투자이지만 엔젤은 이제 막 사업을 시작한 사업구상에서 초기성장단계의 기업에 대한 투자의 비중이 크다.

둘째, 벤처캐피탈은 회사나 조합 등 조직의 형태를 갖추고 있다. 반면 엔젤은 개인투자자들이나 그들이 결성한 클럽이 주류를 이룬다. 엔젤 중에서도 기업형 엔젤이 있긴 하다. 그러나 기업들은 대개 기술탐색을 목적으로 투자하는 것이기 때문에 전체 엔젤 중에서 눈여겨 볼만한 비중을 차지하고 있지는 못하다.

셋째, 벤처캐피탈은 경영에 깊이 관여하는 경향을 보이는 반면, 엔젤은 반드시 그렇지는 않다. 그런데 오늘날의 엔젤은 경영에 참여하려는 것은 아니지만, 적어도 보다 적극적으로 경영을 살펴보려는 경향을 보이고 있다. 엔젤투자의 규모가 점차 커지면서 벤처캐피탈과 마찬가지로 벤처기업의 흥망에 큰 이해가 걸린 엔젤이 늘어나고 있어서 더욱 그러하다.

넷째, 벤처캐피탈은 유연성이 부족해 형식에 구애받지만, 엔젤은 그렇지 않다. 엔젤은 때때로 사업계획을 보지도 않고 투자를 하기도 하며, 벤처캐피탈이 보통 최소 5년에서 최장 7년 이내에 투자를 회수하려는 데 비해, 엔젤은 보다 강한 인내심을 보여주기도 한다. 그렇지만 때로는 엔젤이 더욱 가혹하거나 무리한 요구를 할 수도 있다. 첫 만남에서부터 투자가 이루어질 때까지 걸리는 시간도 엔젤이 훨씬 짧다. 미국의 통계를 보면 벤처캐피탈이 자금을 실제 통장에 넣어 줄 때까지 걸리는 시간은 통상 4~5개월에 달하는 반면, 엔젤은 2.5개월 정도 걸린다고 한다. 불과 두세 번 만나고 난 뒤 투자하는 경우도 드물지 않다.

다섯째, 벤처캐피탈은 찾기가 쉬운 반면, 엔젤은 어디 있는지 알기가 어렵다. 전화번호부를 펼치면 벤처캐피탈회사는 쉽게 찾을 수 있지만 엔젤은 없다. 개인적인 연줄을 동원하던가 혹은 그러한 정보를 갖고 있을만한 곳을 수소문해야 한다. 상당한 시간과 발품을 들이지 않으면 안 될 것이다. 그렇기 때문에 엔젤을 연결하는 네트워크가 필요하다.

여섯째, 투자규모의 차이이다. 미국의 경우 벤처캐피탈의 투자규모는 보통 백만 달러를 넘는다. 이에 비해 엔젤은 한 기업당 5만 달러를 넘지 않는다. 우리나라의 경우에도 창투사들이 한 기업당 최소 1억 원 이상을 투자하는데 비해, 엔젤들은 1,000만 원 이하의 투자를 선호하고 있다. 물론 최근에는 건당 투자 규모가 점차 커지는 추세에 있다.

표 11-9 엔젤과 벤처캐피탈의 차이

구 분	엔 젤	벤처캐피탈
투자단계	• 초기단계선호	• 성장단계 선호
투자동기	• 고수익성	• 수익성
투자재원	• 자기자금	• 자기자금, 펀드
투자조건	• 유연함	• 까다로움
투자규모	• 비교적 소액	• 제한 없음
투자관리	• 불관여, 자문	• 경영참여, 감시
투자행태	• 형식에 구애받지 않음	• 형식에 구애받음
찾는방법	• 개인적 채널	• 찾기 쉬움
경영참여	• 경영에 관여 안 함	• 경영에 깊이 관여
벤처기업지원	• 자금지원, 전문노하우 제공	• 자금지원

형태	• 클럽	• 회사 또는 조합

3. 한국의 엔젤투자

1997년 '벤처기업육성에 관한 특별조치법'을 만들어 개인이 벤처기업에 투자하는 것을 지원하면서 본격적으로 엔젤조합 또는 엔젤클럽이 만들어지기 시작했다. 즉 개인이 직접투자하는 방식과 개인투자조합에 출자하는 간접투자 방식을 함께 도입하고 투자자금과 투자수익에 대한 세제 지원을 제공하였다.

1999년 하반기에 불기 시작한 벤처붐은 엔젤의 폭발적인 증가로 나타났다. 엔젤클럽 또는 엔젤투자조합 등을 통해 공개적으로 활동하는 엔젤은 1997년 100명 정도에서 2000년 말에는 약 2만 8,800명 정도로 늘어났으며, 투자금액은 5,493억 원에 달했다. 벤처열기가 한창일 때는 대학, 상공회의소, 동창회, 상담회사, 공공기관 등을 중심으로 많은 엔젤클럽이 결성되었다. 그러나 벤처붐의 붕괴와 함께 벤처투자시장이 신뢰를 상실하면서 엔젤클럽 활동도 크게 위축되었다.

표 11-10 지난 10년간 엔젤투자자 특성 비교

	2001년•	2011년
연령대	• 30대(36%), 40대(34%)	• 40대(47%), 30대(33%)
직업 구성	• 회사원(38%), 자영업(18%)	• 회사원(45%), 기업경영자(23%)
투자규모(건당)	• 2,000만 원	• 4,500만 원
투자회수 희망기간	• 1~3년(77%)	• 3년 이상(47%)
선호업종	• 정보통신(85%), 바이오(13%)	• 특정 종목 치우침 없음
투자대상	• 3년 미만(85%)	• 3년 미만(48%)
매각방법	• 기업상장(92%)	• 기업상장(48%), 구주매각(30%)

• 2001년은 전자통신연구원이 당시 서울엔젤클럽 회원 261명을 대상으로 조사한 결과.

출처 엔젤투자 알아야 성공한다, 한국청년기업가정신재단, 2015.

엔젤투자의 추이를 보면 벤처기업에 대한 투자는 투자자금 회수시장인 코스닥시장의 주가지수에 민감하게 반응하는 모습을 보였다. 2000년 후반에 코스닥시장이 폭락하자 엔젤투자가 급속하게 위축되기 시작했다. 또한 2001년 개인투자자에 대한 소득세 감면이 30%에서 20%로 축소되고 2006년에는 10%로 더 축소되면서 엔젤투자시장의 분위기를 더욱 얼어붙게 했다.[2]

엔젤투자의 위축은 2010년까지 지속되었다. 이러한 상황에서 중소기업청은 2011년 말 엔젤투자 지원센터를 설치하는 등 전문적인 엔젤의 발굴 및 관리, 그리고 그들의 활동을 촉진하기 위한 지원책을 마련하였고, 소득공제 비율을 30%로 확대하기 위한 노력을 기울였다. 이러한 정부의 노력과 함께 고벤처 포럼, V포럼 등 몇몇 전문가들을 중심으로 엔젤클럽 활동이 활발해지기 시작했다.

2013년 박근혜 정부가 출범하면서 벤처창업 자금조달의 주요 원천으로서 엔젤투자에 대한 지원제도를 획기적으로 변화시켰다. 엔젤이 벤처창업에 대한 투자 시 소득공제 비율을 5,000만 원까지는 50%, 1,500만 원까지는 100%로 확대했다. 또한 전문엔젤 제도도 도입하여 일정한 자격요건을 갖춘

표 11-11 개인투자 현황[3]

구 분	2010	2011	2012	2013	2014	2015	2016	2017	2018
투자자수(명)	748	619	1,105	878	1,129	2,632	4,449	6,685	10,892
투자기업수(개)	83	66	91	171	226	411	441	481	665
투자금액(억 원)	341	428	557	574	876	1,842	2,186	2,465	4,057

- '17(20.6까지 집계) / '18(21.6까지 집계)
- 개인투자의 경우 투자 후 2년이 경과된 시점에서 확인됨

출처 한국엔젤투자협회

투자자를 전문엔젤로 지정하여 투자대상기업이 벤처로 확인을 받을 수 있도

2 한국청년기업가정신재단, 엔젤투자 알아야 성공한다, 2012.

3 엔젤투자 실적은 세액공제를 기준으로 하는 3년 주기의 통계로 시차가 존재하여 현재 2018년 자료만 확인가능하다.

록 했으며, 모태펀드의 매칭투자가 가능하도록 했다. 이러한 제도변화에 따라 엔젤투자시장이 긍정적으로 반응해 왔으며, 그 결과 2013년 엔젤투자자수 878명, 투자기업 171개, 투자액 574억 원 규모에서 2018년 각각 10,892명, 665개, 4,057억 원으로 증가했다.

2000년대의 벤처붐 이후 지난 10년간 엔젤투자자의 연령대가 30대에서 40대로 높아지고 투자자의 직업도 다양해졌다. 투자선호 업종 또한 정보통신 분야의 편중 현상이 어느 정도 개선되었다. 하지만 아직까지 개선되어야 할 점이 적지 않다. 성공한 기업인이나 기업은퇴자 등 다소 자금의 여유가 있는 계층의 엔젤보다는 현재 경제활동이 활발한 연령대 비중이 높은 것이 문제다. 또한 창업초기 기업의 경영지원에 필요한 회계사, 변호사 등 전문직 비중이 낮고, 투자자금 회수시장이 제대로 조성되어 있지 않아 창업 초기 기업에 대한 투자 기피현상이 계속되고 있는 점이 개선되어야 할 문제이다.

엔젤이 투자대상업체의 정보를 수집하는 경로를 보면 주로 개인적 인맥71%을 통해 이루어졌다. 이외에 기업투자설명회11%, 신문 등 일반미디어7%, 엔젤클럽 활동6% 등을 통해 투자대상업체를 발굴하고 있는 것으로 나타났다. 엔젤투자 대상기업의 업력을 조사해 보면 창업한지 3년 이내의 기업에 대한 엔젤투자가 42%로 가장 많고, 다음이 3~5년27%, 5~7년13%, 7년 이상13% 순으로 나타났다. 창업하지 않은 업체에 대해 엔젤투자를 하는 경우는 6% 정도 있었다. 엔젤투자의 형태는 신주발행78%, 구주인수13%, 회사채6% 순으로, 투자재원은 주로 예금44%과 주식 등 유가증권31%으로 충당되었으며, 부동산 처분7%도 일부 있는 것으로 조사됐다.

표 11-12 개인투자조합 현황 (누적) (단위: 억 원)

구 분		2011	2012	2013	2014	2015	2016
결성	조합수(개)	2	13	29	55	89	211
	결성액(억 원)	9	46	321	405	446	1,131

구 분		2017	2018	2019	2020	2021
결성	조합수(개)	379	664	980	1,439	2,349
	결성액(억 원)	2,011	3,952	6,566	9,661	15,845

- 중소벤처기업부 '개인투자조합 결성 및 투자실적 발표' (2021. 05)
- 중소벤처기업부 '개인투자조합 결성 및 투자현황 발표' (2022. 02)

출처 중소벤처기업부

토의주제

1. 애플이나 야후(Yahoo)와 같은 실리콘밸리의 성공한 벤처기업들은 초기 벤처캐피탈에게 자금지원뿐만 아니라 경영에서도 많은 지원을 받으며 성공모델을 만들었다. 우리나라에도 이와 같은 사례를 찾아보고 발표해 보자.
2. 실제로 벤처캐피탈로부터 투자를 받은 벤처기업가들은 벤처캐피탈의 경영간섭에 불만을 가지는 경우가 많다. 그러나 벤처캐피탈의 입장에서는 지원만 하고 감독을 안 할 수는 없다. 벤처캐피탈의 투자기업에 대한 지원과 감독의 정도에 관하여 토의해 보자.
3. 최근 엔젤투자의 변화현상을 살펴보고, 향후 활성화시킬 수 있는 방안에 대해 토의해 보자.

읽을거리

중소기업청(smba.gr.kr) 조사자료.

한국거래소(krx.co.kr) 조사자료.

김서경, 「코스닥 증권시장의 현황과 발전방향」, 한국재무학회 2000년 특별정책 심포지움, 2000.

김진수 · 김재진, 「벤처캐피탈 지원제도의 국제비교와 정책방향」, 한국조세연구원, 2000.

김은섭, 「투자기업에 대한 벤처캐피탈리스트의 역할에 관한 연구」, 한양대학교 경영대학원, 2002.

중소기업청, 「벤처투자시장의 활성화를 위한 벤처캐피탈 제도개선 방안」, 2002. 11.

한국청년기업가정신재단, 「엔젤투자 알아야 성공한다」, 2012.

Bygrave, W. D., 「The Structure of Investment Newtworks of Venture Capital Firms」, Journal of Business Venturing, 3 (2), 137–157, 1988.

Gerald A. Benjamin & Joel B. Margulis, 「Angel Financing」, John Wiley & Sons Ltd, 2000.

Gompers, P. and Lerner, J., 「The Venture Capital Cycles」, MIT press, 2000.

John Wiley & Sons, 「Business Angels」, John Wiley & Sons Ltd, 1998.

MacMillian, Robin Seigel, P. N. Subba Narasimha, 「Criteria Used by Venture Capitalist to Evaluate New Venture Proposals」, Journal of Business Venturing, 1 (5): 119–128, 1985.

William D. Bygrave & Jeffry A. Timons, 「Venture Capital at the Crossroads」, Harvard Business School Press, 1992.

PART III

벤처경영

벤처마케팅

chapter

12

제12장 **벤처마케팅**

Ⅰ. 벤처마케팅이란?

1. 벤처마케팅의 본질적 문제
2. 기업 생존의 핵심은 마케팅
3. 벤처마케팅 역량 부족원인

Ⅱ. 벤처마케팅전략

1. 제품전략(product)
2. 가격전략(pricing)
3. 유통전략(distribution)
4. 촉진전략(promotion)

Ⅲ. 혁신제품마케팅

1. 시장 불확실성과 기술 불확실성
2. 혁신제품의 확산과정
3. 시장창조전략

Ⅳ. 기술수용주기 이론

1. 첨단제품시장
2. 기술수용주기 이론과 단계별 고객 특성
3. 벤처기업의 캐즘(chasm) 극복 전략

학습목표

1. 벤처경영에 있어서 마케팅의 역할과 중요성을 파악한다.
2. 마케팅조사의 절차를 알아본다.
3. 마케팅전략의 실행방법을 파악한다.
4. 첨단기술 마케팅의 개념과 중요성을 이해한다.

Ⅰ. 벤처마케팅이란?

1. 벤처마케팅의 본질적 문제

벤처마케팅은 창업기업의 마케팅, 그 중에서도 새로운 기술, 새로운 비즈니스 모델, 새로운 아이디어를 사업화하는 데 초점을 맞추고 있다. 창업기업이 수행하는 마케팅이라는 점에서 '창업 마케팅'과 유사한 특성을 가지고 있다. 그러나 벤처마케팅은 새로운 제품이나 서비스를 시장에 출시하는 경우가 많은데, 대다수가 신기술이나 첨단기술 기반이라는 점에서 '첨단기술제품 마케팅' 또는 '하이테크 마케팅'과 유사하다. 또한 첨단기술이나 하이테크 제품이 아니더라도 프로세스 혁신에 의한 새로운 비즈니스 모델 기반 창업의 경우도 벤처마케팅의 범주에 든다. 따라서 벤처마케팅은 창업기업의 마케팅 이슈, 하이테크 제품의 마케팅 이슈, 새로운 비즈니스 모델의 마케팅 이슈들이 포함되어 있다.

벤처마케팅도 "고객과의 소통을 통해 가치를 전달하는 활동"이라는 본질적인 원리는 일반 마케팅과 같지만, 창업기업은 마케팅에 필요한 지식, 자금, 인력, 조직이 매우 부족한 상태에서 제품이나 서비스를 개발하고 이를 바탕으로 시장에 진입을 해야 하는 상황에 처하게 된다는 점에서 큰 차이가 있다. 그리고 그들이 제공하는 제품이나 서비스도 고객에게 매우 새롭고 고객이 정확하게 가치를 판단하기 어렵기 때문에 초기 고객창출에 고전을 하게 되는 경우가 많다. 또한 창업초기에는 무엇을 창조해야 하는지 고객들이 원하는 것이 정확히 무엇인지 불확실할 수밖에 없다. 따라서 이 시기에는 전통적인 시장조사방법은 별로 도움이 되지 않는다. 제대로 표현할 수 없는 제품이나 서비스에 대해 고객들의 수용도를 예측할 수 있는 설문이나 심층조사방법이 없기 때문이다. 최선을 다해 시제품을 만들고, 그것을 시장에 즉각적으로 출시한 후 시장의 반응을 반영해 업그레이드된 제품을 만들어서 출시하는 행위를 반복하게 된다.[1] 필요로 하는 모든 정보가 충족된 상태에서 시장에 진입하고자 하면 오히려 시장에 진입할 수 있는 기회는 잃어버리는 위험에 처하게 된다.

창업초기의 기업은 생존확률도 낮고 회사에 대한 신뢰도 없기 때문에 고객들이 선뜻 거래하거나 구매하려 하지 않는다. 또한 새로운 제품에 대하여 고객들이 가지는 부담이나 부정적 선입견으로 인하여 판매활동의 어려움을 겪는다. 이러한 문제는 본질적으로 '새로움의 부담liability of newness'에 기인한다. 창업기업 자체가 고객들에게 알려져 있지 않기 때문에 '무명의 불리함disadvantage of unknownness'이 존재한다. 동시에 제품이나 서비스가 '낯설기 때문에 겪게 되는 불이익disadvantage of unfamiliarity'이 있다. 이 두 가지 요인이 겹치면서 '새로움의 부담'을 고객에게 주면서 고객신뢰를 얻지 못하기 때문에 초기 고객확보가 어렵게 된다. 따라서 벤처마케팅이란 "창업초기 기업이 절대적 또는 상대적 자원의 결핍 하에서 신생기업의 부담과 신제품 마케팅의 부담을 동시에 극복해가는 과정"이라고 정의할 수 있다.

2. 기업 생존의 핵심은 마케팅

어느 척추전공 정형외과 의사가 허리나 목에 부착하여 디스크를 치료할 수 있는 벨트형 디스크 치료기를 발명하여 창업을 했다. 이 창업자는 전 재산을 들여 신제품 발명에 성공했지만 어떻게 판매해야 할 것인가에 대해서는 계획이 없는 상태에서 자금난에 봉착했다. 백방으로 뛰어다닌 끝에 벤처캐피탈로부터 투자유치를 하게 되었지만, 치밀한 전략 없이 주먹구구식으로 영업활동을 하다가 자금이 소진되어 또 다른 어려움에 직면하고 사업도 지지부진한 상태에 빠지게 되었다. "어떻게 이런 식으로 무모하게 사업을 할

1 이 문제를 해결하기 위하여 에릭 리스는 린스타업(lean start-up)이라는 방법론을 제시했다. 만들기-측정-학습이라는 순환고리를 통해 사업 · 아이디어나 제품이 시장에서 살아남을 수 있을지를 신속하게 판단하도록 해준다.

수 있는가"하고 의아해 하는 사람들도 있겠지만 창업실패 사례를 보면 제품 개발에만 치중하고 매출을 올리기 위한 전략이 부재한 경우가 의외로 많다. 신생기업에게 마케팅은 생사를 좌우하는 가장 중요한 사항이다. 전문연구원으로 있다가 벤처창업 후 초기 시장창출의 어려움을 경험한 한 CEO는 "기업의 생명은 마케팅이다"라는 뒤늦은 깨달음을 강조한다.

많은 벤처기업이 우수한 신제품을 개발하고도 사업에 성공하지 못하는 이유는 기술창업기업 특유의 마케팅 능력 부족 때문이다. 창업초기단계에서 마케팅의 어려움을 경험한 창업자들은 말한다. "사업성공에 기술이 차지하는 비중은 30%에 불과합니다. 70%는 마케팅이 좌우합니다", 더 극단적인 표현은 "사업성공에 기술과 마케팅의 상대적 중요성은 1 : 9입니다" 등이다. 사업성공에 마케팅이 결정적으로 중요한 요소라는 것에 대한 인식이 높아지고 있음에도 불구하고 아직도 대다수의 혁신기술 기반 창업자들이 마케팅 역량을 갖추지 못한 채 창업전선에 뛰어들고 있다. 실패를 겪고 난 뒤 "우리 회사 제품이 기술력은 뛰어난데 소비자들이 알아주지 않는다"라는 원망을 품은 채 경쟁의 무대에서 쓸쓸히 퇴장하는 일이 비일 비재하다. 그러나 문제의 본질은 새로운 제품이나 비즈니스 모델이 자신만의 고객을 확보하는, 다시 말하면 고객을 창조하는 마케팅 활동에 실패했기 때문이다. 문제는 창업자의 대다수가 고객을 창조하는 것이 무엇인지에 대한 기본적인 이해를 하지 못한다는 사실이다.

고객창조의 중요성에 대해서 일찍이 피터 드러커가 그의 명저인 '경영의 실제Practice of Management'에서 강조한 바가 있다. 그는 "사업은 고객을 창조creation of customers하는 것이다"라고 정의했는데, 이는 바로 벤처마케팅의 본질을 잘 말해 주고 있다. 그는 고객창조의 고전적인 예로 19세기 말 미국의 농기구 회사인 맥코믹사의 예를 들고 있다. 그 당시 맥코믹사는 혁신적인 농기구를 개발했는데 고객인 농민들은 농기구를 구입할 구매력이 없어서 농기구가 팔리지 않았다. 그래서 고안한 판매방법이 농기구를 외상으로 대여해 주고 이를 사용하여 소득을 올린 농민들이 몇 번에 걸쳐 나누어 갚도록 했다. 오늘날 보편화된 할부판매의 방법을 적용했던 것인데 피터 드러커는 인류 역사상 가장 탁월한 고객창조의 사례라고 평가했다.

정수기 회사 웅진코웨이가 시장진입 시 적용한 마케팅전략도 전형적인 고객창조의 사례에 해당한다. 웅진이 정수기 사업을 막 시작했을 때, 한국은 1997년 IMF 경제위기 속에서 대기업 구조조정, 대량실업, 내수시장의 침체 상황에 처하게 되었다. 판매사원이 발이 부르트도록 뛰어 다녀도 대당 백만 원이 넘는 고가의 정수기를 사고자 하는 고객이 없었고, 재고는 쌓이면서 위기상황에 처하게 되었다. 심각한 판매부진을 극복하기 위해 창안한 판매 전략이 바로 '렌탈rental'방식이다. 정수된 물을 사용하고자 하는 욕구를 가진 고객에게 월 3만 원 정도의 가격으로 정수기를 빌려주고, '코디'라고 부르는 서비스 요원이 정기적으로 방문하여 필터를 교환해 주는 방식을 택하여 예상보다 수십 배의 새로운 고객을 창조하여 사업에 성공했다.

3. 벤처마케팅 역량 부족원인

왜 벤처창업자들이 창업 성공의 핵심이 마케팅이라는 것이 강조되고 있음에도 불구하고 왜 이에 대한 대비를 소홀히 하거나 역량이 부족한가?

첫째, 마케팅의 중요성에 대해 잘 알지 못하는 무지ignorance 때문이다. 고객이 원하는 것은 자신의 욕구를 만족시킬 수 있는 가치 제공, 문제를 해결할 수 있는 방안solution, 제품 사용에서 얻는 효용utility이지 기술technology이나 제품product이 아니라는 사실에 대한 이해가 부족한 경우가 의외로 많다. 기술이나 제품은 가치를 전달하는 매개체이지 가치 그 자체는 아니라는 사실에 대한 인식이 부족하다.

둘째, 기술 중심의 창업기업에는 기술우선의 조직문화가 지배하는 경향이 있다. 창업초기 제한된 자원하에서 기업의 모든 역량을 우수한 기술이나 제품을 개발하는 데 집중하기 때문에, 여타 활동의 중요성을 간과하게 된다. 10여 년 전 벤처붐 당시 MP3 제품의 기술적 선도기업이 었던 M사의 경우

한 발 앞선 기술로 일시에 80억 원이라는 투자를 유치할 수 있었다. 기술자로만 구성된 경영진은 한 발 앞선 기술로 시장을 지배하겠다는 전략을 가지고 투자금 전부를 기술개발에 투자했다. 그러나 경쟁업체인 R사가 기술은 다소 부족하지만 디자인이 우수한 제품을 출시하여 시장을 석권하게 되었다. 급기야 위기를 느낀 M사가 서둘러 제품을 출시했으나 이미 시장의 판세가 기운 상태였고, M사는 경영위기에 빠지게 되었다.

셋째, 마케팅 전문가를 활용할 수 있는 능력이 부족하기 때문이다. 창업 초기 기술개발에 필요한 자금도 확보하기 힘든 상태에서 마케팅 전문가를 고용하기 어려운 경우가 많다. 그래서 일단 기술이나 제품개발에 성공하고 마케팅 전문가를 고용하고자 하는 경우도 있다. 또한 비용 대비 성과에 대해 확신하지 못하는 경우도 많다.

CASE

네오팜의 연구기반 신제품 마케팅

네오팜은 대전광역시 유성구 연구단지에 있는 애경산업의 중앙연구소에서 파생창업(spin-off)된 벤처기업이다. 네오팜의 창업자겸 대표이사인 박병덕 사장은 화학공학 박사로 애경산업 중앙연구소의 연구원으로서 신물질 및 소재, 합성 등에 관한 연구개발을 담당하면서 유사 세라마이드에 관한 연구성과를 바탕으로 신제품으로 개발하여 사업화했다.

네오팜의 주력제품은 아토피 피부염의 관리에 사용되는 보습제로 브랜드는 '아토팜'이다. 창업자는 신제품 포지셔닝을 기존의 일반 화장품과 차별화되는 기능성 화장품으로 설정하고 화장품 유통과는 달리 약국을 유통경로를 사용하기로 했다. 국내 중견 제약회사인 동화약품과 전략적 제휴를 맺고 2000년 12월에 거래처인 1,000여 개의 약국에 유통시켰다. 그리고 이듬해 초에는 전국의 3,000여 개의 약국에 약품을 공급하였고 병원에도 영업을 적극적으로 하여 신규 시장을 개척해 나갔다. 아토팜을 화장품 판매점이 아닌 약국을 통해 유통시켜 '약국용 기능성 화장품'이라는 차별적인 포지셔닝을 구축할 수가 있었다.

네오팜은 아토팜의 효능에 관한 임상자료를 확보하여 경쟁제품보다 우수하다는 사실을 적극적으로 알려나갔다. 잠재고객에게 샘플을 제공하고 소비자로 하여금 제품력을 확인하게 하도록 했다. 이의 일환으로 네오팜은 샘플을 신청하는 모든 소비자에게 샘플을 무료우편으로 제공했다. 소비자들의 샘플신청을 용이하게 하기 위해 웹사이트를 개설하여 온라인으로도 신청할 수 있게 하였다. 또한 무료체험 행사와 같은 다양한 이벤트를 개최하여 소비자의 체험기회를 넓혀 나갔다. 이후에 온라인으로 샘플을 신청하고 사용한 소비자들의 구매율이 높고 상당수 소비자가 신세대 주부라는 조사결과가 나오자 네오팜은 온라인 마케팅을 체계적으로 할 필요가 있다고 판단하여 회사 웹사이트 외에 아토팜 전용 웹사이트를 개설하여 고객기반을 넓히고 구전효과를 창출해 나갔다.

다른 한편으로 네오팜은 의견선도자로 소비자에게 아토팜 제품의 구매를 권유하고 판매를 담당하는 약사들에 대한 마케팅도 확대했다. 출시 초기에는 약사와의 간담회를 개최하여 제품에 관한 정보제공과 홍보를 했다. 네오팜은 광고를 화장품, 의약품 전문지와 신세대 주부들이 구독하는 잡지에 게재하였고, 홍보로는 신문, 방송 등에 아토팜에 관한 정보를 적극적으로 제공하여 노출 효과를 극대화해 나갔다. 창업자도 아토피 피부염 및 벤처기업 관련 방송, 신문등에 적극 참여하여 회사와 제품을 알려 나갔다. 약국 판매뿐만 아니라 유아용품점, 온라인 쇼핑몰, 할인점, 홈쇼핑 등으로 점차 유통경로를 다변화했다. 이와 같은 마케팅 활동을 통해 신제품 출시 이후 매월 1억 원을 상회하는 매출을 올릴 수 있었으며 첫 사업연도에 9억 5천 4백만 원의 매출액과 당기순이익 1억 2천만 원을 달성할 수 있었다. 네오팜은 2006년 기준으로 100억 원이 넘는 매출액과 20%를 상회하는 순이익률, 70%대의 연평균 성장률 그리고 우수한 제품력과 연구개발력, 특허로 보호되는 제품과 기술, 마케팅과 저원가율을 기반으로 2007년 1월에 코스닥에 상장되었다(정강옥, 상품학연구, 2009. 3). 네오팜은 2014년 매출액 256억 원, 영업이익 50억 원, 세후 당기순이익 25억 6천 8백만 원을 실현했다.

Ⅱ. 벤처마케팅전략

1. 제품전략 product

창업마케팅 성공의 핵심은 차별화된 제품이나 서비스를 개발하는 데 있다. 문제는 처음부터 고객이 원하는 수준의 차별화된 제품이나 서비스를 제공하지 못한다는 점이다. 사용한 고객의 반응해 따라 신속하게 제품의 품질과 성능을 업그레이드 하는 데 성공의 비결이 있다.

표 12-1 제품 종류의 구분

제품종류	주요특징
소비재 제품 (consumption goods)	• 소비재는 단기간에 소모되어지는 물리적이고, 유형적인 아이템 • 고객 만족에 집중하여 시장에서 성공 • 강력한 효익을 제공하는 것을 알림
내구재 제품 (durable goods)	• 상대적으로 긴 사용기간을 갖는 제품 • 지속성을 통한 고객 만족 제공 • 내구재는 자본적 지출, 소비재는 일반 지출
서비스 (service)	• 소비자의 긴장감(nervousness)을 다루는 것이 핵심전략 요소 – 신뢰성/외향성/유형물의 제공
엔터테인먼트 (entertainment)	• 고객에게 즐거움을 주는 것 • 주로 인간의 언어를 통해서 이루어짐 • 주요 광고매체가 고객
정보 (information)	• 정보 판매에 있어서 매체의 역할을 인식하는 것이 중요 • 매체 선택을 통해서 정보 판매의 지속성 유지 • contents의 가치를 향상시킬 수 있는 매체의 선택
고급 아이템 (status items)	• 명성을 통해서 구매자가 자부심을 갖도록 하게 함 • 명성의 원천: 권력, 출생지, 부, 재능
사회적 만족 (social satisfaction)	• 사람들과의 사교적 모임을 제공 • 기업과 고객과의 관계보다, 실제로 고객들 간의 상호관계를 잘 관리해야 함

제품은 소비재, 내구재, 서비스, 엔터테인먼트, 정보, 고급 아이템, 그리고 사회적 만족 제품으로 나누어질 수 있다. 소비재 제품은 단기간에 소모되는 물리적이고 유형적인 아이템으로서 고객만족이 중요한 요소이며, 고객에게 강력한 효익benefit을 제공할 수 있다는 점을 잘 알려야 한다. 내구재 제품은 상대적으로 긴 사용기간을 갖는 제품으로서 지속성을 통해서 고객을 만족시키는 제품이다. 일반적으로 내구재는 자본적 지출의 제품을 말한다. 서비스는 신뢰성, 외향성, 유형물의 제공을 통한 전략으로 판매를 늘릴 수 있다. 엔터테인먼트는 고객에게 즐거움을 주는 것으로 주로 인간의 언어를 통해서 이루어진다. 정보 제품의 판매는 매체의 역할을 잘 파악하는 것이 중요하다. 올바른 매체 선택을 통해서 정보 판매의 지속성을 유지하는 것과 컨텐츠contents의 가치를 향상시킬 수 있는 매체를 선택하는 것이 중요하다. 사회적 만족은 사람들과의 사교적 모임을 제공함으로써 고객에게 효익을 주는 것으로서 기업과 고객과의 관계보다 실제로 고객들 간의 상호관계를 잘 관리해야 한다.

CASE

홍진 HJC의 제품개발

오토바이 헬멧으로 세계시장을 개척한 홍진 HJC도 미국시장 개척 초기에 안정성 규격의 미비로 인해 소비자들의 외면을 경험했다. 처음에는 미국 DOT(연방교통성) 안전 규격을 따기 위해 충격흡수성, 내관통성 등 30여 개 항목을 통과해야 했다. 수많은 실험과 시행착오 끝에 1984년 11월 DOT 안전규격을 통과하는 데 성공했지만, 소비자들의 신뢰를 얻기 위해서는 '스넬(Snell)' 재단의 규격을 다시 한 번 통과해야 했다. 연구팀을 가장 애먹인 것은 충격가속도 지속기간이었다. 충격가속도 지속기간이란 헬멧을 통과한 충격의 울림이 얼마동안 사람의 머리에 전해지느냐 하는 것이다. 스넬 규격에서는 이 지속시간이 2/1000초를 넘지 않아야 한다. 홍진 HJC 헬멧의 충격 가속도 지속시간이 길게 잡히는 것은 충격 완화제의 밀도 때문이었다. 일반적으로 충격 완화제는 밀도가 높을수록 단단해지고, 밀도가 낮을수록 부드러워지는 속성이 있다. 때문에 밀도가 높으면 작은 충격에도 부서질 정도로 강도는 낮아지지만 충격흡수성은 높아진다. 이런 양면성이 대립하기 때문에 충격가속도 지속기간을 제대로 잡아내기란 결코 쉬운 일이 아니었다. 연구팀은 끼니도 거르는 강행군 속에서 충격완화제의 적정 밀도를 찾아내는 데 성공했다.

안정성 확보 면에서 성공을 거두었음에도 불구하고 미국에서의 판매실적은 여전히 저조했는데 이는 헬멧의 그래픽 디자인 때문이었다. 생산책임자였던 홍윤기 부장은 커피를 마시다 문득, 커피 잔에 입힌 무늬를 보고 헬멧에 도자기 전사기법을 도입해 보기로 한다. 도자기의 경우 3,000도의 고온에서 도자기가 가열되는 동안 전사지는 타서 없어지고 도자기에 무늬만 남게 된다. 하지만 헬멧은 열에 변형되는 성질이 있어서 불 대신 물로 흡착시키는 방법을 채택하기로 한다. 결국 1년여 시간을 소요한 끝에 헬멧에 딱 맞는 전사지 개발에 성공했고, 그 결과 헬멧시장에서 홍진 HJC만의 브랜드 이미지를 소비자들에게 어필하는 데 크게 기여했다.

출처 김용준, 신화창조의 비밀, 씨네텔, 2005.

CASE

락앤락의 제품개발

밀폐용기 시장에서 세계를 제패한 하나코비도 차별화된 제품을 통해 시장선도력을 실현한 사례다. 소비자를 인터뷰한 결과, 가장 큰 불만은 밀폐용기가 "100% 밀폐가 안 된다"는 것이었다. 50년 동안 시장을 선점하고 있는 미국의 Tupperware의 밀착방식을 앞설 수 있는 전혀 새로운 방식을 모색한 끝에 '뚜껑에 날개를 달자'라는 아이디어를 찾았다. 그런데 문제는 플라스틱 용기와 덮개를 연결하는 부분인 '힌지(hinge)의 두께'를 어느 정도로 했을 때 신축성과 내구성을 동시에 확보하는가 하는 것이었다. 너무 두꺼우면 둔탁할 것이고 너무 얇으면 내구성이 부족할 것이 아닌가 예상은 했지만 결코 쉬운 문제가 아니었다. 1년간의 실험 끝에 마침내 유연하면서도 부러지지 않는 최적의 힌지 두께, 0.4mm를 찾아내는 데 성공했다. 락앤락 밀폐력의 비밀은 뚜껑과 몸체의 결착점에 있는 실리콘에 균일한 압력을 가해 눌러주는 4면 잠금장치에 있다. 이러한 뚜껑의 4면 잠금장치는 생활화학시험연구원에서 실시한 300만 회의 작동테스트에 합격해 가장 중요한 힌지 부분에 대한 내구성을 입증 받은 것이다. 또한 락앤락의 특징은 사이즈의 다양성이다. 처음 제품이 출시됐을 때 10여 종에 불과하던 것이 지금은 사이즈 종류만도 수백 가지에 이른다.

출처 김용준, 신화창조의 비밀, 씨네텔, 2005.

2. 가격전략 pricing

새로운 제품이나 서비스를 출시하는 경우 가격결정은 마케팅의 성과를 좌우하게 되는 중요한 사항이다. 잘못된 가격 선정은 예상 판매와 수익에 심대한 영향을 미치게 되고, 경쟁자와의 관계에서 악영향을 주게 된다. 너무 높은 가격을 책정하면 더 낮은 가격일 때 구매의 여지가 있는 잠재고객들을 잃을 수 있다. 반면에 가격을 너무 낮게 잡으면 더 높은 가격이라도 지불할 용의가 있는 사람들을 놓칠 수 있다. 따라서 벤처기업은 합리적이면서도 전략적인 가격 산정을 통해서 시장에 출시해야 한다.

올바른 가격결정을 위하여 우선 소비자의 입장에서 제품이나 서비스의 가치를 평가해야 하며, 소비자의 가격에 대한 민감도sensitivity를 파악해야 한다. 가격에 따라 고객의 구매행태가 달라지는 수요의 가격탄력성price elasticity of demand 개념의 적절한 적용이 필요하다. 가격차별화를 하는 경우도 기업의 입장이 아닌 소비자의 입장에서 결정해야 한다. 시장세분화를 통하여 수요의 가격탄력성이 높은 고객집단과 상대적으로 낮은 집단을 구분하여 가격을 결정해야 한다. 예를 들어, 가격탄력성이 낮은 집단에게는 차별화를 통한 고가격 전략을 적용하고 가격탄력성이 높은 집단에게는 원가우위의 저가격 전략을 적용하는 전략이 필요하다. 해외 시장에 진출하는 경우 국민소득이 낮은 국가에서는 고객들이 가격에 민감하기 때문에 저가격이 유용하지만 소득격차가 심한 국가의 경우는 고소득층을 대상으로 고가격 전략을 택할 수 있다. 국가 전체의 평균소득 수준이 낮아도 고소득 집단이 존재하는 경우 차별화를 통한 고가격 전략의 적용이 가능하다.

가격결정 시 또 다른 중요 사항은 경쟁자의 반응이다. 경쟁자가 저가격 전략으로 소비자를 공략할 경우 소비자를 확보하기 위한 가격전략을 책정해야 한다. 이 경우 공격적으로 할지 방어적으로 할지를 결정해야 한다. 지나친 가격경쟁은 수익성을 악화시킬 수 있기 때문에 신중한 전략이 필요하다.

제품가격을 개별적으로 가격을 책정할 것인가, 아니면 묶음가격으로 책

표 12-2 가격전략의 종류와 장 · 단점

구 분	장 점	단 점
고가전략	• 투자 회수의 신속 • 고객에게 품질 우수성 인지	• 고가시장 중심으로 시장 한정 • 고수익으로 인해 경쟁자 진입
경험곡선 활용 (저가 전략)	• 저비용우위 활용 • 가격 변동의 완만	• 경험효과는 이론적 가정 • 초기구매자(고가구입)의 불만
시장가격전략	• 출혈경쟁 회피 • 시장조사 노력을 줄임	• 다른 차별화 역량 필요 • 투자회수시간이 길어짐
시장침투가격전략	• 경쟁자의 진입 제한 • 고객가치 중심	• 과대수요량 자극 위험 • 초기자본 투자의 필요
선점가격전략	• 제한된 경쟁을 통한 독점수익	• 경쟁자의 저가공세에 따른 손실발생 가능성

출처 Dollinger, Entrepreneurship, Prentice-Hall, Inc. 1999.

정할 것인가를 결정해야 한다. 번들링bundling은 가결결정의 중요한 수단이다. 예를 들어, 컴퓨터를 구입할 때 하드웨어인 컴퓨터만 구입하는 것이 아니라 소프트웨어들을 함께 필요로 한다. 기업은 이러한 하드웨어와 소프트웨어를 함께 묶어 가격을 설정한다. 고객들이 하드웨어와 소프트웨어를 각각 구입하는 것보다 번들링 가격으로 제시된 컴퓨터를 선호할 수 있기 때문이다. 번들링 가격결정과 함께 록인lock-in을 걸어서 소비자들이 전환비용을 고려하여 전환하지 못하게 하는 방법도 함께 고려해야 한다.

인터넷의 영향으로 소비자들은 인터넷을 이용하여 첨단기술제품에 대한 원가와 가격 등에 대한 정보를 얻기가 쉬워져 이전보다 원가투명성이 나타나고 있다. 소비자들은 온라인과 오프라인 양쪽 정보를 이용하면서 구매를 하기 때문에 가격결정은 이를 고려해야 한다.

가격전략은 고가전략skimming the market, 경험곡선 활용, 시장가격전략, 시장침투가격전략, 선점가격전략으로 구분할 수 있다. 고가전략은 비탄력적 수요를 겨냥하여 단기수익을 목표로 제품의 가격을 높게 책정하는 것을 말한다. 주로 경쟁제품이 없고 비용 불확실성이 높은 경우, 제품 수명주기가 짧은 경우, 혁신이 급속하게 일어나는 제품인 경우, 그리고 경쟁자의 진입가능성이 낮은 경우에 사용할 수 있다. 경험곡선을 활용한 가격전략은 기존의 기업이 혁신제품의 초기에 고가를 책정하였다가 점차 경험효과에 의해 가격이 점차 하락하는 것으로 주로 제품수명주기가 긴 경우에 활용된다. 시장가격전략은 현재 경쟁자의 가격에 맞추어 산정하는 것으로써 출혈경쟁을 회피하는 방법으로, 비용예측이 가능한 경우 혹은 시장이 지속적으로 성장하는 경우에 활용할 수 있다. 시장침투가격전략은 벤처기업이 낮은 가격으로 시장에 침투하여 빠른 시간 안에 시장 점유율을 최대한 늘리는 전략으로 제품수명이 길고, 시장진입이 용이하며, 가격민감도가 높은 경우와 경험효과가 가능한 경우에 활용할 수 있다. 선점가격전략은 저가가격전략으로 잠재적 경쟁자의 진입을 방지하고 기존경쟁자를 퇴출시키는 것을 목적으로 하고 있다. 다른 가격전략과 조합하여 사용함으로서 시장지위를 확보하는 전략이다.

CASE

소니의 워크맨 가격결정

소니가 워크맨을 출시할 때 모리타 회장은 젊은이들의 구매력을 끌 만한 값인 약 3만 5천 엔을 테이프 레코더 사업부에 제시했다. 그러나 회장이 제시한 가격과 생산원가를 고려한 적정가격 4만 9,800엔과는 큰 차이가 있었다. 사업부의 담당자는 도저히 불가능한 가격이라고 주장했지만 모리타는 물러서지 않았다. 이 재생 헤드폰 장치는 테이프 레코더가 아니라 '오락에 대한 새로운 발명'이라는 확신을 가지고 10대 시장을 목표로 한 가격설정이었다. 테이프 레코더 사업부는 생산원가의 절감가능성과 판매전망을 보고 4만 엔 정도까지 양보했지만 모리타는 일본의 젊은이들에게 그다지 부담이 되지 않는 가격인 3만 5천 엔을 고집했다. 초기 생산량인 6만 대를 모두 팔 가능성도 희박했지만, 그 가격으로 팔려도 1대당 7,000엔의 손해를 보게 되는 경우였다. 그러나 생산원가보다 낮은 가격으로 책정된 워크맨은 출시 18개월 만에 초기 목표로 한 10대가 아닌 20대 젊은 근로자들의 시장이 폭발적으로 성장하면서 결과적으로 소니 역사상 세계시장을 석권한 최대의 히트상품이 되었다.

CASE

웅진코웨이 정수기의 렌탈 가격결정

웅진코웨이가 정수기를 판매하는 대신 렌탈하는 방식으로 전환했을 때, 판매가격을 얼마로 하는가에 대한 중요한 의사결정을 하게 되었다. 매달 내는 가격이 너무 비싸다면 소비자의 호응을 얻기 어려울 것이고, 너무 낮으면 기업에 손실이 발생하는 것은 자명한 이치이기 때문이다. 윤석금 사장은 월 2만 7,000원이면 소비자 입장에서 합당하게 받아들이겠다는 생각이 들었다. 그러나 원가와 서비스 비용, 마케팅 비용 등을 계산해보니 수지가 맞지 않았다. 단순 계산으로는 불가능해 보였지만, 그는 소비자의 입장에서 생각한 가격에 맞추기 위해 모든 비용을 역산하기 시작했다. 이 과정에서 나온 것이 '코디'제도이다. 코디란 코웨이 레이디(Coway Lady)의 줄임말로, 고객의 대부분이 주부라는 데 착안해 도입한 시스템이다. 렌탈비용을 낮추기 위해 자동차를 보유하고 자가 운전이 가능한 이들을 코디로 채용했다. 대신 회사에서는 인센티브를 제공해 차량유지비를 지원했다. 렌탈이란 아이디어와 낮은 가격 덕분에 웅진코웨이는 2008년 1조 3,000억 원이라는 매출액을 달성했다.

출처 윤석금, 긍정이 걸작을 만든다, 리더스북.

3. 유통전략 distribution

사업아이디어도 좋고, 품질이 우수하고 가격도 매우 적절한 제품을 보유한 벤처기업이 해야 할 것은 바로 목표 고객에게 어떻게 제품을 전달할 것인가이다. 고객과 직접적으로 부딪히는 유통 및 채널은 매우 중요하다. 특히 신생벤처기업은 유통전략이 매우 중요하다. 일반적으로 유통채널은 소비재 유통채널과 산업재 유통채널이 있다. 최근 벤처기업의 마케팅 역량의 부족으로 인해 유통 채널 확보가 매우 어려운 경우가 많다.

최근 인터넷의 발전은 기업의 마케팅 또한 벤처기업의 마케팅에 큰 영향을 미치고 있다. 코틀러P. Kotler는 정보 디지털 혁명에 의해서 기존 마케팅 개념을 넘어서 전체론적 마케팅 개념holistic marketing concept을 제시하였다. 전체론적 마케팅 개념은 기업과 고객, 협력자들 간에 전자적 연결 및 상호작용으로부터 도출되는 역동적인 개념으로 가치 창출 활동을 통합시키는 것이다. 인터넷 및 온라인 산업은 벤처기업의 새로운 기회로 자리매김하고 있다. 따라서 벤처기업도 마케팅전략의 새로운 대안으로써 온라인과 인터넷을 적극 활용해야 하는 시대가 되었다.

EMI의 CT-Scanner사례는 유통 채널이 보완자산으로서 매우 중요한 사례를 보여 주고 있다. 제품이 매우 우수하고, 초기 개발 및 선진입자로서 EMI의 기술 및 제품 역량은 우수하였으나 실제로 시장에서 수익을 얻은 기업들은 GE와 같은 유통 보완자산을 확보한 기업이었다. 델컴퓨터는 기존의 유통망, 특히 중간판매상을 배제하고 고객에게 직접 제품을 판매하는 유통전략으로 수익을 높일 수 있었다. 온라인 증권사인 키움 닷컴은 온라인 점포를 구성함으로써 물리적인 점포에서 앞서 있던 경쟁자와는 다르게 시장에 진입하였다.

CASE

디보스 인터넷 쇼핑망 이용 사례

디보스는 2002년 유럽시장에 진출하여 공격적인 마케팅 활동을 통하여 수년 만에 삼성, LG, 샤프, 필립스, 소니 등 세계 최고의 기업들과 어깨를 나란히 하면서 경쟁하고 있다. 대기업 시스템에서는 불가능한 가벼운 몸집으로 핵심역량을 한 곳에 집중해 몇 배의 속도로 돌진하면 어떤 어려운 문제도 해결할 수 있다는 것을 증명했다. 디보스가 가장 먼저 찾아간 곳은 일반가전 유통업체가 아닌 스웨덴 최대의 인터넷 판매업체인 더스틴사였다. "브랜드 파워가 약하기 때문에 처음부터 가전 전문매장을 목표로 하면 싼 가격으로 팔 수 밖에 없습니다. 손쉬운 입점방법이지만 결국에는 미래가 없는 일이죠."

신동규 현지 법인장의 설명처럼 대부분의 업체가 시장의 장벽을 뚫을 때 흔히 쓰는 가격정책을 디보스는 과감히 포기했다. 대신에 일반가전 매장을 찾는 소비자들에 비해 인터넷 쇼핑을 즐기는 소비자들의 연령층이 젊고, 젊은 층의 소비자들은 브랜드보다 제품의 품질에 더 주목한다는 점을 이용한 것이다. 디보스의 전략은 적중하여 마침내 디보스의 기술력을 인정한 더스틴은 판매를 전격 결정하였고 인터넷 유통에서 매출이 올라가기 시작하자 거꾸로 스웨덴 최대의 일반가전 유통업체인 테크데이터사가 먼저 찾아왔다. 물론 테크데이터와의 계약에서 가격인하 조항은 없었다. 디보스는 2004년 10월 스웨덴 최대의 가전 유통업체인 테크데이터에 첫 납품을 시작한다. 디보스의 판매가 정상 궤도에 올라서는 첫 출발이었다.

CASE

락앤락의 홈쇼핑 채널

신생제품을 소비자들에게 알리고 판매하는 데는 수많은 장벽이 있다. 이를 극복할 수 있는 수단 중의 하나가 홈쇼핑 채널이다. 홈쇼핑 채널을 활용하여 마케팅에 성공한 대표적인 사례가 바로 락앤락이다. 2001년 6월 28일, 가입자수 8천만 명, 매출액 48억 달러의 미국 최대 규모의 홈쇼핑 TV인 QVC에서 락앤락의 홍보물이 방영되었는데 첫 회에 5,000세트가 매진되는 기록을 세웠다. 처음에는 거들떠보지도 않았던 제품이 소비자들로부터 폭발적인 호응을 얻자 2002년 말 QVC측에서 특별제안을 했다. 가장 시청율이 높은 TSV(Today's Special Value)에서 방송을 한 결과 한 시간 만에 6만 세트를 판매하는 대기록을 세운다. 이러한 미국에서의 성공을 바탕으로 한국에서도 홈쇼핑 중심의 유통전략을 선택하기로 결정한다. LG 홈쇼핑에서 첫 방송 30분 만에 2천 세트가 매진되었고, 두 번째 방송에서는 4천 세트가 매진되는 성공을 거두었다. 다음은 김창호 사장의 말이다. “홈쇼핑 채널이 없었다면 저희가 이만큼 빠르게 성장할 수 없었을 것입니다. 저희는 홈쇼핑을 120% 활용한 경우거든요. 락앤락은 소비자들에게 사용법과 특성을 가르치면서 판매해야 하는데 일반 매장에서 일일이 설명할 수 없거든요. 홈쇼핑에서는 호스트들이 시범을 많이 보여줌으로써 인식을 새롭게 했고, 그것이 수요를 창출하는 시너지 효과가 된 것이지요.”

출처 김용준, 신화창조의 비밀, 씨네텔, 2005.

4. 촉진전략 promotion

촉진 활동은 기업이 고객에게 자신의 제품을 홍보하여 판매를 높이려는 일련의 노력을 말한다. 촉진활동에는 광고, 판매 인력을 통한 판매, 사회적 이미지 확보, 판매 촉진 등이 있다. 광고는 신문, 잡지, 텔레비전 등의 대중

매체를 이용하는 방법이 있고, 상업화정보infomercials,[2] 옥외 광고, DM 등의 방법이 있다. 그러나 신생 벤처기업에게 대중매체를 통한 광고는 예산상 활용하기가 어렵다. 최근 인터넷의 발전으로 비교적 저렴한 광고를 할 수 있어서 새로운 사업 기회를 창출하고 촉진 및 유통 활동에 유용하다. 페이스북, 유튜브, 트위터, 인스타그램, 카카오톡 등 여러 소셜미디어 들이 빠르고 쉽게 많은 사람들을 고객으로 만들 수 있는 강력한 마케팅 수단이 되고 있다. 특히 소셜미디어는 '입소문 마케팅'을 통하여 브랜드 가치를 높여줄 뿐 아니라 창업기업이 고객의 피드백을 수집하는 데에도 유용하다.

신생기업은 광고보다 PRpublic relations을 통해서 촉진활동을 펼치는 것이 고객의 신뢰를 획득하는 데 효과적일 수 있다. 신생회사는 광고만으로 소비자의 신뢰를 확보하기 힘들기 때문에 공공매체를 활용한 PR이 더 큰 효과를 발휘하게 할 수 있다. 이를 위하여 PR회사를 적절하게 활용할 줄 알아야 한다. PR회사는 마케팅 전문가이므로 주요 공략고객층을 식별하는 능력이 뛰어나며 상대에 맞는 적절한 공략기법을 추천해 준다. 언론에 정보를 전달하는 대변인 역할을 하게 되고 언론이 제품을 기사화하는 데에도 영향력을 발휘할 수 있다.

또한 판매인력을 통한 촉진활동도 매우 중요하다. 판매인력의 규모, 영역, 채용, 교육, 인센티브, 승진, 평가 등의 관리전략이 필요하다. 창업초기에는 우수한 판매인력을 고용하기 어렵기 때문에 창업팀이 발로 뛰는 마케팅이 필요하다. 이를 '발품 마케팅'이라고 할 수 있는데, 이 과정에서 초기 고객의 홍보와 함께 자신들의 제품과 서비스의 시장검증을 체험적으로 할 수 있는 이점이 있다. 또한 창업기업의 투자자, 자문역, 이사가 자신의 인맥을 활용하여 직접 회사를 홍보한다면 더욱 효과적이다. 이를 통해 더 많은 사람들에게 제품과 회사에 대해 알릴 수 있다. 또한 투자자금을 유치하는 데에도 도움을 줄 것이다. 더욱이 유명 투자자가 스타트업에 투자하거나 유명 연예인을 자문진으로 영입한다면 창업기업이 미디어에 등장할 수 있는 기회

2 Infomercials는 뉴스나 정보 제공 프로그램으로 가장하여 상업적 광고를 하는 것을 말한다.

가 많아지고 빠르게 인지도를 높일 수 있다.

창업기업은 기술박람회나 공동투자 설명회에 참가하여 고객과 투자자에게 회사의 인지도를 높일 수 있다. 창업박람회에 참가하는 것은 잠재고객들과 접촉기회를 늘려 줄 뿐만 아니라 엔젤 투자자, 벤처캐피탈리스트와의 만남의 기회도 제공하므로 매우 중요하다. 최근 스타트업이 이러한 종류의 행사에 참가할 수 있는 기회가 과거보다 많아지고 있기 때문에 이를 적극적으로 활용할 필요가 있다.[3]

가. 발품마케팅

다수의 창업기업들이 초기 고객창출을 위하여 발품마케팅을 했다. 오늘날 인터넷 시대가 되고 온갖 광고기법이 발전되었지만, 실제로 많은 창업기업들은 초기에 잠재고객들을 일일이 찾아다니면서 제품이나 서비스를 알리는 '발품을 파는 마케팅'을 했다. 초기 광고나 홍보에 쓸 수 있는 자금이 없는 상태에서 자사의 제품을 알리는 방법은 직접 고객들을 만나서 강점을 설명하고 구매를 촉진하는 수단이 효과적이다. 또한 그 과정에서 고객들의 니즈를 좀 더 명확하게 파악하여 신속하게 제품을 업그레이드 할 수 있었다.

오늘날은 일상품이 되어 어디서나 볼 수 있는 전자저울이 한국 사회에 소개된 것은 불과 30년이 되지 않는다. 전자저울의 선두 업체는 벤처 1세대에 해당하는 CAS라는 회사로서 창업자 김동진 사장은 1985년 국내 최초로 전자제품 개발에 성공했다. 그램 단위까지 숫자로 명확하게 보여주는 정밀저울을 개발했지만 한 대도 팔리지 않았다. 오히려 적당히 저울 눈금을 속여가며 장사를 하던 그 당시 상관행에 비추어 볼 때, 전자저울은 기피대상제품이었다. 김사장은 천신만고 끝에 어느 정육점에 전자저울을 놓도록 하는데 성공했는데, 그 후에 그 정육점이 손님을 속이지 않는다는 입소문을 내어 매출이 늘어나게 되었다. 김사장은 이를 홍보의 핵심으로 활용하여 저울을 사용하는 소상공인들을 설득하면서 고객기반을 확대하였고, 그 결과 CAS는 전자

3 아니스 우자만, 유석호, 스타트업 성공학, 민음인, 2014.

저울 산업의 선도업체가 되었다.

CASE

티켓몬스터

소셜커머스의 선두업체인 티켓몬스터도 초기 고객확보를 위하여 일일이 매장을 방문하여 고객을 확보하였다. 청년들이 아이디어 하나만 가지고 창업을 하면서 초기에는 명함이나 제안서도 변변찮은 상태에서 영업을 시작했다. 강남역에서 음식점, 술집, 카페를 다니며 몸으로 부딪히면서 자신들의 비즈니스 모델을 알리기 시작했다. 그 당시는 공동구매에 대한 인식이 없던 시기여서 자신의 서비스를 이해시키기도 힘들었지만, 젊은이들의 열정을 가지고 고객을 확보해 나갔다. 시행착오의 과정을 거쳐 웹사이트도 열면서 구매고객을 본격적으로 모집하기 시작했다.

CASE

솔라사이언스

대학생 창업의 성공사례인 솔라사이언스의 송성근 대표도 발품 마케팅을 통해 초기 시장을 개척했다. 태양광 에너지를 이용한 혁신적인 만들었지만 판로를 개척하기가 어려웠다. 맨몸으로 건축박람회를 열심히 돌아다니며 계약을 따냈고, 설치도 직접 했다. 주로 건설사 사람들과 만났는데 나이가 너무 어려 사장 명함을 들고 나갔다가는 믿어주지 않을 것 같아 대리 명함을 들고 다녔다고 한다. 그는 자신의 마케팅 활동에 대해 다음과 같이 말한다. "영업은 다른 게 없다고 생각한다. 제품력은 당연히 기본적으로 좋아야 할 것이고, 모든 일은 사람이 한다고 생각한다. 솔라사이언스 제품을 파는 것이 아니라, 영업 당사자인 나를 파는 것이라고 본다. 마음으로 다가가고 상대방의 마음을 사는 것이 중요하다. 있는 그대로의 모습으로 나 자신을 영업할 때 모든 것이 교감될 수 있다고 생각한다."

출처 SBS CNBC 집중분석, 2013. 4. 26.

CASE

제닉

마스크 팩 분야의 국내 선두주자인 제닉의 유현오 대표는 자신의 발로 뛰는 마케팅 경험을 다음과 같이 말한다. "처음엔 하이드로 겔 타입의 상처치료제를 개발했습니다. 그런데 비용부담에 임상실험을 못해 포기했죠. 바로 여기서 제 첫 역발상이 나왔습니다. 화장품인 마스크 팩으로 급전환을 한 것입니다. 일단 제가 먹고는 살아야 했으니까요. 자본금 5천만 원으로 시작했는데 영업하러 서울 강남의 피부과란 피부과는 다 돌아다녔지요. 하나같이 잡상인 취급하더라고요. 대기업에 찾아가도 싸늘했습니다. 하지만 결코 창피하지 않았습니다. 제가 헝그리 정신이 좀 있거든요. 매일 출근 때 다짐했습니다. '집에서 나올 때 간, 쓸개 다 빼고 나오고 그 자리에 돈을 벌어 넣자'고."

나. 입소문마케팅

입소문 마케팅은 '제품이나 서비스에 대한 평판 등이 사람들의 구전을 통해 전달되는 사회현상을 기업의 홍보활동이나 판촉활동에 활용하는 방법'이다. 초기 고객확보단계에서 제품이나 서비스에 대한 입소문이 퍼지도록 하여 고객기반을 확대해 나가도록 하는 것이다. 초기단계에서는 우선 친구 등 인적 네트워크를 활용하는 방법이 있다. 이 단계에서는 친구나 지인 등의 입소문을 통해 홍보하는 것이 중요하다. 회사 구성원의 가족, 친구들에게 도움을 받는 것으로 특히 신기술이나 아이디어 제품에 관심이 많은 사람이 도와준다면 더욱 효과적이다.[4]

입소문은 소비자들 간에 개인적인 경험을 비공식적으로 교환하는 자발적인 의사소통 통로로서 메시지의 수신자에 대한 설득효과가 높다. 쌍방향으로 이루어짐으로써 구체적인 정보를 선별적으로 습득하는 것이 가능하다. 입소문을 통해 기업이나 개인이 얻게 되는 성과에 비해 상대적으로 마케팅 비용이 저렴하다. 이러한 장점 때문에 입소문 마케팅은 창업초기단계에서 제품이나 서비스의 브랜드 인지도를 높여 주는 효과적인 마케팅 방법으로 활용도가 증가하고 있다.

4 아니스 우자만, 유석호, 스타트업 성공학, 민음인, 2014.

최근 인터넷 기술의 진화와 함께 입소문의 영향력이 증대함에 따라 입소문 마케팅의 중요성이 높아지고 있다. 소셜 미디어가 활성화되기 전에는 입소문은 자연발생적 현상으로 이를 체계적으로 관리하는 것이 쉽지 않아서 마케팅 수단으로 활용하는 데 한계가 있었다. 그러나 최근 소셜 미디어의 확장성이 높아짐에 따라, 채팅, 카페, 블로그, SNS 등을 이용함으로써 빠르고 쉽게 많은 사람들을 고객으로 만들 수 있게 되었다. 또한 소셜 미디어는 창업기업이 고객의 피드백을 수집하는 데에도 유용하다.

입소문을 전파하는 사람들을 입소문 메신저라고 부른다. 입소문 메신저에는 입소문 앰버서더우량고객 중 적극적으로 추천하는 자, 권위자제품이나 서비스 분야의 전문가, 커뮤니티 이펙터커뮤니티 안에서 영향력이 있는 자 등이다. 이들의 속성에 따라 전달되는 내용과 효과적인 제품의 범주도 달라지므로 입소문 메신저들의 특성과 차이를 이해하여 마케팅을 진행해야 한다. 예를 들어, 화장품이나 건강식품, 음식점, 엔터테인먼트 분야는 이미 소비자들이 일정한 지식을 보유하고 있기 때문에 신선함이나 실증 가치에 초점을 둔 '화제 제공형'이나 '체험 제공형'이 입소문에 효과적이다. 반면, 금융상품이나 하이테크 상품인 경우는 일반소비자가 이해하기 어려운 분야로 감성적 접근보다는 신뢰가 가는 전문가의 의견이 보다 효과적이다.[5]

블로그의 활용은 입소문 마케팅에서 효과적으로 활용할 수 있다. 창업기업이 직접 블로그를 개설하거나, 관련 업계에서 유명한 블로거에게 제품 사용 후기를 써 달라고 부탁하는 것이다. 유명 블로그 논객이 회사에 대한 글을 포스팅하는 것은 두 가지 이점이 있다. **첫째,** 블로그를 통해 회사를 홍보하는 것은 TV광고, PR회사를 활용하는 것에 비해 비용이 매우 저렴하다. **둘째,** 잠재 고객인 블로그 독자들을 창업단계의 고객으로 전환시킬 수 있다. 이런 독자들은 대개 신제품이나 새로운 서비스에 많은 관심을 가지고 있기 때문이다.[6]

5 서상혁, 창업마케팅, 두남, 2010.

6 아니스 우자만, 유석호, 스타트업 성공학, 민음인, 2014.

CASE

참존의 3S전략

참존은 경쟁이 치열한 화장품 업계의 후발주자로 진입하여 마케팅의 어려움을 겪고 있었다. 이 때 김광석 회장이 개발한 방법이 샘플(sample)전략이었다. 창업초기 제품을 만들어 놓고 광고를 내보낼 여력이 없어 고심하고 있을 때 떠오른 묘책이었다. 약사출신의 김광석 회장이 설립한 피보약국 시절 샘플을 통해 고객을 창출한 경험이 있었기 때문에 자금을 다 털어 샘플을 대량으로 만들어 뿌렸고 이후 샘플을 받아 쓴 사람들은 입소문을 퍼뜨리기 시작했다. 샘플전략이 성공하려면 우선 품질이 우수해야 한다. 그리고 지속성이 있어야 한다. '샘플만 써 봐도 알아요'라는 문구가 표방하듯이 참존은 우수한 품질을 바탕으로 한 샘플 전략으로 고객과 직접 소통하는 마케팅전략을 구사하였다. 또한 참존은 고객들에게 제품의 우수성을 설명하는 세미나(seminar)를 지속적으로 개최하는 세미나 전략을 실시하였다. 강사가 아닌 피부전문약사 출신의 CEO가 직접 진행하는 세미나로써 1,000여 회에 걸쳐 20여만 명을 대상으로 실시하였으며 공장견학까지 시키면서 현재까지도 꾸준히 진행되고 있다. 마지막으로 마케팅을 위한 일회성 이벤트가 아닌 직접적인 이익을 고객에게 제공하기 위해 지속적이고 다양한 서비스(service) 전략을 펼치고 있다. 기업과 소비자의 1 : 1 직거래시스템(CCS)을 통해 최고 품질의 제품을 최저 가격에 공급하고 있으며, 전국에 있는 신개념 피부관리 서비스 센터인 참존스킨타운(CST)을 통해 최상의 스킨케어 서비스를 무상으로 제공하고 있다. 이와 같은 샘플, 세미나, 그리고 서비스라는 참존의 3S전략은 참존의 핵심 마케팅전략으로 현재까지 지속적으로 실시되고 있다.

CASE

젤리버스의 사진 보정앱

사진 보정앱 분야에서 글로벌 시장 개척에 성공한 젤리버스의 경우 고객의 입소문을 통해 빠르게 고객기반을 확대했다. 이 회사는 총 6개의 사진앱을 시장에 내놓았는데, 정교한 포토샵 기술과 고해상도 사진으로 출력까지 가능한 앱들을 출시해 시장에서 이용자들의 호평을 받았다. 전체 누적 다운로드수가 1,800만 건에 이르렀는데, 미국에서 제일 인기가 많으며 일본, 중국, 인도, 인도네시아 등 총 매출의 90%가 해외에서 발생한다. 특별한 홍보나 마케팅 없이 입소문만으로 인기를 얻을 수 있었던 비결에 대해 김세중 대표는 "좋은 화질의 사진을 이용하다 보면 용량이 커지기 때문에 앱의 속도가 느려지지만 젤리버스에서 만든 앱들은 굉장히 빠르다"고 하며, 이용자들 사이에 입소문을 통해 우수성이 알려지면서 시장을 넓히게 되었다고 한다.

다. 인터넷/모바일마케팅

창업기업에게 인터넷 홈페이지를 이용한 홍보는 매우 중요하다. 고객에게 제품을 알리거나 고객과 회사가 소통하는 최고의 공간이 바로 공식 웹사이트이기 때문이다. 홈페이지를 만들 때에는 회사 소개란, 구성원 소개란, 고객 의견란을 반드시 포함시켜야 한다. '회사 소개란'은 회사의 목표를 제시하고 제품의 개요를 설명하는 항목이며, '구성원 소개란'은 대표 및 자문역의 경력사항을 알려 주는 항목이다. 회사가 제품을 출시하지 않았다면 방문자에게 회원으로 가입하여 연락처를 남겨줄 것을 요청하여 제품이 출시되는 즉시 회원들에게 출시 정보를 알려줄 수 있도록 해야 한다. 고객이 제품, 서비스를 쉽게 이해하도록 설명하는 데 동영상이 매우 효과적이라는 인식이 확산되면서 보조적인 마케팅 수단으로 동영상을 활용하는 창업기업이 점점 늘어나고 있다. 자사의 공식 홈페이지나 유튜브 같은 동영상 사이트에 제품 홍보용 동영상을 업로드할 필요가 있다.[7]

인터넷 사용자가 급증하면서 생산자와 소비자가 직접 연결되는 다이렉트 마케팅에서 변화가 나타나고 있다. 전통적으로 다이렉트 마케팅은 카탈로그, 우편, 텔레마케팅과 같은 경로를 통하여 빠른 판매성장이 이루어져 왔다. 인터넷 쇼핑몰 또는 사이버 쇼핑몰은 기업이 소비자를 인터넷 상에서 마케팅하는 대표적인 수단이다. 소비자의 입장에서 보면 직접 상점을 찾는 일없이 전 세계의 제품을 가격 및 품질 등에 따라 비교해 가면서 한자리에서 값싸게 살 수 있다는 장점이 있다. 운영자 입장에서는 실제 매장을 갖추는 데 비하여 비용이 적게 들고 시간, 공간적 제약이 없으며 건물 임대료 등 운영비도 크게 줄어들어 제품 가격을 낮추어 팔 수 있다는 장점이 있다.

7 아니스 우자만, 유석호, 스타트업 성공학, 민음인, 2014.

최근 빠르게 소비와 커뮤니케이션이 모바일로 옮겨가고 있다. 이 중에서도 모바일 SNS를 이용한 마케팅전략의 중요성이 증가하고 있다. 2013년 하반기를 지나면서 모바일에서의 포털 총 체류시간은 PC를 능가하게 되었다. 이는 모바일이 인터넷을 이용하는 핵심 디바이스가 되었음을 의미한다. 최근 홈쇼핑이나 대형마트에서도 모바일 매출의 규모가 급증하고 있다. 모바일 업계의 특성은 변화의 속도가 빠르다는 점이다. 사업이나 제품 특성에 따라 모바일 마케팅의 강약점을 잘 알고 사용하여야 한다. 카카오톡, 라인, 페이스북, 트위터 등은 각각의 장단점을 지니고 있고 목표고객에 대한 접근성에도 차이가 있다.[8]

최근 온라인과 오프라인 두 가지를 동시에 활용하는 소비자들이 증가하고 있다. 오프라인 매장에서 신제품과 카탈로그 등을 참조하고, 제품명, 가격 등을 체크하고 집으로 돌아와 온라인으로 가격비교 사이트를 조사하고 인터넷 상에서 구입하는 경우이다.

CASE

디지털 마케팅

디지털 마케팅이란 인터넷 기반 온라인 광고로 소비자들에게 기업의 제품 및 서비스를 알리고, 판매하는 것으로 인터넷 마케팅, 온라인 마케팅, 웹 마케팅을 포괄하고 있다. 디지털환경으로 시대가 바뀌면서 소비자들의 지식과 역량이 변화하고, 다양한 채널을 통해 소비자들 간의 네트워크 효과가 발생함에 따라 마케팅이 소비자 주도 방식으로 흘러가고 있다. 오프라인 중심의 과거 방식의 마케팅은 광고가 회사에서 방문자와 연결할 수 있는 지배적 방법이었기 때문에 마케팅 전략이란 광고 전략인 경우가 대부분이었다. 하지만 현재의 마케팅은 오프라인에서 온라인으로 바뀌게 되면서 방문자는 디지털 환경에서 많은 시간을 쓰고 있고, 디지털 마케팅 성과측정은 다른 어떤 매체보다 정확하고 정보성을 가지고 있다. 따라서 디지털 분석에 참여하는 능력 때문에 소비자 선택의 힘을 이용해 소비자 행동의 다음 단계를 전망하고 유도하는 것이 가능하며, 과거 어느 때보다 고객, 고객의 동기 유발 요소, 특정 미디어를 소비하는 고객을 파악할 수 있는 능력이 커져 데이터를 가장 잘 분석할

8 경호빈, 모바일 SNS 마케팅, 행간, 2015.

줄 아는 팀이 이길 확률이 점점 높아지고 있다.

전통 마케팅에서 디지털 마케팅으로 흐름이 변화하면서 마케팅을 직접 실행하는 마케터들에 요구되는 역량 또한 변화하였다. 디지털 환경으로 시대가 변화함에 따라 과거 마케터들은 가격 책정, 유통 채널 등 마케팅 영역의 이해가 필요했던 반면, 디지털 마케팅의 시대에서는 UI/UX, 각종 분석 기법들과 콘텐츠 영역에 대한 깊은 이해가 요구되며, 비즈니스 역량, IT 기술, 데이터 분석 역량과 같은 융합 역량이 필요해지고 있다. 디지털 마케팅의 ROI 성과 모델은 초기 적은 비용으로 네트워크 확산 효과가 발생함에 따라 광고 목표 도달점에 급격한 곡선을 이루는 모습을 나타내기 때문에 광고 예산이 적은 스타트업에게 효율적인 방법이라고 할 수 있다.

디지털 마케팅은 고객을 추적해 해당 고객과 관련되어 있는 데이터를 얻어내는 과정인 트래킹(tracking)이라는 과정을 통해 해당 고객층의 반응을 이끌어 내는 최적화된 광고를 할 수 있고, 고객층의 특징 별 맞춤 광고를 진행할 수 있다. 수집된 데이터와 분석을 통해 상품 및 서비스에 실제 관심을 가지거나 구매 의향이 있는 사람들을 파악한 후 그들의 니즈를 자극하는 광고를 진행한다는 점에서 기존 마케팅 방식과 다른 차이를 가진다. 디지털 마케팅은 디지털 매체 내부에서 제공하는 다양한 지표뿐만 아니라 트래킹을 통해 확인할 수 있는 지표의 양이 훨씬 많아졌다. 따라서 매출의 성과나 진행 중인 광고가 사람들에게 얼마나 노출이 되었으며, 반응률이 어땠는지 그리고 랜딩 페이지 도달률이 얼마인지, 어떠한 매체의 성과가 높은지 등 보다 세세하게 구분 및 측정이 가능하다. 디지털 마케팅은 온라인에서 진행되어 광고의 수정이 매우 용이하며, 고객의 반응에 따라 유연하게 광고 컨텐츠에 대한 수정이 가능하다.

그로스 해킹이란 성장(Growth)과 해킹(Hacking) 두 단어를 합친 용어로 실리콘밸리의 스타트업 기업들이 초기 비즈니스를 빠르게 성장 궤도에 올리기 위해 해킹을 하겠다는 것에서 유래하여, 제품 판매/노출을 목적으로 기술벤처기업에 의해 개발된 창의성과 분석적 사고, 소셜 분석을 필요로 하는 마케팅 기법이다. 드롭박스(Drop Box)는 서비스를 알게 되는 경로가 대부분 지인이라는 점을 파악한 후 친구 추천으로 가입을 하면, 두 사람 모두에게 무료로 저장 공간을 제공하는 아이디어로 엄청난 마케팅 효과를 얻게 되었다. 드롭박스 첫 페이지에 “무료 공간을 가져가세요”라는 작은 버튼을 추가하면 이용자가 친구를 초대해 친구 한 명이 가입할 때마다 500mb의 용량을 무료로 제공하는 프로그램을 진행하였다. 이 프로그램은 단순히 버튼 하나로 한 달에 280만 명의 신규 가입자를 유치하게 되는 성과를 이루었다.

또 다른 사례로 글로벌 비즈니스 네트워크 서비스 '링크드인(Linkedin)'은 초기 서비스를 활성화시키기 위해 가입자들이 자주 방문하여 활동을 해 서비스 내에 콘텐츠가 생겨나기 때문에 기존 가입자들의 재방문이 무엇보다 중요했다. 따라서 당시에 이메일을 더 많이 사용하던 시기였고, 링크드인은 이메일 개봉률을 높이기 위한 다양한 연구를 진행했다. 연구 진행 결과 사용자가 메일을 연 시점에서 메일이 메일함의 3~4번째 이내에 위치하고 있을 경우 가장 개봉률이 좋다는 결과를 도출했고, 이후 링크드인은 사용자 별로 이메일을 읽는 시각을 측정해 사용자가 이메일을 확인하는 평균 시각 30분 전에 메일을 발송함으로써, 메일 개봉률을 획기적으로 높일 수 있었다.

국내에서도 디지털 마케팅을 활용하여 초기 성과를 높이는 스타트업들의 사례가 증가하고 있다. O2O 배달 서비스 업체인 우아한 형제는 '우리가 어떤 민족입니까?' 이 한 줄의 카피로 '배달의 민족'이 대한민국 대표 배달앱으로 자리잡았다. 배달의 민족 마케팅의 핵심은 이야기가 있는 콘텐츠로, 유료 매체를 사용해 메세지를 전달하는 방식보다 재미있고 사람들을 끌어들이는 콘텐츠를 제작하면서 자발적으로 퍼져나가게 하는 것이다.

짐카는 이삿짐 서비스를 하는 스타트업으로, '1인 가구'에게 맞춤화하여 경쟁력을 높혀 '1인 가구'의 이사 고민을 해결하며, 사용자는 스마트폰에서 서비스 가입만 하면 실시간으로 이사 견적을 무료로 확인할 수 있다. 그리고 결제 또한 모바일 앱 내에서 바로 진행할 수 있으며 이삿짐 양에 알맞은 다양한 이삿짐 서비스를 제공한다. 짐카는 페이스북, 옐로아이디, 인스타그램을 마케팅 채널로 사용하고 있는데 페이스북의 경우 서비스 개념을 알리는 데 집중하고, 고객 후기를 공유하거나 고객과 소통하는 장으로 활용한다. 인스타그램에서는 각종 이벤트 등을 통해 고객들이 직접 사진을 올리도록 유도함으로써 고객이 직접 올린 후기를 통해 자연스럽게 서비스가 구전될 수 있도록 하고 있다. 고객의 문의를 해결하는 방식으로 카카오톡과 자동 알림 서비스를 연동시킨 옐로아이디를 마케팅 채널로 활용하고 있다.

레드로즈빈은 팥으로 만든 초콜릿을 만들어 판매하는 업체이다. 한은경 대표는 22살 때 당뇨 진단을 받은 어머니를 위해 어머니가 건강하게 드실 수 있게 팥으로 만든 초콜릿과 팥차를 개발하게 되었다. 팥에 대한 연구를 통해 건강한 재료로 단맛을 내는 것에서 착안하여 팥을 주재료로 하는 차의 제조방법 식품발명특허를 등록하고 여러 매체들을 통해 브랜드와 기술을 소개했다. 레드로즈빈은 디지털 마케팅 채널로 웹사이트, 인스타그램, 페이스북, 스토리펀딩을 사용하고 있는데, 공식 웹사이트는 브랜드 및 제품 소개와 온라인 판매를 중점적으로 활용하고 있다. 인스타그램 및 페이스북과 같은 SNS는 브랜드 및 제품 홍보와 SNS 사용자들에게 초점을 맞춰 감각적인 사진들의 업로드를 통해 고객 확보를 할 수 있는 도구로 사용하고 있다. 스토리펀딩은 콘텐츠 크라우드펀딩 플랫폼의 특색에 맞게 레드로즈빈의 스토리를 통한 마케팅과 펀딩을 동시에 진행하고 있다.

Ⅲ. 혁신제품마케팅

1. 시장 불확실성과 기술 불확실성

혁신제품마케팅의 어려움은 시장 불확실성과 기술 불확실성에 기인한다. 시장 불확실성은 고객의 니즈 및 반응과 관련된 불확실성을 의미한다.

Moriarty & Kosnik은 시장 불확실성의 원천을 다음의 다섯 가지로 보았다.[9] **첫째,** 신기술이 고객의 어떠한 니즈를 충족시킬 수 있는가? **둘째,** 미래의 고객니즈는 어떻게 변화할 것인가? **셋째,** 산업표준은 어느 것으로 결정될 것인가? **넷째,** 혁신의 확산속도가 어떠할 것인가? **마지막**으로 잠재시장의 규모는 얼마나 될 것인가?

첫째, 소비자들이 어떠한 충족되지 않은 니즈unmet needs를 가지고 있고 신기술로 개발한 혁신제품이 어떻게 소비자들의 구체적인 욕구를 충족시켜 줄 수 있을 것인가는 첨단기술제품이 안고 있는 일차적인 불확실성 요소이다. 게다가 소비자들이 매우 중요하게 여기고 환영할 만한 용도를 찾았다고 하더라도 그러한 니즈를 가지고 있는 고객이 얼마나 될 것인가 하는 것은 여전히 불확실하다.

9 김상훈, 하이테크 마케팅, 박영사, 2013, p. 13.

둘째, 하이테크 제품에 대한 고객의 니즈는 시간에 따라 계속 변화한다. 예를 들어 개인용 컴퓨터의 경우 성능에서 편리성으로, 휴대폰의 경우 더 작고 가벼운 것으로부터 보다 기능이 많은 것으로, 이렇게 고객의 니즈는 끊임없이 변화하기 때문에 변화하는 니즈를 어떻게 충족시켜갈 것인가 하는 것은 또 하나의 불확실성 요소가 된다.

셋째, 산업표준의 경우 시장에서 경쟁을 거쳐 소비자들에 의해 선택되는 '사실상의 표준de facto standard'이 점점 많아지고 있어서 초기에 막대한 투자를 해야 하는 하이테크 기업들에게 엄청난 시장 불확실성의 요소가 되고 있다.

넷째, 혁신제품의 확산속도diffusion speed는 수많은 영향 요인들의 결합효과에 의해 결정되는 중요한 불확실성 요소이다. 소규모 벤처기업의 경우에는 확산 속도의 지연이 유동성 악화와 사업의 명운까지도 결정지을 수 있는 중요한 요인이 된다.

마지막으로 하이테크제품의 경우, 투자규모 산정의 결정적인 요소인 잠재시장의 규모, 즉 수요를 예측하기가 매우 힘들다는 특성이 있다. 신제품에 대해 소비자들이 어떻게 반응하는지 알아내기 어려운 측면도 있지만, 소비자들에게 그 제품 또는 서비스의 컨셉을 어떻게 제시하고 커뮤니케이션하며, 가격을 어떻게 책정하는지 등 기업의 마케팅 활동에 따라 해당 혁신제품에 대한 시장의 수요가 크게 달라질 수 있다는 점이 수요예측을 어렵게 만드는 요인이다.

Moriarty & Kosnik이 제시한 기술 불확실성의 원천은 다음과 같다.[10] **첫째,** 신기술이 고객에게 약속한 것과 같이 제대로 작동할 것인가? 신기술 제품을 구매한 사용자의 기대수준에 부합하는 '성능'을 가지고 있느냐 아니냐는 초기시장에서 성공과 실패를 결정하는 가장 중요한 요인이다. 펜으로 모니터에 직접 글을 써서 문자를 입력할 수 있다는 기술혁신을 달성하고도, 가끔 글자 모양이 깨지고 조잡하게 보인다는 이유로 소비자들의 냉담한 반응을 견디다 못해 시장에서 사라졌던 초기 PDA 제품들이 그 대표적 예이다.

10 김상훈, 하이테크 마케팅, 박영사, 2013, p. 15.

둘째, 부작용side-effect이 없는가? 하이테크 제품의 경우, 간혹 예상치 못한 부작용이 발견되며, 이를 조기에 수습하고 제품을 개선할 수 있느냐 하는 것이 초기 시장진입 성공의 관건이 되기도 한다. **셋째,** 최종 사용자에게까지 의도한 품질 수준의 서비스가 제대로 전달될 것인가? 하이테크 제품 중 많은 것들이 중간재 또는 부품의 성격을 띠는데, 이 경우 완성품으로 만들어진 이후에 최고의 성능을 발휘할 수 있느냐 하는 것이 기술 불확실성 요소 중의 하나이다. **넷째,** 개발완료 및 출시시점을 맞출 수 있을 것인가? 이른바 사전예고를 했을 경우 개발일정의 지연이나 부품 공급의 차질로 인해 약속 일자를 지키지 못할 가능성이 있는데. 이것도 하나의 중요한 기술 불확실성의 요소가 된다. **다섯째,** 또 다른 신기술이 자사 제품 혹은 서비스를 진부화시킬 위험은 없는가? 대부분의 기술은 진부화되며, 어느 순간 신기술에 의해 대체된다. 따라서 기존의 기술제품 진부화에 능동적 · 전향적으로 대처해야 한다.

2. 혁신제품의 확산과정

새로운 혁신제품을 출시하여 시장에 진출하고자 하는 벤처창업가는 고객이 혁신적인 제품을 구매하는 데 있어서 방해가 되는 요소를 제거해야 한다. 고객이 자사 제품의 채택 비율을 높여야 하며, 시간이 지남에 따라서 고객의 재구매를 계속적으로 유도해야 한다. 특히 벤처기업이 초기 시장에 진출하여 제품을 출시하는 경우에 기존유통망에 진입하기 어렵다. 목표시장에 들어가기 위해서는 이러한 유통망의 방해 요소를 극복해야 한다.

소비자가 혁신적인 신제품을 거부하는 이유는 전환비용과 지각된 위험 때문이다. 전환비용은 새로운 대체재를 사용하는 데 따르는 소비자의 금전적 심리적 비용을 말한다. 지각된 위험은 "기대한 바의 성과가 있을까?"하는 걱정이나 불안이다. 이러한 장벽을 넘어서려면 우선 혁신적 신제품이 소비자의 여러 가지 편익을 확실히 충족시켜 가치장벽을 넘어서야 한다. 다음으로 보증이나 권위 및 시용을 가능하게 하여 결과 불확실성에 따른 장벽을 낮추어야 하고, 사용을 편리하게 하여 사용장벽 또한 넘어서야 한다.

일단 시장에 진입하여 시장에서 자리를 잡기 위해서는 확산과정diffusion process[11]을 거쳐야 한다. 즉, 벤처기업은 고객에게 자사의 신기술 혁신제품을 알리고, 구매를 촉진시켜야 한다. 확산 과정은 제품, 서비스 또는 아이디어가 시장에서 혁신으로서 인식되고, 받아들여지는 과정으로 인지, 설득, 구매결정, 확신의 4단계로 이루어진다.

인지단계knowledge stage는 개인이 혁신제품을 인식하는 단계로서, 다양한 마케팅 커뮤니케이션 매체를 통해 고객들에게 제품에 대한 인식을 강화시켜야 한다. 설득단계persuasion stage는 벤처기업의 제품 특성을 홍보하고, 제품이 구매자에게 효익을 줄 수 있다는 것을 소비자에게 인식시키는 단계이다. 제품에 대한 긍정적인 이미지와 특성을 부각시켜 경쟁제품보다 우수함을 알려야 한다. 구매결정단계decision stage는 고객이 벤처기업의 제품을 구매를 할 것인지를 결정하는 단계이다. 확정단계confirmation stage는 일단 구매한 고객이 반복구매를 할 것인가 아니면 하지 않을 것인가를 확정시키는 단계이다.

3. 시장창조전략

신제품을 기반으로 시장에 진입하는 기업은 시장창조 전략이 필요하다. 혁신적인 신제품은 경쟁제품이 없으나 고객이 새로운 카테고리의 제품을 모르거나 다른 카테고리로부터 옮겨와야 되기 때문에 고객 저항이 높다. 또한 정부나 사회로부터 새로운 카테고리로 인정받아야하기 때문에 사회적 저항도 높은 편이다.

혁신적 신제품이 시장에 진입하여 살아남기 위해서는 형성initiation, 강화building, 확장expanding의 과정을 거쳐야 한다. 시장형성단계는 시장을 정의하고 고객저항을 극복하는 단계이다. 시장의 정의란, 예를 들어 생식生食이라는 혁신적 신제품이 나오면 이 시장을 건강보조시장, 다이어트시장, 대체의약품시장 중 무엇으로 할 것인지를 규정하고 필요한 경우 이를 정부로부터 인정받아야 한다.

11 E. Rogers, 「Diffusion of Innovation」, New York: Free Press, 1983.

시장강화단계는 대체재의 저항을 극복하고 후발업체로부터 선발이점을 유지하는 단계이다. 어느 정도 시장이 형성되었다고 생각되면 두 가지 커다란 도전에 직면하게 된다. 대체효과로 피해를 보는 제품이 음해나 악성루머 등으로 저항하고, 후발업체들이 진입하여 시장을 공유하려 한다. 후발업체가 진입하면 시장의 성장속도가 빨라지는 이점도 있지만, 선발자의 이점을 잃을 우려도 있다. 유사제품의 범람 속에서 선발이점을 유지하는 전략이 필요하다.

시장확장단계는 제품의 종류를 다양화하거나 하부카테고리를 만드는 제품의 확장과 시장의 확장으로 나눌 수 있다. 밀폐용 용기업체인 하나코비는 다양한 응용제품을 만들어서 시장을 확대하고 있다. 한국은 내수시장이 작기 때문에 시장확장의 주요 수단으로 해외시장의 개척이 전략대안으로 우선 고려된다.

Ⅳ. 기술수용주기 이론

1. 첨단제품시장

불연속적인 혁신기술을 기반으로 하는 제품은 현재 계속적으로 개발되고 있다. 특히 새로운 아이디어와 신기술을 가지고 첨단제품시장에 뛰어드는 벤처기업들도 많이 있다. 그러나 성능 좋고, 품질이 우수한 제품을 보유한 벤처기업들은 자신들의 제품이 왜 시장에서 성공적으로 성장하지 못하는지를 이해하지 못해 실패하는 경우가 생긴다. 이러한 신기술 제품은 본질적으로 소비자의 행동 및 태도의 변화와 기존산업 인프라의 변화를 요구하는 불연속적 혁신을 근간으로 하고 있기 때문이다. 즉, 소비자가 신기술 제품에 적응하기 위해서는 전환비용을 지불해야 하며, 전체 산업이 신기술 제품의 혁신을 받아들이느냐에 따라서 그 제품의 운명이 결정되기 때문이다. 첨단제품시장은 주어진 제품군이나 서비스에 대하여 공통적인 욕구와 필요를 가지고 있으며, 구매의사 결정 시 특정 소속집단 내에서 서로의 경험이나 사례를 참조하려는 성향이 있는 고객집단의 시장을 말한다.

이러한 하이테크 산업의 마케팅은 완전완비제품whole product과 기술수용주기 이론을 중심으로 파악해야 한다. 완전완비제품은 하버드 비드니스스쿨의 레빗T. Levitt 교수가 처음 사용하였고, 데비도우B. Davidow가 「첨단기술마케팅Marketing High Technology」(1986)에 사용하면서 미국의 실리콘밸리에 알려지게 되었다. 기술수용주기 이론이 등장하기 전에 실리콘밸리의 하이테크 분야의 마케팅 담당자들은 브랜드 인지도 제고를 위한 광고촉진활동을 중심으로 전통적인 소비자마케팅전략을 수행했으나 만족할 만한 성과를 얻지 못했다. 이러한 현상을 신기술 기반 신생창업기업의 하이테크마케팅을 기술수용주기 이론과 캐즘 극복 전략을 중심으로 설명하고자 한다.

그림 12-1

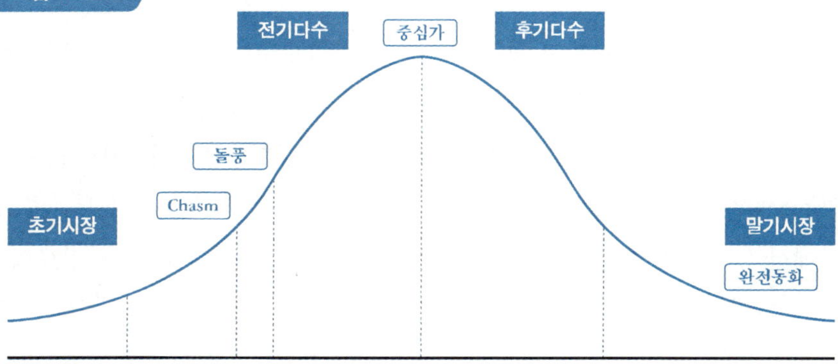

혁신자	선각수용자	실용주의자	보수주의자	지각수용자
- 기술애호가 - 신기술에 대한 애착 - 높은 평가 - 사용욕구	- 이익선호 - 자신의 직관과 상상력 선호 - 특정 세분시장 창출의 역할	- 위험회피 - 점진적 혁신 추구 - 완전제품 선호 - 시장주도자 선호	- 가격 - 사용편리성 - 시스템 안정성 선호	- 첨단기술에 대한 부정적 시각

기술수용주기 모델

2. 기술수용주기 이론과 단계별 고객 특성 12

기술수용주기 이론은 첨단제품시장은 크게 3개 시장에 5가지 유형의 고객으로 구성되어 있다. 기술수명주기에 따라서 우선 초기시장, 주류시장, 말기시장으로 구분되고, 초기시장에서는 혁신수용자innovators, 선각수용자early adopters로 구성되고, 주류시장은 전기다수early majority와 후기다수later majority로 구성되며, 말기시장은 첨단제품에 대한 지각수용자laggards로 구성되어 있다. 이러한 각 고객들은 제품수용에 대한 태도와 사고방식에 있어서 차이를 보인다.

가. 혁신수용자: 기술애호가 technology enthusiasts

기술애호가들은 초기시장의 중심으로서 신제품의 구조를 빨리 이해하고 첨단제품이 기존제품들보다 경쟁력이 있는 이유를 먼저 인식하는 고객이다. 신기술을 배우는 데 관심이 높고, 모든 사람들로부터 유능한 초기평가자라는 인정을 받고 있다. 기술애호가들은 구매집단으로서 또는 회사의 구매 결정에 큰 영향력을 행사하는 사람으로서 역할을 한다. 초기혁신자 시장을 공략하는 경우에는 신기술 제품의 가격을 낮게 책정해야 하며, 회사나 조직의 예산에서 지출된다면 그들로 하여금 가격에는 신경을 쓰지 못할 정도의 매력적인 가격을 제시해야 한다.

직접반응 광고direct response advertising 중심으로 전문적인 기술과 관련된 매체에 메시지를 남겨 놓을 필요가 있다. 또한 이미지 광고는 배제하고, 기술에 대해서 사용욕구를 불러일으키는 방식을 취해야 한다. 초기시장에서 기술애호가들은 첨단제품을 출시하는 벤처기업에게 매우 중요하다. 즉, 이들의 구매 및 사용을 통해서 시장 내에서 참조원천이 될 수 있기 때문에 이들과의 관계를 유지하는 것이 중요하다.

12 Geoffrey A. Moore의 「벤처마케팅(Crossing the Chasm)」 (1991)과 「토네이도 마케팅(Tornado Marketing)」 (2001)을 참고.

나. 선각수용자: 선각자 visionaries

선각수용자 집단은 부상하는 신기술을 전략적인 기회로 연결시킬 수 있는 통찰력을 가진 집단으로서 초기에 기술제품을 수용하는 집단이다. 선각수용자 집단은 생산성 향상과 자사의 고객에 대한 서비스를 획기적으로 개선하기 위해서 당시에 충분히 검증되지 않은 기술적 혁신breakthrough을 과감하게 채택함으로써 위험을 수용하고, 그것을 통한 가치 창출에 초점을 두는 성향을 가진다. 초기수용자들의 주요 특징은 가격에 민감하지 않고, 전략적 우위를 지키기 위해 상당한 금액을 투자할 여력이 있다. 벤처기업은 이들의 구매를 통해서 초기의 기본적인 자본을 얻을 수 있다. 벤처기업은 초기시장의 기술수용자들의 기대치를 관리하고 지속적으로 확신을 심어줄 수 있는 영업 인력이 필요하다.

다. 전기다수: 실용주의자 pragmatists

전기다수인 실용주의자들은 시장의 주류를 이루는 집단으로서 단계적이고 측정할 수 있는 예측가능한 진보, 즉 점진적인 발전을 목표로 하고 있다. 무엇보다도 다른 사용자를 참조하여, 확신을 갖길 원하며, 위험 부담을 하지 않는 경향이 있다. 이들은 일단 한번 사로잡으면 중요한 고객이 되지만, 그 전에 먼저 신뢰를 얻어야 한다. 실용주의자들은 제품 구매 시에 제조 회사, 품질, 보조제품의 다양성, 시스템 인터페이스, 애프터서비스 내용 등을 면밀히 검토하는 특성을 보인다. 또한 실용주의자들은 제품가격에 상당히 민감하며, 유통관계를 최소한으로 유지하여 자신들의 구매력을 지속적으로 유지하고, 문제 발생 시 통제할 수 있는 핵심 사항을 찾아내고자 하는 특성을 가진다. 이러한 실용주의자 집단에게는 이들이 참석하는 회의나 제품발표회에 참가해야 하고, 이들이 자주 보는 잡지에 기술을 게재할 필요가 있다. 이들의 인기를 끌고 있는 제품의 응용제품을 개발하고, 이들과 거래하는 판매 회사들과 제휴 관계를 맺어주는 것이 좋다.

라. 후기다수: 보수주의자 conservatives

후기다수인 보수주의자들은 불연속적 혁신에 반대하는 경향을 보이며, 첨단기술에 대해서 두려움을 가지고 있는 매우 보수적인 특성을 보인다. 사용에 필요한 모든 것이 함께 제공되며, 이미 조립되어 있는 완전한 제품을 대폭 할인된 값에 사기를 좋아한다. 보수주의자 집단의 후기시장은 큰 기회로서 저렴한 가격에 약간 뒤쳐진 안전한 기술을 중심으로 그들의 사업필요성에 맞추어 단일기능의 시스템으로 재포장하는 것이 유리하다. 다시 말하면, 이들을 공략하기 위해서 벤처기업은 완전완비제품을 준비하고, 가장 효과적으로 배포할 수 있는 유통망을 확보하는 것이 중요하다.

마. 지각수용자: 회의론자 skeptics

첨단기술시장의 마지막을 구성하는 지각수용자들은 첨단기술시장에 거의 참여하지 않는다. 따라서 이들의 영향력을 최소화하거나 무력화시키는 것이 중요하지만, 한편으로 이들의 주장에서 장점은 수용할 필요가 있다. 첨단기술제품은 업무처리의 능률을 향상시켜 결과적으로 각 개인의 시간을 절감시켜 준다. 하지만 각 개인이 절약한 시간만큼 일을 더 해서 회사에 득이 되도록 하지는 않는다. 또 엄청난 비용을 들여 추가한 기능들이 제대로 사용되지 않고 있다. 그 이유는 사용자들이 그 기능을 배우려 하지 않기 때문이다. 또한 첨단제품을 쓸 수 있도록 하기 위한 설비와 교육에 투자된 시간 이상의 경제적 효과를 내는 사람들도 있지만, 그렇게 할 수 없는 사람들도 그 만큼은 된다는 사실이다. 다시 말하면, 교육받느라 허비된 시간과 비용 그리고 그들을 지원하기 위해 구입된 시스템의 비용, 또 그 시스템을 효과적으로 이용할 수 없음으로 해서 발생하는 손실은 매우 크다. 따라서 벤처기업은 회의론자들의 욕구를 만족시키기 위해서는 완전제품 해결책을 통해서 이들을 설득하고, 이들의 비판을 수용하여 제품을 향상시킬 필요가 있다.

3. 벤처기업의 캐즘 chasm 극복전략

가. 캐즘의 특징

첨단기술시장에서는 각 시장에서 새로운 단위 시장으로 이동할 때, 참조사례가 될 만한 고객기반이 부족하다는 매우 중요한 특성을 보이고 있다. 그림 12-1에서 알 수 있듯이 초기수용자와 전기다수 사이에 크게 벌어진 대단절, 즉 캐즘이 존재한다. 캐즘에서 가장 위험한 점은 새로운 고객이 부족하다는 것이다. 신기술의 채택에 적극적이고, 전략적인 초기수용자 집단이 주도하여 생성된 기회의 초기시장은 포화상태에 이르게 되고, 주류시장의 고객들이 구입욕구를 느낄만한 수준에 이르지 못했기 때문에 영업매출이 급격히 감소하고, 자금흐름이 악화되기 시작한다. 게다가 새로운 경쟁자에 대해서 반응을 하지 않던 주류시장의 기존경쟁자들이 한 두 건의 중요한 경쟁에서 패한 다음에 갑자기 신규경쟁자를 의식하고 영업력을 가동해서 반격에 나선다는 사실이다.

캐즘을 극복하기 위해 벤처기업의 경영진은 참조할 만한 성공사례를 만들고, 불연속적인 기술혁신만이 현실적인 해결책이라는 점을 실용주의자들에게 설득시키려고 한다. 이를 위해 필요한 보조제품들과 인터페이스의 기반구조를 구축하려 하지만 예산이 부족한 상황을 맞게 된다. 이 경우 투자자금이 부족해지고, 기존투자자들도 의심을 가진 채로 시간을 보내게 되며, 악질적 투자자들은 현재의 경영진을 불신임하여 퇴진시키기 위한 수단으로 이를 활용하기도 한다. 따라서 이러한 캐즘을 극복하기 위해서는 전략적인 노력이 필요하다.

나. 캐즘 극복의 노력

캐즘 극복의 가장 중대한 목표는 초기시장의 한계를 극복하고 주류시장으로 진입하는 것이다. 이러한 주류시장으로의 진입은 하나의 공격 행위로서 시장진입 시에 기존의 경쟁자들이 거세게 대응하면서 기업의 진입을 막으려고 한다. 캐즘에 빠진 신생벤처기업은 경쟁자들로부터 주류시장을 탈환하기 위해서는 우선적으로 다른 제품과 회사들로 구성된 공격결사대를 결성해야 한다. 일단 목표틈새시장으로 진입한 뒤에 주류시장의 전략적 목표 세부시장으로 옮겨가는 것이다. 벤처기업은 일단 목표 틈새시장으로부터 경쟁자들을 몰아내고, 추가적인 세분시장들을 확보하면서 전체 시장을 지배하기 위해 계속적으로 이동해야 한다.

캐즘을 극복하려는 신생 벤처기업은 목표 틈새시장 공략에 집중해야 한다. 이러한 전략의 효과는 다음과 같다. **첫째**, 쉽게 성취할 수 있다. **둘째**, 장기적 성공의 지렛대 효과를 얻을 수 있는 실행가능한 구체적인 목표에 기업의 역량을 집중시킴으로써 벤처기업에 활력을 불어넣어 줄 수 있다. 그러나 상당수의 기업들은 주류시장이 보여주는 엄청난 가능성에 현혹되어 집중력을 잃고 그 모든 기회를 쫓아다니다가, 실용주의적 구매자들이 인정할 만한 상품을 개발하지 못해 결국 캐즘을 뛰어넘는 데 실패하게 된다.

따라서 신생 벤처기업이 캐즘을 뛰어넘기 위한 유일한 목표는 주류시장에 전진기지를 확보하는 것으로 해야 하며, 이를 위한 세 가지 방안을 실천해야 한다. **첫째**, 고객들이 원하는 모든 서비스 등이 결합된 제품, 즉 완전완비제품을 제공해야 한다. **둘째**, 구매자들 사이에서 제품에 대한 좋은 평판이 구전되게 하는 강력한 전파력을 확보하는 것이다. **셋째**, 틈새시장에서 초기에 50%이상을 점유함으로써 시장선도력을 확보해야 한다.

실용주의자들이 주류시장에서 신생벤처기업을 선도자로 인정하게 되면, 그 다음부터 계속 선두자리를 지키도록 만들어 준다. 한편으로 주류시장의 고객들은 제품의 기능부족에 불평하고, 경쟁제품에 걸맞은 품질을 요구한다. 벤처기업은 고객들의 구매 결정을 단순화시키고, 품질을 향상시키며, 고객들이 완전제품을 구입하는 데 드는 비용을 낮추며, 제품공급자가 바로 옆에 있다는 안정감을 제공해야 한다.

다. 캐즘 이후의 단계

첨단제품의 신생벤처기업은 캐즘을 넘은 이후에는 다시 새로운 전략으로 주류시장에 성공적으로 진입해서 이후 볼링 앨리 단계, 돌풍단계를 통해서 급진적인 성장을 해야 한다. 볼링 앨리Bowling Alley 단계는 일반 주류시장에 앞서 교두보 틈새시장이 먼저 수용하는 시기로, 고객의 강력한 구매충동 사유와 틈새시장에 일치하는 완전완비제품을 만들려는 벤처기업의 의지에 의해 추진된다. 이 단계에서는 고객 중심의 틈새시장에서 캐즘 넘기를 위한 전략처럼 교두보 확보, 즉 세분시장에서의 선도자가 되는 전략을 수행해야 한다. 특히 중요한 점은 제품 중심이 아닌 고객을 기반으로 하는 응용 분야 중심적인application-centric 관점으로 전략을 수행해야 한다는 점이다.

돌풍Tornado 단계는 대중적인 수요시장의 수용시기로, 일반시장은 새로운 인프라 패러다임으로 전환하게 된다. 볼링 앨리 단계와는 다르게 대중시장 대상으로 전략을 수행해야 한다. 틈새시장에서 어느 정도 선도자의 위치를 차지한 후에는 시장에서 돌풍을 일으켜야 한다. 이러한 돌풍단계에는 경쟁자를 가차 없이 공격하고, 유통망을 확장하고, 고객을 당분간 무시하는 전략을 실행해야 한다. 반면에 첨단 기술의 인프라 구매권자에게만 독점적으로 초점을 맞추어 전략을 실행해야 한다.

중심가Main street 단계는 후속시장의 발전단계로 인프라가 전진 배치되는 단계로서, 남은 잠재시장의 가능성을 완성하는 단계이다. 이 단계에서는 고객 중심적인 방향으로 다시 전략을 실행해야 하며, 공통의 표준 인프라를 대량생산맞춤mass-customization[13]을 통한 부가가치 확보에 적합하도록 만드는 데 초점을 두어야 한다.

완전동화Total assimilation 단계는 불연속적 혁신이 완전히 동화되는 시기로,

13 차별화의 수단으로서 고객과의 1 : 1 관계를 형성하여 지속적인 관계를 유지하면서 고객의 개별 욕구와 필요에 맞추어주는 '고객맞춤(customization)전략'을 말한다. 특히 인터넷과 IT기술의 발전으로 비용을 적게 들이면서도 차별화를 실행할 수 있게 되었다. 델(Dell)컴퓨터, 일본의 NBIC 등과 같은 기업들의 사례가 있다.

기술수용주기의 말기를 말한다. 첨단기술 분야에서는 이 시기가 매우 빠르게 진행된다. 변화의 견인차 역할을 하는 반도체 엔진이 가격 대비 기능/성능을 계속적으로 향상시킴으로써 완전히 새로운 패러다임을 시장에 출현시켜 방금 도착한 선두주자를 밀어낼 수 있다.

토의주제

1. 벤처경영에 있어서 마케팅의 중요성에 대해서 논의해 보자.
2. 자원에 제약적인 요소를 가진 벤처기업이 어떻게 효율적으로 마케팅전략을 수행할 수 있을 것인지 논의해 보자.
3. 인터넷의 발전이 벤처기업의 마케팅 전략에 대한 시사점에 대해서 토론해 보자.
4. 첨단기술마케팅의 기술수용주기 모델이 한국벤처기업 특히 IT산업 벤처기업에 어떻게 적용될 수 있는지 논의해 보자.

읽을거리

김상훈, 「하이테크 마케팅」, 박영사, 2013.
김용준, 「신화창조의 비밀」, 씨네텔, 2005.
매일경제중소기업부, 「나의 사업이야기」, 매일경제신문사, 2000.
매일경제중소기업부, 「경영은 도전이다」, 매일경제신문사, 2001.
서상혁, 「창업마케팅」, 두남, 2010
아니스 우자만, 유석호, 「스타트업 성공학」, 민음인, 2014.
유승삼 · 김영태 옮김(G. A. Moore 지음), 「토네이도 마케팅(Inside The Tornado)」, 세종서적, 2001.
이규현, 「첨단기술제품 마케팅」, 경문사, 2010.
Dell, Michael, 「다이렉트 경영(Dell, M. Direct from Dell)」, 동방미디어, 1999.
Dollinger, Marc J., 「Entrepreneurship」, Prentice-Hall, Inc. 1999.
Merrill & Sedgwick, 「The New Venture Handbook」, AMACOM, 1993.
Moore, G. A. 「Crossing the Chasm」, Harperbusiness, 1991, 1999.

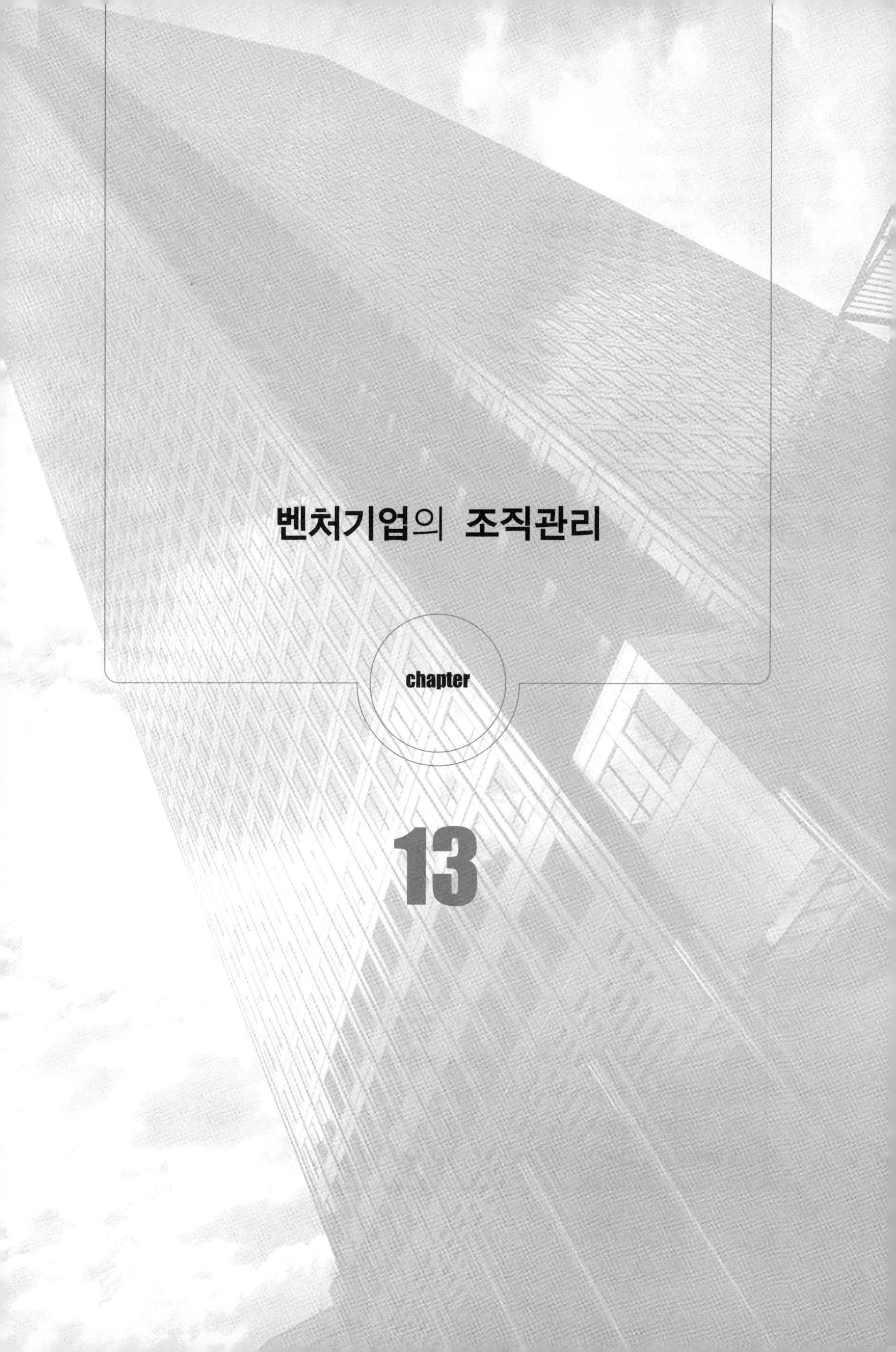

chapter 13

벤처기업의 조직관리

제13장 벤처기업의 조직관리

Ⅰ. 벤처조직의 형성

1. 창업팀의 구성
2. 인력의 채용
3. 훈련 및 자기개발

Ⅱ. 조직관리와 성장통

1. 조직의 성장관리
2. 성 장 통

Ⅲ. 창업 CEO 딜레마

1. 자신감의 함정
2. 전문성의 함정
3. 통제의 함정

Ⅳ. 지속성장 방안

1. 관리시스템 구축
2. 내부인재 육성
3. 조직문화의 변화
4. 외부인재 영입
5. 창업기업가 자신의 변신

학습목표

1. 벤처조직의 특성을 대기업과 비교하여 파악한다.
2. 벤처의 조직 형성에 대해서 파악한다.
3. 벤처기업의 종업원 보상제도에 대해서 파악한다.
4. 벤처기업의 급속성장 관리방안에 대해서 파악한다.

Ⅰ. 벤처조직의 형성

1. 창업팀의 구성

벤처창업 시 가장 중요한 요소는 창업팀의 구성이다. 창업팀은 벤처의 성공과 실패에 영향을 미치고, 조직의 형태를 만들어 가는 데에도 지대한 영향을 미치게 된다. 일반적인 창업의 경우 초기에는 경영팀을 가질만한 여유가 없기 때문에 단독으로 창업하는 경우가 많다. 그러나 벤처창업의 경우는 보완적 자원과 역량을 가진 창업팀의 구성이 매우 중요하기 때문에 창업단계에서부터 팀구성을 중시한다. 단독으로 창업을 한 경우라도 사업성장에 따라 경영활동이 점점 더 복잡해지고 혼자서 감당할 수 없는 때가 되면 창업기업가는 자신을 도와줄 만한 인재를 찾게 된다. 대다수의 벤처창업기업가들이 기술력을 갖춘 공학도인 경우가 많기 때문에 전문적인 경영활동재무, 인사, 법률을 보좌해 줄 수 있는 경영팀을 구성한다.

벤처캐피탈리스트나 투자자의 입장에서도 창업기업가 혼자서 운영하는 회사보다 창업팀을 제대로 형성하고 있는지를 주요하게 본다.[1] 창업기업가 혼자서 감당할 수 없는 일들이 존재하기 때문에 창업기업가가 구성한 창업팀의 구성원으로 투자 여부를 판단하는 경우가 많다. 창업팀과 관련된 많은 이론들도 벤처기업의 성공과 창업팀의 형성과 매우 밀접한 관계가 있음을 밝히고 있다. 첨단기술창업 클러스터를 이루고 있는 미국의 보스톤시 외곽순환도로인 루트 128에서 성공한 벤처기업을 대상으로 하는 조사[2]에서 보면 70%의 창업기업이 창업팀을 가지고 있는 것으로 나타났다. 전체에서 38%의 기업은 3인 이상의 창업자를 가지고 있고, 17%는 4인 이상의 창업자를, 9%

1 Ian MacMillan, etc., 「Criteria Used by Venture Capitalist to Evaluate New Venture Pro-posals」, Journal of Business Venturing, 1 (1), 1985, pp. 119-128.

2 Jeffry A. Timmons and Susan Skinner, research assistant, 「The Route 128 One Hundred」, working paper, Babson College, Wellesley, MA, 1984.

는 5인 이상의 창업자가 존재하는 것으로 나타났다.

우수한 창업팀을 만드는 일은 결코 쉽지 않다. 창업팀에 합류하기 위해서는 창업가의 미래 목표와 비전에 전적으로 동의해야 하며 창업가를 믿고 절대적인 신뢰를 보낼 수 있는 충성심과 일에 대한 몰입도가 높아야 한다. 또한 창업팀에서 각 구성원의 역할과 지위를 정해야 하며 기업의 소유권은 누구에게로 돌아가는지, 누구에게 더 많은 지분이 돌아갈 것인지 등 복잡한 의사결정을 내려야한다.

창업팀이 성공적이기 위해서는 아래와 같은 조건을 만족해야 한다.[3]

- **응집력**: 응집력이 높은 창업팀은 개인의 성공과 기업의 성공을 동일시하며 모두 동일한 목적을 위해 함께 일하고 있다는 데 만족감을 가지고 있다.
- **팀워크**: 혼자서 독불장군처럼 일하는 것이 아니라 다른 사람의 일을 쉽게 도와주며 파트너와 핵심인물의 성공을 축하함으로써 서로에게 동기를 부여한다.
- **통합성**: 개인적인 욕심이나 부서단위의 이기심으로 판단하기보다는 회사나 고객을 중심으로 판단한다.
- **높은 몰입의 수준**: 창업팀의 구성원이 자신의 일이 오래 걸릴 것으로 알고 있으며 벤처라는 것이 당장 벼락부자로 만드는 것이 아님을 알고 있다. 벤처는 오랜 기다림(5년 이상) 끝에 찾아오는 만족지연의 게임임을 알고 있다.
- **회수에 대한 마음가짐**: 개인의 성공이 나중에 IPO시의 자본증대로 측정되는 것이지 당장 월급의 크기나 사무실의 위치나 크기, 특정한 자동차 같은 것으로 평가되는 것이 아니라는 생각을 가지고 있다.
- **가치창조에의 몰입**: 팀 구성원들 모두 고객가치를 늘리고 공급자와 상생관계를 유지하고 구성원 자신과 주주들 모두 돈을 벌 수 있게 해주는 목적으로 전체적인 파이를 키우는 일에 헌신한다.
- **동등한 불평등**: 창업구성원에 대한 보상과 주식소유권은 장시간에 걸친 기여, 업무수행, 성과에 기초한다는 사실을 구성원 모두 인정하는 것이 중요하다. 특히 소유권에 관해서는 불평등이 당연하다는 인식을 심어야 한다. 소유권 차별화에 실패하

3 Jeffry A. Timons, 「New Venture Creation: Entrepreneurship for The 21st Century」, 5th, Mc-Grow-Hill, 1999.

면 기여도에서 차이가 나는 문제가 발생하게 되어 벤처기업의 성장성에 심각한 타격을 받게 된다.

- **공정성**: 팀으로 사업을 진행하게 되면 불만은 항상 나타나게 된다. 이들은 미리 계산되어질 수 없기 때문에 조정이 필요하다. 경영자는 구성원의 동의를 얻어서 조정의 재량권을 행사한다.
- **수확을 나눔**: 성공적인 기업가는 벤처기업의 성과가 거두어지는 시점에 윤리적 의무가 없는 상황에서도 공평성과 공정성의 원칙을 적용하여 자신에게 돌아오는 몫의 일부를 종업원에게 나눠주기도 한다.

결국 좋은 창업팀이란 동일한 목표에 대해 높은 이해가 우선 요구된다. 또한 사업에 대한 높은 몰입도와 끊임없는 의사소통으로 서로 공유하는 태도를 견지해야 한다.

2. 인력의 채용

벤처기업이 성장함에 따라 경영활동상의 요구에 맞는 인력을 채용해야 한다. 파크시스템스의 박상일 대표는 인력 확보의 어려움을 다음과 같이 말한다. "회사를 성공적으로 경영하려면 기술개발 외에도 해결해야 할 난제가 많습니다. 창업 초창기부터 우리나라 사람들의 인식부족으로 우수 인력을 구하기가 참으로 어려웠습니다. 그것이 가장 큰 고초였습니다." 기술 중심의 벤처기업이 우수연구인력을 유치하지 못하는 것은 경쟁력 확보의 가장 큰 제약요인이 되고 있다.

이 문제에 대해 주성엔지니어링의 황철주 사장은 몇 가지 대안을 제시한다. "벤처기업이 외부적 경력이 화려한 인재만을 고집하다 보면 우수인력을 유치하기 힘듭니다. 이런 인력은 유치해도 오래 남아있지 않는 경우가 많습니다. 따라서 학벌이 좀 떨어지더라도 남다른 재능을 가진 '흙 속에 묻혀있는 진주'와 같은 인재들이 있습니다. 이런 인재를 발굴해서 키워야 합니다.

또 한 가지 대안으로 M&A를 통해 인재풀을 확보할 수 있습니다. M&A가 기업인수합병이 아닌 인재의 인수합병이 될 수 있습니다."

인력의 선발과정은 많은 노력을 요하는 과정이기 때문에 세심한 주의가 요구된다. 하지만 벤처기업은 대기업과는 달리 인력을 장기적으로 양성할 수 있는 자원과 시간이 없는 경우가 많기 때문에 업무와 관련된 스킬을 가지고 있는 사람을 채용하는 경우가 많다. 일반적으로 벤처기업에서 인력을 선발할 때, 가장 중요하게 생각하는 것이 '업무수행 능력'이다. 벤처기업은 곧바로 현장에 투입되어 업무를 수행할 수 있는 사람을 좋아하기 때문에 대체로 벤처기업은 경력자를 선호한다.

벤처기업은 우수한 인재를 채용하기 위해 기존 직원을 통해 주위의 인재를 추천하게 하거나 대학과 연구소의 우수인력을 탐색하고 헤드헌터에게 의뢰하기도 한다. 소프트웨어 업체의 경우 공모전을 통해 우수인재를 끌어들이기도 한다. 하지만 벤처기업에 필요한 모든 인력을 채용하는 것이 적합하지 않는 경우가 있다. 창업과 초기 성장단계에서는 사업의 변동성이 높기 때문에 필요인력을 모두 내부화하는 경우 높은 고정비의 부담으로 인한 어려움을 겪을 수 있다. 따라서 사업이 안정적 궤도에 이르기 전에는 부수적 업무의 아웃소싱을 통해 인건비에 의한 재정부담을 줄일 필요가 있다.

3. 훈련 및 자기개발

벤처기업의 경쟁력은 참신한 아이디어와 기술, 혁신적인 제품이나 서비스에 있다. 특히 아이디어나 기술은 제품의 원천으로서 더 중요한 의미를 가진다. 이러한 무형적 자원은 주로 벤처구성원의 머릿속에서 나오기 때문에 핵심인력의 확보 및 개발은 무엇보다 중요한 경영활동에 속한다.

벤처기업은 구성원의 능력을 향상시키기 위해 다양한 자기개발 프로그램을 운영한다. 자기개발 프로그램은 업무와 관련된 전문적인 지식부터 명상, 다도나 스포츠 활동과 같은 취미활동에 이르기까지 다양하다. 이를 위해 벤처는 스스로 교육 프로그램을 운영하거나 외부전문 교육업체에 이를 아웃소싱하기도 한다.

NHN은 인재육성을 위해 근무여건 개선과 교육에 대한 투자를 강화해 왔다. 교육은 실무 적용을 극대화하고, 자기 주도적으로 학습할 수 있도록 개인의 니즈와 학습스타일에 맞는 효율적인 교육 인프라를 제공하여 개인과 조직이 함께 성장 · 발전할 수 있도록 유도하고 있다. 창의성과 자발성을 근간으로 하는 회사의 이념에 따라 국내 동종업계 최초로 주 5일 근무를 도입했고, 자기계발, 체력단련, 학자금지원, 전자제품 구입, 문화 생활비 등 직원들의 다양한 복지욕구를 충족시키기 위해 보너스 코인bonus coin을 부여, 필요에 따라 원하는 부분을 선택하여 사용할 수 있는 제도를 실시하고 있다. 입사 3년차 이상의 임직원에게 국제적 시각과 다양한 경험, 재충전의 기회를 제공하기 위하여 국내 최초로 전시회, 세미나, 배낭여행 지원제도를 시행하고 있다.

벤처기업의 종업원은 주로 한 사람이 두세 가지의 업무를 처리하기 때문에 따로 시간을 내기가 어렵다. 따라서 벤처기업들은 주로 워크숍work-shop 방식을 교육훈련에 활용한다. 단순한 회식으로 끝나는 경우도 많지만 전직원을 대상으로 하여 제시된 문제에 대해 자유롭게 의견을 제시하고 때론 남의 의견에 대하여 비판하게 하는 방법을 쓴다. 워크숍을 통해 종업원들은 자신들의 문제점을 인식하고 의사소통을 통해 기업비전과 목표에 대한 명확한 이해를 도울 뿐 아니라 공동체 의식을 강화시키게 된다.

CASE

피에스케이 박경수 사장의 '디시플린' 경영

반도체 전 공정인 애셔(Asher)를 주력으로 생산하는 피에스케이의 박경수 사장이 직원들에게 강조하는 핵심가치는 규율(discipline)이다. "한국사람들은 기본적으로 자유분방한 특성을 가지고 있습니다. 반면에 일본사람들은 어릴 때부터 규율에 잘 적응되어 있지요. 그래서 한국 사람들을 규율에 넣으려다 보면 체질적으로 알레르기 반응이 일어나는 경우를 종종 봅니다. 하지만 조직을 움직이려면 합리적인 면에서 규율이 필요하고 그래야 창조도 나타날 수 있습니다."

박 사장은 이러한 규율을 만들어 내기 위해서는 결국 시스템으로 갈 수밖에 없다고 강조한다. 피에스케이도 식스시그마, 보안시스템 구축 등 여러 가지 시스템을 도입하여 조직에 정착시키기 위한 노력을 기울여 왔다. 이러한 규율은 자기 기업만이 아닌 협력업체도 갖춰져 있어야 최상의 시너지를 낼 수 있다고 보고 협력업체의 관리역량 강화를 위해 지원하고 있다.

박 사장의 이러한 핵심가치가 반영된 것이 바로 "문서 없이 일하지 말자"라는 모토이다. 기록의 문화를 정착시켜 추적이 가능한 경영을 하고자 애쓰고 있다. 엔지니어들이 기록을 기피하는 습성 때문에 이를 시스템으로 관리하고자 하는 노력을 기울여 왔다. 다른 기업보다 일찍이 ERP 시스템을 도입하여 시스템에 대한 투자만 50억이 넘었다고 한다. 박 사장은 규율이 없어지면 원가가 높아지고 가격이 높아지면 경쟁력이 없어지는 것으로 보고 있다. 관리상의 문제를 80%는 시스템 도입에 의한 규율로 해결하고, 20%는 창조적으로 움직이는 조직이 되었다고 한다.

또 하나 피에스케이 조직관리 성공비결 중의 하나는 기술인력과 경영인력간의 조화이다. 초기창업 당시 비엔지니어 출신의 장점과 단점, 시장을 잘 아는 강점 등을 조화하여 큰 갈등 없이 서로를 이해하며 성장했다. 박 사장은 경영학 전공자로서 자기 자신의 경영에 대한 전문성을 바탕으로 외부 컨설팅을 통한 새로운 지식을 흡수하여 조직성장에서 나타나는 문제점을 적기에 해결함으로써 안정적으로 성장할 수 있었다고 한다.

Ⅱ. 조직관리와 성장통

1. 조직의 성장관리

창업기업을 경영하는 기업가는 조직의 성장단계에 따라 예기치 못한 여러 가지 문제에 직면하게 된다. 이 과정에서 문제를 적절하게 해결하지 못하면 경영성과가 악화되거나 위기상황이 초래될 수 있다. 창업기업을 경영하는 것은 마치 새로 태어난 아이를 키우는 것과 같다. 아이가 갓 태어났을 때, 걸음마를 할 때, 말을 하기 시작할 때 등 성장단계에 따라 돌보는 방식에 변화가 필요하듯이 성장하는 기업도 단계에 따라 관리방식의 변화가 필요하다. 이를 조직의 성장관리managing the growth라고 하며, 이러한 조직경영을 이미 성장한 기업을 경영하는 방식과 구별하여 창업경영entrepreneurial mmanagement이라고 한다.

벤처기업은 새로운 기술이나 아이디어를 기반으로 제품이나 서비스를 제공하기 때문에 초기에 시장 창출의 어려움을 겪기도 하지만, 일단 주류시장에서 받아들여지기만 한다면 급속한 성장도 가능하다. 벤처의 급속한 성장은 바람직한 일이지만 성장에 따른 문제점을 야기할 수 있다는 점을 유의해야 한다.

첫째, 조직의 성장으로 내부적인 문제가 희석될 가능성이 크다. 높은 성장률과 수익성으로 인하여 조직 내부의 취약점이 상대적으로 과소평가되어 적절한 대응의 시기를 놓칠 수 있다. 자금이 상대적으로 풍부한 경우 신중한 검토 없이 신규사업을 벌이거나 낭비적인 의사결정이 발생하기 쉽다. 부실한 제안서나 사업계획이 쉽게 묵인되는 현상이 발생하기도 한다.

둘째, 리더십과 관련된 문제가 야기된다. 사업규모가 확장됨에 따라 사업간 전략적 상충이 발생할 수도 있고, 방만한 기업운영은 관리비용의 급격한 증대를 가져온다. 조직의 규모가 커짐에 따라 의사소통이 어려워지게 된다. 소규모 조직으로 운영되는 초기의 경우 경영자와 직원과의 원활한 의사소통을 통해 리더의 의지와 조직의 목표를 모든 구성원이 명확하게 공유할 수 있다. 그러나 직원 수의 증가로 인해 조직이 복잡해지고 관리계층이 증가하면서 개방적이고 수평적인 조직분위기가 약화되면서 의사소통의 문제가 발생한다.

셋째, 관리능력이 약한 경우 인력과 조직에서 문제점이 발생한다. 급속하게 사업이 확대되는 경우 인적자원에 대한 투자보다는 마케팅이나 기술개발에 집중하게 된다. 성장에 따라 적절한 보상체계의 확립과 신규인력의 채용, 권한 위임과 업무의 분화가 이루어져야 하지만 창업기업가가 이를 소홀히 하는 경우가 많다. 이공계 계통의 기술자로 창업팀이 구성되어 있는 경우 관리의 문제를 다루는데 미숙할 수 있다.

성장을 관리하기 위해서 Hambrick & Crosier (1985)는 1) 비전을 가지고 대비하라, 2) 적절한 인력을 확보하여 팀을 형성하라, 3) 조직의 문화를 보존하고 강화하라, 4) 성공적인 과거와 다가올 미래 간 동태적 긴장을 관리하라, 5) 조직계층을 최소화하라, 6) 성과에 대해 보상하라 등을 제시하고 있다.[4]

Flamholtz (2000)는 단계별로 문제에 대한 대응방안을 제시하고 있다.[5]

1단계인 신규벤처의 설립에서는 시장수요를 파악할 수 있는 능력과 관련 제품이나 서비스를 개발할 수 있는 능력을 구축하는 것이 매우 중요하다. 그러나 신생기업이라고 해서 항상 남보다 먼저 새로운 시장을 발굴해 내는 것은 아니고, 이미 존재하는 시장에 보다 나은 제품과 서비스를 가지고 뛰어들기도 한다. 이 단계에서는 개발한 제품이나 서비스를 고객에게 공급할 수 있도록 하는 조직을 개발하는 것이 중요하다.

2단계에서는 조직이 극복해야 할 새로운 문제점들이 대두되는데, 매출이 급격히 증가하면서 새로운 장소, 기기, 자금, 종업원의 수요가 증가하면서 기업의 자원은 한계에 부딪히게 된다. 이 시기에는 물리적, 재정적, 기술적, 인적 자원 없이 성장할 수 없으므로 필요한 자원을 확보하고 효과적으로 관리하는 능력이 기업의 성장에서 절대적으로 필요하다. 또한 성장에 필요한 운영시스템을 개발할 수 있는 능력이 요구된다.

3단계에서는 2단계에서 급성장을 경험하고 나서 기업의 경영진은 질적

4 Hambrick, Donald C. & Lynn M. Crozier, 「Stumblers and Stars in the Management of Rapid Growth」, Journal of Business Venturing, 1 (1), 1985, pp. 31−45.

5 Flamholtz & Randle (2000), Growing Pains: Transitioning from an Entrepreneurshipto a Professionally Managed Firm, Jossey-Bass Inc., A Wiley Company.

그림 13-1

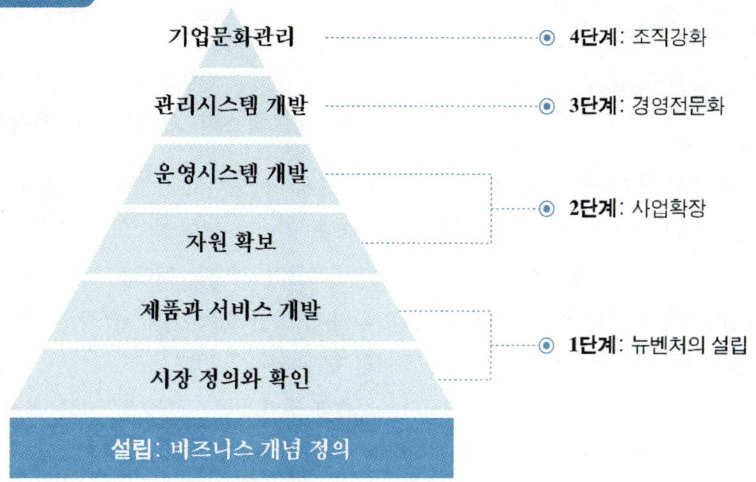

조직발전 모형

출처 Flamholtz & Randle (2000), Growing Pains: Transitioning from an Entrepreneurship to a Professionally Managed Firm, Jossey-Bass Inc., A Wiley Company.

변화가 일어나야 한다는 것을 느끼게 되는데, 규모가 커질수록 업무처리 방식 등 모든 과정이 공식화 되어야 한다. 따라서 전략을 계획하고 개발할 수 있는 능력이 요구되며, 적절한 조직구조와 통제수단을 개발할 수 있는 능력이 요구된다. 그리고 관리자를 양성할 수 있는 능력이 필요한데, 이를 위해 현재와 미래의 관리자들에게 자기직무를 충실히 수행할 수 있게 능력을 키워주는 프로그램을 설계하고 도입하여 실행함으로써 효과적으로 업무수행을 할 수 있도록 유도해야 한다.

4단계에서는 새로운 형태의 문제에 직면하게 되는데 가치, 신념, 직원들의 행동을 규율하는 규범 등을 제대로 관리하는 것이 새로운 과제로 떠오른다. 구성원의 수가 증가하면서 규범 등이 각자의 편의에 맞게 해석할 수 있는 가능성이 높아지고, 기업 이미지를 결정할 수 있기 때문에 가치관, 신념, 관습 등 기업문화를 관리하여 전문 경영기업으로 변화할 수 있도록 하는 것이 이 단계의 핵심이다.

CASE

다산네트웍스의 기업성장과 조직관리

다산네트웍스의 남민우 사장은 4명부터 시작해서 500명까지 성장하는 과정에서 기업성장과정에서 나타나는 다양한 관리상의 문제를 겪었다. 기술창업의 초기에는 개발자가 주도하는 연구개발조직이 중심이 되는데, 제품이 개발된 뒤에는 판로개척을 위한 영업조직을 만드는 것이 새로운 도전이 되었다. 일단 어느 정도 규모가 커지고 나면 제품의 품질을 담보할 수 있는 생산조직이 큰 과제가 되었다.

남 사장은 말한다. "30~50명 정도가 한 손에 들어오는 조직이고 가장 효율적인 조직이라고 개인적으로 생각합니다. 100명이 넘어가면서 한 눈에 안 들어오기 시작하더군요. 한 단계씩 중간관리자가 생기기 시작하면서 사람에 대해 고민도 많이 하게 되고, 설득의 방식도 달라져야 한다는 게 느껴졌습니다. 중간관리자가 생기고 나서 의사전달의 속도가 급격히 느려지더군요. 결국 조직이 커지고 나서는 주제별로 다룰 수 있는 코디네이션이 중요한 이슈가 되었습니다."

이렇게 증층화된 조직이 되면서 위에서 지시를 해도 아래까지 전해지지 않는 문제가 발생하게 되었다. 결국 전체 조직이 한 방향으로 함께 뛸 수 있도록 하는 교육, 단합대회 등이 필요하게 되고 전체 조직이 어떻게 하나의 문화를 공유하느냐의 문제는 조직성장과 맞물려 끊임없이 진행된다는 것이다.

조직의 규모가 커짐에 따라 개인의 열정과 소신만으로 돌아갈 수는 없고, 시스템에 의해 돌아가야 한다는 것을 깨닫게 되어 SAP를 기반으로 한 프로세스 혁신을 추진했다. 전사적 자원관리의 중요성을 인식하여 EIS시스템 구축을 통하여 매출계획현황, 수주현황, 재고현황, 구매현황을 생산형황 등에 대한 실시간 정보공유가 이루어지게 되었다. 여기에 덧붙여 다산은 KPI의 도입을 통하여 조직별 핵심업무에 대해 달성지표를 정하고 성과를 관리하는 과정을 진행하였다. 다산네트웍스는 이러한 과정을 통하여 조직의 성장에 따라 개인이나 문화로만 해결될 수 없는 관리의 영역을 시스템화함으로써 튼튼한 조직으로의 발전을 기하고 있다.

2. 성 장 통

가. 성장통의 개념

창업기업은 성장과정에서 여러 가지 조직관리의 문제에 직면하게 되는데, 특히 빠른 성장을 하고 있던 기업이 갑자기 심각한 혼란과 침체에 빠지는 현상이 나타나기도 한다. 기업의 성장속도나 규모에 비해 관리역량이 부족한 경우 나타나는 어려움을 성장통growing pain이라고 한다. 기업의 성장통이 나타나는 이유는 조직이 기존의 인프라로 감당할 수 없을 만큼 성장했다는 의미다. 따라서 새로운 시스템과 내부구조를 만들어야 하며, 만약 기업이 이를 무시한다면 기업 실패로 이어질 수 있다.[6] 성장통을 해소하기 위해서는 조직의 성장단계에 적합한 관리시스템을 구축해야 한다.

조직의 성장속도가 빨라지면 양적 규모 확대에 대응하기 위해 단순히 관리조직의 규모를 증가시킬 것이 아니라 관리수준의 질적 변화를 이루어야 한다. 조직변화가 급속히 일어나는 시점을 조직성장의 변곡점이라고 볼 때, 변곡점을 예측하거나 정확하게 파악하여 대응해야 한다. 대기업의 전문경영자 출신으로서 MP3 분야의 선두주자였던 레인컴의 CEO를 역임한 이명우 사장은 변곡점 관리의 중요성을 다음과 같이 말한다. “레인컴이 불과 수년만에 3,000억 원 규모로 급성장했을 때, 이에 적합한 관리 인프라의 질적 변화를 만들어야 했었다. 규모성장을 대응하지 못한 관리역량의 부족이 성장의 발목을 잡았다고 본다. 이는 마치 비행기가 음속을 돌파하려면 단지 엔진의 마력을 높여서 속도를 높인다고 되는 것이 아닌 것과 같다. 초음속을 견딜 수 있는 설계, 소재, 전자, 기계장치 등의 총체적 질적 변화가 일어나야 한다. 역설적으로 질적 변화가 수반되지 않은 상태에서의 급속한 양적 성장은 조직의 위기를 초래할 수 있다는 사실이다.”

빠르게 성장하는 기업의 어려움을 스타벅스의 창업자 하워드 슐츠는 다

6 Flamholtz, Eric G. & Yvonne Randle, 「Growing Pains」, Jossey-Bass Inc. 2000.

음과 같이 표현했다. "어떤 회사가 과연 두 배, 세 배로 성장하면서 여전히 설립당시의 가치를 지킬 수 있을까? 그것을 희석시키지 않고 얼마나 멀리까지 브랜드를 확장시킬 수 있을까? … 빛과 같은 속도로 성장하고 있을 때 어떻게 고객들에게 신선감을 계속 줄 수 있을까? 또한 새로운 시스템과 공정들을 필요로 할 때 어떻게 회사의 정신을 유지할 수 있을까?"

나. 성장통의 징후

성장통의 징후들을 보면 구성원들은 시간에 쫓기지만 성과가 부진하고, 의사소통이 원활하지 못하고 조직의 피로현상이 누적된다. 조직 냉소주의가 만연하고 유능한 인력이 이탈하기 시작하면서 문제의 심각성을 드러내게 된다. 외형은 커지지만 관리비용이 증가하여 수익성이 저조한 현상도 나타나게 된다.

Hambrick & Crozier (1985)는 급성장하는 기업들에게 직면되는 문제점들을 4가지로 분류했다. **첫째**, 규모 급팽창으로 인한 불평불만, 방향감각 상실, 불충분한 기술과 시스템의 문제, **둘째**, 무류의식無謬意識, sense of infallibility[7]으로 급속한 환경 변화와 강력한 경쟁자가 등장함에도 불구하고 과거 성공방식들을 고수하는 문제, **셋째**, 내적 혼란으로 새로운 인력들이 영입되면서 발생하는 혼란, **넷째**, 현금 흐름의 압박 등이다.[8] 이로 인해 실패를 겪는 기업들이 나타나지만, 반면 성공적인 기업들은 기업의 성장을 대비해서 관리자의 역량을 개발하고, 경영팀을 구축하며, 기업문화를 정립하는 등의 노력을 기울였다.

당신 조직은 성장통을 겪고 있는가? 다음의 체크리스트를 활용하여 점검해보기 바란다.

7 무류의식이란 성공한 벤처기업들에게서 나타나기 쉬운 사고 패턴으로서 자신의 성공방식에 대한 지나친 확신으로 인해 변화에 대응하지 않으려는 태도를 의미한다.

8 Hambrick, Donald C. & Lynn M. Crozier, 「Stumblers and Stars in the Management of Rapid Growth」, Journal of Business Venturing, 1 (1), 1985, pp. 31–45.

1. 직원들이 시간의 부족으로 인해 과중한 업무량과 심각한 스트레스를 호소한다.
2. 장기계획이 부재한 가운데 예상치 못한 일에 시간을 많이 빼앗긴다.
3. 직원들이 자신의 업무에 대한 이해가 부족하고, 다른 직원과 업무협조가 원활하지 못하다.
4. 직원들이 기업의 비전과 목표를 잘 모르고 있다.
5. 변화를 두려워하고 자리에 불안을 느끼는 직원들이 많다.
6. CEO의 지시가 잘 이행되지 않고 반복지시하거나 중복체크 하는 경우가 잦다.
7. 계획을 세워도 실행이 잘 안되고 사후관리가 미흡하다.
8. 유능한 중간관리자를 찾아보기 힘들다.
9. 회사분위기가 안정되지 못하고 산만하다.
10. 매출은 증가하는데 수익이 정체하거나 오히려 감소하는 경향이 있다.

7개 이상이 당신의 기업에 해당한다고 느끼면 심각한 성장통에 빠져있다고 볼 수 있다. 3개 이상인 경우 성장통의 초기 징후가 나타나고 있는 것이다. 창업기업가는 기업 성장단계에 따라 관리방식 변화의 필요성을 감지하게 된다. 조직 커뮤니케이션의 속도나 정확도상에서 문제점을 인식하기 시작한다. 조직의 규모가 커지면서 예전과 같이 잘 돌아가지 않는다는 느낌이 오면서 변화의 필요성을 느끼게 된다. 일반적으로 직원수 100명 이전까지는 창업가 1인에 의한 관리체제를 유지하는 경향이 있다. 그러나 많은 사례를 보면 직원수가 100명 전후로 조직관리상의 변화필요성을 느끼기 시작하는 것으로 나타났다. 직원수 100명이 인력 및 조직관리의 중요한 변곡점의 지표로서 활용할 수 있다고 본다.

솔리테크의 정준 사장도 자신의 경험을 다음과 같이 말한다. “100명을 기준으로 마음가짐이 달라진 것 같습니다. 이름을 다 외울 수 있느냐 없느냐, 이름을 알아도 얼굴과 매치가 되는가에 따라 달라집니다. 얼굴을 대하면서 의사소통을 할 수 있는가 아닌가가 기준이 됩니다. 회사규모가 커지고 인력의 수가 많아져서 사장이 이름과 얼굴을 매치시키기 못하게 되는 단계가 되면 흔히들 하는 이야기가 회사가 조직과 시스템에 의해 운영되어야 한다고 합니다. 그렇게 하려면 평가라는 것을 해야 하고, 평가가 의미 있으려면 평가에 따른 성과 보상과 같은 후속 조치가 있어야 합니다. 어느 회사나 이러한 경험을 하게 되는데 구성원들 가운데는 좋아하는 사람도 있고 싫어하는 사람도 있습니다."

CEO의 리더십 스타일이나 역량 차이가 있지만 100명은 대면적 의사소통의 한계를 드러내는 시점이라고 볼 수 있다. 한 사람의 리더가 관리 할 수 있는 통제의 범위를 10명 내외로 볼 때, 100명을 넘으면 계층구조가 불가피 해지는 시점이라고도 볼 수 있다. 비공식적 관계에 의한 리더십 발휘가 어려워지면서 공식화의 필요성이 커지는 시점이라고 볼 수 있다.

다. 성장통 해소방안

애플컴퓨터는 초창기의 놀라운 성장 이후 발생한 슬럼프를 조직개편과 관리시스템 전문화로 극복했다. 그 당시 부서 간의 다툼이 많아졌는데, 그 원인은 유능한 중간관리자의 부족, 관리미숙, 부적절한 통제시스템 등이었다. 이러한 상황에서 1983년 펩시콜라의 마케팅 담당 부사장이었던 존 스컬리를 CEO로 영입했다. 그는 2년 동안 조직 개편에 주력하면서 노련한 관리자들을 보강하고 관리 통제를 제도화하고 회사가 고객에 더 집중할 수 있게 했다. 원가를 절감하고 비용을 줄이는 노력을 기울였으며, 임원의 25%를 교체하면서 합리적인 생산 방식을 도입했다. 스컬리의 지휘 아래에서 애플은 경영 능력과 관리 시스템을 전문화시킬 수 있었다.

이러한 대응책을 시행하는데 있어서 CEO의 관점과 역량이 매우 중요하다. CEO가 조직관리의 중요성을 경험적으로 잘 알고 있는가, 그렇지 않은가가 대응자세와 성과에 영향을 미친다. 창업이전 보다 큰 규모의 기업에서 관리역량을 갖추었거나 자신이 사업경험이 있는 경우 효과적인 대응이 가능하다. 기업가의 관리경험은 기획, 인사, 마케팅, 생산, 재무, 연구개발 분야의 책임자로서의 경험을 의미한다. 기업가가 관리경험을 풍부하게 가지고 있을 경우 기업성장에 따른 인력과 자금, 관리 인프라 구축의 필요성을 예측하고 적절하게 대응하는 경우 성장통을 상당히 완화시킬 수 있다.

코아로직의 CEO였던 황기수 사장은 성장통에 대한 자신의 대응경험을 다음과 같이 말한다. "코아로직도 다른 IT 벤처기업과 마찬가지로 이러한 조직 관리상의 문제점이라는 도전을 받게 되었습니다. R&D엔지니어들의 높은 회사에 대한 충성도로 기술개발에서는 시장을 선도하고 있었으나 급팽창된 조직을 운영하기에는 그 당시 관리직에 근무하고 있었던 인원들의 역량과 경험이 부족함을 느끼게 되었습니다. 특히 2004년과 2005년에 전년 대비 두 배 이상의 매출 신장을 거듭하며 조직이 급속도로 커지게 되고 이에 걸맞은 관리인력의 보강은 필수불가결한 것으로 인식되었습니다."

황사장이 비교적 신속하게 대응할 수 있었던 것은 대기업에서의 관리경험이 있었기 때문이다. 본인이 다년간 국내외 대기업을 통해 축적된 관리경험과 이를 통해 축적된 경영 마인드 등을 가지고 대응했다. 특히 현대전자에서의 경험은 기술전담 임원으로서의 기술적 역량뿐만 아니라, 관리자로서의 자질을 키우는데도 큰 기여를 했다. 현대전자 반도체연구소 CAD실장, 설계자동화실장, 연구소장, 시스템IC산업 담당본부장을 지내면서 반도체 Fab을 전체적으로 관리하는 경영자로서의 경험도 갖추게 되었던 것이다. 그 동안 황기수 사장의 개인적인 리더십과 관리경험을 바탕으로 이어가던 경영의 효율이 한계가 다다르자 그는 외부로부터 다양한 실무 경험과 능력을 갖춘 인원들로 영입하여 부족한 역량을 보완했다.

CASE

델컴퓨터의 성장통

델컴퓨터는 1984년 텍사스 오스틴 대학의 학생이었던 마이클 델이 창업했다. 고객주문형 PC사업을 통해 90년대 초 매년 100%의 성장을 하고 있던 상황에서 재정담당 중역을 스카우트하여 회사의 재정상태를 점검했다. 그는 회사가 현금흐름의 문제로 인하여 심각한 곤경에 처하게 될 것이라고 보고했다. 매출이 급성장하고 제품라인과 판매망이 확장되었음에도 불구하고 전체적으로 감독할만한 시스템을 갖추지 못한 상태에서 재고와 외상매출이 급증하면서 막대한 자금이 소모되기 시작했기 때문이었다. 성장은 빠르게 이루어지고 있었지만 수익률이 5% 선에 머물러 있었기 때문에 관리비용과 재고비용의 급증이 회사의 유동성을 약화시켰다.

이러한 사실을 알게 된 델은 회사의 운영방식에 대한 전반적인 변화를 추진했다. 일단 현금흐름을 정상으로 바꾸어 놓은 후 이윤추구를 통해 성장을 가속화하기로 결정했다. 사업의 모든 부분들을 신중히 점검하여 세부적인 사업의 손익을 파악하여 개선을 했고, 성장만이 아닌 투자자본보다 높은 수익과 효용성을 얻을 수 있는 방법을 강구하기 위해 고심했다. 이를 위하여 업무수행과 전략의 변화를 쉽게 알 수 있는 측정기준을 마련했다. 강력한 손익관리 시스템을 구축해 각각의 업무단위마다 상세한 손익보고서를 만들도록 했다. 마이클 델은 회사를 성장일변도의 경영에서 유동성, 수익성을 중시하는 경영으로 탈바꿈시켰다. 그는 이 시기를 다음과 같이 회고했다. "돌이켜보면 당시의 위기들은 우리에게 꼭 필요했던 학습경험이었다. 우리는 더 빠른 속도로 나가기 위해 가속페달을 밟는 대신 스스로 감당하지 못할 만큼 지나치게 앞서가지 않도록 브레이크를 밟아야만 했다. 또한 고객과 사원 및 주주들과의 약속을 확실히 지킬 수 있도록 노력했다."

출처 마이클 델, 직접 팔아라(2001)에서 요약 발췌.

Ⅲ. 창업 CEO 딜레마

성장통을 해결하는 과정에서 창업자의 역할이 매우 중요하다. 그러나 창업자 자신의 한계로 인하여 성장통이 해결되지 못하고 더 악화되는 경우가 있다. 그 원인이 창업 CEO가 빠지기 쉬운 딜레마 때문이다. 창업 CEO의 가치관과 역량은 기업의 생존과 성장에 필수적인 요소이다. 그러나 조직규모가 성장함에 따라 CEO의 강점이 약점으로 바뀌면서 조직의 건강과 지속성장을 저해하는 현상이 나타난다. 창업자의 긍정적 기여도assets는 줄어들고 역기능 현상liabilities이 나타난다. 이를 적절하게 해소하는 경우 지속성장이 이루어질 수 있지만 그렇지 못한 경우 조직은 심각한 어려움을 겪게 된다. 그렇다고 창업기업가가 쉽게 조직을 떠날 수 있는 것도 아니다. 조직이 창업 CEO 개인에게 의존하는 경우가 많기 때문에 갑작스럽게 물러나는 것도 바람직하지 않고 또한 본인도 물러날 의사가 없는 경우가 대부분이다. 특히 탁월한 성과를 실현하여 업계에 상당한 명성을 얻고 있는 CEO의 경우는 문제가 매우 심각하다. 왜 이러한 현상이 나타나게 되는 것일까?

1. 자신감의 함정

창업단계에 있는 CEO에게 보편적으로 나타나는 심리적 현상은 실패에 대한 두려움이다. 두려움 때문에 최선의 노력을 기울이게 되며 결과적으로 높은 성과를 거두게 되기도 한다. 그러나 위기와 난관을 극복하고 높은 성과를 내는 단계에 도달하면 두려움이 오히려 과도한 자신감으로 바뀌어 독선적인 의사결정을 하는 경향이 나타나기도 한다.

어느 기업이나 조직이 성공을 거두는 것은 성공에 필요한 핵심역량을 가지고 있기 때문이다. 어떤 산업에서 성공을 거두기 위해 필요한 요인들이 많지만 그 가운데서도 핵심역량core capabilities을 갖추고 있는가가 관건이다. 그러나 문제는 핵심역량을 가지고 성공을 했지만 시간이 지남에 따라 핵심역량에 대한 집착과 맹신으로 인하여 변화에 대응하지 못하고 실패를 겪게 되는 현상이 나타나게 된다는 점이다. 이 경우 핵심역량이 핵심장애요인core rigidities화 되었다고 한다. 수많은 기업들이 이러한 딜레마에 빠져는 경향이 있기 때문에 이를 '성공의 함정' 또는 '성공의 복수'라고 한다.

성공조직의 리더는 탁월한 성과가 나타나게 되면 자신의 성공방식success formula에 대한 확신을 가지게 되고 이에 대한 강한 감정적 몰입을 하게 된다. 이러한 현상이 고착화되면 자신의 방식에 대한 주변의 비판이나 도전을 용납하지 않는 일종의 무류의식에 빠지는 경향이 있다. 이러한 심리상태에 빠지게 되면 환경변화에 둔감해지고 조직의 문제를 정확하게 파악하지 못하게 된다.

이러한 현상이 창업기업가에게 강하게 나타나는 원인은 창업기업가의 심리적 특성과 연관성이 높다. 창업기업가의 심리적 특성은 내적통제소재internal locus of control나 독립심sense of independence이 강한 것으로 나타나 있다. 강한 자기 확신이나 자율성에 대한 강한 욕구가 기업가적인 기질과 특성으로 나타나 남다른 도전정신이나 성취욕을 발현하게 한다. 불확실성과 위험에 도전해서 성공하는 경우 높은 성취감과 함께 높은 자긍심을 갖게 된다. 그러나 지속적으로 주변의 긍정적 평가와 찬사를 듣다 보면 자긍심이 자만심으로 바뀌게 되고 결국 무류의식이 고착화되는 현상이 나타난다.

2. 전문성의 함정

대부분의 창업기업가는 창업초기에 모든 일을 스스로 해결해야 하고 일일이 관여해야 해결되는 시기를 겪는다. 이 과정에서 누구보다도 많은 지식과 경험이 축적되어 거의 모든 분야에서 조직 내 최고의 전문지식을 갖추게 된다. 상당기간 동안 창업기업가의 전문성은 조직의 가장 중요한 무형자산이며 기업성장에 긍정적 기능을 한다. 그러나 기업의 규모가 커지고 조직의 복잡성이 증가하면서 창업기업가의 전문성의 효용가치가 약화된다. 또한 창업기업가가 해야 할 업무 가운데 기술적 지식이나 업무적 지식의 비중은 줄어들고 사람과 조직을 관리하고 전략적 방향을 설정해야 되는 비중은 늘어나게 된다.

이러한 여건의 변화에 대응하여 창업기업가의 역할과 책임R&R: roles and responsibilities을 적절하게 바꿔야 하지만, 이러한 필요성을 감지하지 못하고 역할 변화의 시기를 놓치는 경우 문제의 심각성이 커지게 된다. 특히 장인형 CEO나 전문가형 CEO는 디테일에 대한 통제 욕구가 매우 강한 경향이 있다. 이들은 전문가적인 완벽성을 추구하는 성향이 있기 때문에 세세한 부분까지 챙기는 것이 자연스러운 업무처리 스타일이어서 현장의 디테일을 중시하는 전형적인 세부관리자micro-manager의 특성을 보인다. 소규모 조직에서는 이러한 유형의 경영자가 가진 문제점이 크게 노출되지 않고 강점에 의해 성과를 실현할 수 있다. 그러나 조직의 규모가 커지면 역기능dysfunction이 나타난다.

Micro-manager는 중간관리자나 현장 책임자의 권한과 자율성을 침해하기 때문에 그들의 심리적 위축을 초래하고 업무스트레스를 높이게 된다. 중간관리자나 현장책임자가 자신의 휘하에서 성장했기 때문에 강약점을 잘 알고 있고 자신을 적절하게 관여하고 있다고 생각하는 경향이 있다. 그러나 창업기업가의 물리적, 시간적 한계 때문에 문제에 대한 심도 있는 이해가 결여된 상태에서 지시를 내리다 보면 현장에서 충분한 공감을 얻지 못하는 경우가 자주 발생하게 된다. 현장에 자신의 지시나 의견에 대해 반대 의견을 내는 경우 자신의 권위에 대한 도전으로 인식하여 강압적으로 막을 경우 의사소통의 단절과 함께 갈등을 유발하게 된다. 초기에는 명확하게 문제가 인식되지 않으면서 조직이 예전 같이 돌아가지 않는다는 인식을 하게 된다. 특히 조직의 규모가 작을 때는 대면적 의사소통을 통해 인식의 갭을 줄일 수 있지만 조직 규모가 커지게 되면 문제의 심각성이 증가한다.

Micro-manager라도 다른 강점예를 들어, 보상, 미래 비전, 인간적 매력, 좋은 동료관계이 있을 때는 스트레스가 상쇄될 수 있다. Apple Computer의 창업자인 Steve Jobs도 전형적인 micro-manager형으로 비판을 받았지만 강력한 비전에 의해 추종자를 유지하면서 성공에 이를 수 있었다. 비전이 결여된 상태에서 조직 규모가 커졌음에도 불구하고 micro-manager 스타일을 지속하면 조직 스트레스가 높아져 냉소, 무관심, 소극적 태도 등 부정적 행태가 증폭된다.

3. 통제의 함정

창업기업가는 심리적 특성상 자신의 회사와 운명을 스스로 통제하려는 강한 욕구를 가지고 있다. 내적통제소재 성향이 과도하면 모든 것을 직접 통제하려는 경향을 보이게 된다. 자율과 통제에 대한 강박관념으로 인하여 자신이 원하는 방식으로 만든 구조에서만 일하려고 한다. 통제에 대한 욕구가 과도하면 권위주의적 리더십 성향을 나타나게 되고 타인을 자신의 의지대로 복종시키려 하다보면 인관관계에서 심각한 문제를 일으키기도 한다.

경영자가 적절하게 상황을 통제하지 못하면 조직의 실패를 가져오기 때문에 이는 당연한 심리적 행동적 특성이라고 볼 수 있다. 그러나 조직의 규모가 커졌음에도 불구하고 비효과적인 방법으로 통제를 하다보면 오히려 역효과가 나타난다. 기업이 성장하면서 복잡성이 증가하면 필요한 규정과 제도를 도입하여 통제를 유지한다. 적기에 적절한 통제 시스템을 구축하여 문제를 해결하게 되지만, 이 과정에서 몇 가지 딜레마에 봉착할 수 있다.

규정과 제도가 도입되면 관료화 경향으로 인하여 조직 운영의 유연성과 신속성이 약화되는 현상이 나타난다. 창업기업가는 이러한 현상이 기업의 강점을 저해하는 현상으로 느끼면서 자신의 자유재량과 권한을 축소한다고 생각하게 된다. 규정과 절차에 얽매이다 보면 오히려 조직의 경쟁력이 약화되는 것에 대한 우려를 가지면서 시스템에 대해 거부감을 갖게 된다. 기업규모의 성장에 따라 창업기업가는 시스템 도입의 필요성을 느끼면서도 시스템에 대한 거부감을 갖는 일종의 이중심리에 빠지는 경향이 있다. 시스템을 도입해 놓고도 CEO가 이를 존중하지 않으면 조직에 정착될 수가 없다. 더 나쁜 경우는 자신에게 편리한 제도는 적극 활용하고 자신에 마음에 들지 않는 규정은 존중하지 않는 성향을 보이게 되면 조직의 혼란이 증폭한다.

창업기업가는 자신의 통제권력에 대한 도전과 침해에 민감한 경향이 있다. 시스템이 자신의 통제력을 강화시키는 경우에는 긍정적으로 받아들이지만 그렇지 않은 경우는 부정적 태도를 보이면서 사람에 의한 통제를 선호하는 경향을 보이기도 한다. 자신의 권력에는 위협을 주지 않으면서 자신의 뜻대로 움직여 줄 수 있는 사람을 선호하다 보면 조직의 개인화personalization 성향이 나타나게 된다. 이 경우 충성심과 능력을 다 갖춘 2인자가 필요하지만, 이런 사람을 구하기는 쉽지 않다는 데 딜레마가 있다.

Ⅳ. 지속성장 방안

성장통과 창업 CEO 딜레마 현상을 극복하고 건강하고 지속적인 성장을 하기 위한 몇 가지 방안을 제시하고자 한다. 성장통과 창업기업가 딜레마 현상은 대부분의 창업 후 성장단계에 있는 조직에 보편적으로 나타나는 현상이다. 이를 해결하기 위해서는 **첫째,** 기업규모 성장에 따른 조직변신의 방향에 대한 CEO의 심층적 이해와 대응이 필요하다. 피상적 조직이해와 조치는 부작용을 일으킬 우려가 크기 때문에 적절한 자문과 코치를 통한 변화를 추진해야 한다. **둘째,** 조직성장 단계에 따라 적절한 경영시스템의 도입이 필요하다. 규모에 맞지 않는 지나치게 복잡한 시스템 보다는 적절한 관리시스템이나 의사결정 프로세스의 도입이 필요하다. **셋째,** CEO의 R&R 재조정이 필요하다. 일상적인 업무차원의 의사결정은 과감하게 위양하고 전략적 의사결정 중심의 핵심지표에 의한 관리, 예외적인 일에 대한 선별적 개입 등이 필요하다. **넷째,** 내부인력을 육성하여 경영진을 구축해야 하며 필요시 외부경영자를 영입할 때 신중한 접근이 필요하다. **다섯째,** 경영시스템 도입 시 정착될 때까지 최고경영자의 지속적 관심과 전문가의 자문, 조직 내 모니터링이 필요하다.

1. 관리시스템 구축

조직의 성장단계에 따라 적합한 관리시스템을 구축하여 문제를 해결하는 방안이다. 기업의 특성에 따라 다르지만 가장 기본적인 회계나 재무 시스템, 영업 · 마케팅, 생산, 품질, 재고 등의 시스템 구축과 함께 인사, 조직, 교육훈련 시스템을 갖추어 나가야 한다. 시스템이 정착되기 위해서는 조직 내부의 시스템을 잘 이해하면서 이를 관리할 수 있는 관리자가 육성되어야 한다. 창업기업의 딜레마는 유능한 중간관리자의 육성과 유지가 쉽지 않다는 점이다. 오늘날 정보기술을 이용한 통제방법의 발전으로 인해 사람에 의한 의존도가 줄어들었지만 유능한 중간관리자의 역할은 여전히 중요하다.

경영시스템이 구축된 이후 정착되기 위해서는 CEO의 역할과 책임R&R: roles & responsibilities의 조정이 필요하다. 시스템에 의해 CEO의 역할과 책임을 상당부분 대체해야 한다. 문제는 앞에서 언급했듯이 창업기업가는 일반적으로 시스템 도입의 필요성을 느낌과 동시에 시스템에 대한 거부감을 가지고 있는 이중적 성향과 태도를 어떻게 극복하는가이다. 예를 들어, 채용, 배치, 평가, 퇴사 등에 관한 인사위원회를 운영하는 경우 규정에 얽매여서 신속한 의사결정과 재량권 발휘가 어렵다고 느끼기도 한다. 따라서 시스템 구축이 성공하려면 CEO가 시스템 도입의 장단점을 충분히 이해하고 적합한 수준의 시스템을 도입함과 동시에 직원들의 가치관 공유와 행동방식의 변화를 통해 관료화 경향을 방지해야 한다. 즉, 관료적 통제bureaucratic control와 문화적 통제cultural control의 균형을 유지해야 한다.

창업자가 전 직장에서 경영관리의 경력을 가진 경우 상대적으로 조직관리상의 어려움이 적다. 자신의 경험에 비추어 적시에 관리시스템을 구축할 수 있기 때문이다. 또한 조직 내 기업성장을 관리할 수 있는 경영팀의 준비가 필요하다. 이를 위해 중간관리자를 양성하고, 역할과 책임을 명확히 정립해야 한다.

모바일게임 업계의 선도기업인 컴투스의 박지영 사장은 본인의 경험을 다음과 같이 말했다. “규모가 커진 조직에 대한 효율적인 관리방안을 강구하던 차에 팀을 중심으로 한 업무 분담에 나섰습니다. 개발팀, 마케팅팀 등 기능별로 조직을 세분화한 뒤 각 팀에는 경영진과 회사 운영에 관한 가치관을 공유할 수 있는 인재들을 추려 팀장으로 선임했습니다. 각 팀에는 해당 업무에 관한 의사결정 권한을 부여하여 전문화되고 추진력 있게 업무를 수행할 수 있도록 하였습니다. 효율적인 조직관리가 가능해짐에 따라 CEO 특강 등 외부행사에 참여하며 경영에 관한 이론적, 실무적 간접경험을 체득해 갔습니다. 한편으로는 회사의 장기적인 전략수립에도 총력을 기울였으며 다른 업체들을 관찰하며 성과평가제도를 도입했습니다.”

2. 내부인재 육성

성장통을 극복하려면 내부에서 유능한 중간관리자를 길러내야 하며, 창업 CEO 딜레마를 해결하기 위해서는 유능한 2인자 양성을 비롯하여 효과적인 최고경영팀TMT: top management team 구축이 필요하다. 창업 후 성장과정에서 조직의 규모가 커짐에 따라 중간관리자의 양성은 매우 중요한 문제로 인식되고 있으며 여러 가지 방법을 통하여 회사의 상황에 맞게 관리자를 양성하고 있다. 중간관리자의 역할 없이는 조직의 효율적인 관리가 되지 않으며 성장에 큰 애로점이 생기기 때문이다. 외부인재의 영입도 필요하지만 조직문화적인 면에서도 적응이 어려운 점 등 여러 가지 면에서 단점이 많다. 내부적인 인력양성을 위해서는 체계적인 보상과 교육기회를 통해 적절하게 활용해야 한다.

주성엔지니어링은 오래 전부터 내부에서 중간관리자를 양성하기 위한 노력을 기울여 왔다. 황철주 사장은 “아무리 경영자가 위에서 혁신을 시도하고 노력하더라도 중간관리자의 역할 없이는 성공할 수 없다고 생각합니다. 부서간 협력과 프로젝트 수행에 있어서도 실행의 주체역할을 하는 유능한 중간관리자를 발굴, 육성하는 것은 매우 중요한 일이기 때문입니다. 주성은 JTJusung

Talent라는 제도를 만들어서 차별화된 보상과 체계적인 교육기회를 통해 내부 인재를 활용하고 필요시 우수한 외부인력을 도입하는 노력을 지속적으로 시행하고 있습니다"라고 말한다.

최고경영팀 구축은 창업기업가가 필요성을 인지하고 상당한 시간과 노력을 들여야만 가능하다. 현실적인 문제는 높은 전문성과 강력한 카리스마를 가진 창업기업가 밑에서는 자율적이고 주도적인 2인자가 육성되기 어렵다는 점이다. 유능하면서도 충성심이 강한 2인자는 모든 리더의 희망사항이지만 현실에서는 쉽게 만들어지지 않는다.

최고경영자와 역할 분담을 할 수 있기 위해서는 기능 분야의 경영자functional manager가 아닌 조직 전체를 볼 수 있는 총괄경영자general manager가 필요한데, 이러한 인재는 투자와 노력을 통해 길러내지 않으면 구하기 어렵다. 임파워링empowering이 충분치 않으면 전략적 사고능력이 계발되지 않아 CEO의 수동적 대리인hired hands 역할 밖에는 못한다. 특히 기존업무의 연장선에서는 어느 정도까지 2인자 역할을 하지만 새로운 사업을 찾고 조직 혁신을 하기 위해서는 역량이 미치지 못하는 경우가 많다.

조직 전체를 보는 경영마인드를 가진 2인자를 길러내기 위해서는 시간을 두고 함께 문제를 풀어갈 최고경영층을 구성해야 한다. 즉, 후보군의 풀을 가지고 여러 가지 검증을 거쳐 선발하는 과정이 필요하다. 중소기업의 딜레마는 이러한 역할을 감당할 후보군이 빈약하다는 사실이다. 또한 통제욕구가 강한 창업기업가의 경우 권력공유power sharing가 잘 되지 않는다. 따라서 효과적인 최고경영팀의 구축은 창업기업가의 철학과 리더십 스타일 등이 뒷받침 되어야 한다.

CASE

인 재 상

우리나라의 벤처기업 CEO들은 열정, 창의력, 충성심을 직원들이 갖추어야할 바람직한 덕목으로 여기고 있다. 주성엔지니어링 황철주 사장은 열정과 창의력을 중시하고 있다. 그는 모든 직원을 '선수'라고 부른다. 그 의미는 주성이 창립 시부터 세계시장을 선도하기 위해서 세계 일등회사와 끊임없는 경쟁을 해왔다. 기업은 경쟁이라는 위기의식을 직원들에게 심어주기 위해 경기장에 나가 있는 '선수'에 비유하여 부른 것이다. 쏠리테크 정준 사장도 사업 초창기에는 1) 지식, 능력, 2) 동기부여 수준, 3) 태도, 성실성 순이었으나 요즘은 1) 태도, 성실성, 2) 동기부여, 3) 지식, 능력 순으로 본다고 한다. 그의 경험에 의하면 회사에 오래 붙어 있는 사람은 태도가 좋은 사람이었다.

CASE

인사제도

다산네트웍스의 인사제도는 조직의 개선 및 변화의 활동에 가장 핵심인 원활한 의사소통을 기반으로 하고 있다. 매년 비전 및 전략적 목표에 대한 설명회를 통해 전 직원이 회사의 목표 및 나아가야 할 방향을 공유하며, 분기마다 정기적인 설명회를 통해 목표달성 및 수정된 전략을 다시 직원들에게 피드백하고 있다. 또 공유된 회사목표는 성과관리제도를 통해 본부목표 · 팀목표 · 팀원목표 순으로 회사의 목표가 하부조직까지 전달될 수 있도록 하고 있으며, 조직 내에서 본인의 역할을 명확히 설정하고 정기적으로 평가자와 피평가자가 성과면담을 거쳐 목표달성 진행을 점검하고, 다시 평가결과에 대한 피드백을 통해 피평가자의 경력개발 및 교육훈련계획에 반영하고 있다.

또한 임직원의 자기계발을 위해 정기적으로 온라인과 오프라인을 병행한 직무별 직급별 교육을 이수하도록 하고 있으며, 이를 인사평가에 반영해 회사 차원에서 장려하고 있다. 이외에도 다산네트웍스는 조직 내의 원활한 의사소통의 일환으로 경영진과 직원대표간의 허심탄회하게 대화를 할 수 있는 '주니어보드'라는 노사 간 대화의 장을 마련해 근로조건의 개선뿐만 아니라 회사의 모든 현안에 대하여 직원들의 의견을 수렴해 의사결정에 반영하고 있다. 또한 한 달에 한번 '호프데이'를 실시해 격식 없이 자유롭게 부서 간 또는 직원 간에 의사소통을 유도하고 있으며, 전자게시판을 통해 무기명으로 회사가 실시하는 모든 사항에 대한 직원들의 의견을 수렴해 모든 인사정책에 반영하고 있다.

창업초기의 벤처기업들은 평가방식이나 원칙은 제대로 마련되지 않은 곳도 있지만 일반적으로 컨설팅을 받아 직원들이 모두 수긍할 수 있는 제도를 만들어 가고 있다.

보상방식이나 원칙에 있어서는 전체적인 회사의 규모를 키워 보상 문제를 해결하고자 하며, 동시에 회사의 이익을 투명하게 공개하여 직원들이 자신의 기대 수입을 예측할 수 있게 해 주는 것으로 나타났다. 평가와 보상의 형평성이 매우 중요하다는 점을 강조한다.

코아로직 황기수 사장도 최대의 보상이 전체 회사의 규모를 키우는 것에 있다고 생각한다. 2010년 매출 1조 원을 달성하여 아태지역의 글로벌 기업이라는 계획을 이미 3년 전부터 세우고 있을 만큼 그의 '파이론'은 굳건하다. 즉 회사의 성장을 통해 개인이 받을 수 있는 보상의 정도도 같이 커 나간다는 신뢰의 구축을 위해 노력하고 있는 것이다. 이와 더불어 기업문화의 제고에도 힘을 쓰고 있다. 코아로직은 기술개발 위주의 기업이기 때문에 전체 직원 중 80%가 엔지니어로 구성되어 있다. 기술개발을 중요하게 인식하고 있는 만큼 기술에 기업의 역량 모두를 집중하고 있다. 이러한 조직구성을 효과적으로 관리 하기위해서는 성과에 대한 보상도 중요하지만 그들이 믿고 일할 수 있는 기업풍토, 문화를 심어주는 것이 더 중요하고 말한다.

주성엔지니어링의 황철주 사장은 이점을 다음과 같이 강조한다. "평가와 이익의 배분은 정말 중요합니다. 잘못하면 직원들의 사기에 직접적으로 영향을 미치게 됩니다. 아직 평가에 대한 확정된 기준은 없지만, 계속 개선해 나가는 단계에 있습니다. 하지만 확실한 것은 주성이 번 부분에 대해서는 전체 수익 중에서 얼마를 가져갈 수 있을지 모두 투명하게 알려주고 있습니다." 쏠리테크 정준 사장은 다음과 같이 말한다. "우리 회사는 SABCD로 평가를 하고 보상구조는 Basic salary+Target Incentive +Profit Sharing입니다. 상반기에 연간 목표설정을 하는데 목표달성이 현실적으로 어렵게 되었을 때 이를 조정하는 것이 매우 중요한 이슈가 됩니다."

3. 조직문화의 변화

벤처기업들은 초기 기술과 개발 중심의 조직문화가 형성되어 있다가 기업이 성장하고 규모가 커짐에 따라서 차츰 개방적이고 수평적인 조직문화로 탈바꿈하는 경향이 나타났다. 과거 가족적, 온정적, 주인의식이 강한 문화에서 외부인력의 유입과 인력규모가 커지면서 개방적 문화로 바뀌나가는 사례가 많았다. 또한 기본적인 원칙을 중시하는 경영을 하려는 공통점이 발견되었다. 벤처기업의 경영자들은 조직문화를 형성하기 위해서 CEO 자신의 신념과 철학을 직원들에게 커뮤니케이션 하는 방법을 가장 중시하며, 그것이 회사 발전을 위해 가장 효과적인 것으로 믿고 있다.

벤처기업의 경영자들은 '열정', '태도', '인성', '충성심'과 같은 요소를 '능력'이나 '지식'보다 상대적으로 더 중시하는 것으로 나타나 있다. 주성엔지니어링 황철주 사장은 다음과 같이 말했다. "우리 회사에서 가장 강조하는 것이 바로 '열정'입니다. 지식이 아무리 많은 사람일지라도 그것은 일시적이고, 누구나 노력만 하면 얻을 수 있는 것이나, 열정적인 사람은 쉽게 찾아보기 힘들기 때문이다. 2002년까지의 회사가 위기를 겪으면서 끊임없는 혁신과 변화를 위한 열정을 강조했습니다."

다산네트웍스의 남민우 사장은 "어떠한 제품을 만들고 어떠한 일을 하든지 가장 중요한 것은 기본에 충실하면서 원칙을 지켜나가는 것이라고 생각합니다. 다산이 가장 중요하게 생각하는 핵심가치는 시장의 타이밍을 맞추는 스피드와 그 어떤 계획이라도 아니다 싶으면 바로 포기할 수 있는 유연성입니다. 아직까지 중후장대한 쪽은 일본, 독일이 잘하고 있으나, 국내의 경우 스피드와 유연성을 담보할 수 있는 조직화와 시스템화가 되어야 합니다. 이 두 가지는 어떠한 경우에도 양보할 수 없는 다산의 핵심가치입니다." 남 사장은 핵심가치를 전 직원들이 공유할 수 있도록 외부강사를 초빙하여 강연을 듣도록 한다. 직원에 대한 가치관 전달은 사장이 직접 나서는 방법보다는 관련된 전문가를 모셔서 강의를 진행하는 방법이 더욱 효과적이라는 판단 때문이다. 예를 들어, 이민화 회장, 안철수 사장 등 가치관이 비슷한 강사들을 모셔서 진행했다.

코아로직 황기수 사장은 "제가 가장 중요하게 생각하는 것이 투명성입니다. 경영자도 잘못된 것은 스스로 인정하고 이야기할 수 있어야 합니다. 그렇지 않고 타인이 잘못을 찾아서 밝혀내면, 그 원인과 사실여부를 파악하느라 불필요한 시간이 걸립니다. 특히 반도체를 설계하는 복잡한 과정 속에서 제일 중요한 것은 자기 자신이 만든 것에 대해 투명하게 잘못을 인정하고 찾아내어서 문제를 해결해야만 발전을 이룰 수 있다고 생각합니다. 회사의 급성장의 동력이었던 핸드폰 카메라도 전혀 새로운 컨셉의 제품을 개발하였다기보다는 기존의 컨셉을 더 개선되고 빠르게 공급한 데 있었습니다. 이러한 성공의 지속을 위해서는 조직 내부의 역동적이고, 상호 개방적인 커뮤니케이션의 활성화가 필수적이었습니다. 어떤 문제가 발생 하였을 때, 이를 개인의 문제로 인식 하기보다는 전체의 책임이라는 생각을 전 직원들에게 강조함으로써, 회사의 공동체 의식을 제고하고, 나아가 자연스럽게 투명하고 개방적인 문화가 정착될 수 있도록 노력했습니다."

컴투스 박지영 사장은 업무분담과 팀 중심의 의사결정 체계에서 발생하는 커뮤니케이션 단절 문제를 해소하기 위한 행사도 마련하였다. 토요일에는 격주 마다 초청강연을 포함한 전사적 행사를 펼쳤는데 행사프로그램에는 '커밍아웃데이'라는 프로그램도 있었다. 이는 참가자가 임직원들 앞에 나와 수단과 방법을 총동원해 자신을 표현하는 자리였다. 직원 간 교류를 장려하기 위한 행사였던 '커밍아웃데이'는 부서 간 의사소통 해소 및 수평적 커뮤니케이션 구조 형성에 크게 공헌했다.

주성엔지니어링의 황철주 사장은 다음과 같이 본인의 경험을 말했다. "회사가 어려웠을 당시 회사 내부에 팽배했던 서로 간의 불신으로 인해 회사에 대한 애착이 떨어지게 되었습니다. 그래서 조직문화를 바꿔야 되겠다고 생각했습니다. 초창기의 기술위주의 조직문화, 비용절감과 생산성 향상 중심 일변도에서 사람중심의 조직문화로 바꾸려고 끊임없이 노력하게 된 것입니다. 제반 제도나 운영프로세스 개선과 함께 조직과 구성원의 역량 교육을 통하여 지속가능한 핵심 경쟁기술 개발 및 원천 확보를 위해 사람과 문화에 투자했습니다."

4. 외부인재 영입

내부에서 적절한 인재를 찾기 어려울 경우 외부 영입을 하게 된다. 외부 영입의 경우 창업기업가와 보완적 시너지를 내야하며, 동시에 기존 인력과 조화를 이루어야 하는데, 전문성과 관리역량, 전략적 사고 등을 균형 있게 갖춘 전문경영인의 영입이 쉽지 않다. 특히 내부적인 공감대나 수용성이 부재한 상태에서 외부 영입을 선호할 경우 내부인력의 사기에 부정적 영향을 미치게 된다. 즉, 내부 육성의 노력도 하지 않고 있다가 갑자기 외부 영입을 하는 경우 부하직원들의 경력 비전에 혼란을 주기 쉽다.

어렵게 영입한 외부경영자가 조직에 적응하지 못하고 떠날 경우 조직 내부뿐만 아니라 대외적 이미지에 미치는 피해가 크다. 시행착오를 거듭하면서 적절한 경영자를 찾아야 하는 데는 상당한 유형적 · 무형적 비용을 유발하게 된다. 과거의 경력track record이 우수하다고 해서 자기 조직에 적합하다고 보기 어렵다. 조직이 위기상황일 때는 외부 영입을 불가피하게 수용하지만 그렇지 않은 경우 내부경영진과 갈등을 빚게 되는 등의 어려움을 겪게 된다.

대부분의 벤처기업들은 경영진의 외부 영입에서 실패한 경험을 가지고 있다. 실패한 경우는 대기업 출신 경영진이 벤처의 문화를 이해하지 못하고 대기업 스타일로 일을 하였기 때문인 경우가 많다. 경영진 성공의 핵심 포인트는 최고경영자 및 기존 경영진과의 화합적 결합이 가능한가, 기업문화에 외부 영입 경영진이 동화될 수 있는가가 관건이다. Apple Computer의 Steve Jobs와 John Scully의 사례도 외부 영입의 전형적인 사례에 속한다. Jobs의 비전추구형 기업가정신과 Scully의 전문경영자 역량이 높은 시너지를 가져올 것으로 기대했지만 갈등을 빚게 되었고 창업자가 회사를 떠나는 결과를 초래했다.

다산네트웍스 남민우 사장은 자신의 경험을 다음과 같이 말한다. "대기업 출신 부사장, 부장급도 영입하고 했으나 결론은 모두 실패였습니다. 권한확대empowerment는 한다고 되는 것이 아니었습니다. 가장 두드러지게 드러난 문제점은 대기업 출신이 벤처문화를 이해하지 못하고 대기업 스타일로 일을 하는 것이었습니다. 결국 후계자를 양성하는 시스템으로 영업조직을 힘들게 꾸려나가게 되었고 현재는 막강한 영업력을 유지하게 되었습니다. 그 이후에 대기업 임원들이 합류하였으나 초기에 영업조직을 성장시키는 것은 단순한 권한확대만으로 이루어지지 않는다는 값진 교훈을 얻게 되었습니다."

외부 영입에 성공하기 위해서는 적합한 사람을 신중하게 찾아야 함과 동시에 올바른 역할을 할 수 있는 확실한 역할과 책임을 부여하고 단기적 보상과 중장기적 보상을 균형 있게 제공해야 한다. CEO급을 영입할 경우 창업기업가의 R&R을 분명히 해야 한다. 역할과 책임의 명확화나 권력의 분담에 대해 이성적으로는 수용하나 감정적으로 수용이 안 되는 경우가 많기 때문에 창업기업가 자신의 입장부터 충분히 점점해 보아야 한다.

외부인재를 영입하여 유지하기 위해서는 적절한 보상체계가 마련되어야 한다. PSK의 박경수 사장은 우수인적자원의 영입과 유지를 위한 노력을 다음과 같이 말한다. "가장 큰 애로요인은 좋은 사람이 오지 않는다는 것이다. 그래서 핵심인재는 헤드헌터 등을 통해 스카우트했습니다. 어렵게 조직에 유입된 인력이기 때문에 그 인적자원들을 조직 내부에서 잘 유지하고 키워나가기 위해 여러 방법을 동원하였습니다. 가장 일반적으로 연봉을 많이 주는 보상의 방법을 활용하고 스톡옵션 등을 활용하여 인적자원이 빠져나가지 않도록 세심하게 챙겼습니다. 스탁옵션 활용 시 주가가 떨어지면 바꿔주기까지 하였습니다. 예를 들어, 12,000~13,000원대에 있다가 2,000원까지 떨어질 때도 바꾸어 줌으로써 조직 내부인력들에게 보상해 주었고, 결국 2,000원이 25,000원 대까지 오르면서 조직구성원들이 상당한 혜택을 누리게 되었습니다."

5. 창업기업가 자신의 변신

다른 대안으로 창업기업가 자신이 학습을 통해 전문경영자로 변신하는 것이다. 많은 창업기업가들이 경영전문성 향상을 최고경영자 과정이나 CEO 포럼 등에 참여하고 있다. 좀 더 과감한 노력을 하는 경우 MBA 학위를 취득하기도 한다. 이러한 과정을 통해 경영전문성을 향상시키는 데 어느 정도의 성과를 거두기도 하지만 이러한 학습만으로 경영역량을 개발하는 데는 한계가 있다. 전문경영자로서의 역량은 지식의 습득에 의해 형성되는 것이 아니라 그 정도 규모의 조직을 운영해 본 경험을 통해 효과적으로 학습될 수 있기 때문이다.

휴맥스의 변대규 사장은 기업의 성장에 따른 CEO의 책임과 역할 변화에 대해 다음과 같이 강조했다. "기업 초기에는 모든 것에 관여하였으나, 기업이 성장해 가면서 지도, 교육 등에 치중하는 등의 역할 변화를 시도했습니다. 기업이 성장하면서 CEO가 초기의 언행을 그대로 유지하는 것은 바람직하지 않습니다. 많은 부분에서 본인의 역할에 대해 자제해야 할 필요성이 있음을 알게 되었습니다."

창업기업가가 전문경영자가 되기 위해서는 상당한 노력과 함께 전문적인 경영컨설팅과 같은 외부전문가의 적절한 도움을 필요로 한다. 그러나 외부 지식을 흡수하기 위해서는 기업가 자신의 흡수역량이 높아야 한다. 통합적인 체계가 없는 부분적 지식의 습득과 적용은 조직의 혼란을 가중시킬 우려가 있다. 조직에 새로운 경영방식을 도입할 경우 신중하게 검토되어야 하며 일단 도입된 후에는 일관성을 가지고 추진되어야 한다. 도입된 뒤 잦은 변경이나 시행착오를 반복하게 되면 제도 변화에 대한 구성원의 거부감 내지 무관심을 초래하게 된다.

CEO의 부단한 학습과 아울러 코칭 또는 멘토링을 통해 올바른 태도형성과 함께 체계적인 지식의 습득이 필요하다. 새로운 경영기법이나 제도를 도입하는 경우 왜 도입해야 되는지에 대한 분명한 철학과 방법론에 대한 학습이 필요하다. 제도나 기법의 배후에 있는 이론적 기반, 도입에 따른 장점과 단점 등에 대한 심도 있는 이해를 바탕으로 한 경영혁신이나 조직변신을 추진해야 한다.

토의주제

1. 벤처기업의 조직 특성에 대해서 생각해 보고, 이러한 특성이 경영성과에 어떻게 영향을 미칠 것인지에 논의해 보자.
2. 창업기업의 성장관리의 중요성에 대해 생각해보고, 성장통이 나타나는 경우 어떻게 대응해야 하는 가에 대해 논의해보자.
3. 벤처기업의 창업자가 겪게 되는 딜레마의 원인과 이를 극복할 수 있는 방안에 대해 사례를 중심으로 토의해보자.

읽을거리

노암 와서먼, 「창업자의 딜레마」, 에코 리브르, 2013.

이장우, 「Small Giants: 대한민국 강소기업」, 미래인, 2010.

Jeffry A. Timmons and Susan Skinner, research assistant, 「The Route 128 One Hundred」, working paper, Babson College, Wellesley, MA, 1984.

Jeffry A. Timons, 「New Venture Creation: Entrepreneurship for The 21st Century」, 5th, McGrow-Hill. 1999.

Flamholtz, Eric G. & Yvonne Randle, 「Growing Pains」, Jossey-Bass Inc. 2000.

Hambrick, Donald C. & Lynn M. Crozier, 「Stumblers and Stars in the Management of Rapid Growth」, Journal of Business Venturing, 1 (1), 1985, pp. 31-45.

Dell, Michael, 「Direct from Dell」, 1999.

Ian MacMillan, etc. 「Criteria Used by Venture Capitalist to Evaluate New Venture Proposals」, Journal of Business Venturing, 1 (1), 1985, pp. 119-128.

벤처기업의 국제화

chapter

14

제14장 **벤처기업의 국제화**

Ⅰ. 기업국제화의 의미

Ⅱ. 벤처기업 국제화의 특성과 애로요인

1. 벤처기업 국제화의 특성
2. 벤처기업 국제화의 애로요인

Ⅲ. 벤처기업 국제화의 과정과 방법

1. 국제화 과정
2. 국제화 방법

Ⅳ. 벤처기업 국제화의 성공요인

1. 원천기술 확보를 위한 과감한 연구개발 투자
2. 우수인력 유지를 위한 조직관리와 기업문화
3. 지속적 경영혁신을 통한 탁월성 추구
4. 틈새시장의 공략과 공격적 시장다변화
5. 브랜드 자산의 구축

학습목표

1. 벤처기업 국제화와 대기업 국제화의 차이에 대해 이해한다.
2. 벤처기업 국제화의 어려움이 발생하는 원인을 학습한다.
3. 한국 벤처기업 국제화 동인에 대해 학습한다.
4. 한국 벤처기업 국제화의 성공 · 실패 요인을 파악한다.
5. 정부의 벤처기업 국제화 지원 정책을 알아본다.

Ⅰ. 기업국제화의 의미

기업의 국제화란 한 나라에서 경영활동을 수행하던 기업이 활동영역을 다른 국가로 확장하는 것을 의미한다. 국제화의 대상은 상품 및 서비스, 인력, 자본, 기술과 정보 등이다. 기업의 국제화에 영향을 주는 요인으로는 기업의 진출국 관련 요인과 기업의 목표 및 경영자의 태도, 기업이 보유한 자원의 가용성과 확장성, 기업의 역사와 제품의 특성 등이다. 기업들은 해외진출 과정에서 외국기업으로서의 어려움을 극복해야 한다.

기업의 해외활동에서 겪게 되는 어려움을 '이방인의 어려움'liability of foreignness이라고 한다. 해외시장은 국내시장과는 다른 경쟁 법칙이 작용하는 시장이고 법률이나 제도적인 측면에서도 차이점이 크다. 또한 사회·문화적 요인에 의해 기인하는 측면도 있다. 해외 진출을 하는 기업들은 현지의 문화적 특성이나 사회적 관습을 제대로 이해하지 못함으로 인한 어려움도 겪게 된다.

기업이 해외진출 과정에서 직면하게 되는 어려움은 크게 1) 현지국 시장에서의 어려움언어 및 의사소통의 문제, 문화적인 차이, 경쟁자 파악의 어려움, 2) 경험부족의 문제국제화 감각의 부족 및 경험부족, 3) 운영의 어려움자금 조달의 어려움, 유통업체 확보문제, 제휴파트너와의 문제 등이다.

기업의 국제화는 제품의 수명주기에 따라 이루어지기도 한다. 선진국에서는 이미 진부화된 제품이 후진국에서는 새로운 제품으로 부상되는 시간 차이를 이용하여 선진국에서 후진국으로 제품과 기술이 이전되는 것을 말한다. 이러한 예는 흔히 볼 수 있지만, 오늘날에는 오히려 선진국의 최고급 기술과 제품을 도입하여 선진국과 같은 속도로 발전하고자 하는 추월전략catch-up strategy을 사용하는 국가의 등장으로 전통적인 제품 수명주기로 국제화를 설명하기는 힘들어지고 있다.

기업의 국제화는 위험이 적은 방식에서 높은 방식으로 일정한 단계를 거쳐 가는 방식으로 이루어지는 것이 일반적이다. 초기에는 해외진출을 위해 위험이 적은 수출을 통한 진출을 시도하게 되는데, 이를 통해 해외활동에서의 지식과 경험을 습득하면 해외 자회사, 생산시설의 이전 등과 같은 방식으로 이전된다. 최근 벤처기업의 국제화가 활발하게 이루어지면서 기존 이론과 다른 설명이 필요해지고 있다. 벤처기업의 경우에는 대기업과 달리 한정된 자원을 효율적으로 투자하여 높은 성과를 거둘 수 있는 방안을 택하기 때문에 단계별 발전이라는 기존이론과는 다른 현상이 나타나고 있다.

Ⅱ. 벤처기업 국제화의 특성과 애로요인

1. 벤처기업 국제화의 특성

가. 창업초기단계에서 적극적 해외진출

일부 벤처기업들은 기업의 창업과 동시에 국제화를 시도하기도 한다. 주된 동기는 우선 국내시장 규모가 지나치게 협소하고 경쟁이 치열한 경우 해외시장에서 사업기회를 모색하기 위해서이다. 예를 들어, 개인용 온열기 업체인 누가의료기도 경쟁이 치열한 국내시장을 탈피하기 위해 중국시장으로 진출하여 성공을 거둔 뒤, 60여 개 국가로 진출하여 매출의 95%를 해외에서 실현하고 있다. 메타바이오메드도 1990년 메타치재라는 이름으로 설립된 이래 처음부터 내수가 아니라 해외시장을 겨냥했다. 세계 100여 개국에 제품을 수출하고 있는데 매출에서 수출이 차지하는 비중은 90% 이상이다. 당시 국내는 의료자재 관련 시장이 작았던 데다 영업관행상 진입장벽이 너무 높아 제품과 기술력만으로 인정받을 수 있는 해외시장을 목표로 삼았다.

또한 제품의 특성이 자국 내 현재 시장의 트렌드보다는 해외시장의 트렌드에 더욱 적합하기 때문에 초기부터 적극적으로 국제화를 시도하기도 한다. 첨단기술 분야이거나 새로운 사업모델로서 국내시장이 미처 형성되지 않아서 해외시장을 먼저 공략하는 경우도 있다. 대표적인 사례로는 지문 인식 보안시스템을 개발한 슈프리마를 들 수 있다. 우수한 기술력을 바탕으로 혁신제품을 개발했지만, 국내고객을 확보하기 힘들게 되자 경험이 부족한 상태에서 해외시장을 개척하여 성공을 거두었다. 이와 같이 창업초기부터 적극적으로 국제화를 추진하는 벤처기업들을 국제신생벤처international new venture 혹은 본글로벌born global기업들이라고 총칭한다.

국내보다는 해외에서 먼저 시장을 창출한 대표적인 사례는 휴맥스를 들 수 있다. 휴맥스는 유럽의 가정용 셋탑박스 시장을 선점하여 현재 미국과 아시아 시장으로 진출했다. 창업초기 적극적인 해외진출 후 국내시장을 공략한 사례로는 하나코비의 락앤락을 들 수 있다. 락앤락은 미국 홈쇼핑 시장에서의 성공을 기반으로 하여 한국시장에 진입하여 큰 성공을 거두었다. 빠른 해외진출을 통해 매출기반을 확대하고, 세계시장에서의 입지를 굳히면서 글로벌스탠다드 경쟁에서 뒤지지 않는 제품으로 국내시장에 다시 진입하려는 역발상이 성과를 거둔 것이다.

나. 기술 선점 및 획득을 위한 국제화

기술개발의 속도가 빠르거나 기술개발 비용이 많이 들 경우, 기술혁신이 빈번한 경우, 또는 기술표준의 선정이 중요한 경우에 적극적으로 국제화한다. 정보통신 기술의 발달로 글로벌화가 가속화되면서 모든 산업에서 글로벌 표준을 잡기 위한 경쟁이 치열하게 진행되고 있다. 특히 인터넷 및 첨단기술 산업에서는 이러한 경쟁이 더욱 격화되고 있다. 첨단산업에서 자사의 기술이 한번 산업의 표준을 획득하게 되면, 매출액의 급속한 성장에 비례하여 단위당 생산원가가 감소하는 수확체증의 법칙이 작용하기 때문이다. 반면 산업표준을 획득하지 못한 기업의 경우 새로운 산업표준을 따라가야 하는 데 드는 추가적인 비용부담과 함께 기업 이미지의 하락으로 막대한 손실을 감수해야만 한다.

컴투스는 모바일게임 산업이 SMS 서비스 산업에서 매우 유망한 산업임을 감지하였다. 자사의 뛰어난 기술선도력을 강화하기 위해서 컴투스는 일본과 홍콩으로 국제화하게 되었다. 일본시장에서의 성공적 성과를 기반으로 세계 모바일게임 산업의 표준을 선도하기 위한 노력을 하던 중 Nokia 단말기의 내장 게임컨텐츠 업체로 선정되면서, 안정적인 시장의 확보와 함께 기술표준을 확보하는 데 유리한 고지를 점하게 되었다.

바이오 산업의 경우 기술개발의 속도는 빠르지 않지만 막대한 개발비용과 기간이 소요되며, 국제적 네트워크를 통해 정보를 확보하는 것이 중요하다. 이러한 목적에서 바이오 산업 벤처기업들의 경우 초기에 해외진출을 시도하는 경우가 많다. 정보통신 벤처기업들은 기술개발이 급속하게 이루어짐에 따라 기술의 국제표준을 굳히기 위해서 혹은 협소한 국내시장을 해외시장에서 보완하기 위해서 진출하는 경우도 있다.

또한 기술습득을 위한 해외진출이 활발하다. 실리콘밸리에 진출하는 벤처기업은 대부분 여기에 해당된다. 한국기업은 선진기술의 습득을 위한 연구소나 R&D센터를 현지에 설립함으로써 기술력이 우수한 현지기업과 제휴를 맺거나 조사활동을 벌여 학습하고 있다. 해외에서 창업하여 국내시장으로 진입하는 역진입逆進入 현상도 나타나고 있다. 원자현미경 분야의 선도기업인 파크시스템스도 실리콘밸리에서의 창업경험을 바탕으로 국내에서의 재창업에 성공한 사례이다. 해외시장이 동질해지고 국가 간 영역을 넘는 데 드는 비용이 대폭 감소하였기 때문에 반드시 국내시장에서 창업하지 않더라도 경영에 어려움이 크지 않다.

2. 벤처기업 국제화의 애로요인

가. 이방인의 어려움

벤처기업의 해외활동에서 겪게 되는 어려움을 이방인의 어려움liability of

foreignness이라고 할 수 있다. 해외시장은 국내시장과는 다른 경쟁 법칙이 작용하는 시장이고 법률이나 제도적인 측면에서도 차이점이 크다. 일반적으로 이방인의 어려움은 1) 운송, 여행, 시차와 거리 조정에 수반되는 비용과 같이 공간적 거리감에 의해 발생되는 직접적 비용, 2) 현지 사정에 대한 비친숙성과 연결고리의 부재로 인해 발생하는 기업 특유의 비용, 3) 외국기업의 정당성 부재와 경제적 애국주의와 같은 진출 대상국 환경에 의해 발생하는 비용, 4) 본사가 속해 있는 국가의 정치 및 경제적 규제로 인해 발생하는 비용의 네 가지 요인에 의해 발생한다고 정의하고 있다.

한국에서 컴퓨터 바이러스 백신과 보안 분야의 선도기업인 A사의 경우 국내에서의 성공과 명성을 바탕으로 중국시장에 진출하였으나 상당 기간 동안 시장구축에 어려움을 겪고 시장침투의 한계에 직면하게 되었다. 한국에서는 높은 인지도를 가지고 있었으나 중국에서는 이름 없는 소기업에 지나지 않았다. 중국시장은 이미 글로벌 다국적 기업이 포진해 있으며 로컬 기업이 급성장하고 있는 시장 여건상 A사가 시장에서 자기 위치를 찾기market positioning가 어려웠던 것이다.

이방인의 어려움은 사회·문화적 요인에 기인하는 측면이 크다. 이방인의 어려움은 벤처기업이 해외진출을 하고자 할 때 현지의 문화적 특성을 제대로 이해하지 못함으로 인해 겪게 되는 다양한 문화적 충돌이나, 사회적 관습의 차이에서 비롯되는 어려움들을 말한다. B2B 전자상거래 선도기업인 E사의 경우 국내에서의 성공경험을 가지고 일본과 중국 시장에 진출하였으나 두 군데서 다 성공을 거두지 못하고 기업 전체가 어려움에 처하게 되었다. 일본의 B2B 거래는 공정하고 투명한 시장거래가 아닌 오랜 관계를 기반으로 한 거래관행에 의존하고 있는 시장인데, 이러한 특성을 이해하지 못한 상태에서 시장창출의 한계에 부딪히게 되었다. 중국 영업도 관계의존적이라는 현실에 부딪히게 되어 기술력의 우수성에만 의존한 시장경쟁의 한계에 직면하게 되었다.

따라서 벤처기업들이 해외진출을 함에 있어서 이방인의 어려움으로 인해 야기되는 비용을 최소화하기 위해서는 진출 대상국가의 사회·문화적 특징을 진출 이전에 명확히 인식하면서 사전준비를 해야 한다. 그러나 대부분의 벤처기업은 체계적인 준비를 할 만한 역량을 갖추지 못하고 있는 경우가 많아서 정책적 지원을 필요로 하고 있다. 벤처기업이 이방인의 어려움을 해결하기 위해서는 현지화를 통해 새로운 역량을 구축하는 방안이 필요하다. 이 과정에서도 현지인을 채용하는 경우 문화적이고 감정적인 측면에 대한 고려와 함께 합리적인 통제·보상 시스템을 구축해야 한다. 합작을 하는 경우도 사업적 측면, 법률적 측면, 인간관계적 측면에 대한 종합적 고려가 필요하다. 경험이 축적되지 않은 상태에서 성급하게 접근하다가 실패한 사례가 특히 중국시장 진출의 경우 빈번하게 발생하고 있다.

나. 한국 벤처기업의 국제화에서의 어려움

한국 벤처기업이 해외시장에서 겪고 있는 어려움은 다음과 같이 요약될 수 있다.

- 내수시장 중심의 국내 비즈니스 모델
- 현지 비즈니스 네트워크 부족
- 해외 진출 관련 지역특화 전문인력 부족
- 현지 기업문화 적응능력 부족
- 현지시장에 대한 이해 부족과 마케팅전략 부족
- 현지의 유능한 인력을 끌어들일 수 있는 보상 및 경영시스템의 미비
- 해외기업과 국내본사를 연결할 수 있는 운영시스템의 미비
- 기업의 지배구조와 경영방식의 현지화 미비

이러한 요인들은 기업 내부적인 요소로 인한 어려움과 외부적인 요소로 인한 어려움으로 나누어 볼 수 있다. 벤처기업의 국제화에서 내부적인 요소로 인해 겪게 되는 어려움은 창업가의 국제화 마인드 부족, 해외경험의 미

비 등의 요소로 나타난다. 특히 해외경험이 없는 벤처의 경우 현지 사정에 대한 이해부족과 함께 국제적 경영감각이 부족한 경우도 많다. 또한 자신의 역량을 생각하지 않는 국제화를 추진하는 경우 큰 실패로 이어지는 경우도 있다.

외부적인 요소는 산업의 특성, 현지국의 정치 · 경제적 특성, 현지 문화 차이 등 현지국과 산업에 대한 요소이다. 특히 현지 특성과 산업에 대한 적절한 이해가 없는 해외진출은 실패하기 쉽다. 해외시장 진출에 실패할 경우 기업의 존망과 직결되는 경우가 많다. 따라서 기업들이 해외진출을 함에 있어서 이방인의 어려움을 해결하는 방법은 현지 경쟁기업보다 우수한 본국 모기업의 역량을 현지기업으로 이전시키거나, 현지에서 새로운 역량을 획득하거나 또는 현지기업과의 제휴 등을 통하여 현지화를 가속화시키는 방안들이 있다.

해외에 진출한 기업은 해외경험이 부족하여 적절한 지원을 획득하기가 어렵기 때문에 동원가능한 네트워크를 활용한다. KOTRA 등 정부기관의 네트워크를 활용하거나 현지에서 사업을 하는 교민을 적절하게 활용하는 것도 좋은 방법이다. 실제로 중국이나 실리콘밸리에 진출한 벤처기업이 현지에 형성된 자생적 한인 네트워크를 활용하여 현지에 성공적으로 정착한 사례도 있다. 이 경우에도 정확한 정보를 통해 실질적으로 도움이 되는 현지 네트워크와 연결하는 것이 성과에 큰 영향을 미치기 때문에 신중한 접근이 필요하다.

현지시장에서의 어려움을 타파하기 위해 해외진출기업은 적극적인 현지화를 실시하고 있다. 현지화를 위한 대표적인 방법으로 현지인 사장이나 관리자를 채용하는 방안을 많이 활용하는데, 이 경우 경영통제에 대한 어려움이 있기 때문에 적절한 통제수단을 확보해야 한다. 본사에서 현지역량을 잘 갖춘 인재를 채용하거나 육성하는 것도 통제의 어려움을 극복할 수 있는 효과적인 방법이다.

Ⅲ. 벤처기업 국제화의 과정과 방법

1. 국제화 과정

대부분의 창업기업은 대부분 초기에 해외시장보다는 국내판매를 목표로 한다. 창업단계에서 해외 시장진출의 위험부담을 감당하기 어렵기 때문이다. 내수시장에 다수의 경쟁업체가 진입하여 공급이 늘어나는 데 반해 국내시장의 포화상태에 이르게 되면 과잉생산품이나 유휴 생산시설의 문제에 부딪히게 된다. 이러한 경우 기업은 수출을 통하여 과잉생산품을 처분하고 생산시설을 완전 가동함으로써 간접비의 흡수 등 원가절감을 하게 된다. 한국은 내수시장이 좁기 때문에 초기부터 해외시장을 목표로 하는 창업기업들도 있다. 해외바이어의 요구에 의해 OEM 수출을 하는 경우 수출시장이 일차적 목표가 된다. 그러나 이 경우는 창업기업이 시장을 개척하는 것이 아니고 이미 개척된 시장에 대한 공급자의 역할을 하는 것이다.

수출은 중소기업 국제화의 첫 단계이다. 과거에 중소기업의 수출은 종합상사 등을 통한 간접수출에 대한 의존도가 높았지만 이제는 직접수출의 비중이 높아졌다. 이는 중소기업이 해외시장에 대한 경험이 많아졌고, 인터넷이나 전시회 등을 통하여 해외 바이어들과 직접적으로 접촉할 수 있는 기회가 많아졌기 때문이다. 대기업에 비해서는 아직 미약하지만 과거에 비해 수출이나 해외직접투자를 수행할 수 있는 국제화 인력도 보유할 수 있게 되었기 때문이다.

수출단계의 기업도 여러 가지 한계에 부딪히게 된다. 수입국 정부가 수입을 억제하기 위해서 관세 등의 수입장벽을 높이거나 수입제한 조치를 취하는 경우가 있다. 또한 현지기업과의 경쟁에서 불리한 입장에 놓이게 된다. 때로는 국내 생산비의 증가로 수출경쟁력이 약화되어 수출채산성이 맞지 않는 경우도 있다. 이러한 한계를 극복하기 위해 현지에서 생산해서 판매하는

그림 14-1

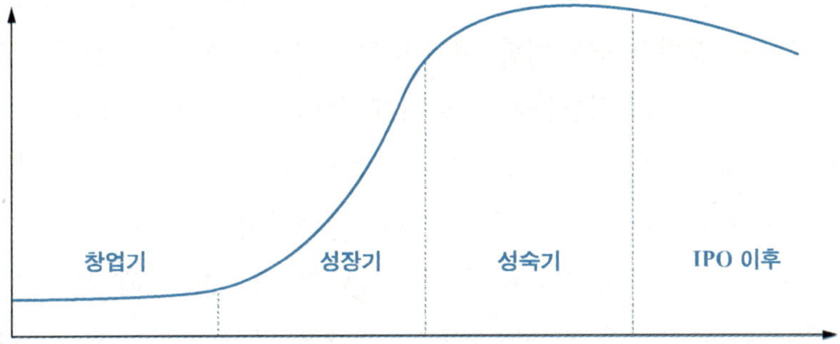

경영 요인	- 기술 - 창업자금	- 생산 - 설비투자자금	- 차기제품 생산 - 시장 확대	- 전략적 다양성, 축소, 확대, 유지
국제화 요인	- 기술 - 인력 - 창업자금	- 생산네트워크 - 설비자금 - 본사의 거점	- R&D네트워크 - 전문 마케팅 - M&A	- R&D네트워크 - 전략적 협력

벤처 성장단계별 국제화 요인

출처 김정호, 삼성경제연구소, 2000.

해외직접투자FDI 방법을 활용하게 된다.

해외직접투자를 위해서는 일반적으로 자본, 인력, 기술 등의 자원이 해외 현지에서 투입되어야 하기 때문에 위험도가 커지게 된다. 이러한 위험부담을 안고 어떤 기업이 처음으로 해외직접투자를 한다는 것은 그 기업의 국제화 과정에서 중요한 계기가 된다. 일단 첫 번째의 해외직접투자에 성공한 기업은 축적된 경험을 토대로 여러 나라에 직접투자를 하게 되며, 본국에 있는 모회사는 많은 나라에 산재해 있는 다수의 직접투자업체를 관리하게 된다. 이러한 과정이 전통적인 단계적 국제화 과정이다.

벤처기업은 진출시장 및 성장단계에 따라 다른 국제화 요인을 가진다그림 14-1. 전자는 진출대상국이 어디인가에 따라서 차이를 보이고, 후자는 어떤 기업이 해외로 진출하는가에 따른 차이라고 할 수 있다. 하지만 이 두 가지 요소가 혼합되어 나타나는 것이 일반적이다. 벤처기업의 창업초기에는 주로 제품의 개발을 위한 기술습득이나 창업자금 및 핵심인력이 중시되므로, 자금이나 인력확보를 위한 해외진출이 시도된다. 성장단계에서는 생산설비의 확보를 위한 해외활동이 활발하게 일어난다. 기술개발에 성공하였으나 이러한 기술을 상업화할 설비나 제조공정을 보유하지 못했거나 해외 진출국의 특성에 따라 진출하는 경우가 많다. 성숙기의 경우 차기제품 생산을 위한 R&D네트워크의 형성이나 마케팅 능력의 확보를 위해 해외진출을 시도하고 IPO 이후에는 각 기능별 전략적 협력의 필요성에 의해 해외활동을 추진한다.

벤처기업은 자신이 보유하고 있는 차별적 역량을 바탕으로 해외시장을 개척하거나, 자신에게 부족한 정보, 기술, 인력을 조달하고자 해외진출을 하는 경향이 있다. 이러한 점에서 수출 → 현지생산 → 현지개발이라는 단계별 국제화를 선호하는 대기업이나 일반 중소기업의 해외진출 전략과는 차이가 있다. 대기업은 자신이 보유한 핵심역량의 확장과 이전을 통한 국제화를 하는 데 반해 벤처기업은 사업기회의 선점과 기술획득, 핵심역량의 구축과 같은 동인을 갖는다표 14-1.

국제화의 속도는 일반기업이 느리고 단계적인 데 반해 벤처기업은 빠르

표 14-1 벤처기업의 국제화 특징

	일반기업	벤처기업
국제화 동기	현지진출을 통한 성장 핵심역량의 확장 및 복제	사업기회의 선점과 기술 획득 핵심역량의 확보
국제화 추진속도	느리고 단계적	빠르고 저돌적
국제화 단계	수출 → 현지생산 → 현지개발	순서에 상관없음
핵심역량의 활용	역량을 활용한 국제화	국제화를 통한 역량 확보
국제화 추진주체	해외기업 의존 및 관련조직	창업자(창업팀)가 주도
추진주체의 성향	위험회피적	위험선호적

출처 한국벤처기업의 해외진출전략, 한국소프트웨어진흥원, 2001. 6.

고 저돌적인 성향을 갖는다. 국제화의 추진주체도 일반기업은 해외기업에 의존하는 경향이 있는 반면, 벤처기업은 창업자가 주도하는 경향이 있으며 상대적으로 위험선호적인 특성을 보인다. 미국의 실리콘밸리에 진출하는 기업들은 주로 그 지역의 앞선 기술의 습득, 인적 자원의 확보, 향후 나스닥 상장 가능성 탐색 등의 동기를 갖는다. 유럽이나 일본으로 진출하는 벤처는 주로 기술제휴와 현지시장 진입으로 신뢰도를 획득하고 이러한 신뢰도를 바탕으로 하여 다른 시장으로 확대를 위한 교두보로 삼는 경향이 있다.

2. 국제화 방법

벤처기업의 입장에서 어떠한 해외시장 진출방법을 택하는가는 매우 중요한 문제이다. 이는 해외시장 진출방법에 따라 인적 물적 자원의 투입량, 시장정보의 획득, 현지에서의 마케팅 활동에 대한 통제가능성이 모두 다르게 되며, 이로 인하여 궁극적으로 기업의 판매액 및 이익 등 해외시장의 진출성과가 결정되기 때문이다. 따라서 해외시장 진출의 목적, 기업의 규모와 경영능력, 그리고 축적된 해외시장 진출경험 등을 체계적으로 분석한 후에 제품 및 진출대상국의 특성에 따라 활용 가능한 진출방법 중 가장 적합한 방법을 선정해야 한다.

일반적으로 벤처기업이 해외시장에 진출하기로 결정함에 있어서는 기업의 내부요인과 외부환경을 고려해야 한다. 먼저, 기업 내부환경의 측면에서는 기업이 가지고 있는 경영자원과 핵심역량, 국제화 경험을 고려하여 진출방법을 선택하여야 한다. 기술력이 강한 기업이나 유명 브랜드를 보유하고 있는 기업은 합작투자나 라이센싱 방법보다 단독투자가 유리할 수 있다. 이와 더불어 중소기업은 해당 산업의 구조적인 특성과 진출하고자 하는 국가의 정치, 경제, 문화적 환경 등을 종합적으로 평가하여 진출방법을 선정하여야 한다.

기업의 국제화는 일반적으로 수출활동, 제휴를 통한 기술 및 자원의 이

표 14-2 벤처기업 해외진출 모드별 장·단점

	단독진출	투자자와 합작법인	조인트벤처 설립
장점	• 신속한 회사 설립 및 안정적 사업추진 가능 • 사업 성공 시 자본이득 극대화	• 사업자금 확보 가능 신속한 시장접근 가능 • 인재의 확보 및 거래처 확보가 비교적 용이	• 사업자금의 확보 가능 • 신속한 시장접근 가능 • 시장정보 획득 용이 • 인재 및 거래처 확보 용이
단점	• 인재채용, 투자유치, 거래처 개척 등 사업확대 애로 • 시장정보 부족으로 시행 • 착오의 우려	• 투자사와의 비즈니스접목에 마찰 우려 • 사업추진의 속도 저하 • 주식분산으로 인한 자본이득의 감소	• 합작파트너와의 갈등 우려 • 이해관계자 관리의 어려움 • 사업추진의 속도 저하

출처 한정화, 「한국 벤처기업의 해외진출 방안」, ITBI, 2000.

전, 직접투자의 형태로 나뉠 수 있다. 전통적으로 기업들은 수출과 직접투자를 선호해 왔던 것과 달리 벤처기업은 주로 합작투자나 제휴를 통해 국제화를 추진하고 있다. 이는 자원의 습득이나 학습의 과정을 중시하는 벤처기업의 특성을 반영한 것이다.

표 14-2는 벤처기업의 해외진출 모드의 장·단점에 대하여 설명하고 있다. 벤처기업은 주로 단독진출, 합작법인의 설립, 조인트벤처 설립, 단순수출의 형태로 나뉠 수 있다. 하지만 단순수출의 경우에는 해외시장에서 독자적으로 활동을 벌이는 경우는 거의 없다. 대부분 전략적 제휴를 통해 현지 기업의 자금과 교섭력을 활용하는 전략을 수립한다. 따라서 벤처기업의 수출은 큰 의미의 협력관계로 봐도 무방할 것이다.

벤처기업의 해외진출은 특별히 어떠한 진입모드가 우선되거나 선호되는 것은 아니다. 진출희망 현지사정, 기술이나 인력의 특성, 제품의 속성 및 산업특성, 벤처기업이 보유하고 있는 자원의 차이, 벤처창업가 혹은 창업팀의 해외경험에 따라 진출 모드가 다르게 나타난다.

Ⅳ. 벤처기업 국제화의 성공요인

1. 원천기술 확보를 위한 과감한 연구개발 투자

글로벌 시장의 공략에 성공한 벤처기업들은 과감한 기술개발을 통해 획득한 기술력우위에 바탕을 두고 있다. 기술적 우수성을 기반으로 자신들의 제품이나 서비스를 차별화하는 데 성공한 이들 기업은 소비자들이 필요로 하는 새로운 제품의 제공, 기존제품에 새로운 기능 첨가 및 제품 디자인의 변화를 통해 글로벌 시장에서의 차별화우위를 실현해 왔다. 기업규모와 관계없이 이들 기업의 공통점은 자신의 분야에서 세계 최고의 기업이 되고자 하는 강한 열망과 전략적 의도strategic intent를 가지고 있다는 것이다. 열망이 열정을 불러일으키고, 전략적 구상을 통하여 수많은 난관과 위기를 극복하면서 정상에 이른 기업들이다. 이들은 경쟁력 있는 가격으로 최고의 품질을 만들어서 세계시장에서 주도자가 되고자 하는 대담한 목표를 가지고 있다.

디스플레이 부품 전문기업 미래나노텍은 LCD 디스플레이용 소재인 광학필름 시장에서 세계 1위의 기업이다. 회사 설립 10년 만에 세계 시장점유율 20% 고지를 넘었다. 원래 광학필름 시장은 글로벌 기업 3M의 독무대였지만 2001년 직장을 그만둔 김철영 대표는 과감하게 LCD 광학필름에 승부수를 던졌다. 고생 끝에 필름 설계는 마쳤지만 원단이나 제조설비, 기술자 등을 구할 수 없었다. 김 대표는 독자적인 공정 · 제품 개발에 나섰고 2004년 프리즘시트와 확산시트를 통합한 UTE 광학필름 개발에 성공했다. UTE 광학필름은 백라이트유닛BLU 내 광원에서 발생하는 빛의 집광과 확산을 동시에 할 수 있는 마이크로렌즈타입 광학필름이다. 김 대표는 여기에 그치지 않고 원천기술 확보에 도전했다. 그때부터 프리즘과 보호필름 역할을 동시에 하는 '복합필름' 개발에 뛰어들었고, 마침내 'UTE25'와 'UTE32' 시리즈를 잇달아 내놓으며 3M을 넘어서는 데 성공했다.

나노엔텍은 21세기 기술이라 불리는 초소형정밀 기계기술MEMS과 바이오기술을 유기적으로 융합한 나노 단위의 '바이오-멤스' 핵심기술을 보유하고 있다. 이를 기반으로 실험, 연구, 의료, 진단, 분석 기기 및 관련 솔루션 개발을 사업영역으로 확보했다. 100여 개의 나노 융합기술 관련 특허를 출원하고 등록했다. 핵심 플랫폼 중 하나인 랩온어칩Lab-On-a-Chip이다. 이는 손톱만한 크기의 칩 하나로 실험실에서 할 수 있는 연구를 수행할 수 있도록 만든 장치를 말한다. 의료와 생명공학 분야에서 큰 기여를 할 차세대 기술로 평가 받고 있으며, 국내에서는 랩온어칩을 활용해 제품 상용화에 성공한 기업은 나노엔텍이 처음이다. 특히 나노엔텍은 나노, 바이오 기술 및 미세 가공 기술에 대한 지식재산권을 확보하고 있으며 제품에의 응용 및 생산기술도 갖고 있어서, 세계적인 진단기업으로 발돋움하기 위한 핵심 경쟁력을 모두 갖추고 있다.

후발주자로서 부족한 여건 속에서 글로벌 리더기업에 도전하는 열망과 도전정신의 원천은 어디에서 오는가? 기본적으로 창업 CEO들의 개인적 특성으로서 성취욕과 도전정신에 기반하고 있다. 많은 경우 현장경험을 기반으로 기술에 대한 자신감을 기본적으로 갖춘 경우가 많았다. 또한 해외 시장의 경험이 있거나 전시회 참가 등을 통해 세계시장의 기술과 제품 동향 등에 대한 정확하게 이해하면서 가능성을 모색했다. 초기에 어려움을 겪었지만 성공적인 결과가 피드백 되면서 자신감을 가지고 지속적으로 목표수준을 상향시켰다.

레이저 분야의 글로벌 선도기업이 된 이오테크닉스의 성규동 대표는 레이저 한 분야에 몰입하여 축적된 역량을 바탕으로 창업을 했다. 이오테크닉스가 세계시장에서 주목을 받는 배경은 핵심기술 분야의 세계 특허를 보유하고 있기 때문이며, 레이저 응용기기의 핵심기술인 정밀 광학기술과 스캐너 제어기술, 소프트웨어 디자인 능력도 세계 최고 수준이기 때문이다. 13년 말 전체 직원은 510명으로 이중 약 40%가 연구개발 인력이며 절반 이상이 석박사급이며, 매출의 10% 이상을 지속적으로 연구개발에 투자하고 있다.

카지노용 모니터 분야에서 세계 1위를 차지하고 있는 코텍도 세계시장에서 1위가 되겠다는 집념이 만들어 낸 회사이다. 코텍의 고속성장도 20년 이상 한 분야에 전념하면서 축적한 기술력 덕분이다. 창업자인 이한구 대표는 말한다. "경쟁에서 이기려면 항상 품질, 가격, 서비스 개발능력 등에서 조금씩 나아져야 한다는 각오를 해야 합니다. 월등하지 않더라도 2~3%씩 조금만 나아져도 경쟁대상을 앞서 갈 수 있거든요. 저는 무리하게 서두르지 않습니다, 다만 '해보니까 되더라'하는 긍정적인 자세로 앞만 바라보고 나가는 것입니다."[1]

2. 우수인력 유지를 위한 조직관리와 기업문화

글로벌 시장을 지향하는 벤처기업의 가장 큰 애로요인은 우수인력의 확보, 특히 전문기술인력의 확보다. 창조력을 필요로 하는 기술개발의 기본은 사람이기 때문에 최신 기술의 변화를 이해하고 도전해서 기술적 애로를 타파할 수 있는 인재의 확보가 가장 중요하다. 그러나 현재 우리나라의 실정상 벤처기업이 우수기술인력을 확보하기가 매우 어렵다. 이를 극복할 수 있는 방법은 벤처기업이 비전을 가지고 스스로를 매력 있는 기업으로 만들면서 인력을 유치하는 한편, 적절한 보상체계를 갖추어야 한다. 또한 내부에서 인재를 개발하기에 힘써야 한다. 조직비전과 목표를 전사적으로 공유하고, 직원에 대한 신뢰를 바탕으로 투명하고 소통을 중시하는 조직운영을 하면서 우수인력 양성을 위한 지속적 투자가 필요하다.

기술인력을 내부에서 양성한 모범적인 사례로는 창성의 예를 들 수 있다. 이 회사는 창업 이래 지속적인 연구개발과 시장개척을 통해 기능성 금속소재 전문업체로 성장해 왔다. 매출의 8%를 기술개발에 투자하면서 전폭적인 지원을 아끼지 않고 있는 창성의 네 가지 주력 품목은 세계적인 기술력

1 중소기업청, 벤처기업협회, 세계시장 1위 벤처기업연구, 2014.

과 경쟁력을 갖추고 있는데, 그 중 자성코어는 세계시장의 30%를 장악하여 세계 1위에 올랐다. 소재업의 특성상 10년 이상 공을 들여야 가시적인 성과를 얻는 데 성공한 경우가 많다. 이 회사는 전 직원의 25%를 차지하는 72명이 연구개발인력으로서, 그 중 석 · 박사급이 40명이다. 중소기업으로서는 드물게 인력고급화를 추진해 온 결과라 할 수 있다. 고급인력이 들어오기를 기다리지 말고 '우리가 직접 키우자'는 생각에서 석사로 들어와 능력을 인정받은 인재들을 골라 회사가 박사과정에 진학할 수 있도록 지원해 주었다.

글로벌 시장 진출에 성공한 벤처기업은 공통적으로 열정의 기업문화를 가지고 있다. 열정은 개인이나 기업이 탁월성을 발휘할 수 있는 핵심요인이다. 열정은 인간의 내면에 자리 잡은 에너지나 충동이 목적을 향해 활성화되는 과정에 나타나는 현상이다. 아무리 좋은 아이디어나 전략이라도 실천에 옮겨지지 않으면 소용이 없는데, 바로 지속적인 실천의 원동력이 바로 열정이기 때문이다.

신바람 경영을 하고 있는 고영테크놀러지는 직원전용 카페를 회사에 오픈, 언제든지 커피를 마음껏 마시고 쉬게 할뿐만 아니라, 직원 건강을 위해 대표가 직접 나서서 직원들의 헬스장 운동량을 체크, 건강관리를 독려한다. 직원들의 출퇴근은 통제하지 않는 대신 주 2회 일과 중 헬스클럽은 반드시 이용하도록 정해져 있다. 고광일 대표는 "일도 중요하지만 건강이 더 중요하다. 우리는 '건강하고 행복한 조직 구현'을 목표로 직원의 사기를 높이는데 집중하고 있다. 그래야 조직의 성과도 높아진다"고 강조한다.

3. 지속적 경영혁신을 통한 탁월성 추구

글로벌 시장 지향 벤처기업의 가장 큰 강점은 지속적인 혁신능력이다. 이들은 혁신을 통해 탁월성을 추구하는 특성을 가지고 있다. 혁신이란 제품이나 서비스, 생산공정 기술, 조직구조나 관리시스템 및 조직 구성원의 의식 등을 새롭게 변화시키는 것을 의미한다. 혁신은 현상타파를 의미하며 발전을 향한 지속적 열망의 표출이다. 인간과 조직은 관성의 법칙에 따라 잘 변화하지 않으려는 힘이 작용하기 때문에 혁신은 의도적인 변화를 꾀하는 것이다. 경영혁신에 의한 조직의 가치를 높이기 위해서는 구성원들의 변화를 촉진시키기 위한 적극적인 교육 및 훈련이 필요하다. 이러한 과정에서 효과적인 의사소통이 이루어지면서 구성원들이 혁신의 필요성과 가치에 대해 공감한다면 변화를 이끌어내기가 훨씬 수월해 질 수 있다.

창업 후 30년이 된 선일금고도 "고정관념을 깨고 혁신에 앞장서자"라는 임원진의 결의에 의해 '뉴스타트 21세기' 계획을 실천해 오고 있다. 일단 눈에 보이는 낭비를 줄이고 정리를 습관화하자 사내 환경이 몰라보게 달라졌다. 직원들이 수십 년간의 생활습관을 버리고 혁신을 이룩한다는 것이 쉬운 일이 아니었으나, 과거의 방식에서 탈피하고자 하는 노력을 통해 서서히 바뀌게 되었다.

경영혁신을 성공시키기 위해서는 경영자 자신의 혁신마인드가 충만해야 한다. 경영자의 혁신성이란 기업이 신제품이나 서비스 또는 신공정을 위해 새로운 아이디어, 실험 또는 창의적인 과정을 지원하거나 용인하는 경향을 의미한다. 경영자 자신이 새로운 아이디어를 탐구하는 자세, 이를 실천에 옮기고자 하는 도전정신과 열정이 필요하다. 경영혁신에서 성공적인 변화를 위해서는 '할 수 있다'라는 자신감이 중요하다. 완벽한 전략과 혁신적인 조직을 가진 기업이라고 처음부터 항상 성공적인 결과를 가져올 수만은 없다. 혁신적인 기업은 실수를 하더라도 실수의 원인을 신속하게 파악하고 수정하여 이를 행동에 옮길 수 있는 조직을 가지고 있어야 한다. 실수를 하더라도 이를 극복하고 나아갈 수 있는 강한 자신감이 필요하다.

대모 엔지니어링의 이원해 사장은 "중소기업의 혁신은 생존 그 자체이다. 각 직원들이 세계 일류가 되어야만 살아남을 수 있기 때문이다"라고 말한다. 이 회사의 임원진은 모두 '경영혁신'이라고 적힌 완장을 팔에 차고 다닌다. 처음에는 모두 쑥스러워 했는데, 임원진이 '혁신'의 선두에 서야 제대로 실행될 것이라는 판단해 강행했다고 한다. 임원진은 직원들에 비해 한 시간 일찍 출근해 회의를 한다. 사장은 임원진보다 한 시간 더 일찍 출근해 회사의 화장실을 청소하는 것도 솔선수범의 의지를 나타내고 있다.

경영혁신은 기업이 최고의 품질과 서비스를 생산하기 위한 것이다. 시장 경쟁의 세계에서는 품질에서 승부가 난다. 영업수단이 좋고 사후서비스가 만족스러워도 품질이 담보되지 않는다면 사상누각이다. 경영혁신의 중요한 키워드는 참여participation 또는 관여involvement이다. 경영혁신의 초기에는 앞서 가는 경영자가 혁신을 주도하고 구성원들 중 소수가 이를 수용하다가 후에 점차 다수에게 전파되며, 마침내 조직 전체에 확산된다. 구성원들로부터 변화에 대한 필요성을 인식시키고 공감대를 조성하여 자발적 협조를 유도하려면 변화과정 전반에 걸쳐 구성원들을 최대한 참여시키는 것이 바람직하다.

오토닉스도 '품질로 승부한다'라는 철학을 가지고 품질을 최우선으로 하는 경영을 해왔다. 2004년 내내 품질향상을 위해 자체적인 노력을 기했지만 기대했던 것만큼의 성과가 나지 않았다. 이런 시행착오를 통해 '품질'만이 아니라 '기업' 자체를 업그레이드해야 한다는 결론을 얻었다. 혁신의 최종목표는 세계 초일류기업을 만드는 것이다. 직원들의 적극적인 참여에 의해 매주 3가지 정도의 아이디어를 내고 있고, 이 중에 많은 아이디어가 실행에 옮겨져서 성과를 내고 있다. 이러한 과정을 통해 직원들이 경영에 자발적으로 참여할 수 있고, 회사에 대한 주인의식이 싹트게 되었다고 한다.

4. 틈새시장의 공략과 공격적 시장다변화

글로벌화에 성공한 벤처기업들은 제한된 차원과 역량을 집중해서 틈새시장niche market을 공략하면서 전문성을 강화했다. 벤처기업은 대기업에 비해 매우 제한된 자원과 역량을 가지고 있기 때문에 시장진입 시 집중화 전략을 선호하게 된다. 틈새시장은 기술혁신이나 시장형성의 초기단계에서 규모가 작거나 중요성이 낮아서 기존의 경쟁자가 소홀히 하거나, 제품이나 서비스를 효과적으로 제공하기 힘든 시장이다. 기존의 기업들이 간과하고 있는 틈새시장에 우선 진입하여 자신의 위치를 확고히 굳히는 것은 매우 효과적인 시장진입 전략이다.

플라스틱 전자로 세계시장을 선도하는 '자화전자'도 이러한 기업의 예에 속한다. 1979년 가족 네 명이 충북 청원의 기와를 만들던 창고에서 출발해서 세계 플라스틱 자석 시장의 56%를 점유하며 매출액 1천억 원을 달성하는 성과를 거뒀다. '창성'도 한국과학기술원으로부터 청동분말공장을 인수해서 소수의 종업원들로 출발했지만 이제는 20여 국가를 상대로 매출의 50%를 수출에서 거두고 있다. 이 회사의 제품인 자성코어는 전략변환과정에서 생기는 노이즈를 제거해 전력효율을 높이는 장치로서 세계시장에서 당당하게 1위를 차지하고 있다.

중국에서 틈새시장을 공략하여 성공한 사례로는 디지털 도어락 생산업체인 아이레보를 들 수 있다. 중국경제가 고도로 성장함에 따라 주택시장이 커지면서 고급 아파트의 수요가 늘어나자 디지털 도어락 시장이 열리기 시작했다. 이 회사는 2001년 중국 북경법인 설립을 시작으로 상해법인, 심천지사를 설립해 3개 거점을 확보했다. 특히 북경과 상해 시장에서는 명품 마케팅을 통해 아이레보의 제품이 고급 브랜드로 평가 받아 중국 대형건설사에 납품되고 있다.

틈새시장에 진입한다고 하여 계속 적은 규모의 시장에서 경쟁하게 되는 것은 아니다. 처음에는 대기업이 행하기에는 매력이 적은 산업이었다고 하더라도 산업성장에 따라 시장규모가 확대된다. 모든 틈새시장이 매력적인 시장이 되는 것은 아니고 기술의 전문성을 바탕으로 고부가가치를 창출할 수 있는 시장을 찾아야 한다. 기술혁신이 확산되면서 시장이 커질 때, 초기진입기업의 선점효과가 나타날 수 있도록 해야 한다.

틈새시장은 매우 유동적이기 때문에 대체로 시장의 생성과 소멸의 주기가 매우 짧다. 따라서 틈새시장 공략 시 현지시장의 변화를 정확히 판단해야 한다. 벤처기업은 대기업에 비해 틈새시장의 수요변화에 신속하게 대응할 수 있다는 이점을 가지고 있다. 그러나 소비자의 욕구가 명확하지 않은 경우가 많기 때문에 정확한 시장상황을 조사하는 것이 필수적이다. 2000년대 초반 많은 한국의 인터넷 벤처기업들이 일시에 해외시장에 진출한 적이 있다. 그러나 이러한 시도가 대부분 실패로 돌아간 이유가 국내에 존재하던 틈새시장이 문화적 차이나 소비자의 관심 부족으로 인해 해외에서는 존재하지 않았기 때문이다.

글로벌 시장에서 성공적으로 성장한 벤처기업들은 초기 틈새시장에서의 경쟁우위를 확보한 뒤에는 공격적으로 시장 다변화를 추구했다. 틈새시장만으로 성장의 한계가 있으며, 후발기업의 추격이 가속화되기 때문이다. 그러나 벤처기업들은 체계적인 마케팅을 전개할 수 있는 인적 자원이나 예산의 한계점을 가지고 있다. 초기제품으로 시장을 선점하였더라도 연속제품이 시장에 출시되지 않으면 자연히 경쟁자의 도전으로 인해 시장에서 쇠퇴하게 된다. 따라서 초기제품이 성공을 거두면 지속적인 연구개발을 통해 후속제품을 시장에 연속으로 출시하여, 소비자들과의 지속적 거래관계를 형성해야 한다.

창성의 경우 다양한 아이템의 개발은 사업 초창기 어려움을 극복할 수 있는 원동력이 되었다. 매출신장세를 지속하기 위해서 어느 한 곳, 몇 개 업체에만 의존하지 말고, 국내외로 고객다변화를 이루었다. 그 결과 세계 20여 국가를 상대로 매출의 50%를 수출에서 거두고 있다. 아이템 별로 수익급감이 심한 경영환경에서 다양한 아이템들이 서로 보조를 맞출 수 있기 때문이다. 배창환 사장은 “아이템 하나가 히트 치면 ‘한 10년 편히 가겠지’라는 생각은 잘못이다. 하나의 아이템이 끝나면 곧 바로 다른 아이템 개발로 들어가야 한다. 계속해서 신제품이 나와 제품의 주기가 빨라져야 불확실한 미래를 대비할 수 있다. 창성의 매출 60%가 최근 4년 안에 제품으로 이루어져 있다. 쉼 없는 기술개발로 그 때마다 변신해 온 덕 분이다”라고 말한다.

5. 브랜드 자산의 구축

벤처기업이 글로벌 시장에서 지속적 경쟁우위를 실현하려면 자기만의 브랜드 경쟁력을 확보해야 한다. 대부분 중소기업들은 해외시장 진출의 초기에 자기 브랜드가 아닌 OEM 방식을 택하게 된다. OEM은 안정적인 물량을 확보할 수 있는 수단이지만 직접 고객과의 관계를 형성할 수 없는 영업방식이다. 안정적인 OEM 시장을 포기하고 불확실성과 위험이 많은 자기 브랜드를 개발할 것인가의 선택의 기로에서 과감한 결단을 해야 한다. 해외시장을 공략하는 데 있어서도 브랜드가 없으면 독자적인 마케팅이 어려우며 항상 단가인하의 압력에 시달리게 되기 때문이다. 그러나 자기브랜드를 개발하지 못하는 이유는 그 과정에서 부담해야 하는 비용과 위험이 크기 때문이다.

오토바이 헬멧으로 유명한 홍진 HJC도 성장과정에서 미국의 유명 오토바이 헬멧 제조업체로부터 OEM 제의를 받게 되었다. 홍완기 회장은 다음과 같이 회고한다. “당시 저로서는 뿌리치기 힘든 유혹이었습니다. 하지만 OEM은 주위의 여건이 변하면 언제든지 저와의 거래를 끊고 더 싼 곳을 찾을 수 있다는 것을 뜻합니다. 당장은 힘들지만 좀 더 크게 보고 나와 우리 회사의 직원들을 위해서 기필코 자사 브랜드로 가야겠다고 결심했습니다.”

OEM 방식으로 성장하다 독자적인 브랜드로 전환하게 되면 기존의 바이어들이 경쟁업체가 된다. 이들의 보복을 극복하지 못하면 브랜드전략이 좌절하게 된다. 완구업계에서 세계적인 기업으로 도약하고 있는 오로라월드도 이런 과정을 거쳐 독자적인 브랜드를 구축했다.

노희열 사장은 OEM 방식의 한계에 직면하게 되자 자기 브랜드로의 전환을 결단했다. 바이어가 납품시기, 단가 등을 일방적으로 변경하는 등 갖은 어려움 속에서 전환을 시도했으나 10년 동안 OEM으로 운영되던 회사가 고유 독자 브랜드를 갖는다는 것은 쉬운 일이 아니었다. 노희열 사장은 마케팅을 위해 미국법인 A&A Plush를 설립하고 시장개척을 하기 위해 미국의 전시회란 전시회는 크든 작든 무조건 찾아 다녔다. 약 40여 개의 Toy & Gifts

전시회를 찾아다니며 문을 두드렸고, 그 과정에서 폴 로체라는 경력 34년의 베테랑 세일즈맨을 만나게 되었다. 그는 A&A의 제품에 미국적인 디자인 감각이 부족하다는 문제를 지적하였고, 이 문제를 해결하고자 연구개발을 거듭한 결과 한국의 어린아이들이 가지고 놀던 콩주머니에서 얻은 아이디어를 가지고 플럽시 인형을 만들어 큰 성공을 거두었다. 그러나 A&A Plush가 유명세를 타게 되었고 이 회사가 오로라월드의 회사임을 알게 된 미국 바이어들은 무서운 견제를 했다. 하청업체에서 경쟁업체로 변한 한국기업에 대해 저작권 소송, 악성 루머 등을 퍼뜨렸다. 오로라 월드는 이러한 과정을 극복하면서 자신만의 브랜드로 세계시장에 자리메김하게 되었다.

브랜드 파워는 하루아침에 생겨나는 것이 아니다. 브랜드가 파워를 갖기 위해서는 제품과 브랜드 네임에 대한 소비자들의 인식이 중요하다. 브랜드의 지속적 성장은 기존의 이미지와 방향관리를 위한 전략이 필수다. 일관된 브랜드 아이덴티티를 제품개발과 광고를 통해 유지해야 한다. 선일금고제작은 브랜드 이미지를 쌓기 위해서 세계 각국의 관련인증은 모조리 따내는 데 주력했으며, 현재 선일금고제작의 고유브랜드는 이글 세이프이다. 주문자 상표부착OEM 방식일 경우에도 독수리 상표를 꼭 넣도록 고집하고 있다. 제품이 디자인, 견고성, 창의성, 안전성 등에서 세계적인 경쟁력을 확보하고 있기 때문에 가능했다.

브랜드 네이밍에 성공한 사례로는 시계사업의 로만손Romanson을 들 수 있다. 1988년 창업 당시 일본으로 OEM 수출을 하던 김기문 사장은 잦은 거래선 변경과 수익성 저하로 브랜드 마케팅의 필요성을 절감했다. 어느 문화권에서나 동일한 발음과 긍정적인 의미 연상이 가능한 이름을 찾기 위해 노력했다. 그 때 김 사장의 머릿속에 떠오른 이름이 바로 '로만손'이었다. 로만손은 스위스 로만시온이라는 시계 공업도시 지명에서 따왔다. 이는 세계시장에서 스위스 시계의 명성과 신뢰도가 높은 점을 브랜드 마케팅 전술 측면에서 활용한 것이다.

CASE

누가의료기의 글로벌 경영

누가의료기는 2002년 조승현 대표가 설립한 개인용 온열기 제조업체로서 가정용 의료기기 분야의 글로벌 선도업체이다. 주력 제품인 개인용 온열기는 한방의학과 서양의학 기술을 조합한 제품으로 전 세계 60여 개국에 수출하고 있다. 특히 중국에서는 판매점이 1천 곳을 넘어섰고, 가정의료기 부문에서 판매 1위, 시장점유율 50%를 장악하고 있다.

창원기계공고와 기능대학을 졸업한 조 대표는 1989년 중소기업 제품개발자로 일했으나 1995년 회사가 부도나면서 지인의 소개로 온열매트 대리점을 맡아 운영하면서 판매노하우를 익혔다. 그는 개발업무만 하다 독학으로 마케팅 업무를 습득했으며, 의료기기 연구소장으로 있으면서 당시로는 획기적인 자동온열기기를 개발했다. 향후 해당 제품시장이 확대될 것이라는 판단에 의료기기 업계를 직접 개척하고 싶다는 마음으로 창업에 도전했다.

창업 당시 국내 생산업체 57개가 치열하게 경쟁하고 있는 상황이어서 초기부터 중국에 진출하는 모험을 강행했다. 설립 5개월 만에 산동성 칭다오에 누가의료기계유한공사라는 법인을 설립했다. 중국의 거대한 시장규모와 한방제품에 대한 이해가능성이 높을 것이라는 점을 기회로 판단했다. 단순 제조공장이 아닌 한국에서 핵심부품을 들여와 중국에서 제조하고 중국에 판매하겠다는 현지 생산 · 마케팅 전략을 수립했다. 중국시장 개척을 위해 중국 신문에서 의료기기 전시회나 전자제품 전시회 광고가 나오면 적극 참여했으며, 직접 팸플릿을 들고 대리점을 모집했다.

전시회에서 체험부스를 설치한 것이 성공요인이 되었다. 지압이라는 한방요법과 카이로프랙틱이라는 서양의 척추치료 요법을 접목한 제품이 중국인들의 관심을 자극했으며, 샘플제품을 사용한 사람들은 체험부스를 다시 방문하고 무료제품을 들고 간 사람들은 몇 개월 뒤 실제로 제품을 구매하는 행태를 보였다. 조 대표는 자신의 영업철학을 다음과 같이 말한다. “절대로 제품 팔 생각을 하지 마세요. 제가 직접 대리점을 운영해 보니 소비자들은 물건을 팔려고 하면 도망치는 존재입니다. 무조건 써보게 샘플제품을 무료로 지급하고 기다리십시오.” 그러나 초기에는 무료체험 마케팅에 대해 주변의 반대가 심했고, 실제로 무료로 지급한 제품 회수율이 20% 정도에 머무는 등 어려움을 겪기도 했다.

중국에서 사업이 성공적으로 안착되면서 조 대표는 적극적으로 글로벌화를 추진했다. 경쟁이 더 벌어지기 전에 새로운 시장을 개척하고자 한 것이다. 누가의료기는 시장다변화 전략에 힘입어 현재 65개국이 넘는 국가에 판매인프라를 구축하는 데 성공했다. 그는 시장 특성에 따라 차별화된 마케팅 전략을 도입했다. 문화차이에 따라 영업방식도 달리했다. 체험부스를 설치해 고객이 직접 물건을 사용해 보고 구입을 결정하도록 하는 전략을 쓰고 있으나, 유럽인들을 상대로 공짜체험 부스를 운영해보니 적지 않은 난관에 부딪혔다. "유럽인들은 공짜체험에 의구심이 많은 민족입니다. 왜 돈을 주고 써야 할 기계를 공짜로 이용해야 하는지 좀처럼 이해를 못하는 거죠. 오히려 무슨 문제가 있는 제품이 아닌가 하는 지적도 받았어요. 그래서 현재 무료체험 방침을 1~2달러라도 받고 사용하는 방법으로 바꾸었습니다."

시장에 따라 잘 팔리는 시장이 있고 팔리지 못하는 시장이 있는데, 선진국을 갈수록 의료보장 시스템이 잘 돼 있어 가정용 의료기에 대한 수요가 적고, 후진국으로 갈수록 수요가 많다는 점에 착안하여 접근 방법을 달리했다. 매출액 비중도 중국이 가장 높고, 뒤를 이어 러시아, 우크라이나 등 CIS국가가 뒤를 잇고 있다. 수출용 제품에 따라 현지 생산도 추진하고 있는데, 대표적으로 인도의 수입관세는 28%로 다른 어떤 나라보다 높아서 한국직원을 파견해서 인도에서 직접생산하고 있다.

누가의료기가 글로벌 시장에서 성공한 요인은 유통망 구축에 있다. 조 대표가 직접 온열매트 대리점을 운영해봤기 때문에, 누구보다 총판업체 사장들 요구를 잘 알고 있다. 초기에는 상하이, 베이징 등 대규모 거점을 중심으로 본사직원 100여 명을 투입했고 개별투자자와 총판계약을 맺고 본사직원이 관리하는 형태로 진행했다. 총판은 2단계로 구성되어 있는데 지역별 총대리점과 계약을 맺고 이들을 관리하면 총대리점은 밑에 있는 지사를 관리하며 인력 충원은 중국 현지법인이 직접 조사해서 보강하는 방식이었다. 총판관리를 위해 가장 신경을 많이 쓰는 분야가 커뮤니케이션과 영업관리이며, 글로벌 커뮤니케이션을 위해 매월 회의를 진행하고 정기적으로 총판을 방문해 교육을 진행하고 있다. 교육만 담당하고 있는 직원수는 중소기업으로는 적지 않은 45명 정도이다.

대리점 주인을 철저히 고객처럼 대우했는데, 대리점주의 이익률은 30~40%로 책정하면서 대리점 주인들의 자발적이고 적극적인 마케팅이 가능했다. 기존 유통망을 사용하지 않았기 때문에 판공비가 적었고 판매수수료도 없었기 때문에 높은 대리점 마진 제공이 가능했다. 높은 인센티브 제공을 통해 충성도가 높은 대규모 네트워크를 구축하고, 독자적인 수출력을 갖는 데 성공할 수 있었다.

CASE

히든 챔피언의 성공요인

독일의 세계적인 경영학자인 헤르만 지몬(Hermann Simon)은 잘 알려져 있지 않으면서 자기 분야에서 세계시장을 석권하고 있는 독일 기반 세계일류 중소기업에 대한 연구를 수행했다. 저자는 독일의 지속적인 수출성과가 세계시장에서 주도적 위치를 차지하고 있는 일단의 중소기업의 공로라는 점을 강조하고 있다. 이들은 잘 알려지지 않은 중소기업이면서 자신들이 진입한 시장에서 50%가 넘는 시장점유율을 차지하고 있다. 매출의 많은 부분을 수출을 통해 실현하고 있는데, 독일에는 이런 중소기업이 500개가 넘는다. 저자는 이들을 '히든 챔피언'(Hidden Champions)이라고 규정했다.

이들 기업은 목적이 자신의 시장에서 세계 최고의 기업이 되려고 하는데 있다. 경쟁력 있는 가격으로 최고의 품질을 만들어 내는 것이다. 이를 바탕으로 세계시장에서 주도자가 되고자 하는 대담한 목표를 가지고 있었다. 분명하고 야심찬 목적이 성공의 기초가 된다는 말이다. 장기방향 설정, 집요한 의지, 끝없는 열정은 목표를 달성하는데 중요한 요소이다.

히든 챔피언들은 대부분 좁은 시장을 상대로 하고 있다. 이는 포터의 분류에 의하면 제한된 경쟁영역을 의미한다. 이들은 고도의 전문화를 통해 제한된 시장에서 주도성을 발휘한다. 우리는 우리가 할 수 있는 일에 집중한다. 작은 연못의 큰 물고기들이며, 시장을 스스로 창출해 낸 기업들이다. 좁은 시장에서 전문화하는 것은 달걀을 한 바구니에 담는 것과 같은 위험이 따른다. 이러한 위험을 극복하기 위해서는 세계화를 통해 완화시킬 수 있다. 신흥시장에 선착하는 것이 중요하다.

히든 챔피언들은 고객과의 밀접한 관계를 유지한다. 고객과 공급자간에 상호신뢰관계가 형성되어 있어서 양측 모두 장기간 거래를 통해 거래비용을 줄이고 있다. 이들은 가격보다 품질과 애프터 서비스를 경쟁의 핵심으로 삼고 있다. 고객과의 상호의존성을 가지고 있다. 따라서 고객충성도에 깊은 관심을 기울이고, 단기적인 시장의 우월적 지위나 일시적 가격인상을 경영의 잣대로 이용해서는 안 된다. 히든 챔피언들의 뛰어난 특징은 혁신이다. 세계시장에서 주도적 위치를 달성한 이들은 거의 모두 가장 중요한 기본기술이나 시장에서 선구적 혁신을 실천한 기업들이다. 많은 숨은 승리자들은 새로운 제품을 개발해 새로운 시장을 창출했다. 혁신의 필요성은 기업의 기본 지침에 분명하게 명시되어 있다. 지속적으로 혁신을 추진해야 한다는 인식은 숨은 승리자들의 일관된 자세라고 할 수 있다. 혁신을 이루는 데 가장 중요한 요소는 기술이다. 숨은 승리자들은 기술지향과 시장지향을 상호보완적인 요인으로 보고 있다.

히든 챔피언들은 경쟁의 우세를 만들어 내기 위해 자원을 집중한다. 제품의 품질, 밀접한 고객관계, 애프터 서비스에서 경쟁의 우세를 만들어 내는 데 매우 모범적이다. 세계일류의 지위를 달성하고 또 지키기 위해 기업은 세계 최고와의 경쟁을 피하기보다 오히려 적극적으로 대응한다. 기업이 특정 시장에서 구축한 경쟁의 우세와 뛰어난 내부능력은 다른 시장에서는 약점이 될 수도 있다는 사실을 명심해야 한다.

히든 챔피언들은 기업전략에 중요한 파트너들이 있다. 핵심 부품은 자체 제작하고 비핵심 활동의 많은 부분을 하청에 맡긴다. 하청을 맡길 때 비용뿐만 아니라 품질, 노하우, 핵심능력을 고려해서 결정해야 한다. 강도 높은 연구개발을 통해 핵심 노하우를 지키고, 고도의 능력을 가진 직원을 유지한다. 해외시장에 진출할 때도 전략적 제휴에 신중한 태도를 가지고 있다.

히든 챔피언들은 강력하고 독특한 기업문화에 편향돼 있다. 기업문화는 자원을 배분하고 내부마찰을 최소화하는 데 능률적인 수단이다. 이들의 종업원들은 일반기업의 종업원들보다 더 강도 높게 회사의 목적과 가치관에 일체감을 보인다. 종업원의 창조능력은 개발되지 않은 아이디어의 원천이다. 종업원들에 대한 동기부여를 통해 이를 충분히 활용하는 것은 공식적인 제안제도에서 훨씬 더 잘 실현될 수 있다. 계속적으로 교육의 기회를 제공하여 다기능의 능력을 개발케 한다.

히든 챔피언들의 특색 있는 강점은 끊임없는 추진력과 정력을 가지고 있는 경영자들이다. 경영자들은 개인과 목표의 통합, 외곬의 목표, 두려움을 모르는 대담성, 스태미나, 감화력 등을 가지고 있다. 숨은 승리자의 사장들은 종업원들을 감동시켜 추종케 하는 데 매우 뛰어난 능력을 가지고 있다. 경영스타일은 기본목표와 핵심가치에 대해서는 권위주의적이지만, 업무수행과정과 세부사항에서는 참여적이고 권한을 주는 것이다.

히든 챔피언들은 우리나라의 중소기업들에게 많은 시사점을 제공해 주고 있다. 그러나 이들의 교훈은 대단히 상식적이다. 고객들에게 가치를 제공하고, 신뢰와 장기적인 거래관계를 구축하고, 좋은 품질과 애프터 서비스를 공급하는 것이다. 성공적인 뛰어난 경영기법은 시간이 지나도 변하지 않는다. 경영은 모든 면에서 지속적인 개선이 요구된다. 이는 공식적인 제안제도보다 오히려 종업원들의 적극적인 참여를 통해서 이루어진다. 이것은 종업원들이 진실한 동기와 회사에 대한 일체감에 따라 움직일 때 가장 효과가 두드러진다.

CASE

세계시장 점유율 1위 벤처기업

세계시장점유율 1위 한국의 벤처기업 수는 2013년 63개, 품목 수는 75개로 나타났다(벤처기업협회 2014). 업종별로는 기계, 제조, 자동차 등 일반제조업과 컴퓨터, 반도체, 전자부품 등 첨단제조업에 많이 분포되어 있다. 세계 1등 벤처기업의 평균 업력은 21.2년이며, 창업 후 세계 시장점유율 1등에 도달하는 데 평균 14.6년이 걸렸다, 2013년 말 현재 이들의 평균 매출액은 981억 원, 영업이익 66억 원, 당기순이익은 46억 원으로 나타났다. 매출액 대비 영업이익률은 6.8%로 일반중소기업(4.2%), 대기업(4.6%)보다 높은 것으로 나타났다. 이들의 평균 연구개발비는 49억 원, 매출액 대비 연구개발비는 4.5%, 연구인력 비중은 전체 인력의 24% 수준으로 연구개발에 대한 의지가 높다. 이들은 평균 31.3개국에 수출하고 있으며, 중국, 미국, 일본이 차지하는 비중이 68.2%이다. 세계 1위 벤처기업들의 경쟁력 원천은 "다양한 고객욕구에 대한 신속한 대응, CEO의 역량과 리더십, 독보적인 기술역량 및 우수성 확보, 끊임없는 R&D 투자 및 신기술 개발" 순으로 나타났다.

CASE

성장 유형

1. 미래기술 변화 선점형: 미래 시장수요 및 기술적 변화에 대해 과감한 투자를 통해 핵심기술을 확보함으로써 시장을 선점하는 유형으로 레이저마커, 산업용 모니터, 3차원 납포도검사기, 광조이스틱, 지문인증모듈, 풀디지털오디오앰프IC 등이다.
2. 글로벌 대기업 동반성장형: 글로벌 · 국내 대기업 핵심업종에서 핵심부품과 장비를 공급함으로써 대기업과 함께 성장한 유형으로 TFT-LCD용 고집적 세정장비, 화학약품 중앙공급시스템, LCD검사장비, 웨이퍼경사면식각 장비 등이다.
3. 국산화기반 해외시장 확대형: 국산화를 통해 기술품질 및 가격경쟁력을 바탕으로 해외거래처의 지속적 확대를 통해 성장한 유형으로, 해상거주형 벽체판넬/유니트, 프리즘시트, 치과용 근관충전재, 선박형 수처리장치, 풍구 등이다.
4. 아이디어 틈새시장 집중형: 차별화된 아이디어와 기술력을 바탕으로 틈새시장을 창출하고 집중함으로써 성장한 유형으로 화장솔, 내화금고, 전자식 도어록, 알로에, 스탬핑 네일아트킷 등이다.
5. 한국적 제품의 세계화형: 한국 및 특정문화, 지역적 특산품을 중심으로 해외 수요

시장을 개척함으로써 경쟁력을 확보한 유형으로 개인용 온열기, 녹즙기, 인터넷증명발급솔루션, 한방침, 휴대용 부탄가스 등이다.

출처 중소기업청, 세계시장 점유율 1위 벤처기업 연구, 2014.

토의주제

1. 벤처기업 국제화와 대기업 국제화의 공통점과 차이점에 대해 토의해 보자.
2. 한국 벤처기업들이 국제화의 성공 실패요인에 대해 사례를 중심으로 논의해 보자.
3. 한국 벤처기업들이 중국 내수시장 진출의 예상되는 문제점과 성공전략에 대해 토론해 보자.

읽을거리

요즈마그룹 · 원아시아, 「인베스트먼트 파트너스, 시작부터 글로벌」, 매일경제신문사, 2014.

중소기업청, 벤처기업협회, 「세계시장 점유율 1위 벤처기업 연구」, 2014

황순현, 「닷컴 CEO-그들이 꿈꾸는 또 다른 세상」, 21세기 북스, 2001.

헤르만 지몬, 「히든 챔피언」, 흐름출판, 2008.

한국소프트웨어진흥원, 「소프트웨어 벤처창업 성공기」, 진한도서, 1999.

한국소프트웨어진흥원, 「한국 IT 벤처기업 해외진출 성공기」, 시대컴퓨터, 2001.

벤처기업의 M&A

chapter

15

제15장 **벤처기업의 M&A**

학습목표

1. 벤처기업의 중요한 투자회수 그리고 성장수단으로서 M&A의 중요성과 필요성을 이해한다.
2. 벤처기업의 M&A 활용방법을 살펴봄으로써 M&A를 선택하는 동기와 M&A추진 시의 애로사항과 성공방법을 배운다.
3. 벤처기업 M&A 현황과 제도적 환경을 이해한다.
4. 벤처기업 M&A의 애로요인을 점검하고 이의 해결방안을 도출한다.
5. 본 장의 소개된 사례를 학습하여 M&A의 성공요인을 배운다.

Ⅰ. 벤처기업 M&A의 필요성

벤처기업은 일반적으로 신기술이나 새로운 아이디어를 바탕으로 한 상품이나 서비스를 사업화 하여 새로운 시장을 창출하고, 나아가 매출과 수익 규모를 확대시켜 기업공개IPO요건을 갖춤으로써 코스닥KOSDAQ시장에 상장하는 것을 성공으로 간주하고 있다. 그러나 이러한 인식은 급속한 성장을 보이던 우리나라 벤처생태계가 2000년 중반 이후 조정기를 맞이하게 됨에 따라 바뀌게 되었다. 특히 코스닥이 오랫동안 침체되어 있고 IPO 기회가 극도로 제한되어 있는 현실에서 벤처기업의 성장 및 투자회수 수단으로서 M&A의 중요성이 높아지게 되었다. 그러나 아직도 상대적 비율 면에서 IPO 방식 대비 M&A 활용은 미흡한 실정이다.

투자회수 방식 면에서 볼 때, 2014년 미국은 M&A가 82.1%, IPO가 17.9%로 약 8대 2의 비율로 M&A 방식이 절대적으로 많이 활용되고 있다. 반면 한국은 투자회수 방식에 있어서 1대 9의 비율로 IPO 의존도가 높다. 벤처기업이 창업해서 IPO가 되기까지는 평균 10년 이상 걸리기 때문에 이로 인하여 회수시장이 활성화되지 못하고, 상대적으로 엔젤이나 벤처캐피탈 등의 민간투자가 상대적으로 미흡한 실정이다.

오래 전부터 해외선진국에서는 신속하게 경쟁우위를 확보하는 사업전략의 하나로 M&A를 활용해 왔다. M&A를 통하여 기업 내부자원의 한계를 극복함으로써 새로운 시장의 진입에 있어 비용과 시간 면에서 경쟁자에 비해 우위를 점할 수 있기 때문이다. 그러나 우리나라에서는 M&A의 필요성에 대한 인식이 높아지고 있음에도 불구하고 아직도 부정적 인식이 강하게 남아 있는 상황이다. 과거 대기업집단 주도의 M&A는 강한 대기업이 약한 중소기업을 잡아먹는다는 약육강식의 부도덕한 것으로 인식되어 왔다. IMF 외환위기 이후 구조조정과 맞물려 인수대상기업은 부실기업이라는 인식도 있다. 우리나라에서는 경영자나 대주주의 이익을 위해서 현재의 지배권을 강화하거나 기업의 생산적 투자를 왜곡하고 경영 방만화를 초래함으로써 오히려 기업의 재무구조를 약화시킨다는 인식도 있다. 또한 벤처기업 M&A와 관련된 비리 문제가 수시로 불거져 나옴으로 인해 M&A에 관한 부정적 인식은 쉽게 사라지지 않고 있다.

벤처기업의 M&A가 활성화되기 위해서는 이러한 부정적 인식에서 긍정적 인식으로의 전환이 필요하다. 벤처기업에게 있어서 M&A는 성장전략의 일환으로 창업 시부터 꾸준히 관심을 가져야 하는 전략적 의사결정의 하나로 인식되어야 한다. 또한 M&A는 창업기업이 중소기업 단계를 넘어서 중견기업으로의 성장하고, 더 나아가 글로벌 기업으로의 도약까지의 시간과

표 15-1 벤처기업 M&A의 성공 사례

1. 우수인력 확보
• 2012년 설립된 모바일 인터넷 서비스 제공업체 옐로 모바일은 2015년 현재까지 70여 개의 벤처기업들을 인수 • 인수 목적은 1등 벤처기업들의 우수한 인력을 흡수해 시너지를 창출하고 1등 플랫폼 사업자가 되는 것 • 인력과 계열사가 빠르게 늘어나면서 총 다섯 개의 사업부를 거느리고, 약 2,200명의 직원이 근무하는 기업으로 성장
2. 관련사업 포트폴리오 구축
• 아이디스는 CCTV의 영상을 디지털로 변환하여 저장하는 장치인 DVR 개발업체로 산업용 모니터 세계 1위인 코텍을 인수해 코텍의 하드웨어 기술과 기존 소프트웨어 기술을 결합('12. 6) • CCTV 관련 아날로그 카메라 부문 국내 1위인 에이치디프로를 인수해 종합 CCTV 회사로서 면모를 갖추고 미래 성장동력인 IP네트워크 카메라 산업으로의 진출 기반을 확보('12. 10) • CCTV 분야에서 관련사업의 포트폴리오를 구축함으로써 매출액 3배 성장(2011년 655억 원 → 2012년 1,519억 원)
3. 신규사업 진출
• 솔더볼(반도체 소재)인 덕산하이메탈은 OLED 유기재료 생산업체인 루디스를 인수('08. 7) • 식물의 한 종류인 '자트로파' 재배를 통한 바이오 에너지 사업 진출을 위해 캄보디아의 BNA를 인수('09. 5) • 사업다각화로 안정적인 매출 창출, 2010년 대비 주가 약 50% 상승

비용을 절감할 수 있는 주요 수단의 하나로 활용되어야 한다. 표 15-1에서 보듯이 M&A는 우수인력 확보, 관련사업 포트폴리오 구축, 신규사업 진출의 수단으로 활용되고 있다.

Ⅱ. 벤처기업 M&A의 특성과 활용방법

벤처기업 M&A는 다음과 같은 특징을 갖는다. **첫째,** 벤처기업은 자금동원 능력이 떨어짐으로 인해 주식교환stock swap 방식을 선호한다. 주식교환은 인수회사가 대상회사의 개별적인 주주로부터 대상회사의 주식을 매입하고 그 대가로 인수회사가 주식을 발행하여 대상회사가 인수회사의 자회사가 되는 형태의 거래를 의미한다.

둘째, 인수 후 개발A&D[1]의 활성화이다. A&D는 R&D와 M&A의 합성어로서 원천기술 등의 기술력을 가진 업체가 관련기술을 가진 업체를 인수한 후 R&D를 통해 기업가치를 높여 가는 기법이다. A&D는 기술의 라이프사이클이 짧아지고, 기술개발에 필요한 자금이 더 많이 요구되는 상황에서 인수를 통해 기술을 습득하여 시간적, 경제적 효과를 누릴 수 있다는 장점이 있다. 그러나 국내 A&D의 이면을 살펴보면 성장한계에 도달하거나 자본잠식 상태의 상장기업을 저가로 인수한 후, 이를 지주회사로 삼아 인터넷 및 IT 벤처기업을 추가로 인수하여 기업의 단기적인 외형가치를 상승시키는 형태가 대부분이다. 이를 위하여 우회상장backdoor listing[2] 방식이 많이 사용되기

1 미국의 경우 A&D라는 용어보다는 BBI(Buy, Build & Integration)란 용어가 자주 쓰인다.

2 우회상장이란 비상장기업이 상장기업과 합병 등의 기업결합을 통하여 상장예비심사 청구 등의 상장절차를 거치지 않고 상장기업이 되는 것을 의미한다. 즉 비상장기업이 상장기업에 대한 합병, 주식교환, 영업 · 자산양수 등의 기업결합과 경영권 장악을 통해 상장기업의 지배구조 · 사업내용 등의 변동을 초래함으로써 실질적으로 상장되는 효과를 발생하는 경우를 말한다(한국거래소 자료 참조).

도 한다.

최근 벤처기업 M&A의 특징은 벤처기업이 처한 특수성을 고려한 적합한 형태의 M&A 방식을 선호하고 있는데, 1) 현금동원의 최소화, 2) 지속적인 벤처기업의 기술개발, 3) 기존의 상장기업과 M&A를 통한 자동상장, 4) 신기술의 도입 등이다. 또한 과거의 벤처기업의 M&A가 합병, 영업양수양도, 주식인수 등 그 범위와 정의가 명확히 구분되었으나 최근의 M&A 형태는 서로 다른 범주로 구분할 수 있는 성격의 것이 아니라, 두 가지 이상의 M&A 방식이 동시에 사용되고 있다.

벤처기업이 M&A를 활용하는 이유는 크게 경영전략적, 영업적, 재무적인 이유로 정리해 볼 수 있다. 먼저 벤처기업에게 M&A는 경영전략적인 측면에서, 기업을 성장시키거나 유지하는 방법이 될 수 있다. 우리나라 벤처기업은 창조적인 아이디어로 어렵게 기술과 서비스를 개발해도 사업화에 실패하는 경우가 많다. 이 경우 M&A를 통해 마케팅, 기업 경영에 강점을 가진 기업과 결합하여 벤처기업이 가진 기술을 사업화시킬 수 있다. 영업적인 측면에서 M&A는 벤처기업들이 규모의 경제를 달성할 수 있게 해준다. 결합을 통하여 중복된 조직과 업무 프로세스는 통합하고, 생산 능력, 판매망 등을 확대하여 생산원가나 거래비용을 절감할 수 있다. 마지막으로 재무적인 측면에서 M&A는 벤처기업 자산 규모를 확대하여 재무위험을 감소시키고 대외적 신뢰도를 높인다. 이에 외부차입 등 자금조달이 보다 용이해지며, 위험분산의 효과를 기대할 수 있다.

M&A 동기를 세부적으로 살펴보면, 역량 강화, 시장 확장, 사업다각화, 해외 진출, 우수인력 확보, 신규산업 진출 등 다양한 동기가 존재한다그림 15-1. 벤처기업들은 위의 목적을 달성시킬 방법으로 M&A를 활용한다. 하지만 벤처기업은 M&A를 추진하는 과정에서 실패하면 회생 불가능한 상태에 빠질 수 있기 때문에 사전에 충분한 준비가 필요하다.

그림 15-1

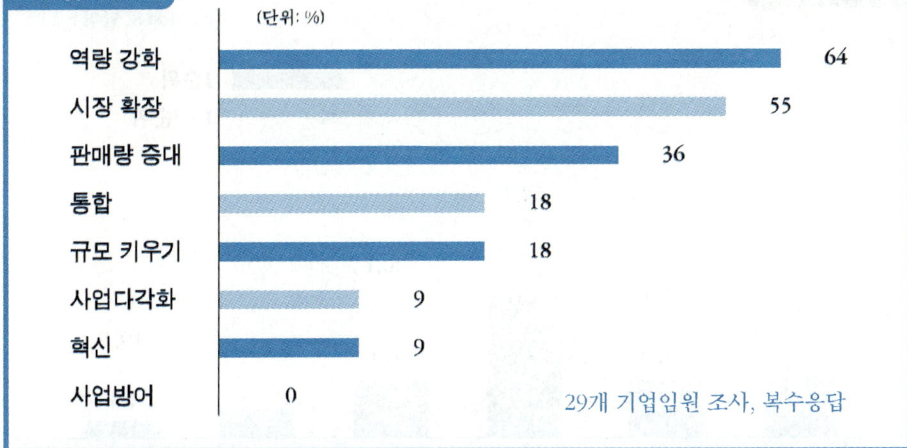

인수자가 본 M&A의 주요 동기

출처 맥킨지 (2006)

중소기업청의 2017년 벤처정밀실태조사에 따르면 벤처기업들은 M&A 환경개선을 위한 필요사항 1순위를 기업가치 평가시스템 구축을 선택했고, 이어 2순위로 M&A 매물정보의 질적/양적 확대, 3순위로 M&A 전문가 및 중개기관 육성이라고 응답했다. 벤처기업들이 성장 전략으로써 M&A를 활성화 할 수 있는 환경개선이 필요한 실정이다.

Ⅲ. 벤처기업 M&A의 문제점

1. M&A 활성화 저해요인

우리나라 M&A 거래가 미국 등 선진국들에 비해 상대적으로 부진한

그림 15-2

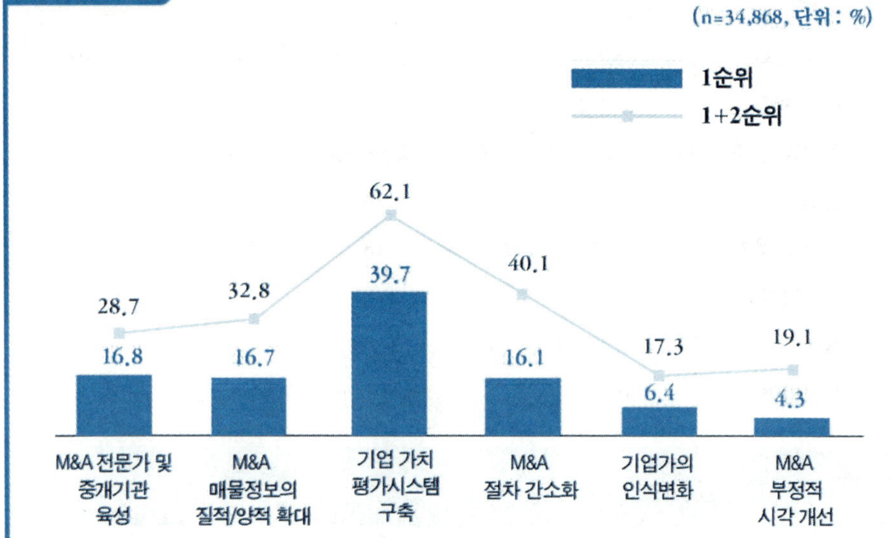

인수합병(M&A) 환경개선을 위한 필요사항

출처 벤처정밀실태조사 (2021)

가장 큰 이유 중 하나가 M&A에 대한 부정적 인식 때문이라고 분석하고 있다.[3] M&A를 기업경영권 탈취행위로 받아들이고 M&A를 통한 기업 매각을 사업실패로 보는 시각이 존재하고 있다는 것이다. 특히, 중소벤처기업들은 대기업들이 공정한 가치평가 없이 헐값에 M&A하려 한다는 반감과 M&A를 부실기업 퇴출수단으로 이용하려 한다는 부정적인 인식이 존재하며, 근로자 사이에는 M&A를 인력구조조정 수단으로 활용하려 한다는 피해의식이 존재하고 있어 M&A 활성화를 더욱 어렵게 하는 요인이 되고 있다.

우리나라의 M&A 시장은 상법 및 자본시장통합법에 의해 기준을 두고 있는 복잡한 절차상의 문제점을 가지고 있으며, 이는 금융감독원과 금융위원회로부터 규제를 받고 있다. 물론 이것은 불특정 대다수의 투자자들을 자본

3 중소기업연구원, "중소기업 M&A 활성화 방안", 2011.

시장에서 보호하기 위한 부득불의 조치이다. 그러나 이러한 법 규제 및 절차가 우리나라 M&A 시장의 활성화를 저해하는 데 큰 영향을 주는 것도 사실이다.

따라서 M&A 거래를 활성화시키기 위해서는 M&A가 기업 가치를 높일 수 있고 기업 성장을 촉진할 수 있는 수단의 하나이며, 그와 같이 할 수 있는 주체들에게 기업경영권을 이전하는 것이 유능한 경영능력으로 수용되는 사회·문화적 분위기의 정착이 시급하다. 사회·문화적 측면에서 M&A를 저해하는 다른 중요한 요인의 하나로는 소유와 경영이 분리되지 않는 기업지배와 소유구조를 들 수 있다. 대부분의 한국기업에는 다수지분을 확보한 대주주들이 존재하고, 이들은 기업과 대주주인 자신을 동일시하여 기업경영권을 직접 행사하는 관행이 존재하고 있다. 특히 창업주들은 기업과 창업주 자신을 동일시하여 기업경영권 양도에 매우 부정적인 인식을 갖고 있다. 이와 함께 기업지배구조가 취약한 기업의 경우 경영권을 장악한 대주주가 보유지분율 이상의 재산적 이득을 얻을 기회를 갖게 되어 M&A의 저해요인이 되고 있다.

2. M&A 활성화의 제도적 문제점

2013년 5월 15일 정부가 발표한 '벤처·창업 자금생태계 선순환 방안'에서 벤처기업 M&A 활성화의 문제점에 대해 다음과 같이 지적하고 있다. 가장 큰 문제점으로 **첫째**, M&A 시장의 미성숙을 들고 있는데, 구체적으로는 회사가 자체적으로 R&D 수행을 선호하고 있으며 이와 관련된 지원제도가 많다는 것이다. 최근 세계적으로 기업의 R&D 투자가 감소하는 반면, '개방형 혁신'Open Innovation을 통한 기술획득 수단인 M&A 투자는 증가하고 있는 추세이다. 반면, 국내에서는 명시적 기술취득직접수행 R&D 또는 특허권 등에만 세제 혜택을 부여하여, 기술형 M&A를 유발하는 인센티브가 취약한 형편이다.

둘째, 기업 매각에 따른 과도한 세제 부담이다. 주식교환 방식의 M&A의 경우, 매도자는 세금 납부를 위해 이익이 실현되지 않은 상태에서 주식을 매각하거나 자금을 차입하게 된다. 이익을 실현한 경우에도 과도한 양도 및 증여세 부담으로 인해 창업기업 등에 대한 후속적인 재투자 여력이 매우 축소되고 있는 실정이다.

셋째, 기업규모 확장을 저해하는 법과 제도이다. 국내 대기업은 M&A 시장의 잠재적 큰손이나, 계열사 증가에 따른 부담 및 부정적 여론 등으로 주저하고 있다. 중소기업 간 합병 시에도 관계기업 제도를 적용하여 중소기업의 범위를 벗어나게 되면 일시에 각종 지원제도에서 제외되는 결과를 초래하게 된다.

넷째, M&A에 특화된 자금공급이 미흡하다는 점이다. 매도자는 M&A에 대한 대가 지급 방식을 대부분 현금으로 받기를 선호하고 있으나 매수자는 투자자금 확보 및 신주 발행의 어려움 등으로 차입에 의존하고 있어 M&A 시의 금융부담이 과중되고 있다.

이 밖에도 한국적 현실에서 M&A가 활성화되지 않는 원인으로 기업 간 기술탈취나 기술인력 빼오기의 관행이 여전하다는 사실이다. 기업이 M&A를 하는 주목적이 기술, 인력, 시장의 확보에 있는데 대기업이 벤처기업의 핵심 기술 인력을 부담 없이 빼올 수 있다면 고비용이 수반되는 M&A를 선호하지 않을 것이다. 현재의 법제도 하에서는 이를 강력하게 처벌할 수 있는 방법이 미비하고, 피해 중소기업이 대기업을 상대로 소송을 제기해서 승소할 수 있는 확률이 낮기 때문에 불공정한 관행이 지속되고 있다.

Ⅳ. 벤처기업 M&A 활성화 방안

1. 벤처기업 M&A에 대한 인식의 전환

해외선진국에서는 기업내부자원의 한계를 극복하고 새로운 시장진입 시 비용과 시간을 절약함으로써 경쟁자보다 우위를 점하도록 하는 효과적인 전략으로 인식되고 있다. 또한 인수대상기업의 입장에서도 건전하고 효과적인 회수의 방법으로서 M&A를 인식해왔다. 그럼에도 불구하고 우리나라에서는 M&A가 경영자나 대주주의 이익을 위해서 현재의 지배권을 강화하거나 기업의 생산적 투자를 왜곡하고 경영의 방만화를 초래함으로써 오히려 기업의 재무구조를 악화 시킨다는 인식이 많다.

이러한 부정적 인식을 전환하기 위해 인수기업의 입장에서는 M&A가 효과적인 경영전략이며 성장전략의 일환이라는 인식제고가 필요하다. 대상기업의 경영자인 경우 기업의 경영권 이전이 경영의 실패가 아닌 또 다른 차원의 성공적 경영 혹은 효과적 회수라는 인식의 전환이 요구 된다. 대상기업 주주의 경우에도 기업을 보다 효율적으로 운영할 수 있는 기업에게 경영권이 이전되는 것이 주주의 입장에서도 미래에 더 많은 이익을 가져다 줄 것이므로 긍정적인 인식으로 전환되어야 한다.

M&A 관련정책을 수립하는 정부의 역할은 시장 메카니즘이 효율적으로 작동하도록, 즉 비효율적 경영자는 경영권을 상실하고 효율적 경영자는 계속 경영권을 유지하는 것이 균형이 되도록 관련제도를 정비하는 것이다. 이때 실질적인 M&A의 활성화는 시장의 원리에 따라 주도되는 것이 바람직하다는 인식의 제고가 필요하다. 즉, 인수기업이나 대상기업 어느 쪽에도 치우치지 않는 정책을 제시해 주어야 한다. 지나치게 인수기업 위주의 정책을 추진할 경우 효율적인 경영자가 경영권을 상실할 위험이 있고, 대상기업 위주의 정책은 비효율적인 경영자가 계속 경영권을 유지할 위험이 있기 때문이다.

2. 중개기능 강화 및 수요기반 확대

벤처기업 M&A의 중개를 담당하는 투자은행이나 증권사 등은 벤처기업에 대한 평가능력, 자금조달의 구조설계 능력, 성사가능성을 높일 수 있는 합병계약의 설계능력, 자본력을 바탕으로 한 인수능력 등을 강화해야 한다. 또한 M&A 업무를 체계적으로 하기 위해서는 산업별, 규모별, 인수기업별, 대상기업별 등 각종 특성 별로 관련 데이터베이스를 구축하고 성공 실패 사례에 대한 심도 있는 분석능력도 갖추어야 한다. M&A를 비롯한 기업구조조정 능력은 한 국가경제의 경쟁력을 결정하므로 이에 특화된 투자은행의 설립도 고려할 만하다.

M&A 부띠끄Boutique에 대한 양성화도 시급하다. 벤처기업 등 소규모 M&A를 대상으로 하는 M&A 부띠끄가 2000년 들어 많이 생겨났으나 현재는 다수가 경영실적 악화나 비리사건에 연루되어 제대로 활성화가 되어 있지 못한 실정이다. 이들을 양성화 시킬 수 있는 법을 제정하여 제도권 금융기관으로 도입시킬 필요가 있다. M&A 펀드의 경우에도 주요 목적인 경영권 획득을 통한 기업가치 제고에 충실하도록 해야 한다. M&A 펀드의 특성상 만기는 장기인 것이 합리적이며 단기적인 시세차익에 이용되지 않도록 하여야 한다.

수요를 이루기 위해서는 시장에 좋은 물건이 적절한 가격에 나와야 한다. 한 벤처기업 M&A 전문가는 벤처기업 M&A가 활성화되지 못하는 이유로 '시장에 살만한 기업이 없다'라고 말하기도 하였다. 혹여 있다고 하더라도 서로의 매도가, 매수가에 대한 주장 차이가 커서 결렬되는 경우도 많다. 이를 위해 적절한 가치평가 방법이 마련되어져야 할 것이다.

3. 벤처기업 M&A 활성화를 위한 정책방안

정부는 M&A의 세제부담을 완화시키고 R&D에 준하는 세제인센티브를 강구하는 방안과 대형자본의 M&A 시장진입 촉진을 위한 제도적 장치를 마련할 필요가 있다고 판단하여 각종 법규 및 제도를 개편하기 위한 정책을 추진해 왔다. 예를 들어, M&A 수요 측의 인센티브를 확대하기 위해 기술취득을 위한 M&A인 경우 R&D에 준하여 기술평가액의 10%를 법인세에서 공제하도록 하였다. 또한 대기업이 중소 · 벤처기업을 M&A하는 경우 피인수 계열사 편입을 3년간 유예하도록 하였고, 전략적 제휴 목적의 비상장 주식교환 시 매도기업의 주주에 대해 주식 처분 시까지 양도세 과세를 이연토록 했다.

중소기업간 인수로 중소기업의 범위를 초과하는 경우에도 3년간 중소기업 졸업을 유예하도록 하여 M&A로 인한 중소기업 조기졸업의 부담을 완화하였다. 이밖에도 M&A 지원펀드의 확대, 중소벤처 M&A 거래정보망 중개기관을 회계법인, 창투사 등으로 확대하고 인증제를 도입하였다.

정부는 2014년 기술혁신형 M&A를 활성화시키고, 코넥스를 신설하여 중간 회수시장을 확충할 수 있도록 M&A의 절차 및 부담을 간소화시키는 'M&A 활성화 방안'을 제시한 바 있는데 주요 내용은 다음과 같다.

우선 벤처기업이 다른 회사와 합병할 때 발생하는 신주총수가 발행주식총수의 20% 이하인 소규모합병 시 주총 승인 대신 이사회 승인으로 갈음할 수 있도록 하였고, 합병 후 존속회사가 소멸회사의 발행주식을 80% 이상으로 보유하는 간이합병 시에도 소멸회사의 주총 승인을 이사회 승인으로 대신할 수 있게 하였다. 이는 벤처기업에 투자한 자금 회수의 통로가 사실상 코스닥 상장 외에 없다는 점을 감안하여 투자자금을 조기에 회수할 수 있는 M&A 활성화를 유도하기 위한 것이다. 개정안에서는 또 벤처기업의 스톡옵션 부여대상에 벤처기업이 인수한 기업의 임직원을 포함하도록 하는 내용을 담았다. M&A 과정에서 나타나는 피인수기업의 우수인력 이탈을 방지하고, 계속 근무할 수 있는 유인을 마련하기 위한 취지이다.

이러한 조치에 힘입어 2012년 69건이었던 M&A가 2013년 126건, 2014년 155건으로 증가했다. SKT가 아이리버, 나노엔텍, 네오에스네트웍 등을 인수하고, LG가 실리콘웍스, 다음카카오가 록앤롤을 인수하는 등 성공사례가 늘어나고 있는 추세다. 그러나 대기업의 경우 여전히 공정거래법상 기업집단제도에 따른 부담이 남아있고, 중소·벤처기업 핵심기술의 부당한 유용은 대기업의 M&A의 필요성을 약화시키는 요인으로 남아 있기 때문에 이에 대한 보완대책이 필요하다.

사례분석 시만텍의 A&D전략

1982년 데이터베이스 툴과 인공지능 관련 프로젝트 업체로 시작된 미국의 시만텍은 정보보안 전 분야를 총체적으로 아우르는 글로벌 기업으로 성장하였다. 2012년 기준 시만텍의 매출액은 67.3억 달러(약 7.6조 원)로, 약 191억 달러(약 21.8조 원)에 달하는 글로벌 보안소프트웨어 시장에서 명실상부한 1위 기업으로 자리매김 하고 있다. 시만텍이 시작은 평범함 컴퓨터 소프트웨어 기업이었으나 현재 세계 최대의 보안소프트웨어 전문 기업으로 발전하게 된 것은 뚜렷한 방향성을 가지고 추진한 지난 20년간의 인수합병의 결과물이라 할 수 있다. 창립 이후 시만텍은 현재까지 총 57개 업체를 인수하는 등 M&A를 주요 성장 전략으로 활용하고 있다.

표 1 전 세계 보안소프트웨어 시장점유율

업체명	2007년	2012년
시만텍	26.6%	19.6%
맥아피	11.8%	8.8%
트렌드마이크로	7.8%	6.1%
IBM	5.8%	5.0%
CA테크놀로지	4.0%	3.7%
합 계	56%	48.2%

출처 가트너, Security Software Market 2012, 2013년 5월

시만텍과 같은 중견 소프트웨어업체는 선별적인 M&A를 통해 내부적인 제품 개발력을 보완하고 성장하는 새로운 시장에 신속히 진입할 수 있다. 시만텍은 기존 제품 포트폴리오를 보완하는 새로운 제품 개발과 시장진출을 즉각적으로 이뤄내기 위해 M&A를 추진하고 있다.

시만텍의 M&A를 총괄하는 사업개발팀 담당 전 부사장 마크 베일리(Mark Bailey)는 시만텍의 M&A 철학에 대해 다음과 같은 언급을 하였다. “1990년대 초반만 해도 소프트웨어와 같은 첨단기술 업체들에게 있어 성장 전망이 밝은 시장에 진출하는 데 내부개발이 가장 큰 역할을 차지했었습니다. 그러나 처음부터 새로운 제품을 개발하고 혁신하는 것은 점점 더 위험해지고 시간과 비용이 많이 소모되는 과정이 되어가고 있습니다. 따라서 첨단기술 업체들은 능력 있는 인력과 시장의 수요를 충족시킬 수 있는 증명

된 제품을 갖추고 있는 업체를 찾기 위해 노력하고 있습니다."

시만텍의 전 CEO인 고든 유뱅스(Gordon Eubanks)는 "모든 메이저 소프트웨어 회사들은 내부적인 개발과 성장을 보충하기 위해 성공적으로 M&A를 해왔다는 공통점이 있습니다. M&A는 소프트웨어 산업에서 중요한 부분을 차지하고 있습니다"라고 M&A의 중요성을 언급했다. 유뱅스 전 CEO는 이어 "시만텍은 단순히 보이기 위한 M&A를 진행하지 않습니다. 시만텍은 일찍부터 이러한 점을 깨닫고 M&A로부터 얻을 수 있는 가치를 최대화하는 데 필요한 핵심적인 역량을 구축하기 위해 M&A 프로세스를 체계화하였습니다"고 전했다.

1. 시만텍의 인수 철학

일반 사항

- 자신의 분야에서 가장 뛰어난(the best) 업체를 파트너로 삼아야 한다.
- 잠재적 피인수사와 첫 대화를 할 때부터 딜이 종료될 때까지 이 논의가 '셀링'을 하는 과정이라는 것을 지속적으로 상기해야 한다.
- 파트너사가 개발한 아이디어나 과정을 열린 마음으로 받아들이고 존중해야 한다.
- 사람과 관련된 문제를 적극적이고 솔직하게 다뤄야 한다.

재무적 목표

- 합병에 대한 재무 분석이 합병 이후 법인의 실제 예산안이 될 수 있도록 한다.
- 통합 과정 중에도 매출 모멘텀이 지속되어야 한다.

인수 철학에 나타나 있듯이 시만텍은 피인수사를 선정할 때 자신의 분야에서 가장 뛰어난 업체를 선정한다. 이는 2010년 미국의 시장조사기관(포레스터리서치)의 보고서에도 언급되었으나 다른 소프트웨어 기업들도 시만텍과 마찬가지로 인수합병을 주된 성장 전략으로 활용하나, 시만텍은 다른 업체들과는 달리 이미 확고한 고객층이 확보되었으며 높은 시장점유율을 차지하고 있는 타깃을 선정하는 모습이 관측되었다.

2. 인수프로세스

시만텍은 수년간의 경험을 통해 자사의 딜 프로세스를 개선시켜왔다. 이 프로세스는 다음 3가지 단계로 구성되어있다.

▶ 1단계(조사)

시만텍의 사업개발팀은 매년 약 350건 이상의 잠재적 딜을 검토한다. 시만텍의 사업상 전략과 핵심 소프트웨어 제품 분야와 잘 맞는지 여부가 심층조사의 첫 단계이다. 이후 제품의 성장성, 현재의 시장성과 브랜드 파워, 비용 시너지 등이 고려된다.

베일리 전 부사장은 조사 단계에 대해 다음과 같이 언급했다. “시만텍의 사업개발팀은 포커스에서 벗어나는 딜을 추리기 위해 사업상 전략과 향후 사업 분야에 대한 비전을 기준으로 삼습니다. 동시에 각 잠재적인 딜 기회로부터 새로운 것을 배우고 기존 계획에서의 가정이 옳은지 지속적으로 재검토합니다.” 잠재적인 딜 기회는 투자은행, 벤처캐피탈 등 다양한 소스로부터 제공받지만 대부분의 아이디어는 내부에서 생겨난다. 임원진 중 한명이라도 딜을 주창하면 즉석에서 사업개발팀, 인사팀, 제품팀, 재무팀, 법률팀 인원이 조합되어 10~20명 규모의 ‘딜팀’이 구성되어 딜을 진행한다. 초기 분석결과 딜이 가치가 있는 것으로 판단되고 잠재 파트너사와 대체적인 딜텀에 상호공감대가 형성되면 다음단계로 넘어가게 된다.

▶ 2단계(문제점 제거)

2단계에 들어서면 딜팀은 50~75명 규모로 확대되며 생산, 고객지원, 영업, 마케팅 등 각 분야의 인원이 합류한다. 딜팀의 인원들은 딜이 진행될 동안만 임시적으로 차출되는 것이며 기존 업무 분야에 대해서 소홀히 하지 않는다. 2단계의 상당 부분은 잠재적 파트너사의 사업에 대한 상세한 실사에 관한 것이며, 또 다른 중요한 임무는 인수 발표 준비이다. 인수 발표 준비 과정에서 마케팅팀과 홍보팀은 외부(언론, 증권사 애널리스트, 경쟁사 등)과의 커뮤니케이션을 준비하며, 인사팀은 시만텍 내부 직원들과의 커뮤니케이션을 준비한다.

▶ 3단계(통합 단계)

인수 발표 10일 전 100~150명 규모의 통합팀이 구성된다. 이들은 인수 후 회사의 부서 간 융합이 원활히 이루어지도록 돕는 역할을 맡게 된다. 또한 시만텍은 중앙 마케팅팀을 구축해 제품전략과 홍보, 제품 런칭시기, 패키징 등 통합된 회사의 제품라인을 정비한다. 한편 최고기술담당자(CTO)는 피인수사의 기술력이 잘 융합되어 새로운 가치를 창출할 수 있도록 감독한다. 당연하겠지만 통합 단계야말로 인수과정 중 가장 많은 노력이 요구되는 단계이며 인수 규모와 범위에 따라 약 2개월가량 소요된다. 첫 2달간 통합미팅이 매주 열린다.

인수 발표도 매우 중요한 과정이며 시만텍은 이 과정의 중요성을 간과하지 않는다. 주요인력을 유지하고 궁극적으로는 성공적인 인수로 마무리하기 위해서는 첫인상이 매우 중요하다. 시만텍은 이를 위해 인수 후 실적 개선을 위해 과도기에 활용되는 방안 몇 가지를 개발하였다.

- 인수 발표 시 새로운 직원들에게 상세한 고용승계 과정을 설명
- 고용승계 여부가 확실하지 않은 인원에 대한 고용승계 결정은 인수 후 발표
- 현 직원들의 책무에 양사 통합에 필요한 임무를 명확히 기술
- 인수 발표 시 인수로 인해 변경되는 근무지에 대해서도 발표
- 매주 기존 직원과 새로운 직원들 간의 통합 미팅
- 시만텍 직원을 새로운 파트너사 직원과 짝지어 원활한 통합을 유도(멘토링 프로그램 등)

일반적으로 사업개발팀과 피인수사 간에 협상/실사 과정 동안 긴밀한 관계가 형성되므로 피인수사와 시만텍의 성공적인 통합에 있어 사업개발팀이 주된 역할을 맡게 된다.

출처 스탠포드 경영대학원 SYMANTEC CORPORATION: ACQUIRING ENTREPRENEURIAL COMPANIES 및 시만텍 홈페이지

사례분석 NHN의 M&A를 통한 성장전략

NHN은 2013년 8월 1일자로 네이버 주식회사와 NHN엔터테인먼트로의 분할을 결정했다. 지난 15년간 사업환경이 급변할 때마다 사업체 인수합병과 분할이라는 카드로 승부를 걸었고, 명실상부한 국내 1위 인터넷 기업으로 자리매김할 수 있었다.

1. 포탈과 게임의 결합, 네이버 · 한게임 합병

NHN이 지난 1999년 '네이버컴'이라는 이름으로 검색포털 '네이버' 사업을 시작했을 때는 야후, 다음, 라이코스 등을 따라가는 후발주자에 불과했다. 네이버컴이 인터넷 검색시장의 강자로 부각될 수 있었던 배경에는 지난 2000년 4월 27일 발표된 네이버컴과 한게임커뮤니케이션의 합병이 있었다.

또 네이버컴은 같은 자리에서 인터넷마케팅 솔루션업체인 원큐도 흡수합병하고 검색솔루션 업체인 서치솔루션을 지분교환 방식으로 인수한다고 선언했는데, 이를 통해 네이버컴은 선발업체들을 추격할 수 있는 발판을 마련했다. 합병 당시 한게임은 약 100만 명의 가입자 수, 1만여 명의 동시접속자 수를 기록하고 있었는데, 이는 향후 네이버가 다양한 서비스들을 키워갈 수 있는 비옥한 토양의 역할을 했다. 이후 네이버컴은 지식iN, 블로그와 카페 등의 서비스를 성공시키며 2001년 NHN(Next Human Network)으로 사명을 변경, 2002년 코스닥 등록 등 탄탄한 성공스토리를 만들어 갔다.

특히 NHN은 2003년 4월 처음으로 야후코리아를 제치고 검색 서비스 방문자 수 부문에서 1위에 올라섰으며, 2005년에는 포털 부문에서도 코리안클릭, 매트릭스, 랭키닷컴에서 발표한 주간 · 월간 순방문자수(UV) 1위를 달성했다.

2. NHN비즈니스플랫폼 분할, 수익 극대화와 독과점 논란의 시기

NHN은 지난 2009년 5월, 사업역량을 강화하기 위한 기업분할을 실시해 NHN비즈니스플랫폼(이하 NBP)을 출범시켰다. NBP는 인터넷사업의 핵심인 광고사업을 분할해 전문화함으로써 NHN만의 독자적인 광고플랫폼을 구축했고, 외국기업의 광고플랫폼을 대신하면서 지난 2011년, NHN이 2조 1,474억 원의 매출을 올리는 데 큰 기여를 했다. 서비스에 집중한 NHN과 광고플랫폼 전문성을 높인 NBP가 높은 시너지를 낸 것이다.

반면, 2000년대 후반부터 NHN은 절대적인 국내 인터넷 검색시장 점유율을 활용한 수익극대화 행보가 '과도하다'는 거센 비판의 목소리에 직면해야 했다. 또 스마트폰 메신저 라인이 나오기 전까지 스마트폰 · 소셜네트워크 서비스(SNS) 초기시장 대응 부족, 온라인게임 퍼블리싱사업 실패 등이 겹치면서 더 이상 새로운 성장동력을 찾지 못하는 것 아니냐는 지적이 이어진 시기이기도 했다.

3. 네이버-한게임 분할, 글로벌 시장서 승부

NHN 측은 모바일 시대를 맞아 다시 분할이라는 카드를 꺼낸 이유에 대해 '글로벌 진출'을 위해서라고 설명했다. 이해진 NHN 이사회 의장도 최근 사내 강연에서 "글로벌 진출이 계란으로 바위를 치는 일이라고 해도 도전하겠다. 우리가 실패하면 우리를 밟고 후배들이 또 도전하고 도전할 거다. 언젠가는 계란이 바위를 깨지 않겠느냐"고 글로벌 시장진출의 각오를 다졌다.

네이버의 글로벌 진출의 첨병은 스마트폰 메신저 '라인'이다. 라인은 현재 230여 개 국가에서 1억 8,000여만 명이 사용하고 있으며, 올해 말까지는 3억 명의 가입자를 확보할 수 있을 것으로 보인다. 라인은 방대한 이용자를 바탕으로 게임 · 만화 · 소설과 라인 스티커 등 2차 저작물을 유통시키는 중요한 플랫폼으로 진화하고 있다. 위메이드 엔터테인먼트의 '라인 윈드러너'는 출시 3개월 만에 다운로드 수 1,000만 건을 돌파했으며, 국내 웹툰 작가들의 이모티콘 스티커 등도 해외에서 좋은 반응을 얻고 있다.

8월 1일 분할되는 '네이버 주식회사'의 자회사인 캠프모바일도 '국내외 모바일이용자들에게 새로운 경험을 실천하는 모바일 · 글로벌 서비스 기업'을 모토로 하고 있다. 특히 캠프모바일의 폐쇄형 SNS 밴드는 지난 5월 6일 1,000만 다운로드를 돌파했는데, 사용자 중 약20%가 일본 · 대만 · 태국 · 북미 등 해외사용자일 정도다.

출처 뉴스토마토 2013년 6월 28일

토의주제

1. 우리나라에 만연한 M&A의 부정적 인식에는 어떠한 것이 있으며, 이러한 인식을 해소할 수 있는 방법을 토의해 보자.
2. M&A를 성장 수단이라 할 수 있는 이유를 토의해 보고, 적절한 대상사례를 찾아 발표해 보자.
3. 투자회수 수단으로서의 M&A와 기업공개를 살펴보고, 당신이 경영자라면 어떠할 때 이와 같은 의사결정을 수행하겠는가를 토의해 보자.
4. 우리나라 벤처기업 M&A의 어려움에는 어떠한 것이 있으며, 이를 해결하거나 개선할 방법을 생각해 보자.
5. 최근 벤처기업 M&A 사례와 성공요인에 대해 토의해 보자.

읽을거리

굿모닝신한증권, 「코스닥 M&A관련 투자전략」, 2005.

기획재정부 대외경제국 국제경제과, 「우리나라 M&A 및 Greenfield OFDI의 동향 · 특징 및 시사점」, 2012.

대전발전연구원, 「벤처기업 M&A 활성화를 통한 중견기업 육성방안」, 2011.

산업자원부, 「벤처기업의 M&A 활성화 방안」, 2000.

중소기업연구원, 「중소기업 M&A 활성화 방안」, 2011.

한국증권연구원, 「M&A 시장 활성화 방안」, 2000.

화인 경영 회계법인 · 법무법인 한결 · 윤종훈, 「M&A를 알아야 경영할 수 있다」, 매일경제신문사, 2001.

기업공개

chapter

16

제16장 기업공개

학습목표

1. 기업공개의 개념과 우리나라의 주식시장제도를 학습한다.
2. 벤처기업이 IPO를 하기 위한 조건과 유의사항에 대해 알아본다.
3. 벤처기업의 기업공개의 필요성 그리고 기업공개를 할 경우 장단점을 알아본다.
4. 코스닥시장의 현황과 제도를 학습하고 코스닥시장의 활성화를 위한 방안을 모색해 본다.

Ⅰ. 기업공개와 상장의 개념

1. 기업공개

기업공개initial public offering는 넓은 의미로 소수인의 주주로 구성된 폐쇄기업closed company이 최초로 일반인을 대상으로 신주를 발행하거나, 이미 발행된 주식을 매도함으로써 주식을 분산시키는 행위를 의미한다. 좁은 의미에서의 기업공개란 당해 법인의 주식을 한국거래소가 개설하는 유가증권시장 또는 코스닥KOSDAQ시장에서 거래하기 위하여 일반인을 대상으로 신주를 모집하거나 구주를 매출하는 일련의 절차를 말한다.

유가증권인수업무에 관한 규칙에서는 기업공개를 "한국거래소가 개설하는 유가증권시장에 상장하기 위하여 주식을 공모하는 행위" 및 "코스닥 상장법인이 유가증권시장에 주권을 신규로 상장하기 위하여 공모하는 행위"를 지칭하고 있다.

표 16-1 유가증권시장 및 코스닥시장, 프리보드(구 제3시장)와의 비교

종류	유가증권시장	코스닥시장	프리보드
구분	정규시장	정규시장	장외시장
거래 대상	주식, 채권, 옵션 등	주식	주식
매매 방식	경쟁매매	경쟁매매	경쟁매매
규정	• 유가증권 상장규정 • 유가증권 업무규정 • 유가증권 공시규정	• 코스닥시장 상장규정 • 코스닥시장 업무규정 • 코스닥시장 공시규정	• 유가증권장외거래에 관한 규정 • 장외주식호가 중개에 관한 규칙

출처 한국거래소

2. 상　장

신규상장이란 일정한 요건을 충족한 기업들이 발행하는 유가증권에 대하여 한국거래소가 유가증권시장에서 최초로 매매거래될 수 있는 자격을 부여하는 것을 말하며 그 자격을 얻은 유가증권을 상장유가증권이라고 한다. 특히 유가증권시장에 주권을 상장하지 아니한 발행기업이 주식분산을 통하여 처음으로 발행주권을 상장하는 것을 주권신규상장이라고 하며 모집 또는 매출 여부에 따라 공모상장과 직상장유통상장으로 구분된다.

가. 공모상장

유가증권시장의 예비상장심사 결과, 상장적격통보를 받은 기업이 모집 또는 매출을 통하여 자금을 조달한 후 상장을 하는 형태의 신규상장을 말한다. 즉, 유가증권시장에 신규상장을 원하는 기업이 상장을 추진하는 과정에서 일반투자자들을 대상으로 공모를 통하여 자금조달을 한 후 상장하는 형태를 말한다.

나. 직 상 장 유통상장

이미 분산요건을 충족한 기업이 유가증권시장의 예비상장심사 후 공모를 통한 자금조달을 하지 아니하고 주권을 바로 상장하는 형태의 신규상장을 말하며 유통상장이라고도 한다. 즉, 상장을 추진하는 과정에서 자금조달이 수반되지 아니하는 형태이며, 현재 코스닥시장 상장법인에 한하여 허용되고 있다.

3. 상장의 효과와 혜택

가. 상장의 효과

기업은 발행한 주식을 어느 시장에서 유통시킬 것인가를 결정하기 위하여 유통시장별 진입기준과 유통시장의 특성국제적 인지도, 안정적 주가형성 등뿐만 아니라, 산업 및 기업의 특성성장싸이클, 업종, 업력, 규모 등, 중장기적 성장전략해외투자자 유치, 합작투자, 외자조달 등, 주주 및 이해관계자의 요구와 경쟁기업의 동향 등을 종합적으로 고려하여야 한다. 증권거래소에 상장을 하게 되면 기업은 다음과 같은 효과를 누릴 수 있다.

A. 직접금융 조달기회 및 능력의 증대

상장법인은 유상증자와 사채발행 등 다양한 방법으로 일반대중으로부터 필요한 자금을 조달할 수 있다. 특히 증권거래소는 주식, 채권국공채, 전환사채, 신주인수권부사채, 이익참가부사채, 교환사채 등 주식관련사채 포함, 신주인수권증권, 신주인수권증서 등을 상장 · 매매하고 있는 종합증권시장이라 할 수 있다. 따라서 상장기업은 자금조달목적에 적합한 유가증권을 발행하여 유가증권시장에 상장함으로써 장기적으로 안정적인 자금을 조달할 수 있으며 발행한 유가증권전체를 종합적으로 관리할 수 있다.

B. 기업의 국내외적 인지도 제고

상장법인은 국 · 내외 투자자를 비롯한 많은 사람들의 관심의 대상이 되며, 기업의 재무내용이나 경영상황이 신문, TV, 증권 관계기관의 각종 자료 등을 통하여 국내외에 전달됨으로써 기업의 인지도를 제고하는 효과를 얻을 수 있다. 특히 한국거래소는 주요 선진국의 증권 관계기관으로부터 해외지정증권시장 등으로 인정받고 있으며, 국제분산투자자 및 해외 바이어들은 국제적으로 인정된 증권시장에 상장된 기업에 많은 관심을 기울이고 있다. 따라서 상장기업은 해외진출 및 해외합작투자를 모색할 경우에 상장기업으로서의 지명도를 활용할 수 있다.

C. 기업의 원활한 구조조정 추진

상장법인은 상장규정에서 정하고 있는 다양한 방법으로 구조조정을 추진할 수 있다. 즉, 기업분할제도, 지주회사제도 등 기업의 구조조정과 관련된 상장제도를 적극적으로 활용하여 기업의 목적에 맞는 방법으로 구조조정을 추진할 수 있다.

특히, 상장기업이 분할인적분할 및 물적분할하는 경우 분할재상장제도를 이용하여 상장할 수 있으며, 상장기업이 기존 상장기업을 자회사로 하는 지주회사사업지주회사 및 금융지주회사를 설립하는 경우에도 상장규정의 특례를 적용받아 신속하게 상장할 수 있다. 또한 비상장법인이 합병, 분할, 분할합병 또는 영업양수양수한 영업부문이 회사의 주된 영업에 해당할 경우에 한정를 한 경우에도 실질적인 영업활동기간이 3년 이상일 경우에는 설립 후 3년이 경과하지 않은 경우에도 상장을 신청할 수 있어 기업구조조정성과를 조기에 달성할 수 있다.

D. 종업원의 사기 진작과 경영권 안정

상장법인 또는 주식을 신규로 상장하고자 하는 법인이 주식을 모집·매출하는 경우 당해 법인의 우리사주조합에 모집 또는 매출하는 주식총수의 20% 범위 안에서 우선적으로 배정하여야 한다. 따라서 상장기업은 발행하는 주식을 종업원에게 우선적으로 배정함으로써 종업원의 사기진작과 주인의식을 제고시키며 생산성 향상을 기대할 수 있다. 또한 종업원이 자사주식을 보유하게 되면 우호적인 주주집단이 되어 경영권의 안정을 도모하는 효과도 얻을 수 있다.

나. 상장의 혜택

우리나라의 각종 법령에 따라 유가증권시장 상장법인 및 코스닥시장 상장법인에 대하여 동일한 혜택을 부여하고 있다. 따라서 일반법인뿐만 아니라 중소기업 및 벤처기업이 유가증권시장에 상장하면 코스닥시장에 상장한 경우와 동일한 혜택을 유지할 수 있다.

4. 상장 절차

가. 상장시기의 결정

일반적으로 소수주주가 경영하던 폐쇄기업이 공모를 통해 기업공개를 하고 발행주식을 유가증권시장에 상장하기 위해서는 사전에 철저한 준비를 하여야 한다. 특히 기업공개 및 신규상장은 기업의 성장 및 발전과정에서 단 한 차례만 실시하는 것이므로 의사결정에 신중을 기하여야 한다. 기업공개 및 신규상장의 시기 결정시에는 일반적으로 다음과 같은 상황을 고려할 수 있다.

- 기업의 수익력 및 장래의 수익력 확보 가능성
- 자본조달의 필요성 및 향후 재무정책
- R&D 또는 신규투자계획
- 기업신뢰도 및 인지도 확대
- 우리사주조합제도를 활용한 사내 분위기 진작
- 증권시장의 동향 등

특히, 유가증권시장의 예비상장심사결과 상장적격성을 통보받은 기업은 상장적격성 통지접수일로부터 6개월 이내에 상장신청을 할 수 있어, 상장적격성을 통보받은 후, 증권시장의 동향 등을 고려하여 공모시기를 조절할 수 있다.

나. 상장 절차

상장의 절차는 크게 선행절차와 준비단계, 상장단계로 나눌 수가 있다. 이때 KOSDAQ 상장기업이 유가증권시장에 상장하려는 경우 표 16-2에서 보듯이 몇 가지 세부절차를 생략할 수 있다.

표 16-2 상장의 절차

절차		내용
선행 절차	지정감사인 지정	증권선물위원회가 지정하나 회계 감사인에 의하여 직전사업연도에 대한 감사
사전 준비	대표주관회사계약 체결	대표주관회사 선임 및 계약 체결
	정관 정비	상장회사협의회에서 정한 표준정관 참고
	명의개서대행계약 체결	한국예탁결제원, 국민은행, 하나은행 중에서 선택 및 계약 체결
	우리사주조합 결성	–
	유가증권시장본부 예비접촉	상장요건 및 일정 등에 관하여 협의
상장 예비 심사	상장심사신청	상장예비심사신청서 제출
	상장심사	계량적, 비계량적 요건 심사
	유가증권시장상장위원회 심의	상장 적격성 심의
	상장심사결과 통보	상장신청인과 금융감독위원회에 통보
공모	증권신고서 제출	금융위원회에 제출 (수리 후 15일 경과되면 효력 발생)
	수요예측 및 발행가격 결정	수요 예측 후 인수회사와 협의하여 발행가격 결정
	청약·배정 및 납입	납입 후 등기
	증권발행실적 보고	증권발행실적을 금융감독위원회에 보고
상장	상장신청	납입일 까지 상장신청서 제출
	상장 및 매매거래 개시	–

출처 한국거래소

Ⅱ. 코스닥시장

1. 코스닥시장의 설립배경과 발전과정

코스닥KOSDAQ은 Korea Securities Dealers Automated Quotation의 약자로서 고부가가치 산업인 지식기반 중소·벤처기업에게 장기적이고 안정적인 자금을 공급하고 투자자에게는 고위험·고수익의 투자기회를 제공하기 위해 미국의 나스닥NASDAQ 시장을 벤치마킹하여 설립된 증권시장이다.

정부는 증권거래소시장현재의 유가증권시장을 이용하기 어려운 중소기업 등의 자금조달을 지원하고자 1986년 12월 24일 "중소기업 등의 주식거래 활성화를 위한 시장조직화 방안"을 발표하고 1991년 10월 1일 고객과 증권회사 간, 증권회사 상호 간 상대매매를 중개하기 위한 주식 장외거래 중개실을 설치하였다. 주식 장외거래 중개실은 상대매매방식에 의해 거래가 이루어져 자금시장 활성화의 기능을 다하지 못하는 바, 이를 전자주문체결시스템을 이용한 경쟁매매방식으로 조직화·체계화할 필요가 있었다. 이에 1996년 5월 ㈜코스닥증권시장이 설립되었고 1996년 7월 코스닥시장이 개설되어 실질적으로 매매시스템이 가동되기 시작하였다.

코스닥시장의 설립 후 시장의 활성화와 거래제도의 선진화를 위해 등록·퇴출제도, 공시제도, 주가감시 기능 등에서 많은 개선·발전방안이 시행되어 왔다. 2000년 들어 국내 최고의 일호가 400만 건을 처리할 수 있는 KETRA시스템을 구축하고 분당 전산백업센터를 건립하는 등 전산시스템의 인프라를 보완했다.

코스닥시장은 개설 이후 1997년 IMF 외환위기로 잠시 주춤하였으나 저금리 기조, 유동성 증가 등 경제적 요인과 등록요건 완화 및 세제혜택 제공 등의 활성화 방안으로 1999년 유례없는 성장을 실현하였다. 그리하여 상장기업 수만으로는 유가증권시장의 상장기업 수를 능가하고 있다. 그러나 양적인 성장에도 불구하고 2000년 중반에 들어 나스닥의 불안, 대기업의 도산위기, 유가인상, 금융과 기업구조조정의 부실 등의 악재가 겹치면서 기관투자가의 선도적 시장탈출로 인한 시장붕괴 현상이 나타났다.

코스닥의 단기 급팽창의 시기에는 벤처캐피탈 시장이 투기시장화 되어 소위 머니게임money game이 벌어지기도 하였다. 코스닥시장에만 상장되면 큰 돈을 벌 수 있다는 투기인식은 벤처기업이나 투자자로 하여금 창업 후 2~3년 이내에 코스닥 상장을 목표로 투자하기 시작했다. 이러한 단기 과잉유동성이 형성된 벤처자본은 투자자금을 물색하기 위하여 치열한 경쟁이 시작되었으며 그 가운데 주식의 배율이 급상승하기 시작했다.

그런데 벤처생태계가 조정기에 접어들면서 상황은 급변하기 시작했다. 코스닥시장의 시가총액이 3분의 1로 줄어들면서 개인 투자자의 유동성도 심각한 문제로 대두되었다. 이러한 자산의 감소는 실물경제의 위축을 초래하고 벤처생태계로의 투자를 어렵게 하였다. 정부는 이를 극복하기 위해 투자규제의 완화 등의 조치를 취하였으나 이 또한 장기적인 해결책이 되지 못하였으며, 특히 벤처주식의 물량 공급을 제한하고자 코스닥 상장요건을 강화하였으나 투자심리를 더욱 위축시킨다는 이유로 업계의 반발을 사게 되었다.

2000년대 중반 코스닥에 대한 신뢰 회복을 위한 일련의 조치로 인하여 코스닥지수는 500대까지 회복되었다. 특히 코스닥에서 작전세력에 대한 감시기능 강화, 상장폐지가 활성화됨에 따라 투자자들의 불안감이 완화되었다. 그러나 2010년 한국거래소가 준공공기관으로 변경됨에 따라 코스닥도 경직된 운영행태를 보이게 되었고, 신규상장이 급감하게 되었다. 2013년에 들어서 회수시장 활성화의 중요성이 강조되자 코스닥도 상장요건을 완화하면서 활성화의 전기를 마련했다. 2018년 7월 현재 코스닥지수가 800대 중반을 유지하면서 코스닥시장 활성화에 대한 기대감이 높아졌다.

코스닥시장에서는 2021년 12월 기준으로 1,532개의 기업의 주식이 거래되고 있으며, 이중 벤처기업은 696개이다. 코스닥 종목은 우량기업부, 벤처기업부, 중견기업부, 기술성장 기업부 등 4가지로 구분되어 있으며, 벤처종목은 중소벤처기업부로부터 벤처기업임을 확인 받은 기업으로 주로 정보통신, 반도체 관련 하이테크 기업들로 형성되어 있다. 그리고 벤처종목 이외의 종목을 일반기업으로 분류하고 있으며 뮤추얼 펀드증권투자회사 펀드도 거래되고 있다.

표 16-3 코스닥 상장법인 현황

구 분 / 연 도	상장법인수	벤 처	신규상장	상장취소
1996	331	52	31	39
1997	359	86	86	55
1998	331	114	114	36
1999	453	173	160	38
2000	604	244	250	99
2001	721	353	435	163
2002	843	367	157	35
2003	879	381	71	35
2004	890	369	52	41
2005	918	405	70	42
2006	963	390	56	10
2007	1,023	277	67	8
2008	1,038	275	38	23
2009	1,028	285	47	65
2010	1,029	295	76	72
2011	1,031	306	60	56
2012	1,005	321	22	48
2013	1,009	343	43	33
2014	1,061	369	67	15
2015	1,152	408	109	18
2016	1,209	436	70	13
2017	1,267	474	78	20

2018	1,323	525	90	34
2019	1,405	577	97	15
2020	1,468	625	86	13
2021	1,532	696	100	27

출처 한국거래소, 주식(코스닥) 통계간행물

▸ 상기 데이터는 우선주 및 MF 포함임.

▸ 상기 데이터는 다산(A015150)이 2001년 11월 21일 정식 폐지된 것으로 감안하여 산출된 자료임.

표 16-4 일평균 거래대금 및 거래량 추이 (단위: 천 주, 십억 원)

구 분 연 도	자본금	시가총액	일평균거래량	일평균거래대금
1996	3,101	7,606	162	4
1997	3,493	7,068	162	4
1998	5,408	7,892	704	5
1999	13,062	98,704	34,837	429
2000	15,128	29,016	211,827	2,400
2001	14,735	51,818	383,712	1,728
2002	14,616	37,403	320,418	1,205
2003	13,448	37,375	408,238	1,078
2004	12,325	31,149	286,912	625
2005	12,878	70,898	597,952	1,793
2006	13,029	72,137	542,715	1,731
2007	14,291	99,980	614,846	2,036
2008	13,218	46,186	505,904	1,246
2009	13,335	86,103	777,753	2,099
2010	13,524	97,972	643,041	1,925
2011	12,973	105,993	543,407	2,250
2012	12,695	109,121	590,636	2,129
2013	12,848	119.292	395,105	1,823
2014	13,454	143,087	354,538	1,970

2015	12,632	201,631	604,454	3,523
2016	13,524	201,523	694,320	3,393
2017	14,794	282,740	735,371	3,688
2018	15,675	228,238	792,766	4,925
2019	16,858	241,350	824,599	4,309
2020	18,217	385,582	1,631,653	10,815
2021	19,394	446,297	1,755,623	11,861

출처 한국거래소, 주식통계

2. 코스닥시장의 상장

가. 코스닥시장 상장의 효과

A. 자금조달 능력의 증대

신규상장 시 기업공개 시와 마찬가지로 불특정 다수인으로부터 필요자금을 일시에 조달할 수 있으며 등록 후 주식의 유동성이 부여되고 주식의 분산이 이루어져 유상증자 시 투자자의 모집이나 발행가 결정이 용이하다.

표 16-5 세제상의 혜택

양도소득세 비과세 (소득세법 제94조, 동법시행령 제157조 제4항)	• 코스닥시장을 통하여 주식을 양도하는 경우 양도소득세 비과세 • 단, 발행주식총수의 2% 이상 또는 시가총액 15억 원 이상을 소유한 주주(특수관계인 포함)가 양도하는 경우 양도 소득세 과세 *시가총액은 2019년 12월 31일 현재 10억원 이상(2020년 4월 1일 양도분부터), 2020년 12월 31일 현재 3억원 이상(2021년 4월 1일 양도분부터)으로 변경 적용
상속 및 증여재산 평가시 코스닥시장 시세 인정 (상속세법 및 증여세법 제63조 및 동법시행령 제52조의 2)	• 코스닥 상장주식의 상속 또는 증여 시 동 주식의 평가액은 평가기준일 전·후 각 2월간 종가 평균액으로 함 • 단, 평가기준일(상속 → 상속개시일, 증여 → 증여일) 전후 2개월 이내에 매매거래정지되거나 관리종목으로 지정된 사실이 없어야 함

증권거래세 절감 (증권거래세법 제8조 및 동법시행령 제5조)	• 비상장주식을 양도하는 경우 0.5%의 증권거래세율이 적용되지만, 코스닥시장을 통해 양도되는 상장주식은 0.25%의 세율이 적용됨

출처 한국거래소

B. 기업홍보효과와 공신력 제고

재무내용, 경영실적, 주가 등의 기업정보의 공시를 통해 국내외 투자자에게 홍보효과를 얻을 수 있으며 기업의 대외진출이나 합작투자 시 신용도 제고에도 유리하다. 또한 동 업종 타사와의 비교가 용이하고, 주가를 통해 경영실적이 객관적으로 평가받게 되어 경영합리화를 도모할 수 있다.

C. 세제상의 혜택

코스닥시장 등록 시 비상장법인에 비해 많은 세제상의 혜택을 얻을 수 있다.

D. 기타 혜택

코스닥시장에 상장이 되면 상법에서 정한 방법 외에 코스닥시장을 통하거나 공개매수의 방법으로 자기주식을 취득할 수 있게 되어 경영권의 방어나 주가관리 등이 용이해진다자본시장과 금융투자업에 관한 법률 제165조의2. 또한 이익배당 시 이익배당 총액까지 주식으로 배당할 수 있고자본시장과 금융투자업에 관한 법률 제 165조의1 소액주주가 소유한 주식의 이동에 대해서는 주식이동상황명세서 제출의무가 면제된다법인세법 제119조.

나. 코스닥시장의 등록요건

코스닥시장의 상장요건은 일반기업, 벤처기업, 기술성장기업으로 구분한다. 코스닥 상장을 용이하게 하기 위해 벤처기업과 기술성장기업에 대해서는 일반기업과 달리 일부 요건의 적용을 하지 않으며, 일반기업은 선택적으로 요건을 충족하도록 규정하고 있다.

다. 코스닥시장 상장의 폐지

기업은 상장을 통하여 자금조달, 인지도 제고 등의 혜택을 받게 되지만, 공시의무 등 책임과 규제도 받게 된다. 코스닥시장에서는 시장의 건정성을 제고하고 투자자를 보호하기 위하여 '관리종목' 및 '상장폐지' 요건을 운영한다. 상장폐지는 코스닥시장이 영업, 재무상황 등 해당 기업경영의 계속성, 지배구조, 내부통제제도, 공시체제 등 경영투명성, 투자자 보호 및 증권시장의 건전한 발전에 저해가 된다고 판단되는 경우 이루어진다.

상장폐지는 특정사유 발생 시 코스닥시장이 강제로 상장을 폐지하는 경우와 상장법인이 주주총회의 의결을 거쳐 자의로 취소하는 경우로 나누어진다. 상장폐지의 결정이나 신청이 있는 경우 코스닥시장은 정리매매 등의 일정한 조치를 취하게 된다.

표 16-6 코스닥시장 상장요건 (2019. 4.17. 개정규정 기준)

<table>
<tr><th rowspan="2">구분</th><th colspan="2">일반기업(벤처 포함)</th><th colspan="2">기술성장기업</th></tr>
<tr><th>수익성·매출액 기준</th><th>시장평가·성장성 기준</th><th>기술평가 특례</th><th>성장성 추천</th></tr>
<tr><td>주식분산
(택일)</td><td colspan="4">1) 소액주주 500명 & 25% 이상, 청구 후 공모 5% 이상
(소액주주 25% 미만 시 공모 10% 이상)
2) 자기자본 500억 이상, 소액주주 500명 이상, 청구 후 공모 10% 이상
& 규모별 일정 주식 수 이상
3) 공모 25% 이상 & 소액주주 500명</td></tr>
<tr><td rowspan="2">경영성과 및 시장평가 등(택일)</td><td rowspan="2">1) 법인세차감전계속사업이익 20억 원 (벤처 10억 원) & 시총 90억 원
2) 법인세차감전계속사업이익 20억 원 (벤처 10억 원) & 자기자본 30억 원 (벤처 15억 원)
3) 법인세차감전계속사업이익 있을 것 & 시총 200억 원 & 매출액 100억 원 (벤처 50억 원)</td><td rowspan="2">1) 시총 500억 & 매출 30억 & 최근2사업연도 평균 매출증가율 20% 이상
2) 시총 300억 & 매출액 100억 원 이상 (벤처 50억 원)
3) 시총 500억 원 & PBR 200%
4) 시총 1,000억 원
5) 자기자본 250억 원</td><td colspan="2">1) 자기자본 10억 원
2) 시가총액 90억 원</td></tr>
<tr><td>전문평가기관의 기술 등에 대한 평가를 받고 평가결과가 A등급& BBB등급 이상일 것(외국기업의 경우 A등급&A등급 이상일 것)</td><td>상장주선인이 성장성을 평가하여 추천한 중소기업일 것</td></tr>
</table>

	4) 법인세차감전계속 사업이익 50억 원			
감사의견	최근사업연도 적정			
경영투명성 (지배구조)	사외이사, 상근감사 충족			
기타 요건	주식양도 제한이 없을 것 등			
질적 요건	기업의 성장성, 계속성, 경영의 투명성 및 안정성, 기타 투자자 보호, 코스닥시장의 건전한 발전, 업종별 특성, 고용창출효과 및 국민경제적 기여도 등을 종합 고려			

출처 한국거래소

Ⅲ. 코넥스시장

1. 코넥스시장의 설립배경 및 현황

코넥스KONEX: Korea New Exchange는 자본시장을 통한 초기 중소기업 지원을 강화하여 창조경제 생태계 기반을 조성하기 위해 새로이 개설된 창업초기의 중소기업을 지원하기 위한 중소기업 전용시장으로 코스닥 전 단계의 주식시장이라 할 수 있다. 정부는 중소기업을 지원하기 위한 새로운 시장의 필요성에 따라 2013년 7월 1일 코넥스시장을 개설하였다. 코넥스시장은 유가증권 및 코스닥시장과 마찬가지로 한국거래소가 개설하여 관리하며 코넥스시장에 상장된 기업은 유가증권 및 코스닥시장의 상장법인과 동일한 주권상장법인의 지위를 보유하게 된다.

코넥스시장의 개설은 중소기업의 자금조달 현황을 개선하기 위한 것이다. 현재 대부분의 중소기업은 자금조달의 대부분이 은행 대출에 편중되어 있으며 주식발행을 통한 자금조달 수준은 매우 낮은 것으로 나타나고 있다. 이러한 현상은 중소기업의 부채비율 상승과 이자비용 부담의 증가로 재무구조를 악화시키고, 또한 대출정책의 변화 등이 발생할 경우 기업의 존립도 위협할 수 있다.

중소기업의 자금조달이 은행대출 등에 편중된 것은 코스닥시장이나 프리보드장외거래시장, 개편 전 K-OTC의 중소기업 지원역할이 미흡했기 때문이다. 코스닥시장은 투자자 보호를 위한 상장요건을 지속적으로 강화하여 초기 중소기업의 진입을 어렵게 하였고, 또한 프리보드는 계속된 거래부진으로 시장기능이 크게 위축되었다.

초기 중소기업의 지원을 위한 최적화된 증권시장의 필요성에 따라 설립된 코넥스시장의 초기 성과는 기대에 미치지 못했다. 출범 첫 달인 2013년 7월 코넥스시장에는 21개의 기업이 상장하여 시가총액은 4,964억 원, 월별

표 16-7 상장법인 및 거래실적 현황 (단위: 개사, 억 원, %)

	상장기업 수	신규상장	상장폐지	시가총액	일평균 거래대금
2013	45	(45)*	–	9,234	3.9
2014	71	34	8	14,252	3.9
2015	108	49	12	39,471	18.2
2016	141	50	17	43,078	24.7
2017	154	29	16	49,081	17.9
2018	153	21	22	62,504	48.0
2019	151	17	19	53,254	24.6
2020	143	12	20	56,106	51.8
2021	131	7	19	51,663	74.1

* 개장일(13. 7. 1.) 당시 신규상장기업 21사 포함

출처 한국거래소 코넥스시장

일평균 거래대금은 4억 4천만 원에 불과했다. 하지만 정부의 정책적 지원과 투자자들의 관심으로 지속적으로 성장하여 2021년에는 131개의 기

업이 상장되어 있으며, 시가총액은 5조 1,663억 원억 원까지 증가하였다.

코넥스시장은 유가증권 및 코스닥시장 상장을 위한 인큐베이터 역할을 하고 있는 만큼 코넥스시장의 상장 자체가 늘어야 코스닥시장으로 이전 상장도 증가할 수 있을 것이다. 현재 정부는 매매수량단위 축소100주 → 1주, 시간 외 대량매매블록딜 도입, 기본예탁금 규제 완화3억 원 → 1억 원, 소액투자 전용계좌제예탁금 수준에 관계없이 3천만 원까지 투자 도입 등 여러 가지 활성화정책을 시행함으로써 코넥스시장 활성화를 추진하고 있다.

2. 코넥스시장의 상장

가. 코넥스시장의 특성

A. 상장대상의 제한 및 진입기준 완화

코넥스시장은 초기 중소기업에 특화된 시장으로서 중소기업기본법 및 동법 시행령에 규정된 중소기업만 상장이 가능하다. 또한 유가증권 및 코스닥시장의 상장과 달리 공모, 사모, 직상장 등 상장방법이 다양하고, 상장요건을 최소화하여 기술력 있는 중소기업의 상장을 지원하고 있다.

B. 전문투자자 중심의 시장

코넥스시장은 일반투자자가 참여하기에는 투자위험이 높은 초기 중소기업이 상장되는 시장으로 투자자의 범위를 일정 수준의 위험감수능력을 갖춘 투자자로 제한하고 있다. 따라서 충분한 위험감수능력과 투자 전문성이 인정되는 전문투자자, 벤처캐피탈, 전문엔젤투자자 등은 기본예탁금을 면제하여 기관투자자 중심으로 시장이 설계되어 있다. 일반투자자의 투자는 3억 원 이상의 기본예탁금을 예탁한 경우 참여를 허용하고 있으며, 일임계약형태의 분리과세 하이일드펀드는 기본예탁금을 면제하고, 일임형 랩어카운트를 통해 투자하는 경우 기본예탁금을 1억 원으로 하향조정하여 기본예탁금 미만의 금액을 보유한 개인투자자들의 간접투자를 허용하고 있다.

C. 상장회사 부담 완화

유가증권 및 코스닥시장과 비교하여 공시의무, 기업지배구조 등의 측면에서 상장법인의 부담을 대폭 완화하여 운영하고 있다. 공시의무에서 수시공시 항목을 28개 항목으로 축소하고코스닥 64개 항목, 분기 및 반기 보고서를 면제하는 등 공시의무 범위를 완화하였다. 또한 기업지배구조에 있어서 코넥스 상장법인은 사외이사와 상근감사 선임의무를 면제하였고자본시장과 금융투자업에 관한 법률 및 동법 시행령, 2013년 11월 개정, 2015년 6월까지 한시적으로 신규상장기업 및 상장회사들의 상장수수료 및 연부과금을 면제하는 등 상장유지 부담을 완화하였다.

D. 기업성장 및 경쟁력 강화를 위한 M&A 지원

코넥스시장을 통한 활발한 M&A의 지원 및 원활한 지분매각을 위하여 합병요건우회상장 포함을 완화하고, 대량매매제도와 경매제도 등을 도입하는 등 초기 중소기업이 M&A 등을 통해 기업성장과 경쟁력을 강화할 수 있도록 하고 있다.

나. 코넥스시장 상장의 효과

A. 자금조달의 기회 확대 및 절차 간소화

증권시장 내에서 유상증자, 채권발생 등 직접금융을 통해 장기적이고 안정적인 자금조달이 가능하고, 정관이 정하는 바에 따라 이사회 결의로 주주의 신주인수권을 배제하고 불특정 다수인으로부터 신주 모집이 가능하기 때문에 자금조달 절차가 간소하다. 또한 코넥스 상장법인이 코넥스시장 참여자를 대상으로 자금을 조달할 경우 증권신고서 제출의무를 면제하여 신속하게 자금을 조달할 수 있도록 하였다.

B. 상장유지부담 경감 및 상장프리미엄 활용

공시항목의 축소 및 지정자문인의 공시업무 대리로 다른 증권시장에 비해 상장유지부담이 적다. 또한 재무내용, 경영현황, 주가 등의 기업정보가 공시를 통해 국내외 투자자에게 홍보효과를 얻을 수 있으며 대외신인도 및 기업이미지 제고로 해외시장 진출기회 확대와 기술교류 및 협력을 통해 기술 향상 및 기업경쟁력 제고도 기대할 수 있다.

C. 모험자본의 선순환 투자회수 및 재투자 기회

코스닥시장은 기업들이 기업공개IPO까지 평균 약 12.7년인 반면 벤처금융의 투자조합 운영기간은 7~8년으로 투자기간과 회수기간의 미스매칭 문제가 발생하고 있으나, 코넥스시장의 상장을 통해 투자자금의 회수기회를 확보함으로써 미스매칭 문제를 해결할 수 있다. 또한 벤처캐피탈의 코넥스 상장법인상장 후 2년 이내의 신주 투자시 법인세 감면비과세과 상장법인에 대한 투자제한조합출자금의 20% 이내 미적용 등 코넥스시장 재투자를 통한 다양한 투자 혜택을 제공받을 수 있다.

D. 코스닥시장으로 이전상장 기회 제공

초기 중소기업들의 자본시장 안착을 지원하는 인큐베이터로 코넥스시장 상장기간, 기업규모 등 일정요건 충족 시 신속이전상장Fast Track 제도를 통해 코스닥 이전상장에 대한 일부 질적 요건 심사면제 및 상장심사기간 단축 등의 혜택을 제공하여 코넥스 상장을 통해 보다 용이하게 코스닥시장으로 이전상장이 가능하다.

토의주제

1. 코스닥시장에 성공적으로 진입한 기업의 사례를 찾아 그들의 기업공개 전략과 그 성과를 토의해 보자.
2. 코스닥시장이 신뢰성을 확보하기 위한 방법을 정부, 코스닥시장, 상장기업의 입장에서 각각 토의해 보자.
2. 코넥스시장의 특성과 상장요건을 코스닥시장과 비교해 보고, 벤처기업의 활용 방안을 논의해 보자.
4. 과거 성공한 벤처기업의 기준은 기업공개 여부였다. 그러나 기업공개 후 무너지는 기업들이 상당히 많이 발생하였다. 이는 시장의 불완전성 때문인가, 아니면 기업역량의 부족 때문인가? 이에 대하여 토의해 보자.

읽을거리

한국거래소 홈페이지(krx.co.kr).

코넥스시장 홈페이지(konex.krx.co.kr).

한국거래소, 「코스닥시장백서」, 2004, 2005, 2006, 2007.

한국거래소, 「2015 코넥스시장의 이해」, 2014.

찾아보기

ㅈ

저자 소개

한정화(韓正和)

한정화 교수는 서울대학교 경영학과를 졸업하고, 1983년 미국 조지아 대학(University of Georgia) MBA, 1988년 동 대학에서 전략경영 전공으로 박사학위를 취득하였다. 1997년 미국 워싱턴 주립대학(University of Washington)에 교환교수로 있을 당시, 벤처 분야의 저명 학자인 Karl Vesper 교수와 교류하면서 연구활동을 한 바 있다. 저자는 경영학연구, 중소기업연구, 인사조직연구, 전략경영연구, 경영교육연구 등에 벤처창업, 경영전략 및 중소기업 분야의 논문과 사례를 다수 발표했고, 「초일류기업으로 가는 길」(김영사, 1994), 「불황을 뚫는 7가지 생존전략」(랜덤하우스 중앙, 2005), 「기업가정신의 힘」(21세기북스, 2011), 「대한민국을 살리는 중소기업의 힘」(메디치미디어, 2017)을 비롯하여 다수의 저서를 출간한 바 있다.

저자는 30년 동안 한양대학교 경영대학 교수를 역임하면서 창업과 기업가정신을 연구하고 가르쳐 왔으며 현재 명예교수로 재직 중이다. 대외 활동으로는 1989년부터 사단법인 한국벤처연구소장을 맡아 활동하였으며, 2007년 벤처산업연구원 원장으로 취임하여 중소기업청 및 벤처기업협회 정책개발의 자문역할을 담당하였다. 2006년부터는 코스닥 상장심사위원으로 활동하며, 2009년 심사위원장을 역임하였다. 학회 활동으로는 중소기업학회 회장, 전략경영학회 회장, 인사조직학회 회장을 역임한 바 있으며, 한국의 벤처발전에 기여한 공로로 2000년 벤처전국대회에서 대통령 표창, 2009년 벤처코리아 대회에서 산업포장을 받았다. 2013년 3월부터 2016년 1월까지 중소기업청장을 역임하면서 한국의 벤처 및 중소기업 발전에 기여했다.

제 8 판

벤처창업과 경영전략

2003년 3월 10일 제 1 판 발행
2013년 8월 30일 제 5 판 발행
2015년 8월 25일 제 6 판 발행
2018년 8월 25일 제 7 판 발행
2023년 8월 30일 제 8 판 발행

저 자 한 정 화
발행인 임 권 규
발행처 弘 文 社

05855 서울시 송파구 송파대로 167 테라타워 B동 802호
등록 1993. 6. 24. 제1-1543호
TEL 712-5311(代) FAX 716-5311
e-mail hongmoonsa@hanmail.net
홈페이지 http://www.hongmoonsa.co.kr

값 33,000원

ISBN 978-89-7770-749-8 93320